国家出版基金项目
NATIONAL PUBLICATION FOUNDATION

上海三联人文经典书库

125

1914—1918 年俄国的粮食市场及其调节

[苏] 尼古拉·德米特里耶维奇·康德拉季耶夫 著

张广翔 钟建平 译

ХЛЕБНЫЙ РЫНОК И ЕГО РЕГУЛИРОВАНИЕ В РОССИИ 1914-1918 ГГ.

上海三联书店

总　序

陈　恒

　　自百余年前中国学术开始现代转型以来,我国人文社会科学研究历经几代学者不懈努力已取得了可观成就。学术翻译在其中功不可没,严复的开创之功自不必多说,民国时期译介的西方学术著作更大大促进了汉语学术的发展,有助于我国学人开眼看世界,知外域除坚船利器外尚有学问典章可资引进。20世纪80年代以来,中国学术界又开始了一轮至今势头不衰的引介国外学术著作之浪潮,这对中国知识界学术思想的积累和发展及至对中国社会进步所起到的推动作用,可谓有目共睹。新一轮西学东渐的同时,中国学者在某些领域也进行了开创性研究,出版了不少重要的论著,发表了不少有价值的论文。借此如株苗之嫁接,已生成糅合东西学术精义的果实。我们有充分的理由企盼着,既有着自身深厚的民族传统为根基、呈现出鲜明的本土问题意识,又吸纳了国际学术界多方面成果的学术研究,将会日益滋长繁荣起来。

　　值得注意的是,20世纪80年代以降,西方学术界自身的转型也越来越改变了其传统的学术形态和研究方法,学术史、科学史、考古史、宗教史、性别史、哲学史、艺术史、人类学、语言学、社会学、民俗学等学科的研究日益繁荣。研究方法、手段、内容日新月异,这些领域的变化在很大程度上改变了整个人文社会科学的面貌,也极大地影响了近年来中国学术界的学术取向。不同学科的学者出于深化各自专业研究的需要,对其他学科知识的渴求也越来越迫切,以求能开阔视野,迸发出学术灵感、思想火花。近年来,我们与国外学术界的交往日渐增强,合格的学术翻译队伍也日益扩大,同时我们也深信,学术垃圾的泛滥只是当今学术生产面相之一隅,高质量、原创作的学术著作也在当今的学术中坚和默坐书斋的读书种子中不断产生。然囿于种种原因,人文社会科学各学科的发展并不平衡,学术出版方面也有畸轻畸重的情形(比如国内还鲜有把国人在海外获得博士学位的优秀论文系统地引介到学术界)。

有鉴于此,我们计划组织出版"上海三联人文经典书库",将从译介西学成果、推出原创精品、整理已有典籍三方面展开。译介西学成果拟从西方近现代经典(自文艺复兴以来,但以二战前后的西学著作为主)、西方古代经典(文艺复兴前的西方原典)两方面着手;原创精品取"汉语思想系列"为范畴,不断向学术界推出汉语世界精品力作;整理已有典籍则以民国时期的翻译著作为主。现阶段我们拟从历史、考古、宗教、哲学、艺术等领域着手,在上述三个方面对学术宝库进行挖掘,从而为人文社会科学的发展作出一些贡献,以求为 21 世纪中国的学术大厦添一砖一瓦。

目　录

第二部分　战争与革命时期的粮食市场调节以及军队和居民的粮食供给(1914—1918 年)

代　序

　　为深入理解本书内容,有必要对 Н. Д. 康德拉季耶夫生平和导致战争与革命时期粮食问题尖锐化的俄国社会经济形势作简扼交代。

一　关于 Н. Д. 康德拉季耶夫

　　康德拉季耶夫一生经历了小资产阶级民主派——临时政府活动家——苏维埃学者——斯大林时代阶级斗争扩大化的牺牲品的曲折道路,在当时俄国知识分子中颇具典型性。[①]

　　尼古拉·德米特里耶维奇·康德拉季耶夫 1892 年 3 月 4 日出生在科斯特罗马省基涅什马县的一个农民家庭。1900—1903 年在教会学校学习,1905 年加入社会革命党,1906 年考入赫列诺沃师范学校,但康德拉季耶夫未能在这里继续自己的学业。据其密友之一 П. А. 索罗金回忆,1906 年康德拉季耶夫因宣传社会革命党思想被师范学校开除。[②] 1907 年,康氏到乌曼中等农业学校求学,1908—1910 年在彼得堡普通教育学校学习;1911 年考入彼得堡大学法律系。1915 年大学毕业后,经 И. И. 奇斯佳科夫推荐,康德拉季耶夫留校,担任政治经济学和统计学教研室教师。其时,М. И. 图甘-巴拉诺夫斯基(政治经济学)、В. В. 斯维亚特洛夫斯基(经济

---

①　向祖文:《康德拉季耶夫的长波理论述评》,载《当代世界社会主义问题》2009 年第 2 期。

②　Sorokin P. A. A Long Journey. The Authobiography of Pitirim Sorokin. New haven(Conn):Univ. Press,1963. P. 61,79.

史）、Л. И. 彼得拉日茨基（哲学和法律）和 В. В. 斯捷潘诺夫（统计学）等俄国著名学者云集彼得堡大学，令康氏受益匪浅。受导师 М. И. 图甘-巴拉诺夫斯基的熏陶，康德拉季耶夫对经济发展问题表现出浓厚兴趣，同时，在 А. С. 拉波-丹尼列夫斯基院士的影响下，他开始涉足民族学。①

康德拉季耶夫与 П. А. 索罗金于 1903 年相识，5 年后，两人在彼得堡重逢并合租住房，一直到 1917 年，交往颇深。他们一起向 М. М. 科瓦列夫斯基院士学习社会学。康德拉季耶夫和索罗金经常共同举办家庭政治晚会，Г. Л. 皮亚特科夫（苏联著名经济学家和党务工作者）、Л. М. 卡拉汉（20 世纪 20～30 年代苏联著名外交家）等人是其常客。此外，两人还同 В. М. 别赫捷列夫担任主编的《心理学学报》保持密切合作。

康德拉季耶夫积极参与科学活动。他曾担任 М. М. 科瓦列夫斯基院士的私人秘书，多次参加 Л. И. 彼得拉日茨基、М. И. 图甘-巴拉诺夫斯基领导的学术小组的活动，是《欧洲通报》《大众生活》等杂志的主要撰稿人。

第一次世界大战爆发后，俄国社会空前活跃起来，地方自治运动如火如荼。城市联盟和地方自治联盟相继成立，而且这些社会组织迅速从慈善机构发展成可以显著影响国家经济和社会生活的组织。特殊时期的非常环境唤醒了俄国民众的社会意识。基于拯救国家命运的朴素愿望，康德拉季耶夫积极投身于社会活动，与当时大名鼎鼎的 А. С. 拉波-丹尼列夫斯基、М. А. 季亚科诺夫、И. П. 巴甫洛夫、П. Б. 斯特鲁韦、Е. В. 塔尔列等人一起成为社会学协会成员。② 这一时期，康德拉季耶夫仍是社会革命党的活跃分子，因此受到秘密监视，1913 年甚至短期被捕入狱。二月革命后，康氏的政治活动更加活跃，与社会革命党领导人关系密切，并担任 А. Ф. 克伦斯基的农业秘书。同时，他开始参加农业改革联盟的活动。

---

① Кондратьев Н. *Взыскующие града* // Изв. Архангельского общества изучения Русского Севера. 1912. № 5. С. 205 - 215；*Кризис веры* // Изв. Архангельского общества изучения Русского Севера. 1913. № 3. С. 129 - 134；*Разложение устно - коллективной поэзии* // Историческое обозрение. 1914. Т. 19. С. 40 - 53.

② ЛО ААН, ф. 113, оп. 2, д. 87, л. 10, 11.

该联盟吸收了从右翼政党代表到社会革命党人以及马克思主义者等不同政治信仰的经济学家和土地问题专家。1917年4月,康德拉季耶夫参与全俄农民代表苏维埃筹备工作。① 7月担任农民代表苏维埃主席,②并当选为全国粮食委员会副主席。

　　在1917年发表的一篇文章中,③康德拉季耶夫从理论上对土地社会化问题作出阐述。他认为,克服大资产阶级经济和小农经济局限性的出路在于合作化。他指出,合作社能够而且应当将小农经济和大资产阶级经济经营方式的优势结合到一起,实现国家土地所有制、合作社土地所有制和私人土地所有制的有机融合是制定土地制度的基础。合作社的组建应当遵循自愿原则,而且合作社类型的交替必须合乎一定的逻辑:生产型合作社是合作经济最发达的形式,流通型合作社的发展应先于生产型合作社。康德拉季耶夫强调,通过土地社会化和合作化,强化农民经济,消除阶层对立,实现经济商品化,凡此因素应成为城乡互动、扩大劳动力市场、工业品销售和工业原材料市场的基础,从而确立工农业之间的密切联系和平衡。④ 康德拉季耶夫为俄国资产阶级民主革命的前途担忧。他认为,成功解决粮食问题可能使社会稳定下来,临时政府便可以长期存在,反之则意味着资产阶级政府的垮台。

　　这种情况下,康德拉季耶夫全身心致力于建立国家粮食供应调节制度。他认为,战争时期市场失调,国家垄断粮食的问题应提上议事日程。但康氏强调,国家只有同时垄断农村需求商品的生产和分配,粮食垄断政策才能取得积极效果,农民才能愿意完成摊派的粮食任务。⑤ 此外,还需要整顿财政,稳定物价,总而言之,"必须着手全面组织国民经济"。⑥ 他同时指出,"此类措施必然遭到工业资产阶级的反对,但为了维护国家利益,最高政权必须坚决消除这

---

① 　Дело народа. 1917.18,25 апреля.
② 　同上,29 июня.
③ 　Кондратьев Н. Д. *Аграрный вопрос о земле и земельных порядках.* М.,1917.（Лига аграрных реформ. Серия С. No 4）.
④ 　Кондратьев Н. Д. *Аграрный вопрос о земле и земельных порядках.* С. 60.
⑤ 　Дело народа. 1917.7 мая.
⑥ 　同上,1 апреля.

种阶级矛盾"。①

但摊派粮食任务的设想最终宣告失败。尽管政府想尽各种办法,但征收的粮食仅相当于计划数量的 20% 左右,饥饿依然威胁着人们。无论是在土地总委员会(该委员会的任务是制定专门的农业改革方案),还是在全俄农民代表苏维埃,康德拉季耶夫一直呼吁政府保障农民经济的正常生产率,坚持社会革命党提出的土地社会化思想,并突出强调劳动经济的作用。② 他在 1917 年年中发表的一篇讲话中准确地指出,"所有分歧彻底从纯政治领域转向纯经济领域"。③ 斗争的焦点在于,哪个政党能够使国家避免经济崩溃并保证将来国民经济的合理运行。

最初,康德拉季耶夫并不认同布尔什维克,他甚至反对 1917 年 10 月 20 日召开工兵代表苏维埃大会,因为在他看来,"布尔什维克的夺权政策可能使局势进一步复杂化"。④ 康氏不认为俄国社会民众工党(布)会充分考虑农民的利益,并尝试通过游说临时政府、递交呈文等传统的合法方式为广大农民争取利益,⑤尽管临时政府未必能够解决国家的农业问题。

1917 年 9 月,康德拉季耶夫参加工兵代表苏维埃中央执行委员会和农民代表苏维埃执行委员会在彼得格勒召开的民主会议。该会议旨在缓解国家的危机形势,社会革命党人和孟什维克在工兵代表中占多数。在社会革命党第七次会议上,康德拉季耶夫当选立宪会议代表。同年 10 月 7 日,被任命为临时政府粮食部副部长,直接负责军队、城市和企业的粮食供应工作。⑥

康德拉季耶夫没有马上接受十月革命。1917 年 11 月 8 日,全俄工兵代表苏维埃第二次代表大会通过法令,成立工农临时政府,

---

① 同上。

② Кондратьев Н. Д. *Аграрный вопрос о земле и земельных порядках*;Кондратьев Н. Д.,Макаров Н. П. *О крупнокрестьянских хозяйствах*(Труды комиссии по подготовке земельной реформы. Вып. Ⅲ).

③ Народное дело. 1917. 15 августа.

④ 同上,5 октября.

⑤ Дело народа. 1917. 24 августа.

⑥ Вестник Временного правительства. 1917. 13 октября.

以在立宪会议召开前管理国家，[①]任命 И. А. 特奥多罗维奇为粮食事务人民委员。而此时康德拉季耶夫名义上仍担任粮食部副部长，并以此身份在全俄农民代表大会上发言，[②]他与其他代表一起反对关闭计划召开立宪会议的塔夫利达官。1918 年 1 月 6 日，俄国立宪会议被布尔什维克解散，俄国自由派和社会主义派别几代人的梦想就此结束。[③] 立宪会议的解散标志着俄国政治形势发生根本性变化——布尔什维克作为实际掌权者登上历史舞台。康氏思想受到极大震动。

1918 年，康德拉季耶夫移居莫斯科，担任中部亚麻种植者合作社经济处主任，同时在沙尼亚夫斯基大学任教。[④] 合作社和莫斯科国民银行（1918 年春康氏成为该银行经济部职员）的工作再次拉近了康德拉季耶夫与莫斯科主流经济学家的关系，其中 Л. Н. 利托申克、Л. Б. 卡芬豪斯、Н. П. 马卡罗夫和 А. В. 恰亚诺夫等人，他在彼得格勒时就很熟悉。

然而，新的问题随之出现。康德拉季耶夫在 1918 年 11 月 19 日给 А. С. 拉波-丹尼列夫斯基的信中写道，"莫斯科学者与彼得格勒学者完全不一样，我更容易理解后者。莫斯科学者过于看重实践，过于从实际思考问题，但他们无疑能够更独立、更好地反映俄国科学的发展水平，而彼得格勒学者则深受欧洲和德国人的影响。"[⑤]期间，康德拉季耶夫先后在全俄合作社代表大会委员会合作社研究所、季米里亚泽夫农学院等单位工作，1920 年当选为苏联财政人民委员部行情研究所所长。

从临时政府国务活动家到苏维埃学者，康德拉季耶夫经历了曲折的道路。如何适应新的社会发展形势，怎样找到自己在国家生活中的位置，成为十月革命后康德拉季耶夫面临的主要问题。当

① *Великая Октябрьская социалистическая революция. Документы и материалы. Октябрьское воруженное восстание в Петрограде.* М. ,1917. С. 432.
② Дело народа. 1917. 12 декабря.
③ 解国良：《1918 年俄国立宪会议解散动机分析》，载《广西师范大学学报》（哲学社会科学版）2007 年第 4 期。
④ ЛО ААН, ф. 113, оп. 3, д. 194, л. 3.
⑤ 同上，л. 6.

时,关于布尔什维克和十月事件,学术界的立场不明确,社会革命党的态度更加含糊,广大知识分子也评价不一。[1] 战时共产主义和内战丝毫没有缓和俄国民众对社会取向问题的争论。1918 年,康德拉季耶夫发表文章《饥荒之路》,[2]此后,他正式脱离俄国社会革命党,彻底告别政治,开始专心从事科研活动。

20 世纪 20 年代初,苏俄国内政治气氛空前紧张。1920 年,社会革命党领袖之一 B. M. 切尔诺夫迁居国外,另一名领导人 C. Л. 马斯洛夫则放弃了政治活动。1922 年,曾任临时政府粮食部长的俄国合作社运动知名人士 C. H. 普罗科波维奇因公开反对苏维埃政权被驱逐出境。同年,社会革命党喉舌报《人民的事业》主编之一 П. A. 索罗金被迫离开彼得格勒,前往柏林,开始流亡生活。这种背景下,康德拉季耶夫开始更加深刻地思考国家的命运和前途。

康德拉季耶夫深受市场经济和市场关系影响。在他看来,十月革命后头几年布尔什维克的经济政策非常混乱,特别是战时共产主义时期——苏维埃政权高度重视物资分配的组织问题,而且首先涉及到实际上与国家财产无关的农业领域。虽然经济政策甚至经济理论的巨变与内战有关,但粮食摊派制、"红色恐怖"、征用粮食、强制加入消费合作社、经济实物化等违背市场规律的措施仍令其感到困惑不解和难以接受。这一时期,康德拉季耶夫对布尔什维克的政策持不同意见,拒绝接受执政党纪律的约束,常常置身于重大政治事件之外。

第十次苏俄劳动国防委员会苏维埃代表大会总结了战时共产主义政策的经济影响,强调指出,"商品流通下降到最低点,国家各地区之间的贸易联系中断,消费者开始寻找生产者,食品占据特别重要的位置,价格涨至前所未有的水平。[3]""当时人们随意虚构数字,但不可否认的是,在恢复国民经济方面,战时共产主义政策彻

---

[1] Шульгин В. 1920 г. Л. ,1927. С. 17.

[2] *Большевики у власти. Социально-политические итоги Октябрьского переворота.* М. ,1918. С. 246 – 261.

[3] *На новых путях. Итоги новой экономической политики 1921 – 1922 гг.* М. , 1923. Вып. 1. Торговля. С. XI.

底失败了。[1]"

　　同 1917 年相比,截至 1920 年部分省份的播种面积大幅减少。以单个农户为单位,维捷布斯克省的播种面积减少 55％,下诺夫哥罗德省——29％,奥廖尔省——33％,图拉省——37.5％。[2] 作物单产下降。战前非黑土带秋播黑麦单产为 55.8 普特/俄亩,秋播小麦——51.3 普特/俄亩,春播小麦——48.3 普特/俄亩,1920 年则分别为 44.2 普特/俄亩、44.6 普特/俄亩和 32.9 普特/俄亩。黑土带粮食单产降幅更大,战前秋播黑麦单产为 50.5 普特/俄亩,秋播小麦——63.6 普特/俄亩,春播小麦——46.3 普特/俄亩,1920 年则分别为 25 普特/俄亩、20.2 普特/俄亩和 24.6 普特/俄亩。[3] 到 1920 年,消费省份的谷物产量相当于战前水平的 95％,而粮食主产区的谷物产量不足战前水平的 40％,[4] 政府承担起为农民供应种子的责任,但供应计划明显超过实际能力。1919 年,政府提供的春播作物、马铃薯和蔬菜种子数量分别占计划数量的 41.6％、34.6％和 66.6％,1920 年相应为 76.3％、53.9％和 88.8％。[5] 国家粮食供应形势十分紧张。

　　税收大幅提高。按最低水平计算,1920 年农民的税负至少比战前高 2 倍。[6] 受战争和国家流通政策的影响,经济开始实物化,结果导致某些地区重新出现对分制或分成制等最苛刻的地租形式。[7]

　　中农的差别缩小,但中农经济的经济潜力下降。大型农户和中等农户的数量减少,而小农户占农户总数的比例则由 1917 年的

---

[1]　Дзержинский Ф. Э. *Избранные произведения*. М. ,1957. Т. 2. С. 109.

[2]　*Статистический ежегодник*, 1918 - 1920. М. , 1921. Вып. 1. С. 348 - 355; *Сборник статистических сведений по Союзу ССР*,1918 - 1923. М. ,1924. С. 107 - 111.

[3]　*Статистический ежегодник*,1918 - 1920. Вып. 1. С. 244,248,252.

[4]　Бюллетень ЦСУ. 1923. № 75. С. 35.

[5]　Кабанов В. В. *Крестьянское хозяйство в условиях военного коммунизма*. М. ,1988. С. 36,40.

[6]　同上,С. 202.

[7]　Кабанов В. В. *Указ соч.* С. 142 - 144.

59.1％提高到 1920 年的 74％。[①]

居民摄取的食物热量下降。1913 年俄国中部省份农村一名成年人每天摄取的食物热量为 3760 卡路里,1920 年初这个数字降至 3387 卡路里;1919 年末一名工人每天摄取的食物热量为 2840 卡路里,1920 年 5 月该数字降至 2786 卡路里。同战前相比,居民的肉类、鱼和油脂消费量减少 70％～80％,马铃薯消费量大幅增加。[②] 这些情况表明,俄国民众的营养状况恶化。

摊派制没能为恢复工业生产征收到必要数量的粮食,建立粮食储备的任务流产,同时,实践表明,这一政策致使农民失去发展经济、扩大生产的愿望。以突击方式在最短时间内直接过渡到社会主义生产和分配的尝试失败,因为它严重背离了小农国家的特点,因此,不仅行不通,反而带来严重后果,最终导致了 1921 年初国家政治、经济的总危机。[③]

现实要求必须对国家的经济政策作出调整,但当时远非所有人都能认识到这种必要性。社会各界对第十次党代表大会通过的决议反响不一。农业人民委员部和粮食人民委员部的工作人员认为,向自由贸易过渡将意味着粮食政策乃至整个国民经济的崩溃,[④]因为国家将失去实际控制粮食和调节粮食分配的能力。

然而,国内和党内形势发生显著变化。俄共(布)的工作重心已经从夺取政权转为管理国家,发展经济、改善民生成为其头等大事。这种条件下,康德拉季耶夫和大批革命前的经济学家选择了同新政权进行合作。他认为,一个诚实和高水平的经济学家在任何制度下都能为国家服务,"1919 年起,我开始觉得自己应该接受十月革命,因为对现实因素的分析和力量的对比表明,1917——1918 年我关于十月革命的最初认识是不正确的……我同苏维埃政

---

① Хрящева А. *Крестьянство в войне и революции*. М.,1921. С. 34.

② *Состояние питания сельского населения СССР*,1920 - 1924 *гг.* М.,1928. С. 53,54,61 - 65; *Состояние питания городского населения СССР*,1920 - 1924 *гг.* М.,1926. С. 14,37.

③ 何小平:《列宁对俄国向社会主义过渡形式的探索》,载《东欧中亚研究》1992 年第 2 期。

④ Восьмой съезд Советов. Стеногр. отчет. М.,1921. С. 146 - 147.

权有机地联系在一起。①"从此,康德拉季耶夫积极投身于国家建设事业,发挥自己的知识和智慧,发表大量文章和理论著作,探讨无产阶级专政条件下农村经济的发展问题。

1921年,康德拉季耶夫担任农业人民委员部农业经济与计划工作管理局局长、农业人民委员部驻国家计划委员会农业司代表、驻中央统计局实物税委员会代表。1923年,农业人民委员部计划委员会着手制定历史上第一个农业和林业发展计划(1923——1928年),康德拉季耶夫积极参与了计划的起草和制定工作,他强调,计划的制定必须基于严谨的科学研究,必须重视计划的质量,而非数量。该计划最终以"康德拉季耶夫五年农业发展计划"载入史册。

在制定第一个五年农业发展计划过程中以及系列理论文章中,康德拉季耶夫指出,必须遵循经济发展规律,必须重视农业和工业的紧密联系及均衡发展,坚决反对挤占农业资金加速发展工业。康氏一贯主张工业和农业的发展速度应符合客观经济条件,他提出,农业的健康发展必须以工业的强劲发展为前提,同时,繁荣的农业应当成为整个国民经济包括工业化进程稳步发展的基础。②

康德拉季耶夫强调计划的预测性,反对根据主观愿望任意编造统计数字,反对盲目追求增长速度,反对以牺牲农业为代价发展工业。③ 他确信,"当前和未来相当长时间内,我国经济发展的根本制约因素很大程度上恰恰在于农业④"。康氏赞成把新经济政策普及到农村,这与 Н. И. 布哈林的思想不谋而合。⑤

经济形势的变化要求发展和完善新经济政策,而不是否定新经

---

① Шкловский Г. *Вредительство как метод классовой борьбы*. М. ,1931. C. 89.

② Кондратьев Н. Д. *Современное состояние народнохозяйственной конъюнктуры в свете взаимоотношений индустрии и сельского хозяйства* // Социалистическое хозяйство. 1926. Кн. 6. C. 66.

③ Кондратьев Н. Д. *Критические заметки о плане развития народного хозяйства* // Плановое хозяйство. 1927. № 4. C. 8; 同前,*План и предвидение*. C. 3 - 4.

④ *Основные начала землепользования и землеустройства*. Сборник статей, докладов и материалов. М. ,1927. C. 181.

⑤ Бухарин Н. И. *Избранные произведения*. М. ,1988. C. 135.

济政策。康德拉季耶夫认为,"惧怕莫须有的富农阶级""惧怕并不存在的危险"与提高农民经济商品率和集约化水平的迫切任务相矛盾。[①] 以阶级斗争的观点看待和解决一切问题,使阶级斗争扩大化,必然严重冲击国家的经济建设。支持实行土地国有化政策的同时,康德拉季耶夫呼吁最低限度地限制农民劳动经济的自由发展,倡导农民加快发展集约型商品经济,扩大再生产,提升自身经济潜力。

康德拉季耶夫的这些论点与国家的农业政策一致。当时,党和政府的决议提出使农民有可能"自由适应市场,自由选择种植获利最多的作物"的问题,[②]要求放宽"使用农业雇佣劳动力和短期租赁土地"的条件,全面"由行政施压向经济竞争过渡"。[③] 客观地说,苏俄国家治理方式的转变体现了康德拉季耶夫的经济思想。他反对以行政手段调节市场,反对在国内市场人为地垄断国营及合作社贸易机构,赞成放弃保护主义,支持国营企业、合作社、合营组织在自负盈亏、自筹资金的基础上同外国建立直接联系。

1927 年,苏联的经济政策发生转变,行政命令体制最终确立起来。1928 年,联共(布)决定实行社会主义工业化和农业集体化,"新经济政策"宣告结束,康德拉季耶夫的市场经济理念与国家主流意识形态发生冲突。同年,他被解除苏联财政人民委员部行情研究所所长职务。1930 年康氏被指控组建和领导反对农业集体化的劳动农民党,与 Н. П. 马卡罗夫、А. В. 恰亚诺夫、Л. Н. 利托申克和 Л. Б. 卡芬豪斯等"富农阶级的思想家""资产阶级教授"一起被捕入狱。1938 年,康德拉季耶夫被判处死刑,1987 年被恢复名誉。

作为苏联著名的经济学家,康德拉季耶夫科研活动的最主要方向是研究世界资本主义经济发展规律。他通过大量实证研究指出,资本主义经济发展存在周期性的长期波动规律,并系统明确地提出了"长波理论",被国际经济学界誉为"长波理论之父"。近年

---

① *Основные начала землепользования и землеустройства.* С. 181.
② *КПСС в резолюциях и решениях съездов, конференций и пленумов ЦК. М.*, 1970. Т. 2. С. 430.
③ 同上,С. 190.

来,康氏的长波理论及其意义已经引起我国学者的广泛关注。①

19世纪中叶,学术界首次提到经济发展的长波问题。自20世纪第一个十年开始,该问题成为独立研究的对象。1922年,康德拉季耶夫发表题为《战时和战后的世界经济及其行情》的论文,提出经济发展存在长周期的设想,1926—1928年,长波理论最终形成。此后,这个领域的研究进入崭新阶段。

通过分析英国、德国、美国和法国4个主要国家近140年(18世纪末至20世纪初)的物价、利率、工资、煤炭的开采量和消费量、生铁和铅的产量等主要指数,康德拉季耶夫把这一时期的资本主义经济发展过程分为3个波长为48～55年的长周期,并且每个长周期都由上升波(也称上升期)和下降波(也称下降期)组成(见下表)。

第一个周期	上升波	18世纪80年代末90年代初	1810—1817年
	下降波	1810—1817年	1844—1851年
第二个周期	上升波	1844—1851年	1870—1875年
	下降波	1870—1875年	1890—1896年
第三个周期	上升波	1890—1896年	1914—1920年
	下降波	大约始于1914—1920年	

康德拉季耶夫认为,长周期发展过程反映出一系列经验性规律:

第一,在每个长周期上升波开始前,有时在上升波最开始的时候,社会经济生活条件会出现显著变化。例如,重大发明导致生产

---

① 王勇:《"长波"探索的轨迹》,载《理论与现代化》2003年第6期;刘辉锋:《长波理论研究述评》,载《江西社会科学》2004年第5期;李慎明:《"康德拉季耶夫周期"理论视野中的美国经济》,载《马克思主义研究》2007年第4期;包晓峰:《从康德拉季耶夫长波理论看资本主义发展的新趋势》,载《当代世界与社会主义》2008年第5期;向祖文:《康德拉季耶夫的长波理论述评》,载《当代世界社会主义问题》2009年第2期;曾昭耀:《政治经济长波理论与政治经济学的时代使命》,载《世界经济与政治》2012年第5期等。

技术发生深刻变化,贸易方式和货币流通条件的变化,新兴国家在世界经济中的作用加强等。

第二,通常长周期上升波时段的重大社会动荡和巨变(革命、战争)明显多于下降波时段。

第三,长周期的下降波通常伴随着农业的长期萧条。

第四,与长周期下降波重叠的中周期应当表现出长期极度萧条、上升短暂乏力的特征,与长周期上升波重叠的中周期则应相反。①

康德拉季耶夫指出,"下降波的发展逐渐导致新的长时段上升期的先决条件形成。显然,这一上升期不具有必然性,国民经济体系自身的有机变化可以彻底扭曲经济进程的性质。但如果没有发生此类变化,那么下降波之后,上升波一定随之而来。新周期不会精确地复制前一个周期,因为在周期末期国民经济已经处于新的发展阶段,但新周期的一般性发展机制总体不会有变化。"②

根据康德拉季耶夫的经济周期理论,当资本积累足以更新生产的技术基础、形成新的生产力时,长周期的上升波开始,其特点是争夺销售市场的行业竞争加剧,社会紧张度上升。这种条件下,投资增幅下降,自由资本数量减少,从而影响到经济发展速度和行情指数的变化,由此转入长周期的下降波。这一时期,在资本积累过程中,随着继续完善技术和工艺的先决条件逐步创造起来,向新一轮长周期上升波过渡的基础日臻完善。他指出,长期性固定资本要素(铁路、运河)的定期更新是经济发展长周期的物质基础。

康德拉季耶夫认为,持续时间不同的波动最能体现经济发展的特性。经济波动与 3 种不同的经济均衡形式有关。康氏把经济发展周期分为长周期、中周期和短周期 3 类。中周期持续的时间为 7～11 年,短周期则 3～3.5 年重复一次。康德拉季耶夫指出,"经济保持均衡的根

① Кондратьев Н. Д. *Большие циклы конъюнктуры* // Вопросы конъюнктуры. 1925. Т. 1. Вып. 1. С. 48,54,55,58;同前,*Мирное хозяйство и его конъюнктуры во время и после войны*. Вологда,1922;同前,*Спорные вопросы мирного хозяйства и кризиса* // Социалистическое хозяйство. 1923. No 4 - 5.

② Кондратьев Н. Д. *Динамика цен промышленных и сельскохозяйственных товаров* // *Вопросы конъюнктуры*. 1928. Т. 4. Вып. 1. С. 75.

本原因在于足以产生新型生产力的资本的集聚和分散机制"。①

　　美籍奥地利经济学家约·熊彼特把术语"康德拉季耶夫周期"（或称"康德拉季耶夫波"）引入科学研究,用以指称经济的长期性波动。熊彼特之后,在经济学文献中,康德拉季耶夫周期还被称为"康德拉季耶夫工业革命周期""康德拉季耶夫资本主义周期"和"康德拉季耶夫新重商主义周期"等。

　　战前,康德拉季耶夫的经济思想就已经被创新长波理论代表人物广为运用,这首先涉及 Т. И. 赖诺夫、С. 库兹涅茨,特别是熊彼特,后者著有《商业周期》（1939 年）。熊彼特实际很大程度上依靠康德拉季耶夫的长波理论,形成了自己的完整的长波观点体系,这是其创新理论的重要组成部分。继康德拉季耶夫之后,熊彼特提出了资本主义发展的3 种周期模式:长周期（康德拉季耶夫周期,约持续 60 年）、中周期（朱格拉周期,约持续 9.5 年）和短周期（基钦周期）,并认为 3 种周期之间存在联系。

　　按照熊彼特的理论,经济的变化及其周期性是创新推动的结果。研究科技进步问题时,熊彼特较多地借鉴了康德拉季耶夫的思想,将"发明"和"创新"区别开来。熊彼特创造性地发展了康德拉季耶夫关于经济发展波动过程中资本主义经济主导部门不断更替的论点,他对长波时间范围以及主导经济部门的界定实际上也与康德拉季耶夫一致。

　　康德拉季耶夫的长波理论有其局限性。经济学界至今仍未完全承认康德拉季耶夫波。一些学者,尤其是俄罗斯学者依据康德拉季耶夫波构建模型,预测经济走势,而大部分经济学家,其中包括最著名的经济学家则对康德拉季耶夫波持怀疑态度或干脆否认其存在。② 必须指出的是,虽然康德拉季耶夫揭示的社会发展周期性规律对于完成预测任务极其重要,但同任何随机模型一样,康氏长波模型只是研究封闭环境下系统的行为反应。这类模型并不总是能够回答与系统本身性质有

① Кондратьев Н. Д. *Проблемы экономической динамики*. М. : Экономика, 1989, С. 226.
② Коротаев А. В. , Гринин Л. Е. *Кондратьевские волны в мир-системной перспективе. Кондратьевские волны : Аспекты и перспективы* / Отв. ред. А. А. Акаев, Р. С. Гринберг, Л. Е. Гринин, А. В. Коротаев, С. Ю. Малков. Волгоград: Учитель, 2012. С. 58 - 109.

关的问题。系统的行为反应是系统研究的重要方面,不过,系统的起源、结构、系统的逻辑与其对象之间的互补关系等或许更重要。恰恰这些方面使我们能够正确地提出系统作出某种行为反应的原因的问题。从这个意义上说,康德拉季耶夫周期只是系统对既有外部环境的反应的结果。目前,揭示此类反应过程的本质以及影响系统行为反应的因素具有重要的现实意义,特别是在许多人依据康德拉季耶夫、A. B. 科罗塔耶夫[1]和 C. П. 卡皮察[2]的研究成果预测社会向持续危机时期过渡的前景的情况下。

长波理论奠定了长期预测经济进步的基础,有助于明确生产方式的基本发展规律,使康德拉季耶夫享誉世界。然而在 20 世纪 20 年代后半期的苏联,持续革命论变成资本主义自动崩溃论,任何承认资本主义经济具有继续发展的潜力的观点都被认为是反社会主义的,持这种观点的人被视为"资产阶级的代言人""人民的敌人",长波理论也因此成为"大清洗"时期康德拉季耶夫的罪状之一。

二　一战前俄国的社会经济形势

1914 年 8 月 1 日,德国下令总动员并对俄国宣战。此后法国、英国等协约国相继投入战争,以萨拉热窝事件为导火索的第一次世界大战全面爆发。一战历时 4 年多,38 个国家、15 亿人口(约占当时世界总人口的 75%)卷入战争。

俄国资本主义发展薄弱,从经济角度看,并不具备参加世界大战的条件。1913 年,俄国(不包括芬兰)国民收入 160 亿卢布,[3]相当于同期美国国民收入的 1/4 略强。俄国加工业产值仅占世界总量的 5.5%。[4]

1900 年,俄国企业数量 25327 家,总产值约 32 亿卢布,工人近 205

---

① Коротаев А. В. и др. *Законы истории：Математическое моделирование и прогнозирование мирового и регионального развития*. М. ,2010.

② Капица Сергей. *Парадоксы роста：Законы развития человечества*. М. : Альпина Нон -фикшн. 2010.

③ Хромов П. А. *Экономическая история СССР. Период промышленного и монополистического капитализма*. М. ,1982. C. 124.

④ 同上 ,C. 129.

万人,到 1913 年分别发展到 29415 家、74 亿卢布和 311 万人。①
1909—1913 年,俄国企业数量增长 16.1%,总产值增长了 1.3 倍,工人
平均劳动生产率由 1453 卢布提高到 2362 卢布,增长 52%。因此可以
说,20 世纪初俄国工业取得长足发展,虽然工业生产的绝对规模不大。

　　但是,这些数字背后隐藏着一系列消极因素,首先是俄国工业布局
严重失衡。大部分企业集中在 5～6 个欧俄地区,例如西北地区的企业
几乎都位于彼得堡。中部工业区、乌克兰、乌拉尔地区、西北地区和波
罗的海沿岸的企业数量占全俄的 57.8%,产值占 64.7%,工人数量占
68.5%。② 各地区生产集约化水平和劳动生产率存在极大差距。乌克
兰和波罗的海沿岸地区的生产集约化程度很高,而乌拉尔和中部工业
区则比较粗放。因此,战前俄国资本主义工业处于不同发展阶段。

　　俄国铁路运输的保证能力薄弱。虽然 20 世纪初俄国铁路建设规
模宏大,而且 1913 年跻身"世界五强"(五国铁路长度约占世界铁路总
长度的 80%),但铁路网密度低,铁路布局不合理。1913 年,美国的铁
路网密度为每百平方公里铁路长度 1.4 公里,欧洲为 8 公里,俄国只有
0.3 公里,而且铁路主要位于欧俄地区,边远省份特别是西伯利亚铁路
运力严重不足。

　　俄国高度依赖外国资本。到 1914 年,俄国 52% 的银行资本集中
在 7 家最大的银行,③这些银行实际上都是外国银行的子公司。垄断
资本主义时期,俄国通过贷款和直接投资等方式,积极输入资本。1900
年,外国投资约占俄国股份公司总资本的 29%,到第一次世界大战前
夕这一比重提高到 33%。俄国工业也严重依赖外国资本,外资在 1916
和 1917 年间增加到 22.5 亿卢布,大约占俄工业投资总额的 1/3。④ 外
国资本垄断了俄国南部 70% 的生铁冶炼和制成品、约 60% 的石油开采

① *Динамика российской и советской промышленности в связи с развитием народного хозяйства за 40 лет*(1887 - 1926). М. -Л.,1929. Т. Ⅰ. ч. Ⅰ. C. 96 - 97;ч. Ⅱ. C. 108;ч. Ⅲ. C. 176 - 177.

② 同上,Т. Ⅰ. ч. Ⅰ. C. 7 - 8.

③ *От капитализма к социализму. Основные проблемы истории переходного периода в CCCP* 1917 - 1937 *гг.* В 2 - х томах. М.,1981. Т. Ⅰ. C. 55.

④ [美]尼古拉·梁赞诺夫斯基,马克·斯坦伯格:《俄罗斯史》,杨烨,卿文辉主译,上
海人民出版社,2007 年版,第 399 页。

量以及 90％的电力企业。① 所以,外资一定意义上可以直接影响俄国经济。

一战爆发之前,俄国尚未建立起完善的商品流通机制。1900 年,全俄城市商品交易额(不包括集市)为 46 亿卢布,但其中 37％来自莫斯科和彼得堡。1900—1913 年,登记贸易额增长了 59.3％,达 196 亿卢布,但商品流通体系有待加强。据统计,1912 年全俄 116.62 万家应该领取营业执照的贸易企业中,批发和零售企业 18.32 万家(15.7％),小货摊 60.81 万个(52.1％),售货亭 34.92 万个(29.9％),流动售货企业 1.07 万家(0.9％),货郎 1.5 万人(1.3％)。② 落后的集市贸易仍然存在:1911 年,俄国共有近 1.6 万个展销会,总交易额 110 亿卢布,其中约 87％来自建堂节期间农村举办的小型展销会,交易额超过 100 万卢布的大型展销会只有 23 个,比较著名的有马卡里耶夫展销会(下诺夫哥罗德)和伊尔比特展销会(彼尔姆省)。③ 第一次世界大战前夕,俄国城市居民人均商品交易额 430 卢布,农村居民则不超过 22 卢布。④

农业对俄国国民经济发展至关重要。第一次世界大战前夕,农业约占俄国国民收入的 50％,农业人口占全国总人口 2/3 以上。虽然 1860 年代改革显著推动了国家的现代化进程,使俄国走上资本主义发展道路,但经济社会生活仍带有深刻的封建烙印;欧俄农业人口严重过剩,耕地短缺;城市资本主义发展缓慢,无力吸收大量的农村剩余劳动力。所有这些因素无疑延长了农村资本主义生产关系的形成过程。

村社在俄国农民的生活中占有特殊地位。"经过数百年的发展,村社虽然一定程度上继承了中世纪初期玛克的特点,但在所研究的时期⑤,村社以完全不同的社会结构行使经济、税收和其他职能,根本不是久远历史的残存,而是当代重要而且有效的制度。"⑥截至 1905 年,

① *История социалистической экономики СССР.* В 6 - ти т. Т. I. Советская экономика в 1917 - 1920 гг. М. ,1976. С. 19.

② Хромов П. А. *Экономическая история СССР.* С. 196.

③ БСЭ. Изд. 3. Т. 30. Стлб. 1645.

④ Струмилин С. Г. *Очерки советской экономики.* М. -Л. , ГИЗ,1928. С. 29.

⑤ 19 世纪——译注。

⑥ Громыко М. М. *Традиционные нормы поведения и формы общения русских крестьян* XIX в. М. ,1986. С. 155.

在欧俄地区农民中,村社土地占有制水平平均达 83.4%,波罗的海沿岸和西南部地区村社土地占有制程度最低(分别为 0% 和 3.7%),北部、中部工业区、伏尔加河中下游地区村社土地占有制最普遍(高达99%～100%)。不同类型的农民中,村社土地关系最普及的包括原地主农民(70.6%)、国家农民(87.8%)、皇室农民(99.2%)和哥萨克(100%)。[1] 1907 年以前,俄国几乎不存在与德国相类似的农民土地自由流通,[2]土地市场发展滞后。

20 世纪初,农村的生产条件趋于恶化。1901—1915 年,播种面积仅增长 14.6%,低于人口增速,结果同期农村居民人均耕地面积从0.66 俄亩降至 0.62 俄亩,下降 6%。[3] 耕作水平落后,主要依靠广种薄收。1906—1907 年至 1913 年,虽然粮食和饲料总产量出现大幅增长(54.3%),而单产仅增长 10.4%(由每俄亩 48 普特增加到 53 普特)。农村畜力日益短缺。1888—1891 年至 1912 年,农户户均马匹数量由 2.3 匹降至 1.97 匹,只有一匹马和无马的农户比例则由 55.9%升至 65.2%。[4] 粮食需求,其中包括商品粮需求(20 世纪初俄国国际市场粮食出口国的地位不断提高)增长导致牲畜饲料播种面积减少,结果,1902—1904 年至 1911—1913 年,俄国每百人平均牲畜保有量由 63.9 头(折合成牛)降至 55.3 头。[5] 农民经济的有机肥保证能力下降。

鉴于上述粮食生产条件,农民的粮食消费标准必然较低。尽管1907—1909 年到 1911—1913 年农民粮食消费标准由 20.9 普特提高到 21.3 普特,但就该指标看,俄国在欧洲的排名靠后。1913 年,俄国人均消费粮食 23 普特,比利时为 29 普特,德国和法国的粮食消费水平

[1]　Статистика земледелия 1905 года. СПб. ,1907.
[2]　Анфимов А. М. *Крупное помещичье хозяйство Европейской России*(*Конец* ⅩⅨ - *начало* ⅩⅩ *века*). М. ,1969. С. 364.
[3]　*Сборник статистических сведений по сельскому хозяйству России и иностранных государств*. Пг. ,1917.
[4]　*Военно -конская перепись 1888 г.* СПб. ,1891; *Военно -конская перепись 1891 г.* СПб. ,1894; *Военно -конская перепись 1912 г.* СПб. ,1914.
[5]　Анфимов А. М. *Крестьянское хозяйство Европейской России*. 1881 - 1904. М. , 1980. С. 217.

低于比利时,但高于俄国。俄国农民一昼夜口粮提供的热量只有 2617 卡路里,远低于意大利(3565 卡路里)、芬兰(3674 卡路里)和美国(3785 卡路里)。[1]

　　俄国的粮食单产能力不仅低于欧洲国家,而且落后于战前同样走粗放型农业发展道路的美国。如果世界 6 种主要粮食作物的平均单产为 100,那么,比利时的指数为 221,德国——179,法国——123,美国——108,俄国——75。[2] 俄国农业的劳动消耗水平也明显落后于竞争伙伴:如果 1914 年美国 9880 万俄亩耕地使用劳动力 8500 万人(约为 1.2∶1),那么俄国 1.7 亿俄亩耕地则使用劳动力 1 亿人(1.7∶1)。[3] 数字的对比表明俄国农业的集约化程度极低。

　　欧俄的人口密度很高(1913 年,欧俄每平方公里平均人口密度为 25.1 人,同期全俄数字为 7.7 人)[4]导致该地区农民经济的规模明显低于国外水平。俄国农民主要通过租赁和购买方式弥补耕地不足。购买土地的数量与资本主义生产关系的发展水平密切相关。欧俄农民购买土地的数量占其土地总量的比重不高(11.2%),其中西北部地区最高,达 23.1%,南部草原地区次之,为 18.4%,波罗的海沿岸地区最低,只有 0.04%。[5] 俄国农村资本主义发展的不平衡性可见一斑。

　　俄国农业投资明显低于西欧竞争伙伴。以 1913 年为例,俄国 1 俄亩耕地投入 8.6 卢布,德国则投入 31 卢布。[6] 从改良农具的使用情况看,俄国与欧洲工业发达国家和美国相去甚远。到十月革命以前,近半数农民仍使用木犁从事生产活动,耕地不超过 9 俄亩的农户基本上没有脱谷机和清粮机。俄国中部地区 12 个县的统计数字表明,无农具农户约占 27%。[7] 1887—1888 年,畜力劳动占粮食产值的比重为

---

① Бишток В. И., Каминский Л. С. *Народное питание и народное здравие в войну* 1914 - 1918 *гг*. М. -Л., 1929. С. 14.

② Хромов П. А. *Экономическая история СССР*. С. 221.

③ 同上,С. 222.

④ БСЭ. Изд. 3. Т. 24. Ч. Ⅱ. С. 118.

⑤ *Статистика земледелия* 1905 *года*. СПб., 1907.

⑥ *Сборник статистических сведений по сельскому хозяйству России и иностранных государств*.

⑦ Свавицкие З. М. и Н. А. *Земские подворные переписи*. 1880 - 1913. *Поуездные итоги*. М., 1926.

61.2％,1912—1914 年该数字降至 60.2％,几乎没有变化。[1] 这表明俄国农业发展水平落后,现代化农具普及程度较低。

20 世纪初俄国农村的种植制度值得一提。根据 1915 年公布的研究结果,[2]虽然欧俄地区传统的三区轮作制仍占主导地位(78.4％),但先进的四区轮作制和多区轮作制比例提高至近 20％(分别为 8.9％和 10.3％),标志着俄国农业技术出现积极变化。A. M. 安菲莫夫认为,资本主义制度促进了俄国农业的进步。[3]

一战以前俄国农民经济的粮食商品率极低。绝大部分谷物和马铃薯用于满足生产者个人及其家庭消费,只有 20％左右的粮食进入市场流通。粮食短缺地区甚至不得不添购粮食以缓解需求压力。

粮食在俄国出口商品结构中占重要地位。1909—1913 年,俄国年均出口粮食 7.27 亿普特,[4]仅 1910 年就出口粮食 8.47 亿普特。[5]1910—1911 年,俄国小麦出口占世界小麦出口总量的 21.9％,[6]某些年份这一比例高达 1/3。粮食出口收入一度占俄国出口总收入的 50％以上。[7]

第一次世界大战前,俄国是世界上重要的粮食出口国之一,[8]但粮食出口结构反映出其经济发展落后。例如,1911 年美国出口的粮食中,面粉的比重占 81.2％,同期俄国出口的粮食则主要为原粮(占 97.9％),面粉比重只有 2.1％。农业发展水平低导致俄国在国际粮食市场的竞争力下降。1912 年,德国等西欧国家开始积极进军芬兰、波兰和波罗的海沿岸等俄国传统的面粉出口市场,俄国的粮食出口空间

① Струмилин С. Г. *Условия производства хлебов в СССР* // План. хоз -во. 1926. No 2. С. 346,352.
② *Стоимость производства главнейших хлебов*. Пг. ,1915. Вып. Ⅰ. С. 442,449.
③ Анфимов А. М. *Крестьянское хозяйство Европейской России*. 1881 - 1904. М. , 1980. С. 176,178.
④ Хромов П. А. *Экономическая история СССР*. С. 201.
⑤ Дихтяр Г. А. *Внутренняя торговля в дореволюционной России*. М. ,1960. С. 64.
⑥ Дорошенко А. Н. *Элеваторное дело в России*. Пг. ,1916. С. 18.
⑦ Хромов П. А. *Экономическая история СССР*. С. 201.
⑧ 赵海燕:《关于俄国粮食问题困难与对策的分析》,载《学习与探索》1995 年第 3 期。

受到排挤。① 除技术原因外,粮食单产水平低,交通基础设施建设滞后以及运输能力严重不足等因素也极大地制约了俄国作为粮食生产国的潜力。

从农业雇佣劳动角度看,1897 年俄国农业工人数量为 270 万人,不足雇佣劳动力总数(910 万人)的 1/3,到 1914 年,俄国雇佣工人数量增至 1400 万～1700 万,但农业工人的比重没有发生根本变化,②在全俄 1.7 亿人口中,这个数字很低(2.9%～3.3%,工人总数占全国人口的比重不超过 10%)。融入城市经济生活是解决农业人口过剩问题的自然选择,但这方面也存在颇多问题。1900 年代初,在 4460 万农村男女劳动力中,农业生产仅需要 1410 万人,外出打短工 1200 万～1420万人,剩余劳动力达 1310 万～1430 万人,而城市和农村资产阶级的劳动力需求明显低于实际供给能力,农村人口过剩问题日益严重。③ 俄国社会结构失衡。一战前,地主、城市大资产阶级、中等资产阶级、商人占全国人口的 16.3%,农民和手工业者占 66.7%,④富农约占农民经济总数的 15%。⑤

随着一战的爆发,俄国的谷物经济急剧恶化。粮食和饲料播种面积减少,欧俄 72 个省的粮食和饲料播种面积由 1914 年的 8571 万俄亩降至 1917 年的 7585 万俄亩。粮食总产量下降,同 1909—1913 年平均水平相比,1914 年粮食总产量下降 4%,1915 年——1.2%,1916年——18.5%,1917 年——16.8%,这是农村劳动力资源大量流失的必然结果。至 1917 年 3 月,俄国先后有 1400 万人应征入伍,使农业失去将近一半的强壮劳动力,大批土地荒芜,牲畜大量屠宰以供军需。⑥粮食单产明显下滑,1913 年欧俄 50 个省粮食单产 58.3 普特/俄亩,

① Селихов М. Н. *Русское мукомолье в борьбе с германскою конкуренциею на международном рынке*. СПб. ,1912. C. 1,11,14,18.
② Хромов П. А. *Экономическая история СССР*. C. 194.
③ Анфимов А. М. *Экономическое положение и классовая борьба крестьян Европейской России*. 1881 - 1904 гг. М. ,1984. C. 27.
④ Поляков Ю. *Изменение социальной структуры в СССР*. М. ,1970. C. 4.
⑤ *От капитализма к социализму*. Основные проблемы истории переходного периода в СССР. 1917 - 1937 гг. М. ,1981. T. I. C. 59.
⑥ 周尚文、叶书宗、王斯德:《苏联兴亡史》,上海人民出版社,2003 年版,第 21 页。

1914 年——44.5 普特/俄亩,1915 年——55.8 普特/俄亩,1916 年——49 普特/俄亩,1917 年——44 普特/俄亩。[1]

　　综上所述,俄国是在经济发展水平落后、资本主义因素向农业领域渗透缓慢的条件下加入第一次世界大战的,因此,战争对俄国的冲击尤甚。1917 年,战争消耗了 71% 的工业总产值,后者仅相当于 1913 年水平的 63%。截至 1917 年 2 月 20 日,俄国战争支出接近 300 亿卢布,大量印钞成为延缓俄国金融体系崩溃的自然之举。农业总产值比 1913 年水平低 12%。甚至在粮食运输规模下降的情况下,运输系统仍无力保障粮食运输。

---

[1]　Китанина Т. М. *Война, хлеб и революция.* (*Продовольственный вопрос в России 1914 - октябрь 1917 г.*). Л. 1985. С. 23.

前　言

本书计划分为若干部分。第一部分主要分析战争[1]以前和战争时期的粮食市场；第二部分着重阐述 1914—1918 年战争与革命时期粮食市场的调节以及军队和居民的粮食供给；后续部分则应研究 1918 年之后的粮食供给调节措施。[2]

本书前两部分写于 1918 年末至 1919 年初，原拟作为 C. H. 普罗科波维奇（C. H. Прокопович）主编的集体著作《战争与革命时期国民经济的调整资料汇编》的组成部分，但该书未能出版，因此两部分内容以手稿形式留存至今。现在本书即将以最初的面孔问世，几乎未作改动。从 1919 年起，国家形势发生诸多变化，仅限于对初稿进行某些修改和补充显然有失公正。独立研究 1919 年以后的粮食市场方为合理之举，这也是本书后续部分之目标所在。特别是自 1918 年末起，俄国的整个经济政策进入特殊时期，开始采取坚决措施对国民经济所有领域实行国有化。

诚然，即将出版的两部分内容已经成为历史，但笔者认为，无论从历史角度，还是从理论和经济政策角度，本书仍具有一定的价值。

首先，本书所研究的时期本身对于俄国历史具有重大意义。这一时期俄国的经济政策，特别是粮食政策以其特殊性引人关注；其次，研究粮食市场，分析调节粮食供给的措施，总结成功经验和失败教训，有助于深刻认识与市场，特别是与粮食市场有关的理论问

---

[1]　除特殊说明外，本书中"战争"系指第一次世界大战——译注。

[2]　Н. Д. 康德拉季耶夫计划就俄国粮食市场问题出版系列著作，但未能如愿。1930 年，康德拉季耶夫因"劳动农民党"案件入狱，1938 年被处决——译注。

题的实质;再次,研究过去的经济政策无疑有益于当前和今后经济政策的制定。

作者尽可能在本研究中使用全部既有文献和资料。另一方面,作者尝试至少在某些部分对结论加以补充,完善所涉及问题的研究方法,因为这是力所能及之事。同时,在整个研究过程中我努力坚持严谨和客观的观点,虽然由于历史并不遥远而且充满动荡,秉持科学的研究精神并非易事。

因此,作者尽量运用实际资料,特别是统计数据论证自己的全部结论。

本书使用的资料详见附录。书末附表中的部分内容属于首次付印,例如农业司关于 1917 年粮食产量和价格的资料等。

最后,感谢所有在本书资料收集过程中给予我帮助的个人和部门。

1922 年 2 月 1 日于莫斯科

第一部分
战前与战争时期的粮食市场

　　战争深刻地改变了粮食市场生存和发挥职能的环境。通过比较战争以前和战争时期粮食市场的状况,人们可以更充分地认识这些变化的实质和意义。

第一章　战前的粮食市场

第一节　播种面积和产量的变化

研究战前的粮食市场,我们首先应该关注粮食的产量,即播种面积、单产和总产量的变化。

表1-1数字反映了俄国72个省(州)各类粮食作物播种面积的变化情况。

表 1-1

年份(平均数)	主要粮食	颗粒粮	次要粮食	马铃薯	饲料作物 *	合计
千俄亩						
1901—1905 年	48722.7	5188.4	3077.6	3686.7	24862.7	85538.1
1906—1910 年	50682.1	5208.2	2948.3	3912.0	26733.9	89484.5
1909—1913 年	53142.6	4973.8	3109.3	4192.5	28080.1	93498.3
相对值(以 1909—1913 年平均播种面积为 100)						
1901—1905 年	91.8	104.5	98.9	88.0	88.5	91.6
1906—1910 年	95.5	104.7	95.0	93.4	95.1	95.8
1909—1913 年	100.0	100.0	100.0	100.0	100.0	100.0

资料来源:*По данным Центрального статистического комитета «Урожай хлебов» за 1901 - 1913 гг. // Временник Центрального статистического комитета Министерства внутренних дел. СПб.*

　* 主要粮食包括小麦和黑麦,颗粒粮包括黍和荞麦,次要粮食包括玉米、兵豆、大豆、豌豆、芸豆和双粒小麦,饲料作物包括大麦和燕麦,下同。

根据表中的数字可以发现,总播种面积呈增长趋势。除颗粒粮以外,所有粮食作物的播种面积均有增加,马铃薯和饲料作物的增长幅度最大,主要粮食,特别是次要粮食播种面积的增长有限。单独粮食品种的详细数据反映出的情况与此一致。冬小麦、春小麦、大麦、燕麦、玉米和马铃薯播种面积的绝对值和相对值均持续快速增长,冬黑麦、春黑麦、双粒小麦、荞麦和豌豆的播种面积下降,黍、兵豆和大豆的播种面积保持原来水平。播种面积发生不同变化的同时,粮食作物的种植结构也发生变化。春小麦、大麦和马铃薯的播种面积相对增长,黑麦、双粒小麦、荞麦、黍和燕麦的播种面积相对下降,其他作物则相对稳定。不同作物占上述作物总播种面积的百分比详见表 1-2。

表 1-2

年份	冬黑麦	春黑麦	冬小麦	春小麦	玉米	双粒小麦	荞麦	黍	豌豆	兵豆和大豆	马铃薯	大麦	燕麦
1901—1908 年	31.23	0.73	6.24	18.56	1.47	0.48	2.83	3.53	1.19	0.47	4.32	9.92	19.15
1909—1913 年	28.24	0.54	6.53	21.48	1.56	0.28	2.07	3.24	1.13	0.46	4.47	11.42	18.58

资料来源:根据中央统计委员会 1901—1913 年粮食产量资料。

单位面积产量是决定粮食产量的第二个因素。单产的变化一方面取决于社会经济原因,另一方面取决于自然气候原因。如果从社会经济原因考虑,那么我们应当确认单位面积产量逐渐提高的事实。战前 10~15 年粮食单产一直呈增长趋势。欧俄 50 个省各类粮食的单产情况详见表 1-3。

表 1-3

年份	农民土地		地主土地	
	普特/俄亩	%	普特/俄亩	%
1861—1870 年	29	100	33	100

年份	农民土地		地主土地	
	普特/俄亩	%	普特/俄亩	%
1871—1880 年	31	107	37	112
1881—1890 年	34	117	42	127
1891—1900 年	39	134	47	142
1901—1910 年	43	148	54	164

资料来源：Кауфман А. А. *Вопросы экономики и статистики крестьянского хозяйства*. М.，изд. Лемана и Сахарова，1918.

如果从决定每年粮食单产波动的主要因素——自然气候原因考虑,那么战前欧俄 47 个省的粮食单产(普特/俄亩)情况详见表 1-4。

表 1-4

年份	黑麦	小麦	黍	荞麦	燕麦	大麦	马铃薯 (欧俄 50 省农民土地)*
1901 年	43.0	34.0	34.7	20.3	32.9	37.2	363
1902 年	51.4	48.6	62.2	38.4	51.9	54.2	439
1903 年	50.6	46.4	38.1	22.9	41.2	54.0	397
1904 年	57.2	51.0	28.5	28.2	64.4	51.9	395
1905 年	40.4	42.0	33.4	28.8	47.7	48.4	432
1906 年	34.5	31.3	34.9	28.8	33.2	48.9	385
1907 年	44.0	33.3	41.9	30.9	45.5	48.4	411
1908 年	44.4	37.5	34.0	27.9	47.2	48.6	394
1909 年	51.1	55.4	49.9	34.1	61.1	62.6	429
1910 年	49.6	47.5	55.6	37.5	53.8	57.7	503

年份	黑麦	小麦	黍	荞麦	燕麦	大麦	马铃薯 （欧俄 50 省农民土地）*
1911 年	40.7	29.4	36.1	34.6	42.6	49.8	453
1912 年	58.3	42.5	57.8	41.0	55.4	55.3	491
1913 年	55.2	58.2	55.0	35.6	62.3	63.8	460
1901— 1905 年	48.5	44.4	39.4	27.7	47.6	49.1	405
1906— 1910 年	44.7	41.0	43.3	31.8	48.3	52.2	424
1909— 1913 年	51.0	46.6	50.9	36.6	55.1	57.8	467

资料来源：*Статистический справочник по аграрному вопросу* / Под ред. Я. С. Артюхова. СПб. : Лига аграрных реформу，1918. Ч. 2. Вып. 2.

* *Картофель. Современное положение культуры картофеля и стоимость его производства. Ч. 1. СПб. ，Министерство земледелия，1912；同前，Ч. 2. СПб. ，Министерство земледелия，1914；Сборник статистико -экономических сведений по сельскому хозяйству за 1915 г. Пг. ，Министерство земледелия，1915.*

　　显而易见，战前俄国粮食的单产水平较高。1901 年、1906 年和 1911 年多种粮食歉收，1902 年、1904 年、1909 年、1910 年、1912 年和 1913 年属于丰收年，1903 年、1905 年、1907 年和 1908 年的粮食单产处于中等水平。

　　以上述粮食播种面积和单位面积产量的变化为背景，则很容易理解俄国粮食总产量的变化。表 1 - 5 列举了欧俄 72 个省（州）的粮食总产量数据。

表 1 - 5

年份	主要粮食	颗粒粮	次要粮食	马铃薯	饲料作物	合计
千普特						
1901—1905 年	2326949.5	183431.3	142852.2	1592469.7	1215531.1	5461233.8

年份	主要粮食	颗粒粮	次要粮食	马铃薯	饲料作物	合计
千普特						
1906—1910 年	2288690.2	204914.0	166622.4	1866072.9	1369326.1	5895625.6
1909—1913 年	2662547.3	219852.3	192592.6	2121168.8	1583109.9	6779270.9
以 1909—1913 年平均粮食总产量为 100						
1901—1905 年	87.3	83.6	74.6	75.2	76.9	80.5
1906—1910 年	85.7	93.3	86.6	88.0	86.5	87.0
1909—1913 年	100.0	100.0	100.0	100.0	100.0	100.0

资料来源：根据中央统计委员会粮食产量资料。

　　粮食总产量不断提高，到战前最后 5 年达到 67.79 亿普特。主要粮食占比最高，其次是马铃薯和饲料作物。

　　次要粮食、马铃薯和饲料作物总产量的增长速度最快。根据前述播种面积和单位面积产量的变化，次要粮食总产量的增长主要得益于单产水平的提高，而马铃薯和饲料作物总产量的增长则依靠单产提高和播种面积增加。主要粮食和颗粒粮总产量的增幅不大。

　　全俄及其主要地区 1909—1913 年的平均粮食总产量（千普特）详见表 1-6。

表 1-6

地区或全俄	主要粮食	颗粒粮	次要粮食	马铃薯	饲料作物	粮食与马铃薯合计
欧俄省份	2274831.8	192166.1	169403.1	2054752.6	1374898.8	6066052.4
高加索	248401.7	17439.5	42783.4	31450.0	139011.5	479086.1
西伯利亚、草原地区和突厥斯坦	260479.3	22670	6335.4	53215.9	121492.5	464193.1

地区或全俄	主要粮食	颗粒粮	次要粮食	马铃薯	饲料作物	粮食与马铃薯合计
全俄	2783712.8	232275.6	218521.9	2139418.5	1635402.8	7009331.6

资料来源：根据中央统计委员会粮食产量资料。

由此,战前 5 年全俄年平均粮食总产量达 70.09 亿普特,欧俄省份占主导地位。

根据中央统计委员会的资料,1909—1913 年的平均净产量(千普特)如表 1-7 所示。

表 1-7

地区或全俄	主要粮食	颗粒粮	次要粮食	马铃薯	饲料作物	粮食与马铃薯合计(马铃薯折合成粮食)
欧俄省份	1901688	171083	152481	1666442	1129008	3770870
高加索	205586	16280	40894	25240	117475	386545
西伯利亚、草原地区和突厥斯坦	189252	20714	27282	40732	93661	341092
全俄	22996526	208077	220657	1732414	1340144	4498507

第二节　农民和地主的粮食产量

了解农民粮食产量占粮食总产量的份额对于认识俄国粮食市场的结构具有重要意义。下列数据将对这个问题作出回答。欧俄 63 个省四种主要粮食作物播种面积在农民和地主之间的分配比例(%)详见表 1-8。

8

表 1 - 8

土地分类	1896—1900 年	1906—1910 年
农民土地	66.8	65.3
地主土地	33.2	34.7

资料转引自：*Лященко П. И. Зерновое хозяйство и хлеботорговые отношения России и Германии в связи с таможенным обложением*. Пг., Мин-во финансов, 1915.

　　如表所示,农民的播种面积占 2/3。这些数字来源于内务部中央统计委员会的资料。[1] 但是该委员会主要统计了农民份地的播种面积,对农民购买和租赁的土地的播种情况则没有进行统计或统计不足。因此,表中引用的数字无疑低估了农民的播种面积。如果我们参考 1916 年农业统计调查数据,那么会发现农民和地主土地占播种面积的比重(%)有所变化。表 1 - 9 反映了全俄粮食播种面积的分配。

表 1 - 9

土地分类	主要粮食	颗粒粮	次要粮食	马铃薯	饲料作物	主要粮食和饲料作物	各类粮食和马铃薯
农民土地	92.5	94.0	93.7	93.0	90.7	92.9	92.1
地主土地	7.5	6.0	6.3	7.0	9.3	7.1	7.9

资料来源：*Предварительные итоги Всероссийской сельскохозяйственной переписи 1916 г. по Европейской России*. Пг., Управление делами Особого совещания по продовольствию, 1916. Вып. 1; *Предварительные итоги всероссийской сельскохозяйственной переписи 1916 г. по Кавказу*. Пг., Управление делами Особого совещания по продовольствию, 1917. Вып. 2.

　　从 1916 年农业统计调查数据看,农民土地播种面积所占的份额要高得多。值得注意的是,这次统计调查是在战争开始两年后

---

[1] 参见：*Юбилейный сборник Министерства внутренних дел*. 1863, 30 апр. СПб., 1913.

进行的,当时地主播种面积减少的幅度大于农民。应当承认,战前农民的粮食播种面积高于中央统计委员会的统计数字,但低于1916 年农业统计调查显示的结果。不过,农业统计调查实际上只能小幅高估农民播种面积的份额。因此,战前农民土地播种面积的份额应该大致在85%～90%之间。分析中央统计委员会统计的65 个省农民经济和地主经济的粮食净产量(表 1 - 10)时需要注意这一点,而且应考虑到地主经济的粮食单产较高。

表 1 - 10

年均		主要粮食	颗粒粮	次要粮食	马铃薯	饲料作物	粮食和马铃薯合计(马铃薯折合成粮食)
千普特							
1893—1897 年	农民经济	1030921	104640	65939	715975	544281	1924775
	地主经济	495264	37299	34460	333519	267964	919367
1909—1913 年	农民经济	1367053	131916	100044	1145282	818105	2748157
	地主经济	791179	56411	73931	562975	459632	1546942
农民粮食占总产量份额(%)							
1893—1897 年		67.6	73.7	65.0	68.2	66.2	67.7
1909—1913 年		63.5	67.0	57.5	67.0	64.0	63.9

资料来源:根据中央统计委员会粮食产量资料。1893—1897 年数据转引自 A. E. 洛西茨基(А. Е. Лосицкий)绘制的表格(参见:Кулябко -Корецкий Н. Г. *Районы хлебной производительности Европейской России и Западной Сибири*. СПб., Вольное экономическое общество,1903.),1909—1913 年数据由作者计算。

第三节　粮食生产和消费的平衡

现在探讨一下俄国粮食生产和消费平衡的问题。1909—1913年生产和消费(千普特)的对比情况(参见表 1 - 11)反映了这种平衡的性质。需要说明的是,这里的消费指广义上的消费,包括粮食消费、饲料消费、种子消费和工业消费。

表 1 - 11

	主要粮食	颗粒粮	次要粮食	饲料作物	各类粮食	马铃薯
生产数量	2783713	232276	218522	1635403	4869914	2132418
消费数量	2489268	220399	159020	1345203	4213890	2118937
平衡状况	+ 294445	+ 11875	+ 59502	+ 290200	+ 656022	+ 20481

资料来源: *Производство, перевозки и потребление хлебов России за 1909 - 1913 гг.* Пг., Мин -во земледелия, 1916. Вып. 1; 同前, 1917. Вып. 2.

数据显示,战争爆发之前俄国粮食产需平衡有余,其中粮食盈余6.56亿普特,马铃薯盈余2048万普特,饲料作物和主要粮食的盈余量最大。

满足国内需求后俄国粮食仍有大量盈余。但同时应当指出,俄国人均粮食消费量相对较低。表 1 - 12 数据有助于认识 1908——1912 年世界主要国家的人均粮食消费(广义消费)水平(普特)。

表 1 - 12

国家	小麦	黑麦	小麦与黑麦合计	大麦	燕麦	大麦与燕麦合计	总计
奥匈帝国	8.0	5.1	13.1	3.6	4.4	8.0	21.1
比利时	14.7	5.4	20.1	3.4	5.7	9.1	29.2
德国	5.5	9.8	15.3	5.7	7.8	13.5	28.8
俄国	5.5	9.3	14.8	2.7	5.6	8.3	23.1
英国	9.9	—	—	3.3	5.3	8.6	—
法国	14.4	2.0	16.4	1.8	8.3	10.1	25.5

资料来源: Брошниовский А. К. *Условия сбыта русских хлебов за границу.* Пг., Мин -во торговли и промышленности, 1914.

可见,俄国居民的粮食消费水平属于最低之列,仅高于奥匈帝国。因此,现在已经可以说,俄国粮食盈余、商品率提高以及出口的发展总体上以广大民众相对较低的消费水平为基础。

第四节　粮食盈余和短缺地区

一战以前,满足国内需要后,俄国粮食仍大量盈余是不争之事实。粮食盈余和短缺地区的分布问题对于认识俄国粮食市场结构至关重要。表 1-13 数据反映了 1909—1913 年俄国不同省(州)各类粮食和马铃薯的年均盈余或短缺情况。

表 1-13

粮食短缺地区	普特/人均	粮食盈余地区	普特/人均
彼得堡省	-21.43	塔夫利达省	+36.72
莫斯科省	-18.94	库班州	+30.55
阿尔汉格尔斯克省	-10.93	赫尔松省	+30.46
弗拉基米尔省	-10.27	顿河州	+27.52
东西伯利亚	-9.92	萨马拉省	+25.10
奥洛涅茨省	-9.79	叶卡捷琳诺斯拉夫省	+24.19
特维尔省	-6.61	比萨拉比亚省	+23.90
科斯特罗马省	-6.31	捷列克州	+21.47
阿斯特拉罕省	-6.26	斯塔夫罗波尔省	+16.40
利夫兰省	-6.14	萨拉托夫省	+13.54
卡卢加省	-6.12	坦波夫省	+12.23
诺夫哥罗德省	-6.08	乌法省	+11.50
下诺夫哥罗德省	-5.82	波尔塔瓦省	+10.13
雅罗斯拉夫尔省	-5.73	图拉省	+9.20

粮食短缺地区	普特/人均	粮食盈余地区	普特/人均
伊尔库茨克省	− 5.25	沃罗涅日省	+ 8.35
斯摩棱斯克省	− 4.70	奥伦堡省	+ 8.16
沃洛格达省	− 4.29	奔萨省	+ 7.05
维捷布斯克省	− 3.99	辛比尔斯克省	+ 6.95
普斯科夫省	− 3.79	库尔斯克省	+ 6.70
突厥斯坦	− 3.25	哈尔科夫省	+ 6.63
彼尔姆省	− 2.91	喀山省	+ 5.79
维尔诺省	− 2.75	基辅省	+ 3.94
外高加索	− 2.50	波多利斯克省	+ 3.94
格罗德诺省	− 2.45	托木斯克省	+ 3.78
波兰王国	− 1.78	梁赞省	+ 3.28
莫吉廖夫省	− 1.76	奥廖尔省	+ 2.60
明斯克省	− 1.39	爱斯特兰省	+ 1.97
草原地区	− 0.38	维亚特卡省	+ 1.84
叶尼塞斯克省	− 0.15	库尔兰省	+ 1.35
		科夫诺省	+ 0.41
		托博尔斯克省	+ 0.34
		沃伦省	+ 0.24
		切尔尼戈夫省	+ 0.12

资料来源：*Производство，перевозки и потребление хлебов за* 1909 – 1913 *гг.* Пг.，Мин -во земледелия；Челинцев А. Н. *Районы избытков и недостатков сельскохозяйственных продуктов.* Киев，Труды Комиссии по вопросам земской статистики Общества имени А. И. Чупрова，1914.

　　显然，最重要的粮食盈余地区位于欧俄东南部，覆盖除阿斯特拉罕省、下诺夫哥罗德省以外的所有黑土省份、非黑土区的维亚特卡省、斯塔夫罗波尔省、库班州、捷列克州及北高加索。西西伯利亚的托木斯克省、托博尔斯克省的粮食也有盈余。粮食短缺地区主要位于欧俄西北部、除维亚特卡省以外的非黑土区、黑土区的阿斯特拉罕省和下诺夫哥罗德省、叶尼塞斯克省、东西伯利亚、外高加索和草原地区。这样,欧俄明显分成粮食严重短缺的西北部和粮食极其丰富的东南部。此外,俄国南部、东南部及东部偏远省份大体属于粮食略有不足地区。粮食盈余和短缺地区的地理分布参见图 1。当然,对不同种类的粮食而言,其盈余和短缺地区的地理分布也存在差异(参见第一部分附表 1)。粮食盈余和短缺地区的地理分布不仅反映了粮食生产市场与消费市场的地理格局,而且是确定粮食运输路线的最关键依据之一。粮食盈余和短缺地区的严格划分凸显出运输的重要作用,后者的任务是从主要生产市场向消费市场运送粮食。

由此,我们开始分析粮食流通问题。

第五节　粮食商品率与商品粮数量

研究粮食流通,我们首先需要阐明的问题是粮食商品率与商品粮数量。粮食商品率是进入市场的粮食数量与粮食总产量之比(商品率计算方法参见第一部分附表 2 说明)。表 1-14 数字反映了根据 1909—1913 年平均粮食总产量和运输量计算出的粮食商品率和商品粮数量。

表 1-14

粮食种类	全俄总产量 (普特)*	水路和铁路运输量 (商品粮数量,普特)**	运输量占总产量 比例(商品率,%)
黑麦	1429605800	137747800	9.6
小麦	1354107400	454245400	33.5
荞麦	73241900	6662600	9.1

粮食种类	全俄总产量（普特）*	水路和铁路运输量（商品粮数量，普特）**	运输量占总产量比例（商品率，%）
黍	159033800	9545600	6.0
双粒小麦	11859100	1093200	9.3
玉米	133383900	49051600	36.9
豌豆	50891800	15772400	31.0
马铃薯	2139418500	48873000	2.3
燕麦	964720900	189618800	19.7
大麦	670683000	187720800	28.0
主要粮食	2783713200	591993200	21.3
饲料作物	1635403900	377339600	23.1
次要粮食	196134800	65917200	33.6
颗粒粮	232275700	16208200	7.0
4 种主要粮食（黑麦、小麦、燕麦和大麦）	4419117100	969332800	21.9
其他粮食（不含 4 种主要粮食）	2567829000	130998400	5.1
合计	6986946100	1100331200	15.8

＊粮食总产量根据中央统计委员会的数据计算，未包括兵豆和大豆数量，因此总产量与前面的 1909—1913 年总产量不一致。

＊＊铁路运输量来源：*Сводная статистика перевозок по русским железным дорогам*. 1893 - 1917. СПб.，Мин -во финансов；水路运输量来源：*Перевозки по внутренним водным путям* 1877 - 1917. Пг.，Мин -во путей сообщения.

　　玉米、小麦、豌豆和大麦的商品率最高，马铃薯、黍、双粒小麦和黑麦的商品率最低。小麦、燕麦、大麦、黑麦和玉米的商品粮数量最多，商品粮总量达 11 亿普特。但是运输统计远未统计全部商品粮数量，因此，应当承认，这里所说的商品粮数量和商品率一定程度上是被低估了的。

此外,表 1-15 没有按地区、地主粮食和农民粮食区分商品率,而是利用比较复杂的方法(参见第一部分附表 2 说明)计算了粮食盈余省份 4 种主要粮食的商品率(%)。

表 1-15*

地区**	小麦			黑麦			燕麦和大麦		
	综合商品率	农民粮食	地主粮食	综合商品率	农民粮食	地主粮食	综合商品率	农民粮食	地主粮食
中部农业区	43.4	34.2	83.4	17.8	14.5	43.7	45.2	38.2	82.4
伏尔加河中游地区	62.6	61.6	80.0	29.7	27.8	52.7	34.5	31.3	63.8
伏尔加河下游地区	65.5	63.7	86.1	35.7	38.9	4.1	4.1	3.4	16.3
新俄罗斯地区	77.4	77.3	77.8	48.8	46.0	62.8	51.3	42.5	69.8
西南部	45.5	16.2	85.8	14.4	13.8	20.3	7.3	—	63.0
小俄罗斯地区	45.1	36.0	78.5	16.7	14.4	38.1	22.3	16.0	52.7
北高加索	47.7	45.8	79.4	29.6	31.0	—	39.1	39.8	27.5
乌拉尔西部	—	—	—	11.3	11.4	—	15.1	15.1	—
西西伯利亚	15.2	14.9	80.9	21.1	21.1	—	3.9	3.9	—
平均	55.7	51.3	81.1	23.3	21.5	42.0	33.8	28.8	65.8

* 本表资料来源和计算原则参见第一部分附表 4 说明。
** 仅列举粮食盈余省份。

由表 1-15 可以发现,小麦的商品率最高,燕麦和大麦次之,黑麦最低。粮食商品率最高的地区一方面位于粮食最富足的新俄罗斯、北高加索地区,另一方面位于水路运输便捷的伏尔加河中下游地区或临近消费市场的中部农业区。

显然,粮食盈余数量是决定商品率水平的关键因素。这就是某些贸易和交通条件优越,但粮食盈余量有限的地区商品率不高的原因,例如伏尔加河下游地区的燕麦和大麦、西南部的黑麦、燕麦和大麦。

尽管农民的粮食商品率有所提高,但仍大幅低于地主粮食商品率(参见表 1-16)。如果将商品粮划分为农民粮食和地主粮食,并在此基础上分析粮食盈余省份的商品粮数量,那么上述事实(农民粮食商品率低于地主粮食商品率)会更加明显。

表 1-16

	小麦	黑麦	燕麦和大麦	合计
农民商品粮数量(千普特)*	462970.4	180965.3	282255.6	926191.3
地主商品粮数量(千普特)	116060.6	34710.2	103569.9	254340.7
商品粮总量(千普特)	579031.0	215675.5	385825.5	1180532.0
农民商品粮占商品粮总量百分比	79.9	83.9	73.1	78.4
农民粮食占粮食总产量百分比	86.4	91.2	86.3	87.9

* 资料来源和计算原则参见第一部分附表 4 说明。

如上表所示,4 种主要粮食的商品粮总量约为 11.8 亿普特,其中农民商品粮数量 9.26 亿普特,约占 78.4%,同时,农民的粮食产量占这些省份粮食总产量的 87.9%。

值得注意的是,表 1-16 中的 4 种主要粮食的商品率和商品粮数量高于表 1-15。但矛盾仅仅是表面上的,主要是计算方法不同所致。相反,认真思考两种计算方法(参见第一部分附表 2 说明)则很容易得出结论,两个计算结果本质上完全一致。由于前一种方法略微低估商品粮数量,而后一种方法略微高估商品粮数量,因此,4 种主要粮食的商品粮数量大致为 11 亿普特,各类粮食的商品粮数量大致为 13 亿普特。

根据以上对粮食商品率的分析,应得出若干对认识粮食市场至关重要的结论。

农民的粮食商品率相对较低是事实,同时,农民经济在粮食市场供应方面发挥主要作用。但在农民经济商品率较低的条件下,这种作用的前提是数量因素。就数量而言,农民经济远超过地主经济。根据 1916 年农业统计调查结果,两者的数量结构详见表 1-17。

表 1-17

	农民经济		地主经济		合计	
	数量	%	数量	%	数量	%
欧俄 47 个省	15492202	99.3	110031	0.7	15602233	100
全俄(不包括突厥斯坦)	18671238	99.4	120062	0.6	18791300	100

资料来源:*Предварительные итоги Всероссийской сельскохозяйственной переписи по Европейской России, Кавказу и азиатским владениям, кроме Туркестана*. Пг., Управление делами Особого совещания для обсуждения и объединения мероприятий по продовольственному делу, 1916-1917.

地主经济在粮食市场供应方面同样发挥巨大作用,但这种作用的决定因素是质量,而非数量。地主经济的粮食商品率较高。

由此,可以首先总结出俄国粮食市场的一个特点,可以称之为惯性大。确实如此。农民经济数量庞大,俄国民众,首先是农民人均消费量较低,显而易见,任何试图提高农民消费水平和降低农民经济商品率的变化都会产生巨大惯性力,引发粮食市场危机,反之亦然。

综上所述还可以得出一个论点,即俄国粮食市场高度依赖商品率较高的地主经济。

显然,在其他条件相同情况下,地主经济的剧烈动荡同样会导致市场危机。如果两种状况结合到一起,那么俄国粮食市场的形势将极其严峻。在战争和革命时期我们都目睹了这种结合。

作者认为,俄国粮食市场的两个特点——依赖农民的消费水平和农民经济的商品率,依赖地主经济的发展状况——是战争与革命时期粮食市场和粮食供给发生重大危机的主要根源。当时,若干情形同时发生:广大农民消费量提高,农民经济商品率下降(甚至在消费水平没有提高的条件下),地主经济初期受到严重冲击,然后走向破产。

第六节 粮食商品率与粮食流通量的变化

粮食商品率和粮食流通规模是动态的、发展的。铁路和水路的粮食运输资料非常准确地反映了粮食商品率与流通数量的变化，因为几乎只有商品粮才进入运输环节。表 1 - 18 数据反映出各类粮食的运输情况(千普特)。

表 1 - 18

年均	铁路运输	水路运输	铁路运输的变化(以1895—1900年为100)	水路运输的变化(以1895—1900年为100)	粮食运输总量	粮食运输总量的变化(以1895—1900年为100)	铁路运输占运输总量比例(%)
1895—1900年	701716.1	218024.8	100	100	919731.0	100.0	76.4
1901—1905年	946164.0	291586.8	135	134	1237750.8	134.6	76.5
1906—1910年	1121221.8	272121.4	160	125	1393343.2	151.8	80.5
1909—1913年	1270003.4	300567.6	181	138	1570571.0	171.0	80.9

资料来源: *Сводная статистика перевозок по русским железным дорогам. 1893 - 1917. СПб., Мин -во финансов. Перевозки по внутренним водным путям. 1877 - 1917. Пг., Мин -во путей сообщения.*

由此可以发现,粮食流通量不断增加。铁路承担绝大部分粮食运输,因此铁路运输量可以准确地反映粮食流通量的变化。粮食流通数量增加是源于粮食产量的增加还是商品率的提高?为确定商品率的变化,我们看一下粮食运输总量占产量(千普特)的比重(参见表 1 - 19)。

1914—1918 年俄国的粮食市场及其调节

表 1 - 19

年均	72 个省各类粮食产量*	各类粮食运输量**	运输量占产量比重（%）
1901—1905 年	3923999.7	1237750.8	31.6
1906—1910 年	4096571.3	1393343.2	34.0
1909—1913 年	4718729.3	1570571.0	33.3

* 根据中央统计委员会资料。粮食产量中包括亚麻籽和大麻籽，但不包括马铃薯。
* * *Сводная статистика перевозок по русским железным дорогам. 1893 - 1917; Перевозки по внутренним водным путям. 1877 - 1917.*

　　显而易见，粮食的综合商品率呈增长趋势，尽管幅度低于粮食流通规模。
　　如果单独分析主要粮食的流通量和商品率，借助铁路运输资料（因为主要粮食基本利用铁路运输），可以获得以下情况（参见表1-20）。

表 1 - 20

年均	小麦运输			黑麦运输			燕麦运输			大麦运输		
	千普特	%	占产量比例（%）	千普特	%	占产量百分比	千普特	%	占产量百分比	千普特	%	占产量百分比
1895—1900 年	151172	100.0	21.8	72067	100.0	5.8	91552	100.0	13.0	36949	100.0	10.3
1901—1905 年	208218	137.8	21.9	84556	117.8	6.6	118667	129.6	16.3	60766	164.7	14.3
1906—1910 年	275381	182.1	26.4	79901	111.0	6.4	118442	129.4	14.1	99643	270.0	18.8
1908—1912 年	292004	193.2	23.8	72209	100.3	5.4	130912	142.9	14.6	116425	315.5	19.9

资料来源：*Сводная статистика перевозок по русским железным дорогам. 1893 - 1917.*

　　大麦和小麦的贸易流通量和商品率增长最快，燕麦次之，黑麦则保持稳定。

第七节　商品粮的国内市场与国外市场运输

俄国的商品粮运输究竟服务于哪个市场？通过比较表 1 - 21 中粮食的国内运输量与国外运输量（百万普特），我们可以找到这一问题的答案。

表 1 - 21

年均	国内运输量	国外运输量	国内运输占比（%）	国外运输占比（%）
1895—1900 年	250.73	327.44	43.4	56.6
1901—1905 年	327.90	416.80	44.1	55.9
1906—1910 年	434.50	463.00	48.4	51.6
1908—1912 年	452.08	513.46	46.8	53.2

根据表中数据可以判断，国内运输量不断增长，市场容量不断扩大；同时，国外运输量的绝对值增长，但呈相对下降趋势。因此，国内市场对于俄国粮食销售的重要性提升，尽管十分缓慢。

再看一下俄国粮食的进出口问题（参见表 1 - 22）。

表 1 - 22

	俄国出口粮食（千普特）	俄国进口粮食（千普特）	出口超过进口（千普特）
1898—1902 年	417470	2265	+ 415205
1903—1907 年	563200	8701	+ 554499
1908—1912 年	632950	19433	+ 613517
1909—1913 年	675372	19921	+ 655452

资料来源：*Обзор внешней торговли России*. 1862 - 1872. СПб.，Департамент таможенных сборов，1874.

这样,俄国粮食净出口量超过 6.5 亿普特,进口量则微不足道。

表 1－23 数字有助于我们认识各类粮食的出口情况。

表 1－23

粮食种类	千普特		以 1909—1913 年平均数为 100	
	1898—1902 年	1909—1913 年	1898—1902 年	1909—1913 年
黑麦	80354	39995.4	200.9	100
小麦	145231	258776.0	56.2	100
大麦	83268	226991.6	36.7	100
燕麦	55485	66428.6	83.6	100
荞麦	1505	3179	47.4	100
黍	850	2001	42.5	100
玉米	38431	46573.4	82.5	100
豌豆	5650.6	13580.8	41.6	100
大豆、芸豆和兵豆	4103	8980	45.7	100
马铃薯	2592.4	10866.6	23.8	100

资料来源:同表 1－22。

可见,小麦和大麦的输出量最大。除黑麦以外,所有粮食的出口均呈增长趋势,马铃薯、大麦、豌豆、黍、大豆、荞麦和小麦的出口增长势头尤其强劲。

第八节　运输与贸易路线

粮食流通数量增加、商品率提高以及出口增长与贸易路线和运输问题联系密切。运输是贸易路线的基础。19 世纪上半叶,畜力运输和水路运输是主要的运输方式。从 19 世纪 60 年代起,俄国开始修筑承担经济任务的铁路。早期的铁路将重要的消费中心——莫斯科与彼得堡以及盛产粮食的中部、伏尔加河沿岸、东南部等地区连接在一起,波罗的海和黑海港口通过铁路与粮食产区连成一体,铁路运输成为构建粮食市场和供应国内消费中心的全新因素。从 70 年代起,俄国开始在 60 年代铁路框架基础上修建更加稠密的铁路网,铁路进入快速发展时期,铁路长度、机车车辆以及货运量增长迅猛(参见表 1-24)。

表 1-24

年份	铁路长度(俄里)	机车数量(台)	高速和低速铁路货运量 (百万普特)
1885 年	24041	6317	2616.0
1895 年	32491	8123	4741.2
1905 年	55602	17006	8355.2
1910 年	59702	19877	11770.4

资料来源: *Статистический ежегодник за 1914 г.* СПб., Совет съездов представителей промышленности и торговли, 1915.

　　铁路使粮食生产和流通发生真正的革命。[1] 铁路逐渐发展到东南部、东部和西伯利亚的偏僻农村地区,将这些地区与国内和国外销售市场联系起来,明确地划分出粮食生产地区和粮食消费地区[2],进一步扩大了商品粮生产面积,促进了粮食商品率和贸易量的增长。作为新兴运输工具,铁路极大地削弱了水路和畜力运输的作用。传统贸易集中区的地位受到严重冲击。现在铁路贯穿俄国平原地区,比以往更多地将分散的农民粮食集中到火车站,并运往消费和出口市场。铁路以此加强了俄国地区间国民经济的有机联系,提升了粮食消费地区对粮食生产地区的依存度,使国内粮食市场与国际粮食市场的关系更加密切。

　　铁路对粮食生产和贸易的地理格局产生革命性影响。1896/

---

[1] Лященко П. И. *Очерки аграрной эволюции России.* СПб., Мин-во финансов, 1908；同前, *Хлебная торговля на внутренних рынках Европейской России. Относительно-статистическое исследование.* СПб., Мин-во торговли и промышленности, 1912. Ч. 1.

[2] 粮食消费地区或省份是指粮食不能自给的地区或省份——译注。

1914—1918 年俄国的粮食市场及其调节

97—1901 年最终确立的运价政策[①]显著推动了偏远欠开发地区进入全俄粮食流通领域的进程。双重性原则和差别化原则是该项政策的基础。双重性原则是指出口运输和国内运输实行不同运价。如果出口粮食的运输距离不足 540 俄里,那么需要支付高于相同运输距离国内运输的运费。只有运输距离超过 540 俄里,出口运输方可享受与国内运输相同的运价。差别化原则是指随着运输距离的增加下浮普特俄里运价。显然,运价政策有利于吸引偏远地区更多地参与粮食贸易,为俄国偏远省份的粮食进入国内和出口市场提供了便利的贸易途径。

综上之述,随着市场容量的扩大以及俄国偏远地区经济有机联系的加强,运输特别是铁路运输日益成为消费市场粮食供给的决定性因素。连结粮食产区与消费地区的运输路线的重要性不断提高。不过,必须指出俄国铁路的两个特点。尽管俄国铁路网发展迅速,但铁路密度和运能仍相对较低(参见表 1 - 25)。

表 1 - 25

国家	年份	百平方公里铁路密度(俄里)
英国	1912 年	12.0
德国	1913 年	11.7
法国	1913 年	9.4
奥地利	1913 年	7.7
意大利	1913 年	6.2
美国	1913 年	4.3
罗马尼亚	1913 年	2.9
俄国	1914 年	0.32

资料来源: *Сборник статистико -экономических сведений по сельскому хозяйству за 1915 г.* Пг., Мин-во земледелия,1916.

---

① 根据货物运输距离实行差别化运价——译注。

由此可见,俄国铁路的运输能力较低,国内市场联系的稳固程度脆弱,交通路线极易遭受破坏,战争期间类似的事情屡见不鲜。这是其一。

第二,从铁路布局看,俄国铁路,特别是东南部粮食产区铁路发展薄弱(参见表 1-26)。这一特点对战争时期粮食市场危机的发展具有决定性作用。

表 1-26

地区	截至 1912 年 1 月 1 日千平方俄里铁路密度(俄里)
维斯瓦河沿岸地区	30.4
工业地区	18.0
伏尔加河中游地区	10.4
高加索	8.7
西伯利亚	0.5

资料来源:同表 1-25。

作为最重要的运输方式,铁路成为贸易路线的基础,其总体发展情况如上所述。铁路商品粮运输有两个主要方向:一是港口和边境口岸;二是国内消费中心。

为认识向国外市场和国内市场运输粮食的情况,我们看一下粮食主要从哪些省份运往上述市场。表 1-27 列举了 1909—1911年 4 种主要粮食年均输出量不低于 1000 万普特的省份,从中我们可以找到这个问题的答案。

因此,粮食出口省份几乎全部位于盛产小麦和大麦的俄国南部,乌法省(出口黑麦和小麦)和奔萨省(出口燕麦)属于例外;供应国内市场的省份则主要位于中部农业区和伏尔加河地区。需要强调的是,在消费省份中,下诺夫哥罗德省和雅罗斯拉夫尔省比较特殊。这两个省的面粉加工业发达,输入的粮食主要用于加工,然后出口面粉。

商品粮发运中心的分布大致如此。我们继续分析这些商品粮的运输情况。1910 年粮食生产中心向国际市场供应粮食的分配(%)和粮食流通方向详见表 1-28。

1914—1918 年俄国的粮食市场及其调节

表 1-27

主要运往国外市场（国外市场份额不低于50%）				主要运往国内市场（国内市场份额不低于50%）			
省份	输出总量（千普特）	国外市场输出量（千普特）	国外市场输出量占输出总量比量比例（%）	省份	输出总量（千普特）	国内市场输出量（千普特）	国内市场输出量占输出总量比例（%）
比萨拉比亚省	24644.6	18953.8	76.9	沃罗涅日省	25997.4	18254.2	70.2
顿河州	67334.8	47382.5	70.4	基辅省	22231.6	13663.8	61.5
叶卡捷琳诺斯拉夫省	77482.4	49999.5	64.6	库尔斯克省	18638.4	14394.3	77.2
奔萨省	11658.9	6981.5	59.8	下诺夫哥罗德省	10852.6	9063.8	98.4
波多利斯克省	13222.6	6625.4	50.1	奥廖尔省	18194.5	13489.9	74.2
塔夫利达省	26834.1	22993.9	85.6	波尔塔瓦省	37904.8	26966.7	71.2
乌法省	10437.4	6028.8	57.7	梁赞省	16748.5	12547.3	75.0
赫尔松省	74881.2	64903.8	86.6	萨马拉省	65689.5	41138.0	62.7
库班州	66053.9	54827.9	83.0	萨拉托夫省	48427.7	26875.9	55.5

续　表

主要运往国外市场（国外市场份额不低于50%）

省份	输出总量（千普特）	国外市场输出量（千普特）	国外市场输出量占输出总量比例（%）
斯塔夫罗波尔省	21109.7	17115.2	81.1

主要运往国内市场（国内市场份额不低于50%）

省份	输出总量（千普特）	国内市场输出量（千普特）	国内市场输出量占输出总量比例（%）
坦波夫省	43096.9	24797.0	57.6
图拉省	24418.4	16565.4	67.9
哈尔科夫省	31872.5	22521.3	80.7
雅罗斯拉夫尔省	25355.1	18817.5	74.3
捷列斯克州	13107.9	8158.9	62.8
托木斯克省	13344.5	13272.5	98.1

资料来源：Материалы по пересмотру торгового договора России с Германией и другими иностранными государствами. СПб., Департамент железнодорожных дел, 1914. Ч. 1, вып. 1.

表 1 - 28

商品名称	波罗的海和北海港口	南部港口	西部陆路边境车站	德国港口和边境车站	合计	
					%	千普特
各类粮食	27.0	61.5	5.0	6.5	100.0	612466
其中						
小麦	19.0	79.7	0.8	0.5	100.0	258807
大麦	2.4	92.3	1.5	3.8	100.0	103525
黑麦	23.0	67.0	6.0	4.0	100.0	27637
燕麦	78.4	13.1	1.5	7.0	100.0	80383
面粉	76.2	21.0	2.7	0.1	100.0	34293

资 料 来 源：*Русские железнодорожные тарифы на перевозку главнейших сельскохозяйственных грузов.* СПб., Отдел сельскохозяйственной экономии и сельскохозяйственной статистики,1914. Ч. 1.

由此可见,大部分出口粮食运往南部港口。从单独品种看,大麦、小麦表现尤为突出,黑麦略低于前两者水平,燕麦则呈相反趋势。如前所述,由于俄国中部消费地区拥有实力雄厚的面粉加工中心,面粉绝大多数发往波罗的海港口。

我们现在开始分析粮食输出地区对国内市场的粮食供应。应当指出,这些粮食的运输情况非常复杂。每个粮食消费省份都输入粮食,而且从若干粮食生产省份输入粮食;相反,每个粮食生产省份都输出粮食,而且向若干粮食消费省份输出粮食。如果考虑省际间的贸易联系,那么这种联系一定程度上可以借助省际间粮食输入和输出的分配情况进行评估。以这些数据为基础,可以证明省际间贸易联系的复杂程度。例如,我们看一下输出省向多少个输入省发运粮食,相反,输入省从多少个输出省获得粮食(参见表 1 - 29)。

表 1 - 29

粮食输出省份	由该省输入粮食的省份数量							
	黑麦	小麦	燕麦	大麦	小麦面粉	黑麦面粉	颗粒粮	黍
库尔斯克省	7	3	11	3	12	10	10	4
坦波夫省	13	7	17	—	18	17	11	17
萨拉托夫省	12	12	14	3	19	17	2	14
奥伦堡省	12	19	7	1	15	5	—	19
粮食输入省份	向该省输出粮食的省份数量							
	黑麦	小麦	燕麦	大麦	小麦面粉	黑麦面粉	颗粒粮	黍
彼得堡省	25	15	28	22	39	29	16	9
莫斯科省	16	16	16	17	32	23	18	18
斯摩棱斯克省	10	—	8	5	21	13	10	10
沃洛格达省	6	5	4	1	18	9	1	4

资料来源：*Материалы для суждения о средних за 1908 - 1911 гг. вывозе и ввозе главнейших продовольственных продуктов по отдельным губерням и областям Российской империи*. Пг. ，Управление делами Особого совещания по продовольствию，1916.

显然，俄国国内粮食贸易联系极其复杂。

第九节　一年时间内粮食进入市场的情况

我们已经熟悉了俄国国内和国外粮食市场的情况及其相互关系。为深入认识粮食市场的机制，有必要着重研究一年时间内粮食进入市场流通的过程。表 1 - 30 中的数据尽管有些过时（1897—1904 年的年均数，单位：百万普特），但仍有助于了解黑麦、小麦和燕麦等主要粮食每月进入市场的情况。

1914—1918 年俄国的粮食市场及其调节

表 1 - 30

	8 月	9 月	10 月	11 月	12 月	1 月	2 月	3 月	4 月	5 月	6 月	7 月
10 个贸易市场	23.0	28.8	28.2	19.6	13.7	10.9	11.8	10.3	11.8	16.2	17.8	9.5
13 个国内市场	4.9	6.9	6.2	5.1	5.4	2.6	2.6	5.9	5.3	2.8	3.5	2.5
合计	27.9	35.7	34.4	24.7	29.1	13.5	18	16.2	17.1	19.0	21.3	12.0

资料来源：Лященко П. И. *Очерки аграрной эволюции России*. Т. 1. Приложение. Табл. Ⅴ.

从表中数字可以发现，8 月—12 月进入市场的粮食数量最多，7 月最少。换言之，俄国粮食的销售和供给并未表现出特殊的谨慎性，大多数粮食收获后迅速销售出去。港口市场的粮食投入不均衡，特别是秋季基本处于饱和状态。国内市场的粮食供应则比较平稳。

进入市场流通的粮食数量不均衡与粮食储备水平的变化密切相关。从统计角度，一般登记农业年度末(7 月 15 日)扣除种子、出口和国内消费以外的粮食总储备量，即生产者、商人、面粉厂主、酿酒厂商的粮食储备规模，以及贸易储备，即重要粮食市场和粮仓的存粮。按年度选取第一种粮食储备量(截至 7 月 15 日)和第二种粮食储备量(截至 6 月 1 日)，并与粮食净产量进行对比，我们可以获得以下情况(参见表 1 - 31，单位：百万普特)。

表 1 - 31

年份	欧俄 54 个省的粮食净产量	欧俄 54 个省的粮食总储备量*	总储备量占净产量比例(%)	贸易储备量
1905—1906	2630	367.3	13.95	31.1
1906—1907	2110	211.7	10.03	14.3
1907—1908	2536	209.2	8.26	18.6
1908—1909	2647	219.2	8.28	15.8

续　表

年份	欧俄54个省的粮食净产量	欧俄54个省的粮食总储备量*	总储备量占净产量比例(%)	贸易储备量
1909—1910	3557	388.5	10.94	54.7
1910—1911	3419	411.7	12.05	51.2
1911—1912	2503	244.0	9.75	20.1
1912—1913	3541	346.6	9.79	27.8
1913—1914	4040	431.0	10.67	29.3

* 资料来源: *Труды комиссии по изучению современной дороговизны.* Пг. , об -во им. А. И. Чупрова,1914. Вып. 1；Липкин Ф. А. *Общие условия образования хлебных цен* // Труды по изучению современной дороговизны. М. ,1915.

　　从所列数据可以发现,粮食储备的波动很大程度上取决于产量的变化,虽然后一种因素不能完全解释粮食储备的变化。粮食储备总量约占粮食净产量的9%～14%。正如最后一列数字显示的一样,贸易储备占粮食储备总量的份额相对较低。

　　再来分析一下每月粮食贸易储备的变化。表1-32列举了1900—1906年4种主要粮食的平均贸易储备量(百万卢布)。

表 1-32

	8月	9月	10月	11月	12月	1月	2月	3月	4月	5月	6月	7月
港口市场	14.8	28.3	40.4	43.8	40.9	46.7	35.8	31.4	25.3	22.6	18.3	14.5
国内市场	10.7	11.4	15.6	23.1	20.2	18.4	16.7	14.8	12.9	13.2	25.4	14.3
粮仓	2.4	4.2	5.9	7.1	6.5	6.0	6.0	5.9	5.7	4.0	3.1	2.5
合计	27.9	43.9	61.9	74.1	67.6	71.0	58.5	52.1	43.9	39.9	46.8	31.2
占年度总量比例(%)	4.5	7.1	10.0	12.0	10.9	11.5	9.5	8.4	7.1	6.4	7.6	5.0

资料来源: Лященко П. И. *Очерки аграрной эволюции России.* Приложения, табл. I.

　　由此可见,粮食的贸易储备量,特别是港口市场的贸易储备量从8月起开始大幅增加,11月至次年1月达到最高值,然后开始快速回落,8 月前降到最低点。换言之,粮食贸易储备量的变化与粮食进入市场的过程相吻合。俄国粮食贸易储备变化的特点是粮食主要积存在港口市场。收割季节开始之后,即从 8 月起,商品粮迅速发往港口市场。港口接纳粮食的数量大大超过粮食出口量。利巴瓦、敖德萨、尼古拉耶夫和新罗西斯克等 4 个主要港口市场的货物运输情况一定程度上证明了以上结论(参见表 1 - 33,单位:千普特)。

表 1 - 33

1907—1909 年平均数	各类粮食到港数量	出口	港口剩余粮食
8 月	34146	16821	17325
9 月	39434	24335	15099
10 月	34427	17902	19525
11 月	24390	16269	8121
合计	135397	75327	60070

资料来源:Бехтеев С. С. *Хозяйственные итоги истекшего сорокопятилетия*. СПб., 1911. Т. Ⅲ.

粮食集中在港口与价格有关。与国际市场相比,秋季俄国的粮食价格通常较低,因此销售粮食时会产生一定损失。

粮仓粮食储备量偏低是粮食贸易储备变化的另一个特点。这与粮食贸易机构的设置和组织有关。由此,我们开始研究粮食贸易机构的组织、粮仓建设以及粮食贸易贷款等问题。但探讨这些问题之前,需要强调一点:基于上述粮食生产和消费平衡、粮食进入市场过程、粮食储备变化等问题的阐述,我们认为,战前俄国粮食充足,粮食市场的供给大于需求,不同季节市场供给压力存在差异。

第十节　战前的粮食贸易机构

到战争爆发前,俄国的粮食贸易机构分为私人粮食贸易机构和

合作社。但合作社处于初建时期,在粮食贸易中并未发挥实质性
作用。私人贸易机构在粮食流通过程中居主导地位。了解私人贸
易机构的构成,需要分析自修建铁路开始私人贸易机构经历的内
在变化过程。铁路出现以前,私人贸易机构建立在严格的等级基
础和地方中介体系之上。[①] 粮食贸易活动分为一系列连续环节:
1. 从生产者手中购买粮食;2. 商人批量收购粮食;3. 大型批发公
司收购粮食用于出口或转售给面粉加工企业和交易所。这些环节
在不同地区同样地分为若干中间活动,构成一组上升、集中的链
条,然后一系列链条开始分散,从而保证产品最终到达消费者手
中。所研究时期内,在第三个环节中发挥作用的大商业资本主导
第一个链条。面粉加工业资本经常充当大商业资本的角色。贸易
路线距离短,而且主要面向国内消费市场。贸易具有采购性质,粮
食批量逐级增加,并通过水路和畜力运输集中到大商业资本手中,
然后运往历史上形成的贸易中心。商业资本的运行以熟悉相对狭
小的生产和消费市场为基础,而且经常依靠私人关系。如果说信
贷业发达,也主要是私人贷款。且缺乏现代化粮仓。

　　60—90 年代铁路的发展从根本上改变了这种贸易机构和资本
类型。[②] 铁路扩大了市场范围和粮食贸易规模,使最偏远地区的粮
食和大量分散的农民粮食进入流通领域,提升了出口能力,从而一
定程度上削弱了大商业资本,特别是中等商业资本的作用。为两
个上升环节服务的大型贸易公司,特别是中型贸易公司受到冲击。
现在商品粮已经不再集中到传统的贸易中心,不再受控于大商业
资本。在火车站小批量收购粮食,并将这些粮食直接运往港口、边
境口岸和大型国内市场的小型商业资本登上经济舞台。独立发挥
职能的第二个环节很大程度上消失,商业资本和中型贸易机构随
之失去意义。与铁路一样,南部和东南部粮食产区大型面粉加工
业的发展也使中等商人受到排挤。面粉加工企业或者在市场上独

---

① Макаров Н. П. *Очерки кооперативного сбыта зерна*. М., изд. Вяч.
Крестовникова,1914. Гл. I.

② Лященко П. И. *Очерки аграрной эволюции России*. Гл. VII,VIII. Т. I. СПб.,
Мин -во финансов,1908;同前,*Хлебная торговля на внутренних рынках Европейской
России*. СПб., Мин -во торговли и промышленности,1912. Гл. I.

立收购粮食,或者绕过中等商人,直接同小采购商进行联系。以往资本与地方的密切联系不复存在。商品粮开始大量混合存放。商业资本逐渐分散,贸易趋向"民主化"。尽管如此,旧的贸易和贸易机构形式并未消失,但已经退居次要地位。由于初登舞台的小型商业资本薄弱,因而市场要求加快粮食周转速度。实践中广为应用的运单、栈单等各类货物单据结算制度和粮食抵押贷款业务有力地促进了粮食流通。大量分散的小型贸易机构顺利地承担起从同样处于分散状态的生产者手中收购粮食的任务。正是这种贸易机构体系促进了粮食在港口的混合存放。

20 世纪初,俄国出现反对既已建立的粮食贸易主导形式的声音。粮食贸易发展的新趋势导致新粮食贸易机构的出现,大型出口公司、铁路商业机构、出口贸易协会和银行崭露头角。[①]

分散的小型贸易机构的出现,其后新贸易组织的建立以及大量粮食运往车站和港口,粮食严重积压,造成粮食杂质含量增加,混合存放和周转速度提高加剧了问题的严重程度。这凸显出对机械化粮仓和普通粮仓的迫切需求,特别是铁路和港口。1913 年俄国铁路和港口的粮仓建设情况详见表 1-34。

表 1-34

粮仓类别	数量	仓容(千普特)
铁路粮仓		
机械化粮仓	75	26756.5
未配备机械化设备的粮仓	720	44256.5
在铁路注册的粮仓	4088	139390.6
港口粮仓		
机械化粮仓	7	10800.0
未配备机械化设备的粮仓	8	92800.0

---

① Каценеленбаум З. *Коммерческие банки и их торговокомиссионные операции.* М. , Правоведение,1912.

粮仓类别	数量	仓容（千普特）
港口粮仓		
国家银行机械化粮仓	9	5700.0
机械化粮仓总数	91	53256.5
未配备机械化设备的粮仓总数	4808	245447.1
合计	4898	298703.6

资料来源：*Памятная записка о предстоящей хлебной продовольственной кампании.* Пг.，Управление делами Особого совещания для обсуждения и объединения мероприятий по продовольственному делу,1915. Приложение.

　　此外,铁路设有封闭仓库、露天站台及其他短期仓储设施,可以容纳 252332.3 辆火车皮粮食。地方自治局和合作社也掌握一定数量的粮仓。1911 年,地方自治局的机械化粮仓和普通粮仓数量超过 41 座,仓容 2000 万普特以上;合作社自有和租赁粮仓 432座左右,仓容约 636.46 万普特。[1]

　　众所周知,配置机械化设备的粮仓对于粮食流通意义重大。机械化粮仓能够降低粮食仓储成本,方便粮食运输,提高粮食质量,简化单证贷款程序,使粮食销售更加有序,减轻粮食销售压力,从而达到调节粮食流通、改善粮食销售和分配环境的目的。粮仓还可以缓和粮食积压状况,降低后者对价格的影响。但同时必须指出,俄国港口和内陆地区的机械化粮仓网络建设恰恰非常薄弱,因此,机械化粮仓无力消除或显著降低粮食流通的不规律性和秋季市场的供给压力。

　　根据上述内容不难发现,随着铁路和粮仓的发展,随着粮食贸易机构类型的变化,粮食抵押贷款对于增加粮食流通数量、加快粮食周转速度、提高粮食贸易的计划程度以及保证生产者和粮商根据市场行情存放粮食具有特殊意义。由于粮食混合存储和流通数

---

[1] 地方自治局及合作社的粮仓建设情况参见：Лященко П. И. *Хлебная торговля на внутренних рынках Европейской России.* Гл. X IX.

量的增长,贷款规模不断扩大,以往信贷的私人性质逐渐弱化。众所周知,当时开展粮食抵押贷款业务的机构包括国家银行和私人银行、铁路、轮船公司、地方自治局、小额贷款机构和合作社。国家银行发放的农产品流通,首先是粮食流通贷款的规模(百万卢布)和性质详见表 1-35。

表 1-35

国家银行发放的贷款	1909 年	1910 年	1911 年	1912 年	1913 年
直接发放	71.1	104.3	122.7	111.9	143.6
通过中间机构发放(铁路除外)	15.2	39.7	72.5	77.7	100.7
通过铁路发放	10.2	7.3	9.8	8.4	9.6
合计	96.5	151.3	205.0	198.0	253.9
栈单抵押贷款	40.0	55.4	43.8	64.0	60.3
粮商期票贴现	43.2	44.5	51.9	53.2	40.3

资料来源:*Народное хозяйство за* 1913 *г.* Пг., Мин-во финансов,1914. статья 《*Хлебная торговля*》.

　　显而易见,国家银行的农产品,首先是粮食和粮食票据抵押贷款不断增长,规模达 3 亿卢布以上。这里还应当加上私人银行的粮食抵押贷款:1899 年——2 亿卢布,1911 年——9.84 亿卢布,1913 年——8.764 亿卢布;[1]然后是铁路独立发放的贷款:1908 年——6100 万卢布,1909 年——6300 万卢布,1910 年——4400 万卢布。[2] 这样,从规模看,私人银行贷款居于首位而且发展迅速,与银行在粮食贸易中的作用完全相符。
　　贷款或者用于帮助粮食贸易机构,或者用于在销售粮食时帮助生产者。下列国家银行贷款数字(不包括信托贷款,单位:百万卢布)表明了商人与农户之间贷款分配的性质(参见表 1-36)。

---

① Лященко П. И. *Хлебная торговля на внутренних рынках Европейской России*. Гл. ХХ. Народное хозяйство за 1913 г.
② 同上。

表 1 - 36

贷款发放对象	1910 年	1911 年	1912 年	1913 年	1910—1913 年
农户	44.0	59.7	48.3	77.6	57.4
商人	99.9	135.8	141.2	164.4	135.3

资料来源：*Народное хозяйство за* 1913 *г.*

　　显然，商人贷款大幅高于农户贷款。的确，政府曾专门呼吁通过地方自治局和小额信贷机构向农户，包括农民发放信托贷款，但这种贷款战前处于起步阶段，暂时作用有限。1911 年，65 个地方自治局共有信贷资金 1000 万卢布，然而截至 1912 年 1 月 1 日实际发放贷款仅 140 万卢布，占信贷资金总额的 14%。表 1 - 37 的数字（百万卢布）反映了小额信贷机构的情况。

表 1 - 37

年份	截至 1 月 1 日贷款的合作社数量	截至 1 月 1 日贷款规模	粮食抵押贷款	年末余额
1910 年	305	2.9	—	2.3
1911 年	623	6.5	2.7	2.3
1912 年	888	8.7	10.1	9.2
1913 年	1512	20.1	18.8	16.6

资料来源：*Отчеты государственного банка за* 1910,1911,1912,1913 *гг.* Пг., Мин -во финансов；*Народное хозяйство за* 1913 *г.*

　　由此可见，小额信贷机构的贷款金额非常有限。
　　国家银行向农民经济和大地主经济发放的粮食抵押贷款规模如何？我们只能间接地回答这个问题。假设根据贷款金额和获得贷款的方式，农民经济只能使用国家银行的间接贷款，而地主经济通常使用以粮食作抵押的直接贷款（地主经济使用私人银行类似贷款的情况除外），国家银行贷款在农民经济与地主经济之间的分配比例（%）详见表 1 - 38。

表 1 - 38

年份	通过中间机构贷款	直接贷款
1901 年	5	95
1905 年	12	88
1910 年	31	69

资料来源：Лященко П. И. *Хлебная торговля на внутренних рынках Европей-ской России.*

可见,间接贷款即主要农民经济的贷款不断增加,但地主经济的贷款仍大幅领先于前者。

综上所述,俄国的粮食抵押贷款当时尚未达到相当规模,特别是农民经济的粮食抵押贷款。因此,到第一次世界大战前农民经济对粮食流通的作用有限。

第十一节　粮食价格及其影响因素

粮食价格是前述及其他市场因素的从属现象。战前俄国商品价格,特别是粮食价格处于上升阶段。俄国粮食价格的提高始于1894—1896 年,表 1 - 39 的价格数据(以 1890—1899 年平均价格为 100)反映了俄国的物价动态。

表 1 - 39

年份	各类商品平均价格	谷类食物	动物类食物	矿产品	纺织品	食品杂货
1901 年	112.6	106.8	115.3	109.1	131.2	114.9
1905 年	111.1	117.0	127.8	119.0	127.3	115.2
1910 年	127.8	117.8	154.6	116.7	154.4	128.9
1913 年	138.8	128.9	168.7	168.8	151.8	137.5

资料来源：*Свод товарных цен за* 1914 *г.* СПб., Мин -во торговли и промышлен-ности,1916.

　　显而易见,所有主要商品价格呈上升趋势,动物类食品、纺织品和矿产品价格增长最快,谷类食物和食品杂货价格增长相对缓慢。

　　不同粮食的价格变化详见表 1 - 40。

表 1 - 40

年份	以 1890—1899 年平均价格为 100							50 个省马铃薯地方价格(以 1881—1900 年平均价格为 100)
	黑麦(国内市场)	小麦(国内市场)	大麦(南方港口市场)	燕麦(国内市场)	玉米(敖德萨)	荞麦(叶列茨)	豌豆(雷宾斯克)	
1901 年	88.2	103.2	115.5	113.1	115.5	113.2	122.1	121.9
1905 年	117.4	104.0	153.1	106.2	153.1	122.9	102.5	102.9
1910 年	113.0	119.1	128.9	97.8	128.9	97.2	111.1	109.5
1913 年	121.7	130.2	126.0	127.7	126.0	116.1	134.5	128.5

资料来源:同表 1 - 39。

　　各种谷类食物的价格均呈增长趋势,其中小麦、大麦、燕麦、玉米、豌豆和马铃薯价格增长较快,而黑麦和荞麦的价格涨幅略有落后。

　　如果剖析上述俄国物价提高的情况,那么我们不仅应当注意到价格上涨涉及所有商品,而且应当注意到俄国粮食市场供给充足,价格上涨缺乏充足理由。物价上涨具有世界性质,表 1 - 41 反映了主要国家价格指数的变化。

表 1 - 41

年份	以 1890—1899 年平均价格为 100									
	德国		法国		英国		加拿大		美国	
	价格总指数	粮食	价格总指数	粮食	价格总指数	粮食	价格总指数	粮食	价格总指数	粮食
1901 年	111.9	96.8	104.8	98.5	100.9	101.3	107.0	107.3	108.5	95.7
1905 年	113.3	100.5	104.8	105.1	101.9	106.7	113.8	116.4	115.9	134.5

年份	以 1890—1899 年平均价格为 100									
	德国		法国		英国		加拿大		美国	
	价格总指数	粮食	价格总指数	粮食	价格总指数	粮食	价格总指数	粮食	价格总指数	粮食
1910 年	123.0	112.3	118.2	111.9	113.5	112.4	124.2	140.7	131.6	146.1
1912 年	121.1	129.6	—	126.1	119.9	131.3	134.4	167.3	133.6	139.7

资料来源：Prot. Fr. Eulenbuerg. *Die Preissteigerung des Letzten Jahrzehnts*. Leipzig und Dresden；Мукосеев В. А. *Повышение товарных цен*. СПб.，Мин -во финансов，1914；Ковальская Л. М. *Дороговизна жизни и борьба с нею*. М.，Русское товарищество печатного и издательского дела，1917.

据此可以判断，世界商品价格的提高源于国际方面的原因。国际市场是有机的统一体，各国的市场价格高度一致。

经济学家认为，开始于 1894—1896 年的最新一次国际价格上涨某种程度上是货币贬值的结果，但根本原因在于工业化和城市化的发展，部分国家国内市场的发展，未开垦农业用地面积的减少，以及农业向集约型生产过渡。[①] 这个论点同样可以用来解释粮食价格的上涨。

从这个意义上说，表 1 - 42 关于世界最重要的粮食流通品种——小麦的数据颇能说明问题。

表 1 - 42

年份	世界小麦产量	6 个主要生产国的小麦和面粉出口	美国参与出口的份额（%）	美国自产小麦的出口份额（%）
	相对值			
1901 年	100.0	100.0	50.2	41.4

[①] Prot. Fr. Eulenbuerg. *Die Preissteigerung des Letzten Jahrzehnts*. Leipzig und Dresden；Мукосеев В. А. *Повышение товарных цен*. СПб.，Мин -во финансов，1914.

续　表

年份	世界小麦产量	6个主要生产国的小麦和面粉出口	美国参与出口的份额（%）	美国自产小麦的出口份额（%）
	相对值			
1902—1906 年	114.8	118.3	27.3	21.4
1908—1912 年	129.5	129.5	18.0	12.9

资料来源：Мукосеев В. А. *Повышение товарных цен*. СПб., Мин -во финансов,1914.

数字清楚地表明,受国内市场发展和国际市场消费的影响,主要竞争国——美国的地位逐渐下降。世界粮食产量增长迅速。有赖于其他小麦生产国的发展,小麦的商品率和出口量提高,但同时国际消费需求增加。与 1898—1902 年相比较,1908—1912 年欧洲主要消费国家小麦和面粉年均进口量增长了 43.1%。[①] 可见,美国的竞争力下降和国际需求压力决定了粮食市场情况。19 世纪末至 20 世纪初,只有在良好的市场行情基础上,新兴农业国家才可能大力发展粮食生产和增加粮食出口。

因此,战前国际粮食市场行情必然处于上涨趋势。

阐述俄国市场条件下粮食价格的形成机制,我们一方面应当关注某些动态因素,另一方面也要考虑到影响粮食价格的地理因素。

产量对粮食价格波动的影响应归于最重要的动态因素。但是,基于上述俄国市场价格与国际市场价格的联系的分析,可以说,粮食价格的年度波动具有适应市场情况的复杂性质,因而不可能仅以产量的变化进行解释。

毋庸置疑,粮食价格及其波动与粮食产量成某种反比例关系,而且不同品种粮食的价格与产量的关系存在差异。[②] 但不仅国内

[①] 根据 А. К. 布罗什尼奥夫斯基（А. К. Брошниовский）的数据。

[②] 相关文献充分阐述了粮食价格与产量的关系问题,参见：Лященко П. И. *Очерки аграрной эволюции России*. Гл. Ⅸ, §5;同前,*Зерновое хозяйство и хлеботорговые отношения России и Германии в связи с таможенным обложением*. Пг., Мин -во финансов,1915. Гл. Ⅳ; 同前,*Хлебная торговля на внутренних рынках Европейской России*. Гл. ⅩⅩⅠ;Липкин Ф. А. *Общие условия образов*- （转下页）

1914—1918 年俄国的粮食市场及其调节

粮食产量影响粮食价格波动,而且世界粮食产量同样能够影响粮食价格波动。同时,粮食商品率越高,参与国际商品流通程度越高,粮食价格与产量变化的联系越弱。这就是商品率高的小麦的价格与产量变化之间的联系明显不如黑麦的原因。无论如何,粮食价格的波动具有适应市场需求的复杂性质,其原因不能单纯归于产量的变化。粮食价格的波动还与进出口规模、作为供求因素的储备情况存在联系。尽管这些因素某种程度上取决于粮食产量,但它们也具有独立意义。

影响粮食价格的第二个动态因素是通常秋季粮食供给增加,春季粮食供给减少,结果导致粮食价格秋季偏低春季偏高。这个现象与秋季粮食供给,特别是来自农民的粮食供给增加有关;春季则相反——粮食需求,主要是农民的粮食需求增加。这就是秋季和春季地方市场粮食价格波动幅度高于大型市场和交易所的原因。[①]表 1－43 数字反映了地方市场和交易所 4 种主要粮食秋季和春季价格(戈比/普特)波动的差别。

表 1－43

	1906—1910 年 50 个省 地方价格	1906—1910 年主要交易所的 市场价格
春季	95	90.7
秋季	86	87.2
差额	9	3.5

资料来源: *Свод товарных цен на главных русских и иностранных рынках.* СПб., Мин-во торговли и промышленности, 1898－1917; *Сборник статистико-экономических сведений по сельскому хозяйству России и иностранных государств*, год 6-ой. Пг., Мин-во земледелия, 1913.

（接上页）ания хлебных цен // *Труды по изучению современной дороговизны.* М., 1915. *Вып.* Ⅰ.

[①] Лященко П. И. *Очерки аграрной эволюции России*; 同前, *Зерновое хозяйство и хлеботорговые отношения России и Германии в связи с таможенным обложением.* Пг., Мин-во финансов, 1915; 同前, *Хлебная торговля на внутренних рынках Европейской России.* Гл. ⅩⅩⅠ.

　　秋季农民向市场大量出售粮食,而春季他们又大量购买粮食,这无疑是经济因素所致。秋季金钱需求迫使农民急于出售粮食,春季粮食需求迫使农民加快购买粮食。当然,春季时期的粮食需求主要影响到粮食略有盈余甚至没有盈余的地区。粮食产量越低的地区,秋季到次年春季的粮食价格波动幅度越大的原因就在于此。

　　不同地区秋季和春季粮食价格的差别详见表1－44。

表1－44

	1901—1910 年地方市场平均价格(戈比/普特)							
	非黑土地带		黑土地带		中部农业区		伏尔加河中游地区	
	黑麦	燕麦	黑麦	燕麦	黑麦	燕麦	黑麦	燕麦
春季	94	83	71	66	74	65	69	61
秋季	89	71	70	60	72	57	68	56
差额	5	8	1	6	2	8	1	5

资料来源: *Сборник статистико -экономических сведений по сельскому хозяйству России и иностранных государств*, год 6 - ой. Пг., Мин -во земледелия,1913.

　　由此可见,就粮食价格波动幅度而言,非黑土地带大于黑土地带,中部农业区大于伏尔加河中游地区。

　　分析影响粮食价格的地理结构,我们需要强调两个最关键因素的意义:第一,与市场(港口市场、大型国内市场等)的距离;第二,某一地区的粮食盈余数量和供给规模。通常一个地区粮食越充足,粮食价格越低;距离市场越远,粮食价格越低。换言之,距离港口市场、国内大型消费市场越近,推动粮食价格上涨的压力越大。部分省份市场交易所的年均粮食价格和秋季地方粮食价格颇有说服力(参见表1－45)。

表1－45

	1901—1910 年平均价格(戈比/普特)		
	黑麦	小麦	燕麦
萨马拉	67.8	91.7	65.8

1914—1918 年俄国的粮食市场及其调节

续　表

	1901—1910 年平均价格（戈比/普特）		
	黑麦	小麦	燕麦
萨马拉省	63.0	92.0	62.0
顿河畔罗斯托夫	75.6	101.2	67.7
顿河州	67.0	93.0	60.0
叶列茨	74.8	99.5	69.9
奥廖尔省	75.0	94.0	56.0
敖德萨	85.0	102.9	73.3
赫尔松省	71.0	87.0	67.0
里加	91.6	155.9	78.1
莫斯科	84.0	—	73.1
莫斯科省	87.0	—	67.0

资料来源：*Свод товарных цен на главных русских и иностранных рынках.* СПб.，Мин -во торговли и промышленности，1898‐1917；*Сборник статистико‐экономических сведений по сельскому хозяйству России и иностранных государств*，год 6‐ой.　Пг.，Мин -во земледелия，1913.

　　由此可见，港口市场和国内大型消费市场交易所的粮食价格最高。

　　地方粮食价格的分布与此相吻合。除少数情况外，地方价格通常低于相应交易所价格。但是，如果我们选取某个偏远产粮省份的地方价格，然后再看距离国内消费市场较近的省份，例如奥廖尔省、莫斯科省，或者距离港口市场较近的省份，例如顿河州、赫尔松省，那么价格将呈增长趋势。比较从萨马拉到叶列茨、莫斯科或者顿河畔罗斯托夫、敖德萨的价格，我们会发现相同情形。

　　通过另一种途径同样可以说明距离销售市场近对粮食价格的提升作用，即从产粮省（州）的地方市场向省（州）交易所市场、大型消费市场或港口市场过渡，这样，我们逐渐接近越来越广阔的销售市场，相应地，可以预期粮食价格将稳步提高。的确，如果以某个

44

产粮省份的地方市场价格为例,如萨马拉省,然后依次选取萨马拉、敖德萨或莫斯科的价格,那么我们会得到一组递增数据。而且,从地方价格向最近的国内交易所市场价格过渡,以及由后者向港口市场或者国内大型消费市场的价格过渡时的增长,与从距离消费市场或港口市场较远的省份价格向距离较近的省份价格过渡时的增长总体上一致。

影响粮食价格的地理因素以及市场之间的相互关系便是如此。黑麦价格示意图充分说明了上述内容(参见图3)。

根据以上所述,最后我们探讨一下粮食价格与生产成本的关系问题。理论上,粮食价格应当抵补生产成本和该成本的一定增加值。但是,由于决定价格水平的因素众多,行情因素(而非实物因素)影响大,生产成本本身取决于产量等自然性和偶然性因素,因此必须承认,粮食价格不仅可能不包括生产成本的一定附加值,而且某些时候可能与生产成本相当,甚至低于生产成本。换言之,如果用 C 表示粮食价格,S 表示生产成本,P 表示构成利润基础的附加值,那么价格计算公式有 3 种形式:C = S + P;C = S;C = S - P。

进一步讲,这种情况下如果存在附加值,那么不同地区的附加值可能存在显著差别,可能与生产成本完全不成比例。由此可以得出一个对价格调节问题极其重要的结论:不同年份,不同地区或相同地区单位粮食价格与生产成本之间不存在比例关系。1909—1913 年的黑麦价格示意图和同期黑麦生产成本示意图直观地说明了以上结论(参见图 2 和图 3)。

第二章 战争与革命时期的粮食市场(1914—1918年)

第一节 播种面积的变化

战争时期粮食产量下降,其主要原因是播种面积减少以及个别年份粮食单产下降。俄国粮食播种面积下滑有两方面原因:一是纯粹的战争因素——军事占领,二是国内政治经济环境的影响。众所周知,波兰王国、波罗的海沿岸省份和立陶宛边疆区等俄国大部分西部领土被占领。

如果以1909—1913年俄国的平均播种面积为基数,然后减去1916年前被占领地区的播种面积,那么可以弄清军事占领对于播种面积下降的意义。我们获得以下数字:1909—1913年俄国年均总播种面积98454049.7俄亩,1916年前被占领省份总播种面积8588467.2俄亩,相当于全国总播种面积的8.7%。[①]

表1-46反映了粮食播种面积受国内政治经济因素影响而发生的变化。该表未统计被占领省份,从而排除了占领因素的影响。[②]

---

① 资料来源:Данные Центрального статистического комитета《Урожай》. 1901 - 1913 гг. СПб., Временник Центрального статистического комитета Мин -во внутренних дел.

② 播种面积的资料及计算方法说明:我们掌握的播种面积以及战争时期的播种面积不属于同类数据,因此未必可以无条件地进行比较。现有中央统计 (转下页)

第二章　战争与革命时期的粮食市场(1914—1918年)

(接上页)委员会1909—1913年、1914年和1915年的播种面积资料,1916年某些省的秋播作物播种面积资料;此外,还有1916年全俄农业统计调查资料和1917年某些省的土地登记资料。《粮食委员部消息报》曾刊登这些资料。可以认为,1916年和1917年的统计登记数据能够相互比较,但面临两个问题:第一,怎样把这些资料同中央统计委员会的资料相比较;第二,如何进行全俄范围的比较。为解决这些问题,我们使用下述方法说明战争时期播种面积的变化。首先,我们按照1916年中央统计委员会资料涉及的省份,对比1916年中央统计委员会数据和1916年全俄农业统计调查数据,我们发现,1916年全俄农业统计调查资料与1916年中央统计委员会资料比较相近,同时确定了基于中央统计委员会资料1915年到1916年各类粮食播种面积的变化系数;然后,我们按照1917年土地登记资料涉及的省份(加上乌克兰各省),对比1916年全俄农业统计调查数据和1917年土地登记数据,确定1916年到1917年播种面积的变化系数(乌克兰各省的数据引自舍夫列尔[М. Е. Шефлер]的著作《同乌克兰的商品交换》);最后,我们对比1917年和1918年乌克兰各省的数据,确定1917年到1918年播种面积的变化系数。接下来,把通过上述对比方法得到的系数扩大到全俄(不包括被占领省/州、1914年和1915年未向中央统计委员会提供资料的省/州以及1916年全俄农业统计调查资料未涉及的省/州),我们计算出理论上的播种面积。按照中央统计委员会的资料,选取1909—1913年、1914年和1915年俄国(不包括被占领省/州、1914年和1915年未向中央统计委员会提供资料的省/州以及1916年全俄农业统计调查资料未涉及的省/州)的播种面积,然后利用相应系数,根据1915年的面积计算出1916年的面积,结果非常接近1916年农业统计调查的数据,这使我们确信采用的计算方法令人满意。我们继续利用1916年到1917年的播种面积变化系数,根据获得的1916年的面积计算出1917年的面积,最后利用1918年乌克兰各省播种面积的变化系数,计算出1918年黑土带的播种面积。需要指出的是,计算时我们普遍采用了相应品种粮食的系数(遗憾的是,播种面积的表格数量过多,出于技术原因的考虑,我们不得不放弃将这些表格放到附录里的想法)。根据以上所述,1917年和1918年的播种面积缺乏资料,很大程度上是依靠人工方法确定的。鉴于此,自然应当尽可能全面检验得出的结论。至今我们并不掌握1917—1918年播种面积的详尽资料。但1920年中央统计局出版了《1919年农民经济农业统计调查分省结果(10%抽样率)》(以下简称《分省结果》),该书中列举了1917年苏俄26个省农民经济的资料。由于本书的计算考虑到地主经济的播种面积,因此无法进行直接和简单的验证性比较。不过,《分省结果》仅列举了农民经济的数据,而且农民经济受战争的冲击较小,可以预测,《分省结果》将提供播种面积减少的情况下最小的下降系数和播种面积增加情况下最大的增长系数,我们可以做一般性比较。同1916年相比较,1917年播种面积的变化情况(增长[+]或下降[−],%)

表 1-46

年份	主要粮食	颗粒粮	次要粮食	马铃薯	饲料作物	总播种面积
	俄亩					
1909—1913 年	48548148	4699734	2850860	2706408	24789294	83594445
1914 年	51251226	4614734	2845035	2950650	27002786	88664431
1915 年	50246542	4345415	2750532	2771430	25049871	85163790
1916 年	44719422	4397560	2621257	2366801	24173125	78278166
1917 年	45166617	4542679	2694652	2196392	23443624	78043964
	以 1909—1913 年年均播种面积为 100					
1909—1913 年	100.0	100.0	100.0	100.0	100.0	100.0
1914 年	105.6	98.3	99.8	109.0	109.1	106.0
1915 年	103.6	92.6	96.5	102.4	101.1	101.9
1916 年	92.2	93.6	92.0	87.5	97.5	93.7
1917 年	93.0	96.8	94.5	81.2	94.7	93.3

　　播种面积因国内政治经济条件影响下降的幅度不大,到 1917 年只有 6.7%,马铃薯播种面积降幅最大,达 18.8%。

　　粮食盈余地区和短缺地区播种面积的变化不同(参见表 1-47)。

表 1-47

年份	粮食播种总面积(不包括被占领省份,单位:俄亩)		粮食播种总面积相对值	
	黑土带	非黑土带	黑土带	非黑土带
1909—1913 年	52472138	15796841	100.0	100.0

续　表

年份	粮食播种总面积(不包括被占领省份,单位:俄亩)		粮食播种总面积相对值	
	黑土带	非黑土带	黑土带	非黑土带
1914 年	53635575	16335770	102.2	103.5
1915 年	52520674	14812886	100.1	93.9
1916 年	48784938	14378472	93.1	91.1
1917 年	48783130	14024882	93.1	88.9
1918 年	47772020	—	91.2	—

资料来源:同表 1-46。

非黑土带的播种面积迅速减少,特别是 1915 年和 1917 年大幅下降。

需要着重强调的是,地主经济的播种面积急剧下降。前述战争头两年播种面积相对稳定完全有赖于农民经济(参见表 1-48)。

参见下表:

省份	地主经济和农民经济的数据(根据本书)	省份	农民经济数据(根据《分省结果》)
苏俄 9 个黑土省和乌克兰 9 个省	0.0	苏俄 8 个黑土省	+6.2
苏俄 9 个非黑土省	−1.6	苏俄 16 个非黑土省份	−3.0
27 个省合计	−0.9	24 个省合计*	+1.3

　*《分省结果》的 26 个省份中,由于缺乏喀琅施塔得省和维捷布斯克省准确的省界资料,因此未计算这两个省。

　表中数字属于粗略值,偏差主要是两种计算结果的地域和经济构成存在差异所致。

1914—1918 年俄国的粮食市场及其调节

表 1 - 48

| 年份 | 以 1909—1913 年平均播种面积为 100 | | | | | | | | | |
| | 欧俄非黑土带 | | 欧俄黑土带 | | 高加索 | | 西伯利亚 | | 全俄（不包括被占领省份和突厥斯坦） | |
	农民经济	地主经济	农民经济	地主经济	农民经济	地主经济	农民经济	地主经济	农民经济	地主经济
1909—1913 年	100.0	100.0	100.0	100.0	100.0	100.0	100.0	100.0	100.0	100.0
1914 年	102.5	108.1	102.5	101.6	108.6	112.2	129.0	133.0	107.1	103.3
1915 年	100.1	57.4	130.2	46.8	108.6	73.5	122.9	133.6	121.2	50.3

资料来源：根据中央统计委员会资料。

　　1915 年，只有西伯利亚地主经济的播种面积没有下降，其他所有省（州）乃至全俄地主经济的播种面积大幅减少；相反，农民经济的播种面积显著增加。但是，播种面积的明显变化，特别是农民经济播种面积的增长令人质疑资料的准确性。虽然表 1 - 48，包括以前部分表格的数据来源于相同的资料——中央统计委员会资料，但完全可能的是，由于战争原因，收集播种面积资料的性质发生某些变化，地主播种面积大幅减少和农民播种面积增加某种程度上完全可能是因为更加严格地区分两类经济的播种面积，以前属于地主经济的播种面积现在划归到农民经济。无论如何，我们对所列数据持一定怀疑。确实，如果我们使用地方自治局的统计资料，获得的情况要更加复杂，例如赫尔松省和萨拉托夫省 4 种主要粮食播种面积的变化（参见表 1 - 49）。

表 1 - 49

| 年份 | 赫尔松省 | | | | 萨拉托夫省 | | | |
| | 千俄亩 | | % | | 千俄亩 | | % | |
	农民经济	地主经济	农民经济	地主经济	农民经济	地主经济	农民经济	地主经济
1909—1913 年	2602	1567	100.0	100.0	2173	188	100.0	100.0

续　表

年份	赫尔松省				萨拉托夫省			
	千俄亩		%		千俄亩		%	
	农民经济	地主经济	农民经济	地主经济	农民经济	地主经济	农民经济	地主经济
1914 年	2692	1591	103.6	101.4	2181	233	100.3	128.9
1915 年	2607	1482	100.3	94.7	2199	223	101.2	118.9
1916 年	2655	672	102.1	42.8	2011	197	92.7	110.6
1914—1916 年	2651	1248	101.9	79.7	2131	217	98.2	115.8

资料来源：根据全俄地方自治局联盟的地方自治局统计资料。

　　结果表明，地主经济普及程度高、外来雇佣劳动发达的地区，例如
赫尔松省，在农民经济播种面积保持稳定的情况下，地主经济的播种面
积大幅减少；相反，在劳动力外出打工比例高的地区，地主经济的播种
面积甚至出现局部增长。因此，地主经济播种面积没有普遍发生一致
变化。毋庸置疑，总体上地主经济的播种面积下降，而且幅度大于农
民经济，但显然没有达到 1915 年中央统计委员会资料显示的程度。

　　排除占领因素的影响以外，播种面积减少主要是一系列社会经
济因素的结果，其中，与军队征兵有关的农村劳动力数量减少是最
重要的因素。考虑到战前正规军的规模，1914—1917 年俄国军队
征兵情况参见表 1‑50。

表 1‑50

	1914 年	1915 年	1916 年	1917 年上半年
军队总人数	6485000	11695000	14440000	15070000
占男性劳动年龄人口百分比	14.9	25.2	35.7	36.7
占男性和半男性劳动年龄人口百分比	11.3	19.2	27.2	28.0

资料来源：军队规模参见：Прокопович С. Н. Война и народное хозяйство. Изд. 2.
М.，Совет Всероссийских кооперативных съездов，1918. С. 151. 人口数量根据中央统
计委员会资料，同时考虑到被占领省份逐渐减少的因素。男性和半男性劳动年龄
人口比例参见：Карышев Н. Труд, его роль и условия приложения в производстве.
СПб.，1897.

我们发现,脱离生产劳动的劳动力数量庞大。实际上,农业领域劳动力减少的比例甚至更高,因为与许多工业企业不同,农业不享受免服兵役的优惠政策。

虽然农村通常存在某种劳动力富余情况,但如此大规模的人口调动不能不降低播种面积,特别是劳动密集型农作物的播种面积。农村劳动力大幅减少应当首先并且最大程度地降低依靠雇佣劳动的地主经济的播种面积,因此,使用农业雇佣工人数量最多的地区,例如新俄罗斯省份,地主经济的播种面积出现灾难性下降。

但是,劳动力的减少应当导致农民经济播种面积的逐渐下降,首先是租赁耕地播种面积下降,然后是购买的耕地和份地播种面积下降。

同劳动力减少一样,农具状况日益恶化也加剧了播种面积的下降。战争后期,俄国面临粮食危机、种子缺乏、农业关系不稳定等多重冲击。

1915 年 12 月 2 日至 13 日政府颁布没收敌对国公民土地法令等因素也影响到播种面积的下降。根据中央统计委员会的计算,这部分土地总面积为 3256033 俄亩,[①]播种面积约 33 万俄亩。[②]

第二节　单位面积产量的波动

现在看一下战争时期影响粮食产量的另一个因素——单位面积产量(参见表 1-51,详见第一章附表 3)。

---

① Прокопович С. Н. *Война и народное хозяйство*. Изд. 2. М., Совет Всероссийских кооперативных съездов,1918. С. 156.

② *Свод статистических сведений по сельскому хозяйству России к концу ⅩⅨ в.* СПб., Отдел сельскохозяйственной экономии и сельскохозяйственной статистики Центрального статистического комитета,1902. Вып. Ⅰ.

第二章　战争与革命时期的粮食市场（1914—1918 年）

表 1 - 51

粮食名称	经济类型	欧俄 50 个省的粮食单位面积产量（单位：普特/俄亩）				
		1909—1913 年	1914 年	1915 年	1916 年	1917 年
冬黑麦	农民经济	53.9	53.1	72.3	60.1	49.7
	地主经济	65.1	65.0	88.7	74.5	59.5
冬小麦	农民经济	62.3	65.4	87.1	71.7	57.7
	地主经济	70.0	73.0	105.7	84.4	72.9
春小麦	农民经济	50.7	39.0	60.4	45.7	44.4
	地主经济	57.0	45.5	70.6	49.4	49.8
荞麦	农民经济	35.6	26.8	47.9	43.8	39.3
	地主经济	37.1	23.5	55.5	50.7	46.9
黍	农民经济	47.7	43.4	62.4	50.7	52.0
	地主经济	52.1	48.7	70.6	57.6	56.3
玉米	农民经济	79.0	79.2	84.1	85.8	95.4
	地主经济	85.0	77.6	116.3	98.4	114.4
豌豆	农民经济	49.9	33.2	55.7	—	49.8
	地主经济	65.9	39.9	68.6	—	56.3
马铃薯	农民经济	466.0	422.9	621.9	—	447.7
	地主经济	503.1	489.7	765.2	—	510.8
大麦	农民经济	57.6	40.4		55.6	47.5
	地主经济	63.9	47.8		66.5	55.5
燕麦	农民经济	61.6	40.9		58.4	44.3
	地主经济	65.0	49.5		67.5	51.7

资料来源：根据农业经济和农业统计司资料。1914 年和 1915 年数据登载于：*Сборник статистико-экономических сведений*. 1917. год Χ. 1916 年数据参见：*1916 г. в сельскохозяйственном отношении*. Отдел сельскохозяйственной экономии. 1917 年的数据尚未公布，直接选自农业经济和农业统计司的资料。各省的粮食单位面积产量参见第一部分附表 2。

由此可见,1914 年和 1917 年是战争时期粮食单产较低的年份,1915 年和 1916 年则是粮食单产较高的年份,特别是 1915 年。可以补充一点,1918 年的粮食单产略高于平均值。[①]

第三节　粮食总产量的变化

战争时期粮食总产量的变化详见表 1-52。该表统计了每年的粮食总产量(该年构成俄国组成部分的地区),不包括该年被占领地区的总产量。

表 1-52

年份	主要粮食	颗粒粮	次要粮食	马铃薯	饲料作物	合计
	千普特					
1909—1913 年	2783712.8	232257.6	218521.9	2139418.5	1635402.8	7009331.6
1914 年	2788184.2	183680.0	207278.3	2242575.4	1489872.4	6911590.3
1915 年	2935393.8	228930.9	190547.8	1526824.6	1455250.9	6336940.0
1916 年	2281728.8	196151.7	172146.8	1131143.1	1316687.4	5097857.8
1917 年	2167128.0	199013.0	188180.0	1229655.0	1247308.0	5031284.0
1918 年	2032766.0	201998.1	187365.5	1136201.2	1468081.5	5026412.3
	相对值					
1909—1913 年	100.0	100.0	100.0	100.0	100.0	100.0
1914 年	100.0	78.2	95.0	104.8	91.1	98.6
1915 年	105.6	98.7	87.1	71.3	89.0	90.4
1916 年	82.0	80.2	78.9	52.9	80.5	72.7
1917 年	77.9	85.7	86.2	57.5	76.3	71.8

---

① Известия Народного комиссариата по продовольствию. 1918. № 24-25.

续　表

年份	主要粮食	颗粒粮	次要粮食	马铃薯	饲料作物	合计
	相对值					
1918 年	73.0	87.0	85.7	53.1	89.8	71.7

资料来源：1909—1913 年、1914 年和 1915 年数据来自中央统计委员会资料；1916 年数据来自特别粮食会议事务管理局次要粮食补充资料（*Урожай хлебов в* 1916 *г.* Пг.，1917）；1917 年数据来自 A. E. 洛西茨基的资料（*Урожай хлебов в* 1917 *г.* Пг.，1918）；1918 年产量利用 M. E. 舍夫列尔关于乌克兰的资料（*Товарообмен с Украиной*. M.，Мин-во продовольствия，1918）和苏俄粮食委员会的资料计算（按照表 1 - 46 的方法）。

　　由上表可见，战争时期粮食总产量逐渐下降。俄国某些地区被占领以及社会经济原因导致的播种面积减少，造成总产量下降。1915 年等丰收年份的产量抑制了总产量的下跌。马铃薯和被占领地区普遍种植的玉米的总产量跌幅最大。1918 年俄国发生前所未有的粮食危机，但由于收成不错，总产量大致与 1917 年水平相当。

　　根据前文关于播种面积的论述，战争时期绝大多数的粮食总产量来自农民经济。基于下面的数字可以得出相同结论。表 1 - 53 反映了 1916 年欧俄省份主要粮食和饲料作物总产量（百万普特）在地主经济和农民经济之间的分配情况。

表 1 - 53

粮食种类	总产量	农民经济	地主经济	农民经济产量占总产量比例（%）
4 种粮食	3125.6	2688.5	437.1	86.0
主要粮食	2943.0	1757.3	285.7	86.1
饲料作物	1082.6	931.2	151.4	86.1

资料来源：*Урожай хлебов в России в* 1916 *г.* Пг.，Управление делами Особого совещания для обсуждения и объединения мероприятий по продовольственному делу，1916.

第四节　生产和消费的平衡

表 1-54 列举的数字大致反映了战争时期每年各类粮食和马铃薯生产满足居民和军队消费的水平。[1]

---

[1] 计算消费量时,俄国(不包括被占领省份)粮食平均消费量根据《1909—1913 年俄国的粮食生产、运输和消费》(*Производство, перевозки и потребление хлебов в России за 1909 - 1913 гг. Управление делами Особого совещания по продовольствию.*)。1914—1915 年的马铃薯消费属于例外,其平均消费量是指包括被占领省份在内的全俄水平。这样统计的原因在于,当时包括占领省份和不包括被占领省份的俄国各类粮食的消费比较接近,而马铃薯的消费恰恰在被占领省份非常高,因此,计算被占领省份与否对俄国马铃薯平均消费量影响很大。因为军事占领主要发生在 1914 年末—1915 年,所以我们使用包括被占领省份在内的全俄消费量计算这一年的马铃薯消费。下表消费量(年人均消费量,单位:普特)的对比情况便是证明。

粮食类别	俄国(不包括被占领省份)	俄国(包括被占领省份)
主要粮食	14.63	14.85
颗粒粮	1.33	1.35
次要粮食	0.94	0.83
马铃薯	9.19	12.64
饲料作物	7.94	8.02
合计	34.03	37.69

表中的数字属于总值,其中包括口粮消费、饲料消费、工业消费和种子消费,这是战争爆发之前的水平。战争时期,人均消费量无疑发生了变化。一些因素可能使人均消费量提高:1. 粮食产区消费提高;2. 军队的粮食和饲料消费增加。同时,另一些因素可能使人均消费量下降:1. 粮食短缺的地区和城市消费有所减少;2. 播种面积下降;3. 工业消费减少。一定概率条件下可以假设,并且我们假设,战争时期这些因素互相抵消,人均消费量保持不变。利用另外一种方法即主要以收支数据为基础计算粮食和饲料消费水平,获得的战争时期(1917年)的消费量与我们采用的数字非常接近(参见:*Урожай хлебов в России в 1917 г. / Под ред. А. Е. Лосицкого. Изд. Моск. област. продов. ком -та. Введение*),(转下页)

第二章　战争与革命时期的粮食市场（1914—1918年）

表 1 - 54

年份	粮食盈余（＋）或短缺（－）数量（单位：千普特）					
	主要粮食	颗粒粮	次要粮食	饲料作物	合计	马铃薯
1914—1915年	＋502867.0	－24076.1	＋60443.2	＋54324.6	＋593558.7	＋268111.3
1915—1916年	＋767666.7	＋31864.8	＋51268.0	＋93668.6	＋944368.1	＋305354.8
1916—1917年	＋7641.6	－10583.5	＋26033.2	－111806.2	－88714.9	－103050.5
1917—1918年	－167749.9	－13248.4	＋38169.7	－219370.1	－362204.7	－37529.3

因此，就每年粮食生产和消费的平衡状况看，战争头两年粮食大量盈余，特别是丰收的1915年；而战争最后两年粮食严重不足，饲料作物尤其短缺。

尽管如此，但通览整个表格，则很容易发现，如果不单独分析每年的平衡情况，而是综合考察战争时期各类粮食的生产和消费，那么不能说在所研究的时间内俄国短缺粮食。实际上，粮食相当

（接上页）这使我们更加相信自己的假设。我们采用的人均消费量甚至略高。的确，根据 A. E. 洛西茨基的计算，全俄人均消费量（不包括马铃薯）为24.3普特，而我们采用的人均消费量为24.94普特。我们把人均消费量乘以人口数，从而计算出总消费量。计算人口数量时，我们特别提出关于居民和军队的问题。至于居民数量，我们认为较为可信的是1916年农村人口调查资料和 A. E. 洛西茨基著作《1917年俄国的粮食产量》（*Урожай хлебов в России в 1917 г.*）中收集的城市人口资料，而不是中央统计委员会的资料。把农村人口调查数据与城市人口数据之和作为1916年的人口数，再利用2.5％的增幅，最后计算出1914年、1915年和1917年的城市人口。战争时期，2.5％的比例（根据中央统计委员会资料）完全可能降低了。但我们认为，计算人口增幅时忽略了军队的情况，这可以抵消人口增幅的下降。因此，我们实际采用的全部居民和军队人数比例略低，而且军队人数增加越多，这个比例越低。通过这种方式获得居民人数，再加上相应年份军队数量。军队数量参见《战争与国民经济》（Прокопович С. Н. *Война и народное хозяйство. Изд. 2. М.*，Совет Всероссийских кооперативных съездов，1918）。最后需要指出，由于计算方法不尽完善，缺少更加准确的资料，因此计算出来的消费量和粮食平衡数据只是近似值。

充裕。

第五节　消费市场的地理变化

我们继续探讨粮食市场问题。按照分析战前市场的步骤,这里涉及到粮食盈余和粮食短缺地区的问题。应当说,虽然前面谈到粮食产量发生变化,但粮食盈余地区基本没有变动。至于粮食短缺地区,某种意义上,随着庞大军队的建立,作为军队的主要集结地区,俄国西部的粮食消费数量急剧增加。

的确,战区难民外流略微缓解了这种状况。但从经济角度看,显然军队和地方民众的需求压力不同。消费水平差异以及多数地方民众拥有自己的耕地决定了军队的需求压力更大。

与西部地区粮食需求集中的同时,俄国中心城市的粮食需求大幅提高,粮食短缺地区的中心城市表现尤为突出。中心城市,特别是粮食短缺地区中心城市消费需求提高同样是战时环境决定的,部队调集、难民、伤病军人和战俘涌入是主要原因。

表 1－55 使用专门调查表数据说明了截至 1915 年 10 月 1 日中心城市的人口增长情况。

表 1－55

	地区	城市和城市类型居民点数量	回答人口增长问题的城市数量	截至 1915 年 10 月 1 日常住人口数量	由于战争因素人口增长的数量
1	北部和湖泊地区	105	98	3692582	286330
	其中,彼得格勒省	14	14	2478246	135693
2	西北部	51	41	777821	99610
3	西南部	82	41	977706	36839
4	中部工业区	97	91	3148279	191995
	其中,莫斯科省	16	15	2021523	98338
5	中部农业区	123	105	1873157	220603

续　表

地区		城市和城市类型居民点数量	回答人口增长问题的城市数量	截至 1915 年10 月 1 日常住人口数量	由于战争因素人口增长的数量
6	南部	219	170	4338018	222190
	其中,哈尔科夫省	25	19	564798	66580
	叶卡捷琳诺斯拉夫省	21	15	765117	51736
7	其他地区	291	170	1165480	145937
	各地区合计	1044	779	21802727	1555851

资料来源: *Обзор деятельности Особого совещания для обсуждения и объединения мероприятий по продовольственному делу* (17 авг. 1915 г. – 17 февр. 1916 г.).

　　由此可见,临时人口大量涌入城市,彼得格勒省和莫斯科省等粮食短缺的大型工业地区和省份外来人口绝对值较大。

　　数字表明,制造业发达的中心城市的外来人口集中过程刚刚开始。此后,这一过程一直持续到战争第四年。这些数据没有考虑在后方大量集结的军队,所以,城市外来人口规模被低估。

　　这样,在战争初期,急需粮食的地区和中心城市的地理分布和相对比重发生变化。消费需求集中在俄国西部、工业中心,特别是粮食短缺地区的中心城市。的确,这是暂时现象。大约从战争第四年起,由于迫切需要粮食,人口开始逃离城市。1918—1919 年城市人口死亡数量惊人。

　　从这个意义上说,表 1-56 引用的莫斯科人口变化的数字非常有意义,也很典型。

表 1-56

人口调查或计算时间	居民人数	人口增加绝对值	同比增加(+)或减少(-)百分比	年均增加(+)或减少(-)百分比
1912 年 3 月 6 日人口调查	1617700	—	—	—
1915 年 11 月 20 日计算	1984000	+ 366300	+ 22.64	+ 5.77

人口调查或计算时间	居民人数	人口增加绝对值	同比增加（＋）或减少（－）百分比	年均增加（＋）或减少（－）百分比
1917 年 2 月 1 日计算	2017137	＋33137	＋1.67	＋1.38
1917 年 10 月 17 日人口调查	1849916	－193618	－9.47	－14.9
1918 年 4 月 8 日—21 日人口调查	1715728	－134188	－7.25	－13.4

资料来源：Михайловский В. Г. *Предварительный подсчет данных профессиональной переписи г. Москвы 21 апреля 1918 г.* // Продовольственное дело. М. , Моско. Продовольств. комитет. 1918. № 23.

　　显然,战争前夕和初期莫斯科的人口迅速增加,接下来增速放缓,到 1917 年人口开始大幅下跌。毋庸置疑,目前人口继续走低。

　　这些数据形象地说明并证实了我们上面得出的结论:战争初期发生粮食消费需求集中的现象。

第六节　粮食商品率下降

　　战争时期粮食市场还发生以下非常重要的变化:粮食商品率下降,相应地,商品粮数量减少。如果我们根据铁路运输资料比较粮食商品率(运输量占总产量百分比)的变化,那么可以得到表 1－57。

表 1－57

年份	商品率																
	黑麦	小麦	黍	荞麦	玉米	豌豆	双粒小麦	马铃薯	燕麦	大麦	主要粮食	颗粒粮	次要粮食	饲料作物	4种主要粮食	其他粮食	各类粮食
1909—1913 年	6.6	25.8	6.0	9.1	34.4	31.0	9.2	2.3	16.1	20.4	15.9	7.0	32.0	17.9	16.7	5.0	12.4
1914 年	6.0	19.6	9.7	9.4	16.0	28.4	5.6	2.1	15.1	14.5	12.7	9.6	17.7	14.9	13.6	4.1	10.5

第二章 战争与革命时期的粮食市场（1914—1918 年）

续　表

年份	商品率															
	黑麦	小麦	黍	荞麦	玉米	豌豆	双粒小麦	马铃薯	燕麦	大麦	主要粮食	颗粒粮	次要粮食	饲料作物	4种主要粮食	其他粮食	各类粮食
1915 年	4.3	14.3	4.9	5.4	7.2	22.2	3.3	2.0	10.0	7.6	9.2	5.1	9.3	7.0	9.2	3.0	7.4

资料来源：*Сводная статистика перевозок*. СПб.，Мин -во путей сообщения，1915；*Общие итоги переписи*. Ч. II；*Итоги перевозок по сети за 11 лет*. Пг.，Департамент железнодорожных дел，1917.

数字显示，各类粮食的商品率下降。不过，因为表格只考虑了所有年份的铁路运输情况，所以实际的粮食商品率略高于表格中的数字。

尤其是表格没有考虑水路运输。以 1913 年为例，个别粮食品种的水路运输量占总运输量的 1‰～23‰。表格同样忽视了军粮运输。相应地，应当提高表格中的商品率。但由于战争时期水路运输量减少，因此这不会改变战争时期粮食商品率下降的一般性结论。我们会发现，即便加上军粮运输量，这个结论仍然成立。

首先确定利用铁路运输的粮食数量，然后根据战争爆发前铁路运输和水路运输的对比关系，把这个数量加上水路运输数量，我们可以大致地了解战争头两年的商品粮数量（参见表 1 - 58，单位：千普特）。

表 1 - 58

粮食种类	1909—1913 年	1914 年	1915 年
主要粮食	591993.9	451751	330104
颗粒粮	16208.2	16935	10873
次要粮食	65917.2	33226	14384
马铃薯	48873.0	33355	27028
饲料作物	377399.6	267522	159710
4 种主要粮食	969332.8	719273	489814

粮食种类	1909—1913 年	1914 年	1915 年
其他粮食和马铃薯	130998.4	83516	52285
各类粮食和马铃薯	1100331.2	802789	542099

资料来源：同表 1 - 57。

　　这就是战争头两年的商品粮数量。从计算方法本身的性质考虑，这些数量属于最低量，特别是没有考虑到军粮运输。1914 年下半年，军队粮食和面粉运输量约 2750 万普特，1915 年——约 2.557 亿普特。[①] 如果考虑这个因素，那么战争时期的商品粮数量无疑会大幅减少。

　　粮食商品率下降是由一系列社会经济因素决定的：首先，在商品流通中发挥重要作用的地主经济的产量下降；其次，农民经济内部发生深刻变化。这些变化对于粮食商品率具有两方面重要作用。

　　首先，由于商品价格的变化特点，农民经济的货币收支关系发生变化。不进行专门的收支状况研究不可能准确考察这种变化。但依靠战前的收支资料，结合农民经济销售和购买的商品的价格变化系数，至少可以判断农民经济货币收支关系变化的方向。表 1 - 59 反映了产粮省份辛比尔斯克省和粮食消费省份莫斯科省农民经济的收支（卢布）情况（以一户家庭为单位）。

表 1 - 59

时间	辛比尔斯克省					莫斯科省沃洛科拉姆斯克县				
	收入	支出	收支平衡	%	支出占收入比例（%）	收入	支出	收支平衡	%	支出占收入比例（%）
1913 年	474.99	427.27	+ 47.72	100	90.0	542.19	499.78	+ 42.41	100	92.1

续　表

时间	辛比尔斯克省					莫斯科省沃洛科拉姆斯克县				
	收入	支出	收支平衡	%	支出占收入比例（%）	收入	支出	收支平衡	%	支出占收入比例（%）
1915 年	707. 15	528. 14	+ 179. 01	375	74. 7	829. 75	755. 80	+ 73. 95	174	91. 1
1916 年	1276. 59	787. 30	+ 489. 29	1024	61. 7	1730. 78	1343. 82	+ 386. 96	912	77. 6

根据下列资料计算：*Краткие бюджетные сведения по хуторскому и общинному крестьянскому хозяйству Симбирской губерни. Исследование 1913 г. Симбирск, Агрономический отдел Симбирск. губ. зем. управы,1914；Чаянов А. В. Лен и другие культуры в организационном плане крестьянского хозяйства нечерноземной России. М.，Моск. с. -х. ин-т,1912. Т.Ⅰ. Вып.Ⅰ. Волоколамский уезд；Свод товарных цен на главных русских и иностранных рынках за 1913 г. СПб.，Мин -во торговли и промышленности,1914；Движение цен за два года войны. Пг.，Всероссийский союз городов,1916；Сборник статистико -экономических сведений по сельскому хозяйству России и иностранных государств，год Ⅹ. Пг.，Мин -во земледелия,1917.*

　　根据这些数据显然可以得出结论：第一，战争时期农民经济的货币支出和收入大幅增加；第二，收入增幅更大（1917 年之前这个结论适用于粮食生产省份和消费省份，1917 年及以后粮食消费省份的状况明显趋于恶化）；第三，产粮省份辛比尔斯克省农民经济的收入增幅大于粮食消费省份莫斯科省。基于第三个结论判断，为了保证良好的收支平衡，促使产粮省份农民销售自己的主要产品——粮食的动机应该下降，农民的粮食商品率应该下降。农民所出售粮食的一部分通常可以用于提高自己的消费水平，而且客观上农民经济应当利用面临的提高消费量的机会，事实亦如此。

　　我们在前面已经指出，俄国农民的人均粮食消费量较低。农民经济发生的第二个变化恰恰在于，随着粮食产区农民经济的货币收入相对提高和酒类消费减少，这些地区多数居民的消费量增加。统计数据一定程度上证明了这个论点。以统计结果为基础，我们计算出大众主要消费食物——黑麦的消费量（参见表 1 - 60，单位：普特/人均）。[①]

----

① 表格根据中央统计委员会粮食产量和运输数量统计资料绘制，并且水 （转下页）

1914—1918 年俄国的粮食市场及其调节

表 1 - 60

年份	5 个粮食生产省份	7 个粮食消费省份
1911—1913 年	13.0	12.8
1912—1914 年	13.6	11.8
1915 年	14.9	12.3
同 1911—1913 年相比提高（＋）或减少（－）	＋1.9	－0.5

　　表中的人均消费量包括居民消费的粮食、饲料、种子和工业用粮。但因为种子需求量比较稳定、工业消费不高，所以上述人均消费量主要是居民粮食消费和牲畜饲料消费。而且引用的数字表明，在所研究的时期内，居民消费增加，最重要的是，粮食盈余地区的居民消费增加。

　　这样，以往促使农民向市场抛售粮食的动机下降，收支状况允许农民提高消费水平。由于以前的消费量较低，因此农民乐于增加消费。粮食产区大多数农民的消费量提高，粮食商品率随之下降。此时，本书第一章提到的俄国粮食市场的两个特点，即粮食市场高度依赖商品率高的地主经济和惯性力巨大，开始发挥作用。地主经济粮食产量大幅减少和大量农民经济商品率下降产生的巨大惯性力必然会引发粮食市场供给危机以及粮食流通规模下降。这些现象我们并不陌生。粮食市场其他因素发生变化、粮食短缺、调节供给失败的根本原因之一就在于此。

（接上页）路运输量采用 1909—1913 年固定平均数，1911—1915 年的铁路运输量由莫斯科州粮食委员会运输处整理。这样，我们采用的铁路输入和输出量属于动态数值，但由于铁路运输占总货运量的绝大多数，因此，运用的方法未必严重偏离实际。引用的数据涉及科斯特罗马省、弗拉基米尔省、雅罗斯拉夫尔省、特维尔省、斯摩棱斯克省、下诺夫哥罗德省、卡卢加省、奥廖尔省、图拉省、梁赞省、坦波夫省和沃罗涅日省。

第二章 战争与革命时期的粮食市场（1914—1918 年）

第七节 粮食出口减少

战争时期,商品粮几乎全部供应国内市场,因此,粮食的运输方向发生巨大变化(参见表 1-61)。

表 1-61

		俄国铁路粮食运输量			
		1913 年	1915 年	1913 年	1915 年
		千普特		国外和国内运输占总运输量百分比	
黑麦	合计	66531	43564	100.0	100.0
	出口运输	21731	11283	32.6	25.9
	国内主要市场	44800	32281	67.4	74.1
小麦	合计	325238	172967	100.0	100.0
	出口运输	152201	17798	46.8	10.4
	国内主要市场	173037	155169	53.2	89.6
燕麦	合计	108093	59816	100.0	100.0
	出口运输	44094	9318	40.8	15.6
	国内主要市场	63999	50498	59.2	84.4
大麦	合计	133490	34949	100.0	100.0
	出口运输	111444	5887	83.5	16.8
	国内主要市场	22046	29062	16.5	83.2
各类粮食	总计	1065191	640503	100.0	100.0
	出口运输	524251	130658	49.2	20.7
	国内主要市场	540340	509845	50.8	79.3

资料来源：*Сводная статистика перевозок по Русским железным дорогам за* 1913, 1914 *и* 1915 *гг.* СПб., Департамент железных дорог.

由此可见,到战争第二年,粮食的出口运输量大幅减少。实际出口跌幅更大,因为表格只统计了国内主要市场的运输量,并没有考虑军粮运输。正如所见,1915 年的军粮运输规模相当大。

如上所述,粮食的出口和进口不断发生变化(参见表 1-62)。

表 1-62

粮食种类	1909—1913 年		1914 年		1915 年		1916 年		1917 年(上半年)	
	千普特	%	千普特	%	千普特	%	千普特	%	千普特	%
经欧俄边界的出口,包括黑海和芬兰边界										
黑麦	39993.8	100	23332	58.4	5802	14.5	6207	15.5	242	0.6
小麦	258666.8	100	147094	56.8	11100	4.3	14381	5.6	492	0.2
大麦	226771.8	100	120618	53.2	405	0.2	164	0.1	33	0.0
燕麦	66361.8	100	16816	25.4	104	0.2	24	0.0	11	0.0
荞麦	3139.0	100	2290	73.1	—	—	41	0.0	—	—
黍	1984.2	100	1574	79.4	—	—	0	0.0	—	—
玉米	46565.0	100	17447	37.6	41	0.1	151	0.3	—	0.0
豌豆	13556.2	100	5962	44.1	467	3.4	192	1.4	12	0.1
兵豆、芸豆和大豆	8937.4	100	1442	16.1	197	2.2	571	6.4	11	0.1
马铃薯	10811.2	100	1632	15.1	517	4.8	74	0.7	19	0.2
经欧俄边界的进口,包括黑海和芬兰边界										
黑麦	8105	100	8447	104.1	0.5	0.0	0.0	0.0	—	—
小麦	1200	100	821	68.4	0.1	0.0	1.3	1.1	0.4	0.0
大麦	221	100	85	38.5	0.0	0.0	1.0	0.5	0.5	0.2
燕麦	1059	100	1307	124.2	245	23.1	3.8	0.4	1.2	0.1
玉米	505	100	640	126.8	—	—	0.5	0.1	—	—
马铃薯	144	100	483	335	5.1	3.5	2.5	1.7	5.6	3.9

资料来源:根据关税司资料计算。

表 1-62 数字表明,1914 年粮食出口已经大幅下降,1915 年出口降幅惊人,到 1916 年出口几乎停止。战前粮食的进口规模不大。1914 年,除小麦和大麦以外,各类粮食进口有所增加,但到 1915 年,粮食进口量几乎跌至 0。

第二章 战争与革命时期的粮食市场(1914—1918年)

第八节 贸易路线和运输条件的变化

前面我们介绍了俄国既已形成的粮食贸易路线,并指出了运输,特别是铁路运输的巨大作用。铁路是贸易路线的中枢,是促进市场联系的关键因素。战争深刻地改变了粮食贸易路线的方向和运输条件。

随着战争的爆发和边界关闭,通往出口市场、港口和陆路边界地区的粮食贸易路线迅速衰落,只有连接国内生产和消费市场的贸易路线保留下来。不过,国内粮食贸易路线也发生了变化,通向前线的贸易路线的重要性提升,因为那里已经成为容量巨大的新消费市场。

新形势要求铁路服务于国内粮食贸易路线新格局。从这个角度看,铁路运输承担了主要作用,其原因不仅在于铁路运输本来在俄国市场服务体系中就发挥关键作用,而且在于俄国水路干线几乎全部集中在南部、东南部、北部和西北部,水路运输无法为铁路的军事运输服务,即西部方向的运输提供实质性帮助。

战争使俄国铁路运输面临保持联系,特别是保持粮食贸易联系的艰巨任务。铁路处境艰难。可以明确地说,铁路运输系统无力完成自己面临的任务,而且逐渐进入严重紊乱状态,这导致生产市场和消费市场脱节,粮食运输延缓,军队和消费中心粮食供给出现危机。毋庸置疑,这也是粮食市场紊乱和发生根本变化的主要原因之一。

首先,由于军事运输规模庞大,总运输量迅速增加;此外,旅客运输数量也不是一个小数字。而且由于战争时期的特殊环境,军队、货物和旅客运输任务紧迫,导致机车车辆的利用率下降,商业货物退居次要地位,商品流通受到冲击。这种形势下,随着战争的爆发,俄国铁路网发展的缺点立即暴露出来。1914年下半年铁路各类货物,包括军事物资运输量仅相当于1911—1913年同期平均水平的88.5%,粮食运输量仅相当于1911—1913年同期平均水平的60.5%。[1]

---

① Арицмович А. М. *Состояние железнодорожного транспорта в период войны* // Труды комиссии по изучению современной дороговизны. М., Об-во им. А. И. Чупрова для разработки общественных наук при императорском Московском университете,1915. Вып. Ⅲ.

1914—1918 年俄国的粮食市场及其调节

为军队和铁路运输货物专门调动的车皮比例一定程度上反映了战争对铁路的迫切要求,1914 年下半年这一数字为 32.1%,1915 年 1 月—24.7%,1915 年 2 月—25.1%,1915 年 3 月—24.4%。[1]

这种情况下,为了更深入地认识货物运输,特别是粮食运输的特殊环境,必须指出,从宣布战争动员开始,西部地区(前线)约 2.2 万俄里(约占俄国铁路总长度的 33%)的铁路划归战地管理局管辖,因此,这部分铁路几乎完全服务于军事任务。[2] 此外,东部地区铁路的相当一部分车皮调配到西部地区。

主要为商业货物运输服务的东部地区铁路需要向西部地区运送大量军用物资,其运输能力进一步被削弱;同时,东部地区不能准时收到返回的机车车辆,结果,西部地区积欠的车皮数量不断增加,有时达 3.49 万节(1915 年 6 月)。[3]

这些因素导致东部地区的机车车辆分配很不合理,东部粮食产区原本脆弱的铁路进一步受到冲击。表 1-63 数据证实了上述情况。

表 1-63

时间	火车车皮				机车			
	西部地区		东部地区		西部地区		东部地区	
	数量(节)	%	数量(节)	%	数量(台)	%	数量(台)	%
战争以前	119000	24	366000	76	5700	29	14100	71
战争时期(1914 年 8 月至 1915 年 6 月)	166000	33	344000	67	7000	35	13000	65

资料来源:*Отчет о деятельности Особого совещания для обсуждения и обеђинения мероприятий по перевозкам. За период сентябрь* 1915 - *сентябрь* 1916 *г.* Пг., Управление делами Особого совещания по перевозкам,1916 г.

---

[1] 同上。

[2] *Отчет о деятельности Особого совещания для обсуждения и обеђинения мероприятий по перевозкам. За период сентябрь* 1915 - *сентябрь* 1916 *г.* Пг., Управление делами Особого совещания по перевозкам,1916 г. C. 11 и сл.

[3] 同上,C. 12.

第二章 战争与革命时期的粮食市场（1914—1918 年）

战争对铁路需求巨大，导致战争第一年年末部分商业货物或者完全无法利用连结主要粮食盈余地区和消费中心的铁路干线（北部和西伯利亚的铁路线），或者非常难以利用铁路运输（塔什干—塞兹兰—维亚济马铁路、俄国南部和西部的铁路干线）。

1915 年 5 月，俄国军队开始大规模撤退，[①]这给铁路工作带来新的麻烦。

为疏散人员和装备，东部地区的火车大量空驶到西部地区，东部铁路网的状况更加糟糕；另一方面，西部地区的难民和物资涌向东部，到处人满为患。两股人流和货流汇聚到一起，导致交通拥挤不堪。

面对战争带来的困难，政府采取措施调节铁路运输，提高铁路运用效率，增加机车车辆，提升铁路通过能力。应当承认，这些举措取得了积极效果，一段时间内甚至消除了战争的破坏性影响，因为后面要谈到铁路运营的技术指标问题。

大致到战争第五个半年前即 1916 年 7 月—12 月之前，铁路运营指标不断提高。铁路既有货车和机车的日车俄里[②]增加。东部地区铁路的运营指标详见表 1－64。

表 1－64

时间	日车俄里			
	既有货车		既有货运机车	
	俄里	相对值	俄里	相对值
1914 年 1 月—6 月	62	100	84	100

---

① 1915 年，为打败俄国并使其退出战争，德军指挥部把部分军队从西线调往东线（1915 年 4 月德军在西线部署 100 个师，东线 92 个师，到 8 月分别调整为 90 个师和 105 个师）。同年 5 月，冯·马肯森指挥第十一集团军和奥匈第四集团军在戈尔利采地区发动进攻，迫使俄军放弃佩列梅什利和利沃夫；7 月初，德军将俄军赶出谢德列茨、普拉斯内什和华沙；8 月科夫诺和维尔诺失守。通过 1915 年的夏季攻势，德军将俄军逼退到里加—雅各布施塔得—德文斯克—巴拉诺维奇—平斯克—杜布诺—塔尔诺波尔一线。到 1915 年秋，战线在此趋于稳定。俄国军队实际上撤出波兰、加西亚、立陶宛以及波罗的海和白俄罗斯部分地区——译注。
② 每台运行机车平均在一昼夜内完成的沿线走行俄里数——译注。

时间	日车俄里			
	既有货车		既有货运机车	
	俄里	相对值	俄里	相对值
1915 年 1 月—6 月	72	117	91	108
1916 年 1 月—6 月	74	119	98	117

资料来源：*Отчет о деятельности Особого совещания для обсуждения и объединения мероприятий по перевозкам*. С. 39 и приложение 6.

车辆装卸数量和走行总里程不断增加。分析莫斯科—梁赞、莫斯科—库尔斯克、莫斯科—下诺夫哥罗德和塞兹兰—维亚济马等 4 条全俄铁路网非常有代表性的铁路，我们得出以下数字（参见表 1－65）。

表 1－65

时间	装卸车辆和油罐车数量		车辆走行总里程	
	实有数	相对值	百万俄里	相对值
1913—1914 年（6—7 月）	217073	100.0	61.2	100.0
1914 年（6—12 月）	197554	91.0	75.4	123.0
1915 年（1—6 月）	224416	103.4	82.8	135.1
1915 年（7—12 月）	249826	115.0	87.2	142.5
1916 年（1—6 月）	290176	133.5	94.6	154.5
1916 年（7—12 月）	278211	128.0	87.4	146.6

资料来源：Прокопович С. Н. *Война и народное хозяйство*. С. 181－183.

铁路运用效率的提高一直持续到战争的第五个半年即 1916 年 12 月，此后，铁路运营的技术指标开始下降。

但是，运输量的绝对增加甚至不能抵消军用物资的增长。所以，通常利用铁路运输的商业货物运输减少，货运量特别是粮食运输量大幅下降,前面已经提到这一点。整个铁路网的运输数据反映出相同情况(参见表 1－66)。

表 1－66

时间	各类货物(军用物资除外)		粮食		原粮	
	千普特	％	千普特	％	千普特	％
1913 年	7984	100.0	1297	100.0	792	100.0
1914 年	6636	83.1	1082	83.5	627	79.3
1915 年	5376	67.3	847	65.4	432	54.7

资料来源：*Сводная статистика перевозок* 1915 г. *Общие итоги перевозок по сети за 11 лет.* Департамент железнодорожных дел,1917. Ч. Ⅱ.

由于货物周转速度下降以及铁路运输能力不足,铁路货物积压严重。铁路月均货物积压数量:1914 年(1—6 月)——38600 节车皮,1914 年(7—12 月)——84300 节车皮,1915 年(8—12 月)——94030 节车皮,1916 年(1—6 月)——127839 节车皮。[①]

这样,大致到战争的第五个半年之前,除东部地区铁路网以外,铁路运输技术体系不断改善,铁路运营的绝对规模显著提高。铁路运输混乱的实质是现有铁路密度和运输能力条件下,货物运输需求超过铁路的客观运能。

从战争第五个半年起,然后是革命以后,特别是十月革命以后,铁路运输状况开始恶化,这不仅表现在铁路不能适应货物运输需求,而且表现在铁路运输的技术体系遭遇困境。导致铁路技术水平下降的因素浮出水面,这些因素的成因包括钢铁短缺、劳动生产率下降、机车车辆损坏严重等。至少可以说,铁路技术装备严重恶化。按照当时的标准,需要修理的机车和车辆的正常水平分别为 16％和 5％。战争和革命时期整个俄国铁路网的这一比例详见表 1－67。

---

① *Отчет о деятельности Особого совещания по перевозкам.* С. 105－106.

表 1 - 67

时间	需要修理的机车比例（%）	需要修理的车辆比例（%）
1915 年 10 月	15.5	3.0
1916 年 2 月	17.0	3.8
1916 年 10 月	16.0	4.5
1917 年 2 月	18.3	4.5
1917 年 10 月	26.1	6.8
1918 年 2 月	34.3	7.9
1918 年 3 月	35.6	9.0

资料来源：*Отчет о деятельности Особого совещания по перевозкам*，приложение 6. Михайлов И. Д. *Росстройство железнодорожного транспорта* // Известия Моск. обл. прод. комитета. 1917. № 12；*Состояние железнодорожного транспорта к февралю* 1918 *г.* // Известия Моск. обл. прод. комитета. 1916. № 5；*Состояние железнодорожного и водного транспорта к началу августа* 1917 *г.* // Известия по продовольственному делу. 1917. № 2；Михайлов И. Д. *Основные вопросы транспорта.* М.，Викспрод，1918，приложения.

与此同时，铁路运用效率下降，装卸车辆和油罐车的绝对数减少，革命以前从未出现过这种情况。表 1 - 68 引用的上述 4 条铁路装卸车量和油罐车的数字便是证明。

表 1 - 68

时间	装卸车辆和油罐车数量	
	实有数	相对值
1913 年—1914 年（6—7 月）	217073	100.0
1916 年（7 月）	278211	128.0
1917 年（1—2 月）	270593	124.7
1917 年（3—6 月）	255963	117.8
1917 年（7—10 月）	227579	104.8
1917 年（11—12 月）	158336	73.0

资料来源：Прокопович С. Н. *Война и народное хозяйство.* С. 181 - 183.

第二章　战争与革命时期的粮食市场（1914—1918 年）

从 1917 年下半年起，机车和车辆的日车俄里数开始下降（参见表 1-69）。

表 1-69

时间	机车日车俄里	车辆日车俄里
1916 年下半年	122	71
1917 年 1 月	100	57
1917 年 3 月	121	59
1917 年 5 月	122	55
1917 年 7 月	123	59
1917 年 9 月	113	54
1917 年 12 月	70	30

资料来源：Михайлов И. Д. *Основные вопросы тран-спорта*，приложения.

显然，在战争最初期，俄国脆弱的铁路系统就无力承担全部大规模运输任务。不过，从战争初期，几乎一直到革命爆发，铁路完成的运输量不断增加，但此后铁路不仅不能完成运输任务，而且运输量迅速下降。这种条件下，可能导致铁路运输困境加剧，相互断绝联系的市场数量上升以及军队和居民粮食供给危机加深。

水路运输情况总体上与此相似。我们不再详细叙述这一问题，仅引用伏尔加河发运粮食的数字加以说明（参见表 1-70）。

表 1-70

	1909—1913 年	1915 年	1916 年	1917 年	1918 年（预测数）
千普特	182967	194324	182817	83000	约 12960
%	100.0	106.2	99.9	45.4	约 7.1

资料来源：Усачев П. *Водный транспорт* // Известия Народного комиссариата по продовольствию. 1918. № 16-17.

这样,1915 年以前,伏尔加河的粮食运输量不断增加,此后开始下跌,1917 年和 1918 年跌幅巨大。内战很大程度上是 1918 年运输量出现灾难性下降的原因。而且上面提到的 1918 年的运输量只是预测数,如果根据 5 月—6 月的发货量判断,实际上这个数字也不可能完成。不同时间伏尔加河的实际粮食发运量:1918 年 5 月——61.9 万普特,1916 年 5 月——2366 万普特;1918 年 6 月——50.8 万普特,1916 年 6 月——649.8 万普特。[1]

显而易见,粮食的运输量下降,这本身已经意味着商品粮流通量减少。与此同时,战争期间政府的粮食收购量大幅增加。政府的主要粮食、颗粒粮和饲料收购规模(四舍五入):1914—1915 年——3500 万普特,1915—1916 年——5.02 亿普特,1916—1917 年——5.4 亿普特。[2] 而且,1917 年 3 月 25 日,政府宣布实行国家粮食垄断。

如果考虑到粮食运输量的绝对减少和国家收购量的绝对增加,那么显然,商业性质的私人粮食贸易想必已经迅速消失了。

第九节　粮食储备规模的变化

由于粮食产量、商品率和运输条件的变化,粮食储备规模随之发生变化。

根据上文引用的粮食生产和消费的平衡数据以及出口数据(进口量小,因而忽略不计),可以判断截至 1918—1919 年度的俄国粮食储备和总量规模。以上述数据为基础,能够计算出俄国的粮食

---

[1] Водный транспорт. 1918. № 4,статистические бюллетени.

[2] *Краткие предварительные отчетные сведения по заготовке хлеба для армии* (Совещание уполномоченных Главного управления землеустройства и земледелия по закупке хлеба для армии, представителей губ. земск. Управ и представителей ведомств. 1-3 июля 1915. Пг., Главн. Управление землеустройства и земледелия, 1915; Совещание уполномоченных 25-31 августа 1916 г. Пг., Управление делами Особого совещания по продовольствию,1916 г.). 此外,使用了笔者掌握的尚未公开的粮食部资料。

储备数量（参见表 1－71，单位：千普特）。

表 1－71

年度末期	主要粮食	颗粒粮和次要粮食	饲料作物	合计	马铃薯
1914—1915 年	＋444867.0	＋30367.1	＋43324.6	＋518558.7	＋268111.3
1915—1916 年	＋723669.7	＋82132.8	＋93568.6	＋899368.1	＋350354.8
1916—1917 年	－30358.4	－13449.7	－111806.2	－128714.9	－103050.5
1917—1918 年	－167749.9	－24912.3	－219370.1	－362207.7	－37529.3
合计	＋970425.4	＋150861.9	－194283.1	＋927004.2	＋477886.3

　　因此，在所研究时期内，俄国的粮食储备总量非常可观，比人们通常想象的数量大得多，[①]只有饲料作物处于短缺状态。不过，如果考察单个农业年度的粮食储备，那么我们会发现，除颗粒粮和次要粮食以外，其他所有粮食都存在短缺情况。由此可见，粮食储备的形成完全有赖于 1914—1915 年和 1915—1916 年的粮食盈余。

　　现在看一下 4 种主要粮食储备规模的变化（参见表 1－72）。

表 1－72

年份	百万普特											
	8 月	9 月	10 月	11 月	12 月	1 月	2 月	3 月	4 月	5 月	6 月	7 月
	港口市场											
1914—1915 年	11.1	14.8	17.7	20.1	20.5	25.6	21.3	12.3	15.4	15.6	14.6	24.5
1915—1916 年	22.5	29.6	31.6	33.7	24.5	20.2	16.7	13.0	8.6	7.5	9.3	8.2

---

① Яшнев Е. Е. *Хлебные ресурсы России* // Известия по продовольственному делу. 1917. № 3.

75

1914—1918 年俄国的粮食市场及其调节

年份	百万普特											
	8月	9月	10月	11月	12月	1月	2月	3月	4月	5月	6月	7月
港口市场												
1916—1917 年	6.3	5.7	5.3	4.5	3.0	—	—	—	—	—	—	—
国内市场												
1914—1915 年	12.9	16.6	17.0	25.3	20.5	16.5	12.9	10.7	7.1	8.0	18.5	16.5
1915—1916 年	14.9	5.7	20.8	24.8	19.6	14.3	11.8	8.8	7.2	7.0	14.5	17.1
1916—1917 年	12.7	10.7	9.4	7.7	3.9	—	—	—	—	—	—	—
机械化粮仓、普通粮仓和铁路仓库												
1914—1915 年	2.9	5.8	8.4	8.9	7.6	7.3	7.3	7.6	5.6	3.4	3.5	3.1
1915—1916 年	2.8	4.3	5.5	6.7	6.7	7.4	7.8	7.0	5.8	3.8	4.2	3.2
1916—1917 年	2.5	2.5	2.5	2.9	2.1	—	—	—	—	—	—	—
合计												
1914—1915 年	27.0	37.3	43.2	54.4	48.6	49.4	41.5	30.6	28.2	27.1	36.6	44.2
1915—1916 年	40.3	49.7	58.0	65.2	50.8	41.9	36.4	28.9	21.7	18.4	28.1	28.6
1916—1917 年	21.6	19.1	17.4	15.1	9.2	—	—	—	—	—	—	—
占农业年度粮食储备比例（%）												
1914—1915 年	5.0	6.9	7.9	10.0	9.0	9.5	8.0	5.9	5.4	5.2	7.0	8.5

续　表

年份	百万普特											
	8 月	9 月	10 月	11 月	12 月	1 月	2 月	3 月	4 月	5 月	6 月	7 月
	占农业年度粮食储备比例（%）											
1915—1916 年	7.7	9.5	11.1	12.5	9.7	14.6	12.7	10.1	7.6	6.4	9.8	10.0
1916—1917 年	7.5	6.7	6.1	5.3	3.2	—	—	—	—	—	—	—

资料来源：根据相应年份财政公报。

　　根据引用的数字可以判断，战争头两年粮食储备的变化规律与战争以前相同：从 8 月到次年 1 月粮食储备呈上升趋势，然后开始下降。不过需要注意的是，除 1915 年（丰收年）某些月份以外，截至每月初的粮食储备规模低于战前水平。到战争第三年，粮食储备变化的规律被打破：粮食储备大幅减少，从 8 月起储备规模没有增加，而是相反。粮食储备走低的主要原因在于港口市场。因此，港口市场粮食储备的比重下降，国内市场和粮仓粮食储备的比重上升。

第十节　战争时期的粮食贸易机构

　　前面关于粮食流通和储备规模的描述有助于我们深入研究战争时期贸易机构、粮仓和粮食贷款的发展状况及作用。

　　粮食贸易机构的变革充分地反映了粮食流通的变化。战争时期粮食贸易机构的总体变化趋势表现为迅速走向瓦解、衰落，然后退出市场。如果根据当前报刊的内容，按照时间顺序，循序渐进地仔细考察粮食流通和粮食贸易机构的演变，那么总体情况如下。①

　　发生战争的第一个半年，虽然运输不畅，但粮食贸易没有停止，尽管规模减小。除宣战初期以外，粮食市场的主导情形是供应稳定、行情看好。1914 年收成不高、生产者谨慎观望和需求旺盛支

———————————

① 根据《贸易工业报》资料。

撑了这种市场情绪。所有这些因素为粮食销售和粮食贸易机构发挥职能创造了有利条件。

战争第二年的情况基本没有变化,贸易机构的生存环境和粮食销售条件仍很适宜。生产者仍持谨慎态度,政府收购粮食推动需求,甚至运输不畅也成为市场行情持续高企的支撑因素。

但是到 1915 年,国家开始干预粮食流通,开始采取限价、禁止出口等措施。此后一直到战争结束,这种干预进一步强化,特别是在运输和价格形成机制方面。与此同时,政府收购的粮食数量不断增加,这部分交易大多不通过贸易机构。

这种情况下,粮食贸易机构已经无法正常运转,粮食交易萎缩。贸易机构的经营方式与平常已经有所不同,开始想方设法解决运输问题和规避各种限价规定。随后,由于粮食价格急剧上涨和不同市场的差价巨大,贸易机构开始比平常更多地搞投机倒把,银行在这方面发挥较大作用。

绝大部分声誉很好的企业不能适应新形势,没有从事非正常的贸易活动,并逐渐退出市场。因此,到战争第二年,贸易机构已经显现出瓦解的征兆。

战争第三年,特别是发生革命以后,贸易机构瓦解和衰落的迹象更加明显。运输困难加重,普遍实行计划运输,所有粮食交易实行固定价格,制定粮食分配细则,政府收购粮食的规模空前扩大,实行国家粮食垄断,从而最终剥夺了贸易机构维持生存的"空气",贸易机构衰落的速度加快。十月革命后,私人贸易机构退出历史舞台。

随着私人贸易机构的衰落,其职能逐步过渡到国营粮食机构和合作社。正是在战争和革命时期,在非正常经济生活环境、物价飞涨和某些法律优势的影响下,合作社数量开始迅速增加。

第十一节　机械化粮仓与粮食贷款

由于粮食流通失去商业性质和私人贸易机构的瓦解,机械化粮仓和粮食贷款问题发生变化。政府粮食收购量增加和私人贸易逐渐消失加剧了对机械化粮仓的需求,首先是国家对机械化粮仓的需求。最初机械化粮仓对国家而言不仅是存储粮食的技术设施，同时还是集中粮食和调节粮食流通的经济中心。但随着粮食贸易机构的商业性质消失，特别是实行粮食垄断以后，国家越来越强调机械化粮仓作为储存和改善粮食质量的场所的技术功能，而非经济作用。战争时期，受国家需求旺盛的影响，机械化粮仓的建设速度加快。首先，国家银行继续实施粮仓建设规划，建成机械化粮仓如下：1914 年——6 座，仓容 505 万普特，1915 年——12 座，仓容 750 万普特，1916 年——12 座，仓容 775 万普特；[1]其次，截至 1916 年秋季农业部建成一批粮仓，总仓容 7294.4 万普特。

战争时期，由于粮食流通量减少和粮食贸易国有化，粮食贷款规模大幅下降。国家银行发放的粮食抵押贷款和粮食交易单据抵押贷款(百万卢布)情况详见表 1-73。

表 1-73

贷款种类		1913 年	1914 年	1915 年	1916 年
粮食抵押贷款	银行机构直接贷款	143.6	108.6	95.2	40.4
	通过铁路贷款	9.6	13.3	3.4	3.1
	通过其他信托机构贷款	100.7	76.6	14.2	7.0
	合计	253.9	198.5	112.8	50.5
单据抵押贷款	运单抵押贷款	60.3	31.8	35.1	48.2
	期票抵押贷款	40.3	35.9	23.2	—

资料来源：*Отчет государственного банка за* 1916 *г.* Пг.，Министерство финансов，1917. 同样参见：*Народное хозяйство в* 1915 *г.* Пг.，Народный комиссарит финансов，1918.

银行机构直接发放的粮食抵押贷款，特别是通过信托机构发放的粮食抵押贷款降幅最大，单据抵押贷款同样出现下降，尽管降幅略小。

私人银行发放的贷款情况与此类似。根据官方数据，私人银行

[1] *Отчет государственного банка за* 1916 *г.* Пг.，Министерство финансов，1917.

发放的粮食抵押贷款规模如下：1913 年月均 7300 万卢布，全年 8.764 亿卢布；1914 年分别为 5460 万卢布和 6.558 亿卢布；1915 年分别为 4580 万卢布和 5.496 亿卢布。[1]

除间接发放的贷款以外，国家银行向主要借款人提供的粮食抵押贷款有所变化，农户贷款：1913 年——7760 万卢布，1914 年——6730 万卢布，1915 年——5710 万卢布；商人贷款分别为 1.644 亿卢布、1.179 亿卢布和 5240 万卢布。[2]

商人贷款的下降速度快于农户。再看一下小额信贷机构的贷款情况，其贷款变化详见表 1-74。

表 1-74

时间	截至 1 月 1 日贷款的合作社数量	贷款规模	粮食抵押贷款金额	年末余额
		千卢布		
1913 年	1512	20824	18835	16624
1914 年	2388	38069	31100	26403
1915 年	3100	59896	35974	28299
1916 年	4058	82364	15250	8820

资料来源：*Народное хозяйство за* 1913 *и* 1915 *гг.* Пг., Народный комиссариат финансов. 同样参见国家银行相应年份报表。

合作社数量和贷款规模迅速增长，但 1916 年粮食抵押贷款和年末余额大幅下降。

第十二节　粮食价格动态

最后，战争使粮食价格构成发生实质性变化。战前已经显现的价格上行趋势在各国显著加强。但由于世界经济受到冲击，以往国家间的竞争性联系弱化，甚至部分终止，价格上涨的国际因素下

---

[1] *Народное хозяйство за* 1913 *и* 1915 *гг.* Пг., Народный комиссариат финансов.
[2] 同上。

降,国家因素提升,单一国家的粮食价格某种程度上开始具有独立性质。俄国粮食价格的增长速度最初略滞后于国际市场价格,后来则远远超过国际市场价格。从这个意义上说,俄国和英国小麦(国际粮食市场的主要贸易商品)价格的变化(占 1913 年价格百分比)很典型:英国(平均价格)1914 年——110%,1915 年——16.8%,1916 年——184%,1917 年——240%;[1]欧俄(秋季产地价格)1914 年——104%,1915 年——160%,1916 年——259%,1917 年——1403%。[2]

需要指出的是,由于货币流通发生变化且秩序混乱,因而比较的是粮食价格的相对变化,而不是绝对变化,阅读本节内容时需要注意这点。

产地秋季粮食价格的波动(以 1909 年—1913 年秋季平均价格为 100)反映了 1917 年秋季以前俄国主要粮食价格的变化(参见表 1-75)。

表 1-75

年份	黑麦		春小麦		燕麦		大麦	
	非黑土带	黑土带	非黑土带	黑土带	非黑土带	黑土带	非黑土带	黑土带
1909 年—1913 年	100	100	100	100	100	100	100	100
1914 年	113	101	114	98	142	125	125	110
1915 年	182	141	180	123	219	168	182	146
1916 年	282	226	240	235	345	291	292	250
1917 年	1661	1146	1826	1119	1911	1320	1556	1216

资料来源:详见第一部分附表 3。

---

① Смит М. Н. *Экономические предпосылки фискации цен* // Экономика и политика твердых цен. М., ВСНХ, 1918. С. 49.

② 1913 年、1914 年和 1915 年数据参见:*Сборник статистико-экономических сведений*, год X;1916 年数据参见:*1916 г. в сельскохозяйственном отношении*;1917 年数据来自尚未公布的农业经济司资料。

1914—1918 年俄国的粮食市场及其调节

由此可见,粮食价格达到前所未有的水平。各类粮食价格逐年攀升,燕麦价格涨幅最大,然后依次为小麦、黑麦和大麦,非黑土带粮食价格上涨幅度明显高于黑土带(详见第一部分附表 4)。

1917—1918 年粮食价格出现一次新的无法统计的跳跃性增长,而且尽管上表已经表明各地区粮食价格上涨的幅度不同,但现在消费地区和粮食产区价格(卢布/普特)变化的差异巨大(参见表 1-76)。

表 1-76

	苏俄 6 个产粮省				苏俄 9 个粮食消费省			
	黑麦	以 1909—1913 年秋季均价为 100	燕麦	以 1909—1913 年秋季均价为 100	黑麦	以 1909—1913 年秋季均价为 100	燕麦	以 1909—1913 年秋季均价为 100
1918 年 1—3 月均价	51.2	6538.9	20.0	3521.1	79.0	8467.3	34.6	5014.4
1918 年 4—6 月均价	95.8	12234.7	38.2	6725.3	136.4	14619.5	51.8	7507.2

资料来源:1918 年粮食人民委员部消息报。

我们发现,更晚些时候即 1918 年 7 月—10 月,粮食价格继续上涨。仍然按照消费省份和产粮省份划分,同时部分参照 1918 年 1 月—3 月和 1918 年 4 月—6 月的黑麦价格,我们得出 1918 年 7 月—10 月的黑麦价格:苏俄 5 个非黑土带粮食消费省份 244.0 卢布/普特,为 1909—1913 年秋季平均价格的 310 倍;5 个黑土带产粮省份 104.3 卢布/普特,为 1909—1913 年秋季平均价格的 131 倍。[1]

显而易见,粮食价格飞涨,而且持续攀升,特别是粮食消费省份。值得指出的是,乌克兰各省价格涨幅明显较低。1918 年 6 月,8 个乌克兰省份的黑麦价格为 21.9 卢布/普特,约相当于 1909—

---

[1] 根据 1918 年莫斯科州粮食管理局经济统计处公报资料。数据涉及特维尔省、科斯特罗马省、下诺夫哥罗德省、卡卢加省、图拉省、梁赞省、奥廖尔省和沃罗涅日省等。

第二章　战争与革命时期的粮食市场（1914—1918 年）

1913 年秋季平均价格的 29 倍。[1]

粮食价格不断上涨，平常的年度波动完全消失。战争时期，粮食价格动态出现一个新特点：通常的春季和秋季价格对比关系发生变化（参见表 1-77，单位：戈比/普特），这导致价格上行的压力愈来愈大。

表 1-77

年份	黑麦			小麦			燕麦			大麦		
	秋季	春季	差额	秋季	春季	差额	秋季	春季	差额	秋季	春季	差额
非黑土带												
1909—1913 年	95	99	−4	110	122	−12	73	85	−12	87	98	−11
1914—1915 年	107	155	−48	125	190	−65	104	163	−59	109	165	−56
1915—1916 年	173	199	−26	198	238	−40	160	204	−44	158	207	−49
1916—1917 年	268	443	−175	288	649	−361	252	433	−181	260	430	−170
黑土带												
1909—1913 年	74	82	−8	96	108	−12	65	75	−10	68	78	−10
1914—1915 年	80	112	−32	93	135	−42	81	118	−37	109	165	−56
1915—1916 年	104	126	−22	117	167	−50	109	139	−20	158	207	−49
1916—1917 年	167	200	−93	223	338	−115	189	291	−102	260	430	−170

资料来源：1913 年、1914 年和 1915 年数据参见：*Сборник статистико - экономических сведений*，год Ⅹ；1916 年数据参见：*1916 г. в сельскохозяйственном отношении*；1917 年数据来自尚未公布的农业经济和农业统计司资料。

---

[1] Шефлер М. Е. *Товарообмен с Украиной*. М.，Мин -во продовольствия，1918，приложение 8 - 9.

正如所见,一个农业年度内,春季粮食价格比战前更加显著地超过该年度秋季粮食价格,而且到战争第三年,秋季和春季的价格差急剧扩大。此外,我们发现,下一个年度的秋季粮食价格并不比上一个年度的春季粮食价格低,相反,多数情况下前者高于后者,而且时间越长,前者高于后者的幅度越大。

这就是战争时期的粮食价格动态。战争期间价格持续上涨,显然,就构成而言,粮食价格彻底抛开一切制约因素,甚至包括与产量和储备的脆弱依附关系。不过,即便是现在,价格仍然受供求关系左右。粮食产量和储备反映可能的粮食供给,而非实际的粮食供给。如果基于产量和储备状况的可能供给,以及与消费规模相适应的需求对确定价格具有决定性作用,那么,根据前面关于粮食平衡和储备的阐述,战争时期俄国显然不存在粮食价格上涨的充分理由,饲料和颗粒粮可能除外。但事实上,价格构成的决定因素是实际供给而非可能供给;同样,实际需求而非可能需求,对价格构成具有决定性意义。通常来说,可能的供给与需求关系和实际的供给与需求关系不会存在悬殊差距。① 相反,受下列因素影响,这种差距在战争时期被提到首位。运输混乱很大程度上使消费市场与生产市场中断联系,实际供给必然会越来越落后于可能供给,从而推动消费市场的价格上涨,而这种上涨然后又扩大到生产市场。同时,大量发行纸币某种程度上扩大了粮食的实际需求,增加了消费者手中货币的储备规模,使消费者能够支付高价格,已经高企的价格得到巩固。除其他所有可能的消极影响外,过度发行纸币将导致国内货币贬值,这同样将推动价格上涨。价格飙升,行情持续看涨,引发比平常更多的投机活动:由于家庭收支发生积极变化,生产者销售粮食时更加保守;中间商对产地市场施加更大压力,而对消费市场则持谨慎态度,这些因素也会促使价格走高。因此,运输不畅,国内统一市场遭到破坏,无限制发行纸币和货币贬

① Демосфенов С. С. *Общие соображения о причинах современной дороговизны. Движение биржевых цен на главнейшие продовольственные продукты в октябре и декабре* 1915 *г сравнительно с* 1913 *и* 1914 *г.* Пг., Управление делами Особого совещания по продовольствию, 1916.

第二章 战争与革命时期的粮食市场(1914—1918年)

值以及利用时间和空间差别大肆投机决定了战争时期粮食价格的增长。因此,这种增长带有纯粹的应景性质。

表1-78[①]某种程度上反映了上述战争时期的价格(戈比/普特)变化情况。

表 1 - 78

时间	4种主粮和面粉(小麦粉与黑麦粉)价格(以1913—1914年平均价格为100)	黑麦价格(叶列茨)	小麦价格(基辅)	纸币发行量(百万卢布)	卢布汇率	粮食储备		
						主粮	黑麦	小麦
1914年7月	108	84	107	2321.1	—	29.2	6.1	15.8
8月	108	87	93	2557.6	—	27.0	6.3	15.2
9月	109	91	102	2697.5	80.4	36.3	5.3	21.4
10月	108	88	107	2791.0	84.3	42.3	6.0	23.9
11月	111	93	117	2846.0	80.6	54.3	7.7	30.7
12月	120	106	125	2946.6	80.6	48.7	6.4	25.8
1915年1月	137	120	144	3059.1	82.8	49.5	6.0	22.5
2月	144	121	158	3151.5	83.3	41.6	4.8	17.3
3月	149	121	152	3312.7	82.9	30.7	4.6	13.7
4月	156	132	158	3361.8	81.4	28.2	3.4	10.5
5月	161	139	159	3477.3	76.9	27.1	2.8	14.2

---

① 价格数据来自:*Движение цен за два года войны*. Пг., Всероссийский союз городов, 1916;流通的货币数量参照1914年、1915年和1916年国家银行报表;卢布汇率根据以下资料计算:Прокопович С. Н. *Война и народное хозяйство*, с.55;粮食储备参见:*Вестник финансов в подсчетах бюллетеня кабинета экономического изучения России за январь 1917 г.* 需要指出的是,某些月份的粮食储备数据与表中的储备数据不一致,其原因是各期公报引用的数据不准确,而且缺乏稳定性。

续　表

时间	4 种主粮和面粉（小麦粉与黑麦粉）价格（以 1913—1914 年平均价格为 100）	黑麦价格（叶列茨）	小麦价格（基辅）	纸币发行量（百万卢布）	卢布汇率	粮食储备		
						主粮	黑麦	小麦
6 月	157	126	154	3755.6	74.3	36.7	6.8	17.9
7 月	137	110	126	3962.5	66.1	44.3	5.5	20.4
8 月	140	110	121	4210.8	70.0	30.4	4.3	14.9
9 月	145	103	120	4898.2	68.6	49.8	3.6	21.2
10 月	152	108	128	5040.5	65.8	58.1	3.8	27.8
11 月	163	127	146	5201.3	64.6	65.2	5.6	36.5
12 月	174	129	158	5616.8	61.2	47.2	4.4	28.8
1916 年 1 月	177	124	163	5709.5	58.9	42.0	3.4	26.2
2 月	179	120	168	5899.1	62.7	36.5	3.2	21.9
3 月	183	151	169	6078.3	62.1	29.0	2.6	16.4
4 月	187	152	179	6213.0	61.3	21.7	2.1	12.1
5 月	187	152	168	6379.5	60.7	19.3	1.9	10.4
6 月	189	155	165	6628.3	60.9	29.2	3.2	9.2
7 月	197	151	172	6876.2	60.4	28.6	3.8	19.1
8 月	205	145	187	7122.3	62.9	21.6	4.1	14.1
9 月	227	167	230	7587.1	63.1	19.1	3.7	12.2
10 月	—	173	—	8083.4	60.6	15.5	2.7	9.4
11 月	—	180	—	8383.5	59.4	15.0	2.0	8.6

　　显而易见，战争时期，持续走低的卢布汇率对粮食价格的提高具有决定性意义，而卢布汇率同样与货币流通量的增加存在联系。粮食储备与价格变化几乎不存在联系。遗憾的是，无法从统计和

第二章 战争与革命时期的粮食市场（1914—1918 年）

地理角度分析交通混乱和投机活动对粮食价格的影响。

关于价格动态的阐述可以说明战争时期影响价格构成的地理因素的一系列特点。

前面探讨黑土区和非黑土区价格上涨强度的差别时，我们已经指出变化的总体特点：生产市场和消费市场价格水平的差距急剧扩大，消费市场提升价格的作用增强（参见表 1-79）。

表 1-79

年份	秋季地方黑麦价格			秋季地方燕麦价格		
	工业区	中部农业区	差额 （戈比）	工业区	中部农业区	差额 （戈比）
	戈比/普特			戈比/普特		
1909— 1913 年	92	75	17	70	65	5
1914 年	106	89	17	100	81	29
1915 年	161	116	45	168	109	59
1916 年	264	168	96	278	169	109
1917 年	2630	914	1716	2124	826	1298

资料来源：1913 年、1914 年和 1915 年数据参见：*Сборник статистико-экономических сведений*，год Х；1916 年数据参见：*1916 г. в сельскохозяйственном отношении*；1917 年数据来自尚未公布的农业经济和农业统计司资料。

产地市场和消费市场的粮食价格差别增长迅猛，反映出市场联系中断程度加深、运输混乱和消费地区需求增加。

价格差别增长惊人，但目前决定性作用归于消费市场。如果第一次世界大战爆发前消费市场对价格提升只具有一定影响，正如所见，决定性作用属于生产市场，供给大于需求，那么现在供求关系颠倒，需求大于供给，买方寻找卖方。这很容易理解。消费市场与生产市场的联系弱化，与此同时，前者对后者的天然依赖性显露无余。

粮食价格的反比关系显然完全符合这种天然依赖性：消费市场的价格主导权。从经济角度看，生产市场的商品距离消费市场越近,商品的价格越高,越接近于消费市场价格。

由此可见,港口市场的作用及其对国内消费市场价格构成的影响会发生根本性变化。我们比较一下战争以前和战争时期部分国内市场和港口市场交易所相同品种粮食的价格(参见表 1 - 80)。

表 1 - 80

年份	黑麦			小麦			燕麦			大麦	
	莫斯科	叶列茨	敖德萨	雷宾斯克	萨马拉	敖德萨	莫斯科	叶列茨	敖德萨	萨拉托夫	敖德萨
	戈比/普特										
1906—1910 年	98.0	87.6	85.0	118.6	124.2	117.1	80.7	69.2	80.3	71.8	77.7
1914 年	94.2	84.7	86.4	108.1	109.8	112.6	94.8	77.5	84.4	70.0	72.0
1915 年	134.7	120.6	97.4	161.6	146.4	129.6	195.8	127.3	96.9	108.8	78.0

资料来源:*Сборник статистико -экономических сведений по сельскому хозяйству России и иностранных государств*,*год* Ⅹ. Пг., Мин -во земледелия,1917. С. 461 и сл.

从表 1 - 80 中的数字可以发现,如果战前港口市场与消费市场一样属于推动价格上涨的因素,那么随着战争的发展,港口市场的这种作用下降:同国内消费市场和生产市场相比较,港口市场的价格走低。目前推动价格攀升的因素主要来自国内消费市场。上述粮食价格构成特点无疑是出口下跌、与国际市场的联系中断的结果。

价格统计图清晰地反映了粮食价格构成的地理因素的变化。[①]价格统计图显示:第一,工业最发达、市场容量最大的中部工业区粮食价格最高,北部边远地区的粮食价格同样保持非常高的水平。现在,运输困难以及粮食供给条件抵消了中部消费市场的优势,其实际需求强度跃居首位;第二,消费市场以高价格明显地与生产市场区别开来;第三,靠近黑海港口、价格高于东北邻省的省份粮食

_____

① 价格统计地图根据第一部分附表 3 农业经济司资料绘制。

价格相对下降（参见图6和图7）。

通过构建等价曲线图同样可以非常直观地揭示价格地理结构的变化。根据农业经济和农业统计司的资料，我们绘制了1909—1913年和1917年秋季地方黑麦价格的等价曲线图（参见图8和图9）。其绘制原理如下：以省为单位，计算两个时间段该省秋季黑麦价格占欧俄50个省黑麦平均价格的相对值；假设价格在空间上保持持续而平稳的变化，然后用线将理论上价格相同的地点连接起来。当然，这只是一种近似的统计地图绘制方法。分析1909—1913年的黑麦等价曲线图，我们发现，价格总体上表现出两个倾向：在东南部，以自西北至东南贯穿沃伦省、基辅省北部、切尔尼戈夫省、库尔斯克省北部、坦波夫省、奔萨省、辛比尔斯克省、喀山省、维亚特卡省和彼尔姆省的路线为中心，距离这条线越远，黑麦价格越低；在西北部，距离波罗的海港口越近，价格越高。同时，在东南部，基辅省、波尔塔瓦省、赫尔松省和叶卡捷琳诺斯拉夫省的一部分、沃罗涅日省、萨拉托夫省、哈尔科夫省以及顿河州北部的粮食价格下降；而在西北部，雅罗斯拉夫尔省、科斯特罗马省的一部分、弗拉基米尔省、莫斯科省和特维尔省的粮食价格相对较低。

再看一下1917年的等价曲线图。我们发现，等价曲线发生显著变化，前一个时间段的地域分布情况几乎消失。除个别情况外，等价曲线集中在雅罗斯拉夫尔省、莫斯科省、特维尔省、弗拉基米尔省和科斯特罗马省等主要消费市场，现在这些省份的粮食价格已经达到最高水平。换言之，港口市场的影响几乎荡然无存，而国内消费市场的影响则不断提高。

此外，曲线分布更加稠密，这反映出省与省之间的价格波动较大，因此不得不比图8选取更多的价格区间，绘制更多的等价曲线。

因此，等价曲线图与普通统计图反映出的结论一致，但前者可以更清晰地阐述研究的现象。

粮食价格和其他最主要商品价格上涨情况的对比具有理论和实践意义。从这个角度说，表1-81反映的物价上涨情况很典型。

表 1 - 81

时间	以 1913—1914 年平均价格为 100									
	19 种最主要商品的平均价格	6 种主要粮食的平均价格	其他 13 种商品的平均价格	肉	盐	牛皮	细布	煤油	煤	生铁
1915 年 5 月	144	161	136	122	224	164	154	100	132	111
1915 年 7 月	146	137	159	121	228	216	160	113	144	118
1915 年 12 月	178	174	180	168	401	145	160	120	137	129
1916 年 2 月	194	179	201	183	455	155	201	122	139	181
1916 年 5 月	207	187	216	240	583	155	213	129	144	188
1916 年 6 月	214	189	225	332	583	155	213	130	148	199

资料来源：*Движение цен за два года войны.* Пг.，Всероссийский союз городов，1916.

由此可见，到战争第一年末，截至 1915 年 5 月，盐、牛皮、粮食和细布的价格涨幅最大。接下来，粮食价格的上涨速度落后，截至 1916 年 5 月，粮食价格的增幅明显低于其他所有商品，特别是 13 种非粮食类商品的平均增幅，盐、肉和细布的涨幅最大。

类似资料部分地反映出后来粮食价格和农村购买的主要商品价格的对比情况。[1] 1917 年欧俄 15 个省的秋季黑麦价格比 1914 年同期高 1844％，燕麦价格——1463％；1917 年 8 月—11 月莫斯科印花布价格比 1914 年高 1492％，细布价格——1408％；1917 年莫斯科男式马皮和牛皮靴子价格比 1914 年高 1000％；1917 年中

---

[1] 粮食价格根据《经济统计资料汇编（第十年）》、《农业（1916 年）》、1917 年农业经济司资料以及 1918 年粮食人民委员部消息报计算，其他价格参见：Шефлер М. Е. *Замена золотой валюты -трудовой* // Экономиака и политика твертых цен. М.，ВСНХ，1918.

部省（州）和莫斯科房盖铁价格比 1914 年高 618％,铁丝（6 毫米及以上）——1225％;1917 年 10 月—12 月茶叶（廉价白毫茶）价格比 1914 年高 646％。由此可见,1917 年粮食自由价格的涨幅领先于工业品,只有布匹价格同样增长迅猛。

如果我们按照与 1917 年相同的商品和市场继续分析 1918 年的情况,那么会发现如下价格增长（占 1914 年价格百分比）:黑麦价格增长 12284％,燕麦——4678％,印花布——1400％,细布——1438％,靴子——1714％,房盖铁——1260％,铁丝——1400％,茶叶——1000％。显然,1918 年粮食价格涨幅远远超过其他工业品,黑麦价格的变化尤为突出。因此,1918 年粮食成为最昂贵的商品之一,只有食盐的价格增长超过粮食。

所述事实表明,不同生活领域的物价上涨幅度和速度存在差异。对一定范畴的居民而言,物价的差异化变化导致价格昂贵现象。如果商品价格和劳动力价格同步上涨,那么客观上国民经济的平衡便不会被打破,而且严格地说,任何人都不会感受到高昂物价的困扰。但实际上正相反,物价涨幅不一。

其他条件不变的情况下,随着价格差别的扩大,出售的商品价格上涨相对缓慢,因而收支逐渐出现赤字的民众受高物价冲击的程度加深。这部分民众包括有一定固定收入的居民和大部分为市场提供劳动力的居民。

从 1917 年开始,粮食价格强劲上涨。因此,粮食购买者特别是粮食支出占较大比重的居民阶层尤其感受到生活的昂贵。综上所述,显然物价昂贵应当在城市居民点表现得更加突出。众所周知,事实完全证实了这些观点。

第十三节　结论

战争深刻地改变了粮食市场的正常国民经济条件。从这个意义上说,战争使粮食市场失调。战争影响粮食市场的最主要特点归结为以下几个方面:

1. 播种面积,特别是地主经济的播种面积减少,导致粮食产量

下降;

2. 因为粮食消费不断增加,所以粮食生产和消费的年度平衡逐渐由盈余变为短缺;

3. 但由于从战争第一年起出口大幅减少,除饲料和颗粒粮以外,俄国的粮食储备增长强劲;

4. 粮食商品率下降,商品粮数量大幅减少,其前提条件一方面是生产粮食的农民经济的货币收入大于支出,消费量增加;另一方面是地主经济衰落;

5. 由于粮食产量减少,粮食商品率下降,导致粮食实际供给减少;

6. 交通混乱严重削弱了消费市场与生产市场的粮食贸易联系,统一的国家市场瓦解;

7. 受前两种现象以及国家调节措施的影响,粮食流通量减少,粮食贸易贷款萎缩,机械化粮仓的经济作用下降,粮食贸易机构解体;

8. 战争时期,由于军队规模庞大,城市人口集中,大量货币注入国民经济核心领域,导致粮食实际需求紧张。如果注意到粮食商品率下降、销售者态度谨慎和交通混乱,那么,尽管战争初期出口减少,然后完全停止,我们仍可以断言,战争时期实际需求相对提高,而实际供给相对下降;

9. 上述实际需求和实际供给的关系以及国内货币贬值,导致粮食价格飞涨,价格上涨始于消费市场,并且迅速地传递到生产市场;

10. 战争时期物价的差别化变化导致出售的商品价格上涨相对缓慢的不同居民阶层的生活成本提高;

粮食市场结构的这些变化使市场无法正常发挥功能,并引发粮食供给危机,而且这种危机首先表现为粮食价格飞涨,然后是消费中心粮食价格昂贵,甚至出现明显短缺。

第二部分
战争与革命时期的粮食市场调节以及军队和居民的粮食供给（1914—1918 年）

引　言

战争使国家面临一系列任务,调节军队和居民粮食供给便是其中之一。这项任务的提出取决于两个因素,因此,国家调节供给的措施也分为两类。

第一节　战争和国家调节供给的任务

战争规模宏大,首先要求建立数量空前的军队。随着战争的发展,军队人数不断增加。根据动员处的计算,和平时期俄国军队总人数 137 万,1914 年末动员总人数(包括和平时期军队数量)648.5 万,1915 年——1169.5 万,1916 年——1444 万,1917 年——1507 万。[①]

组建如此大规模的军队使国家直接面临调节各类军需物资供给,包括粮食供给的任务。即便战争没有打乱我国的国民经济,特别是粮食市场,建立军队的事实仍然要求国家采取系统性措施,直接为军队收购、运输和分配粮食。

但实际情况并非如此。战争极其深刻地改变了国民经济生活,增加了国家调节供给的任务,并使之复杂化。正如本书第一部分所述,战争确实深刻地改变了正常的国民经济环境,使粮食市场遭

---

① Прокопович С. Н. *Война и народное хозяйство*. Изд. 3. М. , Совет Всероссийских кооперативных съездов,1918.

到破坏。

国民经济环境变化和粮食市场陷于瘫痪导致粮食危机，而且危机迅速加深。初期粮食危机表现为粮价飞涨，昂贵的价格严重威胁到最贫困居民一定程度上正常的粮食供应；然后危机趋于复杂，消费地区和中心粮食价格飙升的同时，开始出现粮食短缺，随着短缺状况的加剧，绝大多数居民的粮食供应受到威胁。**因此，粮食危机无论以何种形式发生，归根结底，其本质是大多数或小部分居民的食物供应危机。**随着战争规模的扩大，普通的粮食供应危机日趋发展为国家灾难。从两个方面来说，粮食危机的蔓延使国家调节供给的任务更加复杂：第一，以中央和地方机关为代表的国家首先应当承担直接向居民供应粮食的部分义务，然后是全部义务，类似它对军队承担的义务一样，这种义务要求国家通过直接收购、运输、分配粮食以及其他措施调节居民的粮食供给；第二，国家可能使自己的调节活动进一步复杂：一方面，国家不得不比较有成效地直接向军队和居民供应粮食，另一方面，国家不得不为居民创造比较有利的粮食自给条件，也就是调节粮食市场本身。国家供给和居民自给的整个过程均取决于粮食市场的状况。由此可见，组织和调节军队与居民粮食供给的根本任务是调节市场的前提条件。

第二节　国家调节供给的规模和任务

国家调节粮食市场和粮食供给的总任务由一系列具体的局部任务组成。为使下面叙述的内容更加清晰，并且根据调节结果判断其实际成效，显然，必须明确国家调节粮食供给任务的规模以及基本内容。国家竭力通过调节粮食市场和粮食供给的举措实现计划目标。

2.1　粮食收购任务的规模

在国家面临的诸多任务当中,调节军用和民用粮食收购是首要任务之一,而且实质上是最关键的任务。军队需求决定了军粮的收购规模(参见表 2-1)。

表 2-1

年份	总任务		其中					
			主要粮食		颗粒粮*		谷物饲料	
	千普特	%	千普特	%	千普特	%	千普特	%
1914—1915 年	231490	100	63286	100	10890	100	157314	100
1915—1916 年	343156	148	92510	146	13646	125	237000	151
1916—1917 年	686000	296	246000	389	48000	442	392000	249
1917—1918 年**	720000	311	275000	435	32000	294	413000	261
1918—1919 年	64833	28.0	18977	29.9	3943	26.6	41913	36.2

* 这里的颗粒粮还包括本书第一部分中独立列为次要粮食的食物,即玉米、兵豆、大豆、豌豆、芸豆和双粒小麦;

* * 临时政府的任务。

资料来源:*Отчетные сведения о ходе заготовки продовольствия и фуража для армии в* 1914 - 1915 *гг.* // Особое совещание по продовольствию. Заседание 31 авг. и 5 сент. 1915;*Отчетные сведения по заготовке хлеба из урожая* 1915 *г.* // Материалы к совещению уполномоченных 25 - 31 авг. 1916 г. Пг. , Управление делами Особого совещания по продовольствию,1916.尚未公布的 1914 年粮食收购运动开始后的粮食收购资料由粮食部整理。

显而易见,军粮收购任务的数量不断增长,特别是从 1916—1917 年开始。主要粮食和饲料的增长份额最大,相反,1917—1918 年颗粒粮的收购规模甚至出现较大幅度下降;十月革命以后的 1918—1919 年,由于停止对外战争和遣散军队,军粮收购规模大幅下降;谷物饲料收购量绝对数增长最大。这就是军队粮食供给任务的基本情况。

居民的粮食供给则有所不同。战争初期并不存在国家必须满足居民对粮食的迫切需要,后来,局部地区开始出现这种需求。地方自治机构为缓解居民粮食紧张状况做出较大努力。但是,地方自治机构的工作缺乏协调,比较分散,根本谈不上统一的收购计划和任务。根据地方自治机构的实际粮食收购量可以判断其活动规模和作用,后面会谈到这个问题。

但是到 1915—1916 年粮食收购运动开始,民众当中已经明确显露出粮食危机,主要表现为粮食短缺。特别粮食会议事务管理局的调查资料[①]反映了俄国城市和县的粮食危机程度,截至 1915年 10 月 1 日,短缺食物的城市情况详见表 2-2。

表 2-2

	绝对数	%
俄国城市总数	784	—
回答调查表的城市数量	659	100.0
认为缺少食物的城市数量	500	75.8
认为缺少黑麦和黑麦面粉的城市数量	348	52.8
认为缺少小麦和小麦面粉的城市数量	334	50.7
认为缺少米类食物的城市数量	322	48.8

资料来源:*Обзор деятельности Особого совещания по продовольствию с 17 августа 1915 г. по 17 февраля 1916 г. Пг., Управление делами Особого совещания по продовольствию,1916, приложение к гл. Ⅱ.*

---

① *Список уполномоченных председателя Особого совещания по продовольственному делу и уполномоченных Министерства земледелия по закупкам для армии. Пг., 1917; Деятельность Особого совещания по продовольственному делу и его комиссий. Пг., 1916; Основные совещания и комитеты военного времени. Пг., 1917; Обзор деятельности Особого совещания для обсуждения и объединения мероприятий по продовольственному делу. Пг., 1916; Особое совещание для обсуждения и объединения мероприятий по продовольственному делу. Пг.,1916.*

因此,截至 1915 年 10 月 1 日,3/4 的城市已经感受到食物短缺,全国半数城市缺少粮食。

下列数据一定程度上反映了城市出现粮食短缺的时间(参见表 2-3)。

表 2-3

		黑麦面粉	小麦面粉	米类	燕麦和大麦
认为缺少粮食的城市数量	绝对数	200	303	304	164
	%	100	100	100	100
指出以下时间出现粮食短缺的城市数量		黑麦面粉	小麦面粉	米类	燕麦和大麦
战争初期	绝对数	45	60	48	41
	%	22.5	19.8	15.8	25.0
1914 年末	绝对数	14	25	47	23
	%	7.0	8.3	15.5	14.0
1915 年初	绝对数	20	24	35	19
	%	10.0	7.9	11.4	11.6
1915 年春季	绝对数	41	48	47	22
	%	20.5	15.8	15.5	13.4
1915 年夏季	绝对数	34	78	83	40
	%	17.0	25.7	27.3	24.4
1915 年秋季	绝对数	46	68	44	19
	%	23.0	22.5	14.5	11.6

资料来源:同表 2-2。

这些数据表明,大多数城市战争初期开始出现粮食短缺,少数城市 1914 年末出现粮食短缺,但从这时起,缺少粮食的城市比例逐渐增加。

现在看一下截至 1915 年 10 月 1 日各县的粮食短缺情况(参见表 2-4)。

1914—1918 年俄国的粮食市场及其调节

表 2 - 4

	绝对数	%
收到调查表的县的数量	573	—
回答调查表的县的数量	435	100
认为缺少黑麦和黑麦面粉的县的数量	209	48.0
认为缺少小麦和小麦面粉的县的数量	361	82.0

资料来源：同表 2 - 2。

因此,到 1915 年 10 月 1 日,俄国大部分县已经缺少粮食,特别是小麦和小麦面粉。

正如所见,虽然 1915—1916 年粮食收购运动开始前已经出现粮食危机,并且危机不断发展,但解决粮食短缺的任务仍由地方自治机构承担。中央粮食部门只是在收购粮食方面为地方自治机构提供帮助,从自己的粮食储备中向后者出让一定数量的粮食。1915 年 5 月起,这种转让数量显著增加。扩大向地方自治机构转让粮食是一个过渡,中央粮食部门开始将一定数量的粮食列入为居民收购粮食的任务。从 1916 年秋季开始,实际列入政府粮食收购任务的数量逐渐增加。为居民收购粮食的任务规模详见表 2 - 5。

表 2 - 5

年份	总任务		其中					
			主要粮食		颗粒粮		谷物饲料	
	千普特	%	千普特	%	千普特	%	千普特	%
1916—1917 年	420000	100	320000	100	40000	100	60000	100
1917—1918 年	400000	95	300000	94	25000	62	75000	125
1918—1919 年	195267	46	150000	46	2429	61	42828	71.4

资料来源：同表 2 - 1。

由此可见,1917—1918 年粮食收购运动时期民用粮食收购任务数量甚至略有减少;从品种看,只有饲料收购任务量没有下降;1918—1919 年总任务量大幅下降。主要粮食是民用粮食收购任务的重要组成部分,而且以面粉为主。

综上所述,国家军用和民用粮食收购任务的总规模详见表 2-6。

表 2-6

| 年份 | 总任务 | | 其中 | | | | | | 军粮收购任务占总任务百分比 |
| | | | 主要粮食 | | 颗粒粮 | | 谷物饲料 | | |
	千普特	%	千普特	%	千普特	%	千普特	%	
1914—1915 年	231490	100	62286	100	10890	100	157314	100	100
1915—1916 年	343156	148	92510	148	13646	125	237000	150	100
1916—1917 年	1106000	478	566000	901	88000	808	452000	288	62
1917—1918 年	1120000	483	575000	924	57000	524	488000	310	64
1918—1919 年	260000	112.4	168987	271.3	6372	58.5	84741	539	25

资料来源:同表 2-1。

2.2 调节价格的任务

调节价格是国家调节粮食供给的第二项任务,这是战争时期粮食市场条件发生变化所决定的。

市场行情不稳定,价格呈明显上升趋势,地主粮食大量盈余,中间商对粮食销售持谨慎态度,期待能有更好的行情,凡此种种因素给国家粮食收购和贫困人口粮食自给造成极大困难。此外,从国家角度看,价格急剧上涨意味着军队粮食供给成本大幅增加。因此,遏制粮食价格过快上涨也是国家的直接利益所在。

承受价格不断上涨压力的大量民众对此更加关心。

2.3　调节运输的任务

由于交通日益混乱,调节运输成为国家调节粮食供给的第三项任务。

2.4　调节分配和消费的任务

根据上述内容,很自然推断出另一项新任务即按照规定的消费标准向居民分配粮食,这是国家调节粮食供给总任务的组成部分。粮食收购和运输困难决定了消费地区的粮食短缺,而粮食短缺则要求调整粮食分配和消费标准。

2.5　建立粮食机构网络的任务

最后,完成上述任务要求国家建立相应的粮食组织。

国家调节居民和军队粮食供给任务的规模和内容大致如此。除第一项任务以外,我们不再详细叙述其他问题:它们或直接来源于第一项任务,或来源于本书第一部分对粮食市场的评价。

第三节　研究对象和计划

两个因素——建立军队和粮食市场混乱使国家面临调节军队和居民粮食供给的艰巨但统一的任务,并促使国家采取相应的系统性调节措施。**军队和居民粮食供给的国家调节是指国家及其中央和地方机构为调整粮食供应,籍以影响或试图影响军队和居民粮食供给过程的经济政策的总和。**

虽然调节军队和居民粮食供给的任务归根结底是统一的,但根据前面的叙述不难发现,国家的调节措施应当分为而且实际上也分为两种主要类型,从方法论角度看,这两种类型必须互相区别开来。**第一类调节措施的特点是,国家作为经营主体购买食物并供应给消费者,直接影响供给过程。**这些调节措施我们称之为狭义的调节供给,包括国家机构按照某种市场价格直接收购(不管粮食价格如何)、运输和分配粮食。

　　第二类调节措施的特点是，国家作为具有公权性质的组织主体，间接影响供给过程。国家力求通过这些措施影响粮食市场，影响决定供给直接过程的条件（不管谁从事供给活动——国家或居民），此类调节措施我们称之为粮食市场调节。例如，这些措施包括规定固定价格、禁止出口、实行计划运输等。实际生活中，这两类国家调节措施之间存在密切联系，实践上甚至难以区分。在国家调节粮食供给的不同发展阶段，这种联系的性质不同。抛开某些过渡性的联系考虑，理论上这种联系可以归结为两种主要类型。

　　简单说，第一种类型是国家只承担向军队或者军队和部分居民供应粮食的一系列义务。为了顺利履行这些义务，国家积极改善供给条件，也就是采取调节粮食市场的措施。

　　1915—1916 年粮食收购运动时期，军粮收购任务繁重且难以完成是收购军粮时国家规定固定价格的主要动机。[1] 因此可以断言，在调节供给的这个发展阶段，国家采取直接调节措施和对其成效的期望是国家采取间接调节措施的最根本动机之一，从这个意义上说，后者带有**辅助**性质。但是在这个阶段，采取间接调节措施的原因不仅仅是希望直接调节措施取得成功。正如我们说过的那样，这时大多数居民仍不得不立足粮食自给。国家虽然没有承担直接为居民供应粮食的义务，但仍采取一系列措施调节市场，以减轻居民粮食自给的压力。这些措施包括限价、禁止出口等。因此，**国家直接调节供给的任务是采取市场调节措施的基础和唯一动力，间接调节措施完全带有辅助性质。**

　　在这个阶段，我们已经难以清晰划分两类调节措施的界限。国家调节供给的直接措施失去私营经济的性质，并且同市场调节措施有机地融合在一起。两者互相补充，融入到国家调节军队和居民粮食供给的统一体系。

　　从方法论角度，显然有必要区分两种类型的国家调节供给的措施，但两者之间联系紧密，互为前提，因而完全可能和必须以更宽

[1] *Обзор деятельности Особого совещания по продовольствию с 17 августа* 1915 *г. по* 17 *февраля* 1916 *г.* Пг.，Управление делами Особого совещания по продовольствию，1916. С. 54 и сл.

泛的国家调节供给的概念加以归纳。前面作者已经阐述了自己就此问题的看法,接下来还会继续涉及到这一问题。

由此,我们研究的对象是国家调节军队和居民粮食供给的直接措施和间接措施,两者的结合及其相互关系。

可以利用两种方法研究粮食供给的国家调节:一是综合法,二是分析法。前者是将国家粮食供给调节体系及其各组成要素的相互关系总合起来作为统一的整体进行研究。但就本身而言,这种方法要求借助分析法预先研究粮食供给的国家调节。

本书中我们尝试通过分析法研究国家对粮食供给的调节,将国家粮食供给调节体系分解成若干基本要素并单独研究每个组成要素。此前国家调节粮食供给任务的清单中已经明确了调节体系的基本要素。但由于各要素之间联系紧密,因此研究时必然需要在调节体系发展的每个阶段将其作为整体进行剖析。

第一章　粮食机构

第一节　特别粮食会议成立以前的粮食机构

为便于后面的叙述,使之更清晰,我们首先着重研究粮食组织的发展。

战争刚刚开始的时候,俄国存在若干调节粮食供给的机构,其中,土地规划和农业管理总局局长发挥重要作用。1914 年 8 月 1 日,大臣会议通过决议,作出以下规定:1. 土地规划和农业管理总局负责按照军事部门的要求为军队收购农产品;2. 地方收购业务转归军区特别全权代表直接领导,省长全权代表则负责组织收购。省长全权代表有权吸收地方农业官员、地方信贷检查机构和粮食部门官员、国家粮仓主任、银行行长等参加收购工作。[1] 第一次粮食收购运动时期,担任全权代表的人员包括 3 名国务会议[2]成员、7

---

[1] 1914 年 8 月 1 日大臣会议特别会议记录:《*О порядке закупки и заготовки по требованию военного ведомства необходимых для нужд армии произведений сельского хозяйства и связанных с ним подсобных промыслов*》;*Узаконения и распоряжения по продовольственному делу за* 1914 - 1917 *гг.* Ч. Ⅰ. Сост. прив. доц. Г. К. Гинс при содейвтвии А. А. Боголепова, А. И. Горовица. Пг. , Мин -во продов. ,1917. С. 5 - 7.

[2] 俄国讨论法律草案的最高机构,1810 年 1 月 1 日根据 M. M. 斯佩兰斯基的国家改革计划成立,所有法律草案呈递沙皇审批之前均由国务会议进行审核。1906 年国家杜马成立以后,国务会议同国家杜马一样获得立法动议权,但修改基本法问题除外,1917 年因二月革命国务会议被撤消——译注。

名国家杜马①成员、20 名地方自治执行机构主席、4 名交易所委员会主席、5 名铁路公司董事会主席和其他铁路活动家以及 5 名省长。换言之,收购粮食的领导权完全控制在有财产资格的人手中。

战争初期,其他一系列组织与农业部一起以不同方式调节粮食供给。② 前者首先应当包括前线作战部队军需官、地方自治机关和城市自治机关及主要由后者建立的各种粮食机构、内务部的农村粮食部门和内务部地方机构(省长、省公署、县代表会议、地方行政长官),其次是集团军和军区司令官,再次是承担调节运输任务的军需总局会议和中央运输调节委员会。必须指出的还有西北和西南战场出现的难民援助(包括粮食援助)全权代表机构以及同样在地方承担难民救助任务的内务部相应机构。

根据上述内容可以总结出战争初期粮食组织的特点:**第一,机构多样化,彼此之间缺乏协调;第二,粮食机构多半带有部门和官僚性质,与社会各界的联系薄弱**。因为粮食机构与这些力量存在某种联系,因此完全受控于有财产资格的社会阶层。

管理粮食事务的机构五花八门且工作缺乏协调,其消极影响迅速暴露出来。因此,大臣会议于 1915 年 3 月 16 日和 5 月 19 日先后两次批准条例,授权工商业大臣全面负责国家粮食事务。为了使贸易和工业大臣能够熟悉相关问题,还为其成立了粮食总委员会。③ 但贸易和工业大臣与粮食总委员会未能成功协调不同粮食组织的活动;相反,在原有组织基础上又增加了相同类型和性质的新组织,后者随后淹没在生活中。

---

① 第四届国家杜马——译注。

② *Обзор деятельности Особого совещания по продовольствию с 17 авг.* 1915 *по 17 февр.* 1916 *г.* С. 1 - 9.

③ Высочайше утвержденное 19 мая 1915 г. положение совета《О предоставлении Министру торговли и промышленности особых полномочий по общему руководству продовольственным делом империи 》// Узаконения и распоряжения по продовольственному делу за 1914 - 1917 гг. Ч. I. С. 7 - 11.

粮食组织的设立显然不令人满意,这一组织很快经历了一系列重大变化。

第二节　社会舆论对粮食组织的态度

社会舆论是影响粮食机构发展过程的因素之一,因为通过各种报刊、代表大会和聚会,社会舆论得到广泛传播。

社会舆论对政府粮食组织的态度相当统一,前者一致指责后者。

与政府成立的粮食组织相对立,社会舆论提出一定程度上比较合乎逻辑的计划,其依据是不断加剧的供给危机要求国家持续调节供给。而且以城市、合作社和部分地方自治局人士为代表的社会各界主张实施更加激进的计划,将调节原则扩大到所有最关键的国民经济领域。工商界的立场则较为温和,除个别情况外,工商界不反对国家调节供给,不过,他们同时强调存在扼杀私人主动精神的危险。

但总体上人们认同一点:为了保证军队和居民的粮食供应,必须动员和集中俄国的一切社会力量——地方自治局、城市、合作社和工商界代表。为此,必须实行民主化,扩大自治机构权力,通过颁布合作社法律巩固合作社的法律地位。

应当以上述社会力量为基础建立粮食组织体系,这些组织构成粮食供给调节机构总体系的组成部分,受到社会信任的人或责任内阁成员领导的权威性国家机构应成为该体系的核心。全国性粮食机构按照国家机关和社会选举代表的原则组建并享有充分的权力,各省的粮食事务集中于政府部门和社会代表会议以及地方自治局代表会议或城市杜马选举产生的执行机构——全权代表手中。接下来,成立具有广泛社会代表性、拥有一切必要权力的县、乡粮食会议或委员会。① 这便是当时社会主流舆论关于粮食组织计划的基本认识。

第三节　特别粮食会议的成立

粮食危机加剧和社会舆论压力迫使政府改革粮食组织。1915 年 8 月 17 日,以讨论和统一政府为陆军和海军收购粮食的措施以及政府粮食政策为宗旨,成立由土地规划和农业管理总局局长领导的特别粮食会议,这是一个协商性机构。② 特别粮食会议的组成人员包括国家杜马和大臣会议代表、政府部门和全俄地方自治局伤病军人援助联盟和全俄城市联盟代表。此外,会议主席可以自

---

① *Труды Совещания по экономическим вопросам, связанным с дороговизной и снабжением армии при Главном комитете Всероссийского союзагородов.* Москва,11 - 13 июля 1915 г. М., Всероссийский Союз Городов, 1915; *Свод резолюций Совещания* (3 - 4 янв. 1916). М., Главный комитет Всероссийского комитета городов, 1916; *Свод резолюций Кавказского, Самарского и Петроградского областных съездов по дороговизне.* М., Всероссийский союз городов,1915; *Труды* IV *съезда городских общественных деятелей Кавказского края по вопросам о борьбе с дороговизной и проч.* 24 - 26 мая 1915 г. / Под ред. А. И. Ставровского. Тифлис, 1915; *Организация народного хозяйства.* Материалы к V очередному съезду Союза городов. 同样参见: *Свод пожеланий по вопросам организации продовольствия армии и населения* / Составлено Л. Н. Литошенко и А. В. Чаяновым на основании резолюций общественных съездов и собраний; *Свод постановлений* 2 - *го Чрезвычайного Всероссийского съезда представителей биржевой торговли и сельского хозяйства* 24 - 28 апреля 1916 г. Пг., Совет Съездов,1916. C. 29 - 35.

② Закон 17 августа 1915 г. Об учреждении Особых совещаний для обсуждений и объединения мероприятий по обороне государства, по обеспечению топливом путей сообщения, государственных и общественных учреждений и предприятий, работающих для целей государственной обороны, по продовольственному делу и по перевозке топлива и продовольственных и военных грузов / Положение об Особом совещании для обсуждения и объединения мероприятий по продовольственному делу // Узаконения и распоряжения по продовольственному делу за 1914 - 1917 гг. Ч. I. C. 11 - 13,23 - 32.

行决定邀请其贸易、工业、农业代表及其他人员参加会议。会议主席获得广泛的讨论权,除特别紧急情况外,特别粮食会议有权要求个人、企业和机构提供必要的资料,管制私产,通过全权代表检查工商企业,要求这些企业提供账簿和贸易文件,确定粮食收购办法,废除其他机构的粮食收购、运输和分配命令以及粮食贸易规则,颁布粮食储存和禁止出口规则,征用粮食等。**1915 年 11 月 27 日条例授权特别粮食会议主席规定粮食的最高价格。**① 因此,除战区以外,粮食事务的最高权力从法律上转归特别粮食会议主席。通过这种方式,粮食领域的领导权似乎实现统一,但这很大程度上只是理论推断,因为其他协调粮食事务的机构不仅未被撤销,甚至也没有严格隶属于特别粮食会议和会议主席。

接下来,1915 年 10 月 25 日,为充实《特别粮食会议条例》第十二条内容,颁布《特别粮食会议主席地方全权代表规则》。这一制度与农业大臣(原土地规划和农业管理总局局长)②军粮收购全权代表制度并存,有时互相交叉。③ 特别粮食会议主席全权代表和农业大臣全权代表的组成人员及其交叉情况详见表 2-7。

表 2-7

	特别粮食会议主席全权代表组成人员	农业大臣粮食收购全权代表组成人员	身兼两职的人数
省长	35	5	5
省地方管理局主席	18	23	17

---

① Высочайше утвержденное положение совета Министров от 27 ноября 1915 г. 《О некотором расширении полномочий председателя Особого совещания для обсуждения и объединения мероприятий по по продовольственному делу》// Узаконения и распоряжения по продовольственному делу. Ч. Ⅰ. С. 41 - 42.

② 1915 年 10 月 26 日,在俄国土地规划和农业管理总局基础上成立农业部——译注。

③ Правила о местных уполномоченных председателя Особого совещания для обсуждения и объединения мероприятий по продовольственному делу // Узаконения и распоряжения по продовольственному делу. Ч. Ⅰ. С. 37 - 41.

	特别粮食会议主席全权代表组成人员	农业大臣粮食收购全权代表组成人员	身兼两职的人数
县地方管理局主席	—	6	—
国务会议成员	4	3	3
国家杜马成员	4	6	4
市长	4	—	—
交易所委员会主席	—	2	—
合计	67	58	30

资料来源：表格根据 1916—1917 年粮食收购运动开始前特别粮食会议事务管理局发布的全权代表名单绘制。

　　在全权代表领导下，成立省、州和城市粮食会议，而根据 1916 年 4 月 6 日颁布的命令又成立了地区粮食会议，相应会议的组成人员由全权代表决定，法律仅规定有全俄地方自治局伤病军人援助联盟、全俄城市联盟代表和军事工业委员会的地区应吸收这些机构的代表参加粮食会议。换言之，**最初中央政权没有明确答复地方粮食会议的人员组成问题**。1916 年 2 月 12 日农业部颁布命令，要求全权代表领导的粮食会议必须讨论限价问题，并且非常明确地规定了这些粮食会议的人员组成。[①]除担任粮食会议主席的全权代表和上述组织的代表以外，粮食会议的组成人员还应包括地方最高行政当局、主管部门、地方自治机构、城市自治机构、工商组织和合作社联盟代表以及主席特邀的有发言权的人士。全权代表及其领导的粮食会议承担如下任务：查明粮食储

---

① Постановление Министерства земледелия от 12 февраля 1916 г. № 18《О некоторых мерах к урегулированию снабжения продовольствием и о порядке выработки и издания такс на предметы продовольствия 》// Узаконения и распоряжения по продовольственному делу за 1914 - 1917 гг. Ч. I. С. 47 - 50. 同样参见：Циркулярная телеграмма председателя Особого совещания по продовольственному делу от 6 апреля 1916 г. № 5648 - 5658 // Узаконения и распоряжения по продовольственному делу за 1914 - 1917 гг. Ч. I. С. 53 - 54.

备;建立粮食储备,以在粮食价格过高时平抑粮价,必要时组织粮食分配;与运输部门协商粮食运输数量,等等。为完成上述任务,全权代表有权要求各机构和人员给予协助,检查工商企业和要求这些企业提供账簿及贸易文件,督促相应机构和人员尽快运输粮食。此外,全权代表(经地方会议讨论后,除紧急情况外)有权向特别粮食会议主席提出征用、扣押粮食、颁布粮食仓储和禁止出口临时条例、废除各省涉及粮食收购和贸易的地方性法规等问题。

显而易见,通过设立特别粮食会议,建立特别粮食会议主席全权代表网络,组建地方粮食会议,政府一定程度上反映了社会舆论诉求。但是,从人员结构和权能看,特别粮食会议远非社会舆论所期待的权威性国家粮食机构。全权代表制度也不是经选举产生,大部分全权代表与地方力量缺乏密切联系。此外,这一制度具有两面性。地方粮食会议权力有限,组织混乱,甚至带有较大随意性。[1]

然而现实生活迫切需要这些机构,当时各地粮食会议的实际组建情况反映出这一点。首先需要指出的是,《特别粮食会议条例》颁布之前的很长时间里,各城市、省、县已经开始组建不同形式的地方粮食会议,主要目的是遏制物价上涨过快现象。例如,1915年2月赫尔松已经成立特别委员会,应对物价上涨局面;1915年4月亚历山德罗波尔成立类似机构,等等。这样的例子很多。[2] 所以,《特别粮食会议条例》某种程度上只是确认了此前已经成立的会议,但同时也推动了以前不存在此类机构的地方成立粮食会议。此外,当时,1916年4月6日之前,中央政权对县级和更小的粮食

① В. Г. 格罗曼(В. Г. Громан)在报告中对特别粮食会议和整个粮食组织的状况提出批评:《 О работах Особого совещания и возникших в них принципиальных вопросах 》. М. ,Всероссийский союз городов,1916 г. 同样参见: Журнал заседания Экономического совета Всероссийского союза городов 14 октября 1915 г. М. ,Всероссийский союз городов,1915.

② Борьба с дороговизной и городские управления. М. ,Всероссийский союз городов,1916 г. Вып. Ⅱ.

机构保持沉默,各地这些机构成立的数量不多,[①]当然,它们的权力基础非常不牢固。

因此,地方粮食机构的成立最初完全出于地方需求,后来则受到中央指示的影响。这种情况下,各地区和中心城市地方粮食机构的成立速度和结构实际上不可避免地存在显著差异。

我们发现,城市组建粮食机构的速度最快。根据全俄城市联盟1915 年 11 月底发放到各大城市的调查表资料,[②]在 94 个回答并返回调查表的城市中,49 个城市(占 52.1%)指出本市存在粮食机构。这些机构的名称各不相同,例如粮食专委会、粮食委员会、居民委员会等。建立粮食机构的倡议主要来自城市自治机关,而且认真分析资料可以发现,1915 年夏季召开的城市联盟代表大会一定程度上推动了地方粮食机构的建立。32 份调查表回答了城市粮食机构的人员组成问题:市杜马议员 21 次(65.1%),市参议会成员 17 次(53.1%),地方自治局、合作社和商人代表 12 次(37.6%),工人组织代表 6 次(18.7%)。[③]

因此,到特别粮食会议成立前,城市粮食机构多数已经组建完毕。特别会议成立后,在全权代表的直接推动下,城市的粮食机构网络继续扩大。

农村粮食机构的建立则缓慢得多,大部分于实行全权代表制度之后并在全权代表的参与下成立。在农村粮食委员会筹建过程中,地方自治局发挥了关键作用,特别是地方自治执行机构主席经常担任全权代表。俄国各省、大多数县均成立了以粮食会议为主要形式(偶尔也有粮食委员会和粮食专委会)的粮食机构。许多省,例如维亚特卡省、喀山省、基辅省、科斯特罗马省、下诺夫哥罗

---

① 《Известия Особого совещания для обсуждения и объединения мероприятий по продовольственному делу》. Отдел《Организация Продовольственного снабжения в отдельных губернях и областях империи》,1917(特别参见第 27 期);*Материалы по вопросам организации продовольственного дела* / Под ред. А. В. Чаянова, Н. П. Макарова. М., Всероссийский земский союз,1917. Вып. Ⅰ.

② *Борьба с дороговизной и городские управления*. М., Всероссийский союз городов,1916 г. Вып. Ⅰ.

③ 同上。

德省、彼尔姆省、萨马拉省、辛比尔斯克省、特维尔省和乌法省等，成立了乡和区（根据经济吸引力特征）粮食机构。①

　　根据 54 个省和州寄到特别粮食会议的报表资料，可以大致计算出农村粮食组织的数量（参见表 2-8）。

表 2-8

1915 年 10 月—1916 年 3 月成立的省粮食机构数量	其中，根据以下人员倡议成立的机构数量			其他机构存在情况	
	全权代表	地方自治执行机构主席	省长	县粮食机构	乡粮食机构
50	33*	9	5	35	3

＊全权代表的数量包括地方自治执行机构主席
资料来源：根据 1917 年《特别粮食会议消息报》资料。

　　以前成立和新成立的粮食机构的人员组成非常复杂，这取决于粮食机构成立的地点和时间条件。

　　根据社会粮食组织中央委员会②的调查表数据，截至 1916 年 7 月，地方粮食机构网络总体上（城市和农村）具有以下特点。城市组织、地方自治局组织、合作社和贸易企业答复的 241 份调查表中，184 份指出存在粮食组织，其中城市成立的粮食组织 120 个（65.2％），地方自治局——51 个（27.7％），城市和地方自治局联合——5 个（2.7％），合作社——7 个（3.8％），行政机关——1 个（0.6％）。③

　　首先需要指出的是，调查表显然没有包括所有城市，特别是地方自治局，否则城市建立的粮食组织不可能占大多数。相应地，虽

---

① *Материалы по вопросам организации продовольственного дела* / Под ред. А. В. Чаянова, Н. П. Макарова. М.，Всероссийский земский союз, 1917. Вып. Ⅰ.

② 1916 年 5-6 月，根据全俄城市联盟的倡议成立社会粮食组织中央委员会，旨在团结社会力量解决粮食问题，组成人员包括城市联盟、地方自治局联盟、军事工业委员会、商业、农业以及其他非政府组织代表——译注。

③ 我们掌握尚未公布的调查表汇总数据，据我们所知，这些数据最终也没有公开发表。

然调查表数据基本上涉及各类粮食组织,但均衡性不足。

城市成立的 120 个粮食机构中,76 个(63.3％)机构设有专门组成人员,44 个(36.7％)机构的粮食职能由市参议会负责。地方自治局成立的 51 个粮食机构中,18 个(35.3％)机构设有专门组成人员,33 个(64.7％)机构的相应职能由地方自治执行机构承担。

关于粮食机构的人员组成问题,调查表没有提供准确和全面的数据。不过,调查表对这个问题作了某些说明,一定程度上反映了粮食机构的人员构成(参见表 2-9)。

表 2-9

设有专门组成人员的粮食机构	数量	机构人员组成情况						
		合作社	议员	居民代表	工人代表	交易所委员会	商人	管理部门代表
城市建立的粮食机构	76	15	55	12	2	8	8	9
地方自治局建立的粮食机构	18	14	2	1	—	1	1	5
合计	94	29	57	13	2	9	9	14

换言之,指出议员参与粮食机构工作的调查表最多,其次是合作社和管理部门;合作社在地方自治局成立的粮食机构中参与度相对较高。

通过 98 份调查表反馈的数字可以一窥粮食机构的职能特点:7 份调查表认为其属于粮食收购机构,70 份调查表认为其属于收购和分配机构,21 份调查表则表示不清楚粮食机构的职能。

以上就是 1916 年 7 月之前地方粮食机构的简要情况。

从省粮食机构到县、乡或更小的粮食机构,其承担的任务逐渐减少,而且不同省份相同层次粮食机构的任务也存在差异,但总体而言,任何情况下,弄清排除高物价的条件,遏制不断上涨的粮食价格以及核实粮食短缺情况都是粮食机构的根本任务。无论如何,地方粮食机构面临的任务都是繁重而艰巨的。同时,不得不指出的是,所有实际已经产生的粮食机构的法律地位很不明确、很不稳定。正如所见,1915 年 8 月 17 日条例和 10 月 25 日法规颁布以前,政府根本没有从法律上规定这些粮食机构的权力,此后以及 1916 年 2 月 12 日和 4 月 6 日法令颁布之后,虽然这些权力得到约定,但是非常不明确,并且主要限于查明粮食需求、粮食储备和粮食市场等权力,以及提出申请和要求协助等权力。

综上所述,可以得出结论,在特别粮食会议成立以后,一定程度上仍然存在多头管理的现象,而且缺乏统一和协调的粮食机构系统,特别是地方粮食组织形式不一,发展薄弱。社会各界不能自由参与消除粮食危机的斗争,其参与程度更多取决于政权的态度,当时俄国不具备有计划地组织社会力量的条件。

但如果那样的话,则上面强调的因素——粮食危机复杂化并且日益加剧,社会舆论的压力——会依旧发挥作用,甚至比以往更明显。受这些因素的影响,1916—1917 年秋季粮食收购运动中期,政府于 1916 年 10 月 10 日颁布法令,继续谨慎尝试建立必要的、协调的和有影响力的粮食组织。[①] 但是这项法令未能取得良好效果,中央粮食组织本质上仍保持原貌,该法令最有价值的部分即奠定地方粮食组织的法律基础,明确地方粮食组织的人员组成、权利和义务等内容甚至被暂停实施。政府认为,法令的这部分内容从政治角度考虑是危险的,尤其是涉及乡粮食组织的内容,甚至认为其向乡地方自治局灌输私运粮食的思想。缺乏可靠的依据证明政府干涉粮食供给调节具有反动政治倾向性。

第四节　二月革命后的粮食机构

1917 年 2 月,俄国在地方粮食机构极其不完善、不统一和缺乏

---

① Постановление Министерства земледелия от 10 октября 1916 г. 《 *О порядке снабжения армии и населения продовольствием и фуражом и о центральных и местных органах для исполнения распоряжений председателя Особого совещания* 》// Узаконения и распоряжения по продовольственному делу за 1914 - 1917 гг. Ч. I. С. 67 - 87.

协调的情况下进入革命时期。革命首先以仓促建立起来的临时粮食机构取代旧粮食机构。

2 月 27 日晚,革命发生几个小时以后,国家杜马临时委员会和工兵代表苏维埃粮食委员会在塔夫利达宫成立,组成人员包括地方自治局联盟和城市联盟经济处代表、合作社及贸易组织代表。初期,粮食委员会尽力维系旧的粮食机构,防止其迅速解体。

但根据农业部[①]部长 3 月 7 日批准的 3 月 2 日法令,粮食委员会指示省参议会、地方自治执行机构或城市杜马(市参议会)在广泛的民主基础上成立新机构——省粮食委员会,后者应当在同样的民主基础上组建县、乡、小型地区和城市粮食委员会。地方粮食事务的领导权转归粮食委员会。特别粮食会议主席的全权代表和农业大臣的全权代表担任省粮食委员会主席。[②]

但这只是革命后粮食机构的雏形,接下来,俄国开始自上而下地改组粮食机构。根据临时政府 3 月 9 日颁布的法令,以实际上已经撤销的特别粮食会议以及国家杜马委员会和工兵代表苏维埃临时粮食委员会为基础成立全国粮食委员会,旨在制定全国性粮食计划、粮食事务指导原则和一般性措施。[③]

全国粮食委员会的组成人员包括 4 名国家杜马临时委员会代表、7 名工兵代表苏维埃代表、7 名农民代表苏维埃代表、4 名全俄地方自治局联盟代表、4 名全俄城市联盟代表、7 名合作社代表、3 名军事工业委员会代表、6 名工商界人士和 1 名统计工作者执行委员会代表。管理部门代表在全国粮食委员会中只有发言权。这样,民主力量在该委员会占大多数。但因为革命爆发以后民主派本身已经划分成不同派别,由 43 人组成的全国粮食委员会大致可以分为激进民主派(苏维埃代表、部分城市联盟、地方自治局联盟

---

① 临时政府最初(1917 年 3 月 2 日至 4 月危机)的组成机构,立宪民主党人 А. И. 申加廖夫(А. И. Шингарев)担任部长——译注。

② Известия по продовольственному делу. Пг., изд. Министерства продовольствия, 1917, № 1, отд. официальн. С. 32(распоряжение министра земледелия о реквизиции хлеба у крупных земельных собственников и арендаторов.).

③ *Положение об Общегосударственном продовольственном комитете* // Узаконения и распоряжения по продовольственному делу, Ч. Ⅰ. С. ⅩⅩⅡ-ⅩⅩⅢ.

和合作社代表,15～17 人)、温和民主派(大多数合作社代表、部分地方自治局联盟和城市联盟代表、部分国家杜马代表,12～15人)、其他偏右翼人士(13～14 人)。激进民主派在委员会中发挥主导作用。

《全国粮食委员会条例》规定,委员会主席(农业部长)按照同委员会达成的协议开展工作。所以,委员会获得了比一般协商性机构更大的权力。不过,这些权力并未明确,因为农业部长兼任的特别粮食会议主席的所有权力都转归粮食委员会主席,如前所述,特别粮食会议属于谘议机关。此外,3 月 6 日法令责成农业部长负责保障以前由内务部农村粮食机构管辖的居民粮食和家庭需求。因此,农村粮食机构管理局及其信贷和粮食基金转归粮食部长管辖,也就是说,建立统一粮食组织的工作取得新进展。[①]

后来,部分受粮食政策任务复杂化的影响,部分源于组建联合政府时政权结构的政治考量,1917 年 5 月 5 日,俄国成立特别粮食部,作为调节粮食和日用必需品供给的最高中央机构。[②] 该部管辖的范围包括:为军队和居民采购及供应粮食;促进粮食生产,为农业生产提供种子、钢铁、农具和其他生产资料以及劳动力保障;为居民采购和供应其他日用必需品;调节粮食和日用必需品的生产与消费,调节粮食和日用必需品的买价与卖价;指导地方粮食机构的活动;参与国家经济政策的制定。

代表机构——全国粮食委员会也转由粮食部长领导。

因此,中央粮食机构的变革本质上实现了革命前社会舆论的要求。再看一下地方粮食机构的情况。

[①] Указ Временного правительства от 6 марта 1917 г.《О возложении попечения по обеспечению продовольственных и семейных потребностей населения на министра земледелия》// Узаконения и распоряжения по продовольственному делу за 1914 - 1917. Ч. I. C. LXXIII -LXXIV.

[②] Постановление Временного правительства от 5 мая 1917 г.《Об образовании Министерства продовольствия, о предметах ведения Министерства продовольствия, и об утверждении положения о министерстве продовольствия》// Узаконения и распоряжения по продовольственному делу за 1914 - 1917. Ч. I. C. LXXIII, LXXXII -XCVI.

1914—1918 年俄国的粮食市场及其调节

3 月 25 日,俄国颁布地方粮食机构临时法令,该项法令一直持续到民主的地方自治机构成立。[①]

省、县、城市、乡粮食委员会陆续成立,必要情况下甚至成立了地区粮食委员会。省粮食委员会的组成人员包括省地方自治局代表会议(此前为省参议会)选举的代表 3 人,城市杜马选举的代表 3 人,全俄地方自治局联盟和城市联盟地方分支机构各 1 人,军事工业委员会 1 人,工人和农民组织各 5 人(苏维埃、联盟或患病职工补助会),合作社 6 人,省农业协会 2 人,工商企业 3 人,地方自治局统计机构和城市统计机构各 1 人。而且,每个选派代表的团体和组织可以推选非本团体和组织成员参加粮食委员会。其他粮食委员会的代表结构与省粮食委员会相同,仅在数量方面有所调整和缩减。3 月 25 日条例颁布前成立的地方粮食机构需进行重组,只有经粮食部长同意方可例外,但法律规定,民主派代表数量不得低于委员会成员总数的一半。

省粮食委员会的主要任务包括全面领导省粮食事务;完成特别粮食部布置的任务;协助组织农业生产;为居民供应日用必需品。其他粮食委员会的任务与此相同,只是任务规模有所减少。

粮食机构的权力非常广泛。省粮食机构有权收集必要的数据,审查粮食加工企业,监督粮食加工企业的工作,确定向国家缴纳粮食的期限和程序以及粮食储存方法,**普遍和部分征用粮食**,在粮食部长批准的范围内登记和规定粮食销售价格,制定居民粮食分配办法,针对自己管辖的对象颁布强制性法令。其他地方粮食委员会的权力和作用主要是协助省粮食委员会履行其职责。顺便提一句,**乡粮食委员会有权收购粮食**。为行使执行职能,粮食委员会设立管理局。委员会主席经选举产生,并同时担任管理局主席和粮食部长全权代表。这样,集体负责制和集体权力很大程度上取代了个人负责制和个人权力。

---

① Временное положение о местных продовольственных органах. 2 - ое примечание к отделу I постановления 25 марта 1917 г. о передаче хлеба в распоряжение государства// Узаконения и распоряжения по продовольственному делу за 1914 - 1917. Ч. I. С. X X X III-X L I.

这就是法律规定的粮食机构框架。但地方粮食机构的组建过程比较复杂,而且困难重重,与中央政权的指示颇有差距。可以说,革命爆发后,俄国很快出现中央政权相对软弱、地方相对自治的局面。地方粮食机构的建立过程具有以下特点:第一,组建过程相对缓慢,特别是粮食产区和乡粮食机构,在这方面,我们掌握到一系列粮食政策领导人和地方代表的明确指示;第二,粮食机构网络的建立并没有完全遵循中央的指示,很不统一:有革命前的粮食机构,有地方自行成立的粮食机构,有根据 3 月 2 日法令成立的粮食机构,还有根据 3 月 25 日法令成立的粮食机构。[①]

33 个省通过调查表回答了 1917 年春末夏初地方粮食委员会的组建情况,相关数据一定程度上反映了建立地方粮食委员会的实际进展程度(参见表 2-10)。

表 2-10

粮食委员会类别	成立粮食委员会	未成立粮食委员会	未全面成立粮食委员会（仅在部分县、乡、城市和省成立）
省粮食委员会	31	2	—
县粮食委员会	19	7	7
市粮食委员会	15	16	2
乡粮食委员会	11	15	7

资料来源:*Организация продовольственного дела*. М., изд. Бюро по созыву Всероссийского продовольственного съезда 1917. Сост. М. Шевлером.

由此可见,各省基本上普遍成立了省粮食委员会,但县、市特别是乡成立的粮食委员会则相对较少。

34 份调查表谈到粮食委员会的人员组成问题,其中,18 份调

[①] 参见 А. И. 申加廖夫和 В. Н. 泽尔海姆(В. Н. Зельгейм)在全国粮食委员会第三次会议开幕式上的讲话:Известия по продовольственному делу. 1917. № 1. С. 46 и сл. 同样参见:*Как осуществлялась на местах хлебная монополия* // Известия по продовольственному делу. 1917. № 3; *Труды Всероссийского продовольственного съезда в Мосве 21-26 мая 1917*. М., Мин-во продовольствия,1917. Вып. Ⅱ.

查表指出粮食委员会是根据临时政府法令成立的,16 份调查表强调粮食委员会的成立与该法令的要求不相符。而且 34 份调查表中,31 份调查表确认苏维埃代表参与粮食事务,3 份调查表则对此予以否认。31 份调查表中,15 份调查表确认合作社参与粮食事务,16 份调查表表示否认;20 份调查表强调地方自治局和城市参与粮食事务,11 份调查表予以否认。可能我们使用的资料主要由工兵代表苏维埃收集,因此苏维埃的作用有所夸大,而自治机构和合作社的作用则被低估,但无论如何,苏维埃的作用迅速提升,而且影响显著。

由此,事实总体上证实了关于粮食委员会组建过程的叙述。

地方粮食机构形形色色,与此同时,一个事实引人关注:由于地方民众申请和政治斗争,粮食委员会的组成人员频繁更换,特别是在粮食短缺地区,所有这些因素导致粮食机构网络处于不断的改组状态,而且远非所有粮食机构都能够认识全国性粮食任务的重要性并摆脱单纯地方利益的束缚,尤其是距离居民最近的地区的粮食机构。此外,中央与地方机构缺乏可靠的联系。因此,二月革命后建立必要和强大的粮食机构网络的任务遭遇重重障碍,但这些障碍已经与法律无关,与政府的反动政策无关,而在于民众的文化水平和组织能力薄弱。[1] 结果,粮食机构的设置五花八门,工作欠缺协调,组成人员素质不高,官僚作风盛行,开销巨大,因而引发社会舆论的批评,但此时已经主要是右翼和温和自由派的批评。[2]

---

[1] 参见 А. И. 申加廖夫和 В. Н. 泽尔海姆在全国粮食委员会第三次会议开幕式上的讲话:Известия по продовольственному делу. 1917. № 1. С. 46 и сл. 同样参见:*Как осуществлялась на местах хлебная монополия* // Известия по продовольственному делу. 1917. № 3; *Труды Всероссийского продовольственного съезда в Мосве 21 - 26 мая 1917.* М., Мин -во продовольствия, 1917. Вып. II; *Материалы о положении продовольстенного дела на местах* // Продовольствие и снабжение, 1917. изд. Мин -ва продовольствия.

[2] X V Всероссийский съезд мукомолов в Москве 6 - 8 октября 1917 г. // Известия по продовольственному делу. 1917. № 3; Всероссийский торгово -промышленный съезд // Торгово -промышленнмя газета. 1917. № 25; Рафалович Л. Ф. *Существует ли у нас хлебная монополия* // Торгово -промышленная газета. 1917. № 144.

很快人们意识到,必须整顿初期成立的粮食机构,必须采取额外的组织措施。因此,为加快粮食机构的组建过程,使中央和地方建立更加密切的联系,理顺地方粮食事务,1917 年 4 月 29 日,政府设立掌握极大权力的特使制度,[①]随后采纳成立州粮食机构的设想。[②] 同时,中央政权开始认同通过低级粮食机构在高级粮食机构设立代表,加强各级粮食机构联系的趋势。[③] 粮食消费地区和产粮地区的粮食机构之间建立起联系:前者的代表可以作为后者粮食机构的组成人员,并且具有发言权。[④]

到 1917 年秋季,由于主要注意力集中到组织粮食收购上,并且显然对粮食委员会的收购活动感到失望,粮食部制定和实施了一系列新措施。首先,实行特别全权代表制度,粮食部任命 4 名特别全权代表,每名全权代表管辖若干产粮省份,并授予其广泛权力,以加强粮食收购工作;[⑤]其次,粮食部认为必须把粮食收购职能与分配职能分离开来,将收购职能由粮食委员会转给省全权代表,至少在粮食收购不令人满意的地区应当如此,[⑥]这种情况下,地方委员会只需保留粮食分配权力;再次,强调必须限制乡粮食组织在粮食工作中的作用。[⑦] 粮食部积极准备将粮食事务转交给地方自

---

① Постановление Общегосударственного продовольственного комитета от 29 апреля об эмиссарах, назначаемых и командируемых на места председателем Общегосударственного продовольственного комитета // Узаконения и распоряжения по продовольственному делу за 1914 - 1917 гг. Ч. I. С. LIX -LXI.

② 参见 В. Н. 泽尔海姆在全国粮食委员会第三次会议开幕式上的讲话: Известия по продовольственному делу. 1917. № 1.

③ 同上。

④ Резолюции Всероссийского съезда уполномоченных председателя Общегосударственного комитета (5 - 9 мая 1917 г.)// Известия по продовольственному делу. 1917. № 1. С. 107 - 108.

⑤ Известия Московского областного продовольственного комитета. 1917. № 12. С. 6.

⑥ Речи министра С. Н. Прокоповича и В. И. Анисимова на совещании инспекторов и инструкторов Министерства продовольствия // Продовольствие и снабжение, 1917. № 6. С. 21 - 22; Известия по продовольственному делу. 1917. № 3. С. 54 - 56; Известия Московского областного продовольственного комитета. 1917. № 7 - 8. С. 18.

⑦ 同上。

治机构,并希望在转交时全面落实这些措施。

第五节　十月革命后的粮食组织

十月革命影响了上述设想的实施。革命后粮食组织进入非常危机时期。当时,大多数中央机关在革命发生后立即终止工作,粮食部认为粮食工作与政治斗争无关,因此仍继续履行自己的职责。[①] 地方粮食机构支持这一主张。苏维埃政权一段时间内对粮食机构持某种消极态度,但在全俄粮食代表大会会议期间(1917 年 11 月 18 日至 21 日),苏维埃政权代表取代粮食部,导致后者的工作人员停止工作。此后,开始了令人备受煎熬而且漫长的中央粮食机构组建过程。[②] 苏维埃政权的粮食组织几经周折,直到实行专政制度(托洛茨基)为止。1918 年 2 月以后,最高粮食权力逐渐集中到粮食人民委员手中。[③]

1918 年 5 月 13 日和 27 日颁布的法令最终确立了这一制度。此后,苏维埃政权走上强大的中央集权道路,赋予人民委员特殊权力。出台这项政策的原因是,在中央粮食机构经历漫长危机时期,地方粮食机构及其活动处于严重的无组织状态,主要表现为中央粮食机构持续动荡,其各项命令完全受到忽视,几乎每个省、每个县都存在"自己的风俗"和"习惯",地方利益凌驾于国家利益之上,[④]等等。5 月 13 日和 27 日法令将管理粮食事务和向居民供应日用必需品的权力全部集中到粮食人民委员部。为了制定日用必

---

① Известия Московского областного продовольственного комитета. 1917. № 12. C. 4 - 5.

② 参见《莫斯科州粮食委员会消息报》1917 年第 12 期至 1918 年 1 - 2 期;同样参见:Орлов Н. А. *Продовольственная работа Советской власти. К годовщине Октябрьской революции*. М. , Наркомпрод,1918.

③ Орлов Н. А. *Продовольственная работа Советской власти. К годовщине Октябрьской революции*. М. , Наркомпрод,1918.

④ Известия Народного комиссариата продовольствия. 1918. № 1 и др. 同样参见:Орлов Н. А. *Продовольственная работа Советской власти. К годовщине Октябрьской революции*. С. 52 и сл.

需品分配计划,收购农产品和进行商品交换,以及协调供应部门的活动,粮食人民委员部成立特别协商机构——供应委员会。该委员会由最高国民经济委员会、各部和中央消费者协会联盟代表组成。由最高国民经济委员会负责调节生产的日用必需品分配计划得到批准,同时,经最高国民经济委员会同意,粮食人民委员部确定了所有日用必需品的价格。

如前所述,十月革命后地方粮食机构受到严重冲击。但是到粮食部最终被撤销以前,甚至此后一段时间内地方粮食机构总体上以原来的形式继续存在。

这一时期,各地仅发生个别苏维埃政权驱逐原粮食委员会人员、夺取粮食机构的事件,但 1917 年 12 月 21 日,中央向各地苏维埃拍发了关于改组地方粮食机构的电报,[1]命令成立苏维埃粮食专委会。该专委会应当监督粮食委员会,并向后者的执行机构派驻自己的全权代表。根据电报要求,所有粮食机构应完全归苏维埃管辖。这封电报批准并加强了各地已经开始的自发清理粮食机构,至少是清理领导层的活动。为进一步发展 5 月 13 日法令,1918 年 5 月 27 日颁布法令,将供应工作集中到粮食人民委员部,并计划改组地方粮食委员会。5 月 27 日法令保留了县、省、州、城市、乡、村和工厂粮食委员会。根据该法令,县粮食委员会由县粮食人民委员和县粮食人民委员部选举产生、县工农兵代表苏维埃执行机构批准的人员组成,在县工农兵代表苏维埃监督下开展工作。县粮食人民委员和粮食人民委员部由县工农兵代表苏维埃选举产生、省粮食人民委员批准。省、州粮食委员会的组成情况与此相似,略有差异。市粮食委员会在市苏维埃批准的基础上组建,归省粮食人民委员管辖。粮食人民委员可以向上述所有地方机构派遣自己的代表,该代表有权暂停执行地方粮食委员会的决议。[2]

---

[1] Орлов Н. А. *Продовольственная работа Советской власти. К годовщине Октябрьской революции.* С. 28 и сл.

[2] 对于产粮省份的县粮食委员会,5 月 27 日法令的规定有所不同:"粮食人民委员部可以向产粮省份的每个县粮食委员会派遣代表,该代表有权代表由粮食消费省工会、苏维埃组织和拥护苏维埃政权的政党推荐的候选人名单中的一名,最多至半数粮食委员会成员行使表决权。"

州、省、县、市粮食委员会的职责包括坚定不移地实施粮食垄断,完成粮食人民委员部指派的任务,分配日用必需品。成立乡、村和工厂粮食委员会的目的是组织分配,监督居民尚未组成合作社和工农兵代表苏维埃没有直接管理食物分配的地区的收购活动。法令未明确规定乡、村和工厂粮食委员会的组建程序。

这样,苏维埃政权很大程度上实施了临时政府粮食部计划进行的改革,强化了人民委员对粮食组织的一长制,终止了乡粮食机构的收购职能,并使粮食消费地区和中心的代表担任产区粮食机构的成员。此外,苏维埃政权对粮食工作者实行特殊的"政治上可靠"原则。值得注意的是,法令没有明确地方粮食机构的权限,但如果这种"避而不谈"在沙皇时期意味着地方机构的无权地位和领导层的专横,那么现在则实际意味着放开苏维埃政权地方代表的手脚,任其恣意妄为。

第二章　粮食收购的调节措施

第一节　调节收购的直接措施

1.1　战争初期的收购政策

同 1909—1913 年的平均产量相比,1914 年的粮食产量虽然有所下降,但降幅有限:单产下降 9%,总产量下降 5%。[1] 出口锐减和余粮弥补了与前 5 年平均总产量的差距。由此可以理解,为什么随着战争的爆发粮食经营者开始担忧能否顺利地卖掉 1914 年生产的粮食,从而积极寻找新市场代替丢失的市场。战争初期粮食价格不景气和担心价格继续下跌促使大量信贷机构加快开展贷款业务,以使生产者能够等上一段时间,避免在行情较低的条件下销售粮食。

广大社会阶层的舆论完全符合粮食市场的情况。如果根据目前的报刊资料判断,那么显然,社会并不认为军队和国家存在严重的粮食供应困难。社会舆论普遍认为,俄国粮食储备丰富,取之不尽,至少这是占主导地位的社会舆论。所以,在多数人看来,收购军粮的目的是通过这种方式向生产者提供直接帮助,使生产者能以更优惠的价格销售粮食,后一种观点在民众当中很盛行。因此,

---

[1] Иванцов Д. Н. *Урожай* 1914 *г.*（*по данным Центрального статистического комитета*）// Труды Комиссии по изучению современной дороговизны（при Обществе им. А. И. Чупрова）, Пг. ,1914. Вып. Ⅰ.

国家收购的指导思想是绕过中间商,尽可能直接接近生产者,或者广泛吸引地方自治机构、社会性农业和信贷组织的参与。[①] 而且,这种方式可以保证国家以较低的价格进行收购。

受这些指导思想的影响,绝大部分的国家收购任务交给农业部。[②] 当然,在实践中全权代表不可能完全执行以上全部指示,不同地区落实的程度不同,但普遍看,存在以下 3 种收购途径:第一,直接向农民和地主购买;第二,向合作社购买;第三,向粮商购买。为从生产者手中直接收购粮食,全权代表不得不成立自己的代理机构。当全权代表的代理机构或多或少地建立起来的时候,总全权代表办公室向其函询收购的组织情况。30 名全权代表回答了总全权代表办公室的询问,结果显示,全权代表代理机构的组成人员达 2299 人。

在直接收购的情况下,为尽可能接近生产者,特别是组织小批量粮食的收购,全权代表被迫筹划设立相应的粮食收集站。到1916—1917 年粮食收购运动前,沃洛格达省、萨马拉省、辛比尔斯克省、叶卡捷琳诺斯拉夫省、萨拉托夫省、波尔塔瓦省、维捷布斯克省、乌法省、奔萨省、奥廖尔省、喀山省、比萨拉比亚省、维亚特卡省、切尔尼戈夫省、沃罗涅日省、图拉省、托博尔斯克省、顿河军屯区、阿克莫林斯克省和伏尔加河中游地区接收小批量粮食的收集站数量不断增加,总数达 1284 个。乌法省的粮食收集站数量最多,达 378 个。[③]

但是,像我们说过的一样,全权代表也通过代理商收购粮食。

---

① *Наши продовольственные запасы* // Торгово -промышленная газета. 1914. № 227; Агриков П. *Самарский хлебный рынок. Общественно -экономические очерки.* Самара, 1915. С. 10 и сл. 同样参见: *Настроение сибирских рынков* // Торгово - промышленная газета. 1914. № 252.

② Особый журнал Совета Министров от 1 авг. 1914 г. // Узаконения и распоряжения по продовольственному делу за 1914 - 1917 гг. Ч. I. С. 5 - 6.

③ Отчетные сведения по заготовке хлеба из урожая 1915 г. Материалы к совещанию уполномоченных 25 - 31 авг. 1916 г. Пг., Управление делами Особого совещания, 1916.

根据现有资料,吸收代理商参与粮食收购的省份包括波多利斯克省、沃洛格达省、萨马拉省、辛比尔斯克省、奥廖尔省、喀山省、维亚特卡省、沃罗涅日省、塔夫利达省、托博尔斯克省、托木斯克省、顿河军屯区、特罗伊茨克铁路和莫斯科—喀山铁路地区、伏尔加河中游地区。充当代理商的**主要是合作社,其次是粮食贸易公司和粮仓**。

这就是由全权代表组织的粮食收购的最主要特点。但从前一章内容可以知道,全权代表制度不是收购粮食的唯一和主导形式。

战争初期,同全权代表一起,收购粮食的机构还有军需部门、个别部队,它们主要通过中介商收购粮食,尽管规模不大。[1]

最后,地方自治机构和大多数情况下归其管辖的地方粮食机构也参与粮食收购活动。[2] 它们或者独立收购粮食,或者通过合作社和私人贸易机构收购粮食。中央社会组织委员会的调查表某种程度上反映了地方粮食机构的工作情况(截至 1916 年 7 月)。根据地方粮食机构答复的 115 份调查表,其收购粮食的方式如下:完全依靠自己的力量——43,依靠自己和其他社会组织的力量——2,依靠自己和政府机构的力量——12,依靠自己、其他社会组织和政府机构的力量——3,完全依靠其他社会组织的力量——13,完全依靠政府机构的力量——11,完全依靠私人贸易的力量——12,其他力量的组合(不包括自己的力量)——19,合计依靠自己和其他力量的参与——60,依靠其他力量(自己不参与)——55,依靠自己和所有其他力量——115。[3]

这里的社会组织主要指合作社。以上数据表明,地方粮食机构大多依靠联合力量——自己的力量和其他机构的力量收购粮食,完

---

① *Обзор деятельности Особого совещания по продовольствию.* Пг. ,1916 г. C. 1 - 23, 123 и сл.

② 同上;同样参见:Анкета о дороговизне 1915 г. М. , Всероссийский союз городов, 1915; *Борьба с дороговизной и городские управления.* М. , Всероссийский союз городов,1915. Вып. I.

③ 我们掌握尚未公布的调查表汇总数据,据我们所知,这些数据最终也没有发表。

全依靠其他组织收购粮食的现象很普遍。

总之,战争初期,最重要的收购组织——农业部出现独立收购粮食的趋势,私人贸易中介受到排挤。这是非常典型的趋势,但粮食收购仍然离不开私人贸易机构的服务,离不开合作社的帮助。战争刚开始的时候,社会甚至对合作社的粮食收购活动持比较积极的评价(尽管按照司法程序对合作社提出诉讼),一部分地区参与粮食收购的合作社多些,另一部分地区少些,主要取决于具体条件,特别是全权代表的意见,以及合作社本身和私人贸易机构的实力。但在粮食收购方面,合作社仍然是发展很薄弱的新生组织。

1.2 收购对储存能力的依赖及调节措施

根据收购粮食的指导思想,可以得出结论:必须尽可能在秋季收购粮食。只有在这种条件下才可能直接从生产者那里获得粮食,而且由于消除中间环节,国家能够以相对低的价格购买粮食,虽然生产者也获利不菲。市场粮食充足,可以无特殊风险(推动价格过快上涨)购粮成为收购粮食的动机同样说明了秋季集中收购粮食的政策具有合理性。

1915 年 7 月 1 日至 3 日全权代表会议的正式报告承认,1914—1915 年收购粮食的经验完全证实了上述观点的正确性。[1]不过,秋季从生产者手中收购粮食显然很大程度上取决于余粮储存能力。1915 年 7 月 24 日至 25 日在莫斯科召开的运输局长会议明确表示,如果秋季收购速度加快,那么铁路根本无法运输或储存2 亿普特甚至更多的粮食。[2] 因此,如果秋季大量收购粮食,那么必须对储存问题作出特殊解决。

---

① Установление порядка закупок для армии и т. д. Доклад Совещанию уполномоченных Главного управления землеустройства и земледелия по закупке хлеба для армии, председателей земских управлений, представителей ведомств 1 - 3 июля 1915 г. Пг., Главное управление землеустройства и земледелия,1915.

② 同上。

1914—1915 年第一次粮食收购运动初期,粮食收购任务和收购量本身超过了向军队运送粮食的数量,人们开始意识到粮食储存问题的严峻性。当时,农业部已经开始采取措施,协调粮食储存问题。

截至 1915 年 7 月初,农业部管辖的粮仓仓容(千普特)详见表 2-11。

表 2-11

铁路车站粮仓	61000
铁路机械化粮仓	7280
国家银行机械化粮仓	7150
不同社会和国家机构提供的粮仓	23220
租赁的私人粮仓	36090
合计	134740
其中,位置优越、适于使用的粮仓	约 92240

资料来源:*Доклад Совещанию уполномоченных Главного управления землеустройства и земледелия по закупке хлеба для армии, председателей земских управлений, представителей ведомств 1-3 июля 1915 г. Пг., Главное управление землеустройства и земледелия, 1915; Вопрос № 3. Хранение запасов.*

如果比较粮仓仓容和军粮收购规模,那么显然秋季无法大量收购粮食,而且客观上也不可能直接从生产者手中大量购买粮食。这在 1914—1915 年粮食收购运动末期得到普遍承认。

这就是 1915—1916 年粮食收购运动初期再次提出调节粮食储存问题的原因。1915—1916 年粮仓网络大幅扩大,到 1916—1917 年粮食收购运动初期,农业部管辖的粮仓仓容为 2.32 亿普特,其中,铁路车站粮仓 6202.6 万普特,铁路和其他机构(不包括国家银行)的机械化粮仓 1642 万普特,国家银行机械化粮仓 1988 万普特,租赁的私人粮仓、其他社会和国家机构提供的粮仓 6078.7 万普特,农业部粮仓 7294.4 万普特,农业部在建粮仓仓容 2045.4

万普特。①

从上面引用的数据可以看出,虽然粮仓网络显著扩大,但粮食储存问题并没有得到解决。1916 年 8 月 25 日至 31 日全权代表大会期间,特别粮食会议事务管理局向大会递交的工作报告指出,由于铁路运输遭到破坏,一部分粮仓经常空空如也,另一部分粮仓则粮满为患。大会认为必须继续扩建粮仓。②

1.3 收购政策的变化趋势

上述内容某种程度上表明,如果离开私人机构的广泛参与,那么一系列粮食收购计划实际上不可能得到落实。其原因在于:第一,全权代表成立的粮食收购机构数量明显偏少;第二,参加粮食收购的合作社数量不足;第三,余粮储存缺乏调整,由此,一方面私人机构及其粮仓具有重要意义,另一方面秋季不可能快速向生产者收购粮食,余粮不可避免地控制在商人阶级手中。

我们发现,在所有这些因素的影响下,领导层对组建粮食收购机构的看法出现一定变化。根据特别粮食会议事务管理局关于1915—1916 年粮食收购运动的报告,人们认识到,全权代表领导的收购组织数量不足,力量薄弱,难以承担艰巨的粮食收购任务。报告强调全权代表坚决要求吸收代理机构,也就是合作社和私人贸易机构参与收购粮食的原因就在于此。③

同时,抛开中介、直接接近生产者的动机逐渐失去必然性和重要性。随着粮食收购规模扩大和收购难度增加,一个新的动机——保证收购顺利进行——日益凸现出来。从这个角度看,应当重新评价新成立的官僚收购机构。老实说,距离越远的地方,收购机构越少,

---

① Отчетные сведения о заготовках из урожая 1915 г. Материалы к Совещанию уполномоченных 25 - 31 авг. 1916 г. Пг. , Управление делами Особого совещания по продовольственному делу,1916.

② *Материалы по вопросу об установлении твердых цен на хлебные продукты до урожая 1917 г.* Пг. ,1916. Ч. 3. C. 53 - 57,87.

③ Отчетные сведения о заготовках из уражая 1915 г. ; *Материалы по вопросу об установлении твердых цен на хлебные продукты до урожая 1917 г.* Пг. ,1916. Ч. 3. С. 7.

人们越认为应当通过代理方式广泛利用合作社和私人贸易机构。①

不过,即使粮食收购政策的指导思想发生如此之变化,实际收购工作也远没有与政策同步。

随着战争的发展以及国家调控活动的加强,国内粮食流通减少,贸易机构实际上逐渐停止活动。② 1915 年 4 月,全俄交易所贸易和农业代表非常代表大会就明确指出,商人阶级实际上已经远离自己精通的粮食收购业务。③

私人贸易机构实际上退居次要地位,虽然不应该特别夸大这一事实。全权代表收购的粮食占总收购量的比重(%)详见表 2-12。

表 2-12

	1914—1915 年	1915—1916 年
向地主购买的粮食	13	18
向农民购买的粮食	15	15
向合作社购买的粮食	12	17
向中介商购买的粮食	60	50

资料来源:*Отчетные сведения о заготовке хлеба из урожая* 1915 *г.* С. 5.

换言之,中介商的作用虽然有所下降,但仍然非常大。

但无论如何,我们发现一种很有意思的现象。战争初期,当私

---

① Речь товарища Министра земледелия Г. В. Глинки съезду уполномоченных 25 - 31 авг. 1916 // Материалы по вопросу об установлении твердых цен. Пг. ,1916. Ч. 3. С. 8.

② 参见 С. В. 博罗达耶夫斯基(С. В. Бородаевский)、И. К. 奥库利奇(И. К. Окулич)、А. П. 托尔斯泰(А. П. Толстой)伯爵和 Г. Л. 拉霍维奇(Г. Л. Рахович)等人的讲话(*Материалы по вопросу об установлении твердых цен*. Пг. ,1916.)

③ Доклад совещания представителей биржевых комитетов Волжско -Камского района 2 - му чрезвычайному съезду《О положении хлеботоргового дела в связи с вопросом продовольствия армии и населения страны》. Пг. , Совет съездов представителей биржевой торговли и сельского хозяйства, 1916; Свод постановлений 2 - го Чрезвычайного Всероссийского съезда представителей биржевой торговли и сельского хозяйства 24 - 28 апреля 1916 г. Пг. , Совет съездов,1916. (手稿)

人贸易机构正常经营时,政府似乎有意识、有计划地排斥这些机构;随着吸收私人贸易机构参加粮食收购的观点逐渐明确,当局开始采取措施,以口头命令的形式鼓励私人贸易机构收购粮食,但此时最优秀的贸易机构已经走向衰落和解体。客观上,俄国的粮食收购机构长期处于薄弱状态。

1.4 粮食收购机构的统一趋势

我们已经指出,战争刚开始的时候,俄国存在若干收购粮食的组织,因此,各收购组织互相竞争。部委之间,特别是农业部和陆军部之间的竞争给收购工作造成困难,抬高了粮食价格,明显暴露出其负面影响。所以,1914—1915 年粮食收购运动期间,农业部已经开始尝试通过与军需总局沟通消除竞争局面。军需总局可以对前线负责粮食供应的官员施加影响。但是,这种方式未能达到统一粮食收购的目的。[1]

于是,在 1915 年 7 月 1 日至 3 日召开的土地规划和农业和管理局局长全权代表会议上,与会人员提出统一粮食收购机构的问题。[2]1915 年 7 月 11 日最高统帅部召开的著名会议再次提出这个问题。[3] 会议决定,粮食收购包括战区的粮食收购完全交给农业部负责,归陆军部管辖的军屯区除外。尽管如此,出于对部队粮食供应问题的担心,陆军部特别是前线司令官不敢在实践中完全放弃独立收购。因此,某些部队的代表经常到俄国中部和南部地区独立收购粮食,收购活动的多头管理现象继续存在。

1915 年 8 月 17 日,特别粮食会议成立。在接受相应收购任务并获得相应权力的情况下,特别粮食会议很快遇到协调个别机构和部委收购活动的问题。

特别粮食会议主席首先与俄军最高统帅联系,要求禁止陆军部

---

[1] *Обзор деятельности Особого совещания по продовольствию.* Пг. ,1916.

[2] Совещание уполномоченных Главного управления землеустройства и земледелия 1 - 3 июля 1915 г. Пг. , Главное упревление землеустройства и земледелия,1915; *Обзор совещания по продовольствию.* С. 10 и сл.

[3] 同上。

的平行收购活动。1915 年 11 月 13 日，俄军最高统帅电令部队不得在农业部活动的地区收购粮食。同年 12 月 10 日，最高统帅重申禁止平行收购，并通知各部队司令官，以后铁路将不再运输部队代表收购的粮食，农业部将征用这些粮食。[①] 通过这种方式，特别粮食会议一定程度上消除了军屯区以外地区收购活动的二元化，粮食收购权由陆军部转到农业部手中。

我们发现，在农业部和其他非军事机构的关系方面，同样存在统一收购活动的趋势。这里必须首先指出农业部同内务部粮食处的关系。[②] 1915 年 9 月 5 日会议期间，特别粮食会议审议了《1915—1916 年利用帝国粮食基金[③]向农民提供粮食救助的计划》，会议认为：第一，如果在 1915—1916 年粮食收购运动期间需要购买粮食和种子，那么应由土地规划和农业管理总局的收购军粮部门负责；第二，由于俄国西南部疏散（当时）地区为军队收购的黑麦以及各地分散的黑麦储备量很大，3000 万普特的黑麦收购量只是预计数。[④]

其次，必须谈一下全权代表和地方自治机构协调收购活动的情况。由于粮食短缺问题日益加剧，地方自治机构开始独立收购粮食，特别是从 1914 年至 1915 年的冬季开始。1915 年 7 月 1 日至 3 日召开的全权代表会议已经提出集中收购的设想。但这一设想需要落实。特别粮食会议事务管理局就此问题向反高物价措施委

---

① 同上。

② Журнал Особого совещания для обсуждения и объединения мероприятий по продовольственному делу. Заседание 29 августа 1915 г. и заседание 5 сент. 1915 г. с подлежащими приложениями. Пг. , Управление делами Особого совещания, 1915; Совещание уполномоченных Главного управления землеустройства и земледелия, 1 - 3 июля 1915, протокол заседания 2 июля 1915 г.

③ 俄国国家粮食保险基金由内务部管理，用于歉收和发生自然灾害时向农民提供贷款或无偿救助——译注。

④ Журнал Особого совещания для обсуждения и объединения мероприятий по продовольственному делу. Заседание 29 августа 1915 г. и заседание 5 сент. 1915 г. с подлежащими приложениями. Пг. , Управление делами Особого совещания, 1915; Совещание уполномоченных Главного управления землеустройства и земледелия, 1 - 3 июля 1915, протокол заседания 2 июля 1915 г.

员会(隶属特别粮食会议)提交了报告。该委员会认为,地方机构**依靠国家基金**收购粮食无疑必须经过全权代表;在其他情况下,为避免竞争,仅建议地方机构与全权代表协商收购地区和价格。按照这一精神,1915 年 11 月 24 日,特别粮食会议向农业部全权代表发出相应通知,并向地方自治机构和城市机构提出有关建议。[①]

最后,需要指出的是,统一粮食收购的趋势**某种程度上**影响到战区难民的粮食供应。1915 年和 1916 年部分时间,难民数量减少,安置难民的任务落在内务部身上。为消除全权代表竞争性收购粮食的可能性,在 1915 年 8 月 29 日召开的会议上,特别粮食会议认为比较合理的办法是向地方机构提供主要从边境地区疏散出来的粮食以及军队储备粮,以供应难民。

这样,我们明确注意到建立统一收购机构和粮食收购集中到农业部的趋势,但这种趋势通常是有限的,带有局部性和不彻底性。

1.5 各省收购任务的分配

探讨调节粮食收购的直接措施,必须还要提到一种调节形式,这也是集中领导制机构典型的调节形式。就其本身而言,这一机构应当而且实际具有在国内部分地区有组织地开展活动的倾向,对某些地区提出根据其客观条件完全有能力实现的收购要求。由于这种倾向的存在,实践中,中央领导机构经与驻地方全权代表协商后向各省分配大致数量的粮食收购任务。1915 年 7 月 1 日至 3 日召开的 1915—1916 年粮食收购运动全权代表会议[②]和 1916 年 8 月 25 日至 31 日召开的 1916—1917 年粮食收购运动全权代表大会[③]分配了各省的收购量(参见第二部分附表 1)。分配收购任务的基础是产量统计数据,如果可能的话,则进一步考虑某一地区积累的粮食收购经验。此外,作为不同地区的代表,全权代表之间的斗

[①] Журнал Особого совещания, заседание 18 ноября и доклад《Проект циркулярного предложения уполномоченным Министерства земледелия по закупке хлеба для армии и т. д.》. Пг. ,1915.

[②] Совещание уполномоченных 1‐3 июля 1915 г.

[③] *Материалы по вопросу об установлении твердых цен до урожая* 1917 г. Пг. ,1916. Вып. 3. С. 51 и сл.

争也产生一定影响:消费地区的代表想方设法增加应予分配的粮食总量;相反,某些产粮地区的代表则倾向于阻挠提高分配给本地区的粮食收购数量。

基于上述决定收购任务分配的因素,便不难理解收购量分配的偶然性变化。一方面,1915—1916 年粮食收购运动时期分配给托木斯克省的燕麦收购任务为 600 万普特,托博尔斯克省也是这个数字,而 1916—1917 年分配给托木斯克省的燕麦收购任务只有 200 万普特,托博尔斯克省仍高达 600 万普特;[①]另一方面,我们发现,分配收购任务时粮食商品率被忽视。粮食商品率是顺利完成收购任务的最重要条件,然而收购任务的分配常常与某省进入市场的商品粮数量不符。例如,1916—1917 年收购任务的分配情况详见表 2-13(单位:千普特)。

表 2-13

省份	分配的黑麦收购量	黑麦平均总产量	商品黑麦数量
坦波夫省	22000	58936	20012
库尔斯克省	11000	48694	6108
图拉省	6000	29477	3952
奥廖尔省	3000	37608	3796
梁赞省	1000	31198	3487

资料来源: *Материалы по вопросу об установлении твердых цен до урожая* 1917 г. Пг., 1916. Вып. 3. С. 51 и сл.

第二节 调节收购的间接措施

2.1 规定固定价格

固定的粮食价格是调节收购的间接措施之一,其宗旨是为直接

---

① Совещание уполномоченных 1-3 июля 1915 г.

收购的顺利进行创造有利条件。但是,固定价格本质上追求两项任务：第一,减轻收购粮食的难度;第二,遏制粮食价格上涨。鉴于规定价格标准和稳定物价任务的重要性和独立性,后面我们将单独探讨固定价格的本质和规定固定价格的方法。

2.2 禁止出口

国家政权采取禁止出口的措施,以便把粮食留在收购地区。而且实践表明,不仅粮食盈余地区出台出口禁令,而且粮食短缺地区也采取了禁止出口的措施。在这里禁止出口的目的不是为了促进收购粮食,而多半旨在提升当地民众的自我保障水平以及遏制价格上涨。

战前和战争初期,根据《宣布处于战争状态的地区条例》第十条第三款,在宣布处于战争状态的地区,规定禁止出口粮食、饲料和其他食物的权力属于集团军司令员。[1] 按照 1914 年 8 月 29 日沙皇发布的谕旨,在宣布处于特别保护状态的地区,规定禁止出口粮食、饲料和其他食物的权力属于军区司令员。换言之,有权制定出口禁令的地域和人员非常广泛。[2] 这就是 1915 年 2 月 17 日法令颁布前的相关规定。

探讨所研究时期内禁止粮食出口的实践(因为我们了解有关情况),需要强调的是,我们掌握 10~15 次运用出口禁令的情况。相对较少的禁止出口实践引发双重反应,一方面,抗议并请求取消禁令,例如车里雅宾斯克交易所委员会提出类似请求;另一方面,粮食收购出现困难,而且有加剧趋势,促使各地,例如莫斯科省、波尔塔瓦省、图拉省、梁赞省等,发起拥护强化禁令的运动。这一运动在 1915 年 2 月 3 日至 5 日召开的农业部全权代表会议上引起普遍反响。支持强化调节措施的运动,其中包括支持强化出口禁令的运动促使 1915 年 2 月 17 日法令出台。

2 月 17 日法令对出口禁令作出若干新的补充。第一,法令将实

---

[1] Узаконения и распоряжения по продовольственному делу за 1914 - 1917 гг. / Сост. Г. К. Гикс. Пг. ,1917. Ч. Ⅰ. С. 359 - 361.

[2] 同上,С. 369 - 370.

施禁止出口的权力扩大到并未处于某种特殊状态的地区;第二,法令规定,军事当局从事此类活动必须与民政当局协商,后者首次参与制定出口禁令;第三,法令禁止出口粮食和饲料,除非获得政府许可。

2月17日法令的影响巨大,全国各地纷纷禁止粮食和饲料出口,很难找出没有以某种形式实施禁令的地区。随着出口禁令的广泛实践,其特点和经济意义日益显现。

禁止出口是调节收购的措施之一,就其自身性质而言,具有多样性。首先,某些出口禁令的影响扩大到各个地域单位,从村庄、居民点到县、省和区;其次,许多情况下,某些地区禁止出口与禁止收购某些商品、禁止商品交易同时进行,地方政权各行其是,颁布出口禁令时不同附近地区的政权进行任何协商。

由于上述特点,禁止出口对国民经济产生显著影响。国民经济以复杂的劳动分工和商品交换系统为基础,是一个统一和完整的有机体。普遍禁止出口导致国民经济残破不堪,变成毫无生机和无法孤立存在的"碎片"。行政地区和经济流通地区并不重合。我们发现,出口禁令常常使面粉加工地区与向其供应粮食的地区断绝联系,使消费中心与临近的供应点处于隔绝状态,更不用说这些措施对商品流通造成的巨大冲击。商人阶级马上声明反对2月17日法令,希望对法令作出修改。[1]

不仅商人阶级受到出口禁令的沉重打击,普通民众也感受到禁止出口造成的损害,有时甚至很强烈,这就是许多禁令实施一二周后被取消的原因。但这并没有妨碍新禁令的出台。频繁制定和废除禁令使粮食贸易关系更加混乱。**如果单纯从收购的角度看,禁止出口可能产生一定的积极效果**,那么从经济流通和粮食供给角度看,则必须尽快调整出口禁令。

根据1915年8月17日颁布的《关于成立特别粮食会议的法令》第十条第九款,特别粮食会议主席有权禁止国家或某些地区出口粮食,而该法令第十七条规定,军区司令员只有经特别粮食会议主席允许,并由特别粮食会议讨论后才能采取禁止出口的措施。

---

[1] *К вопросу о запрещении вывоза из отдельных районов продовольственных продуктов* // Торгово-промышленная газета. 1915. № 57.

因此,这项法令延续了 1915 年 2 月 17 日法令的职能:在调节供给方面,民政当局开始比军事当局发挥更大的作用,前者有权直接禁止出口,或者相反,有权反对实施出口禁令。同时,特别粮食会议主席似乎成为调节措施的核心,相应措施看起来协调一致。但实际上任务比较复杂,特别是战区。战区部队司令员有权在未经特别粮食会议主席允许的情况下禁止出口粮食,实际上他们也采取了类似措施。与陆军大臣沟通无果后,根据 1915 年 11 月 19 日特别粮食会议决议,特别会议主席就协调禁止出口问题向沙皇呈递了报告,该报告 11 月 23 日得到沙皇批准。报告明确强调,后方(而非战区)军队供应主任只有同特别粮食会议主席协商后方可以制定禁止出口的措施。[①]

这份报告公布以后,虽然战区仍有个别禁止出口的情况,但以往毫无限制的局面不复存在。

2.3 征用

我们认为征用属于调节粮食收购的措施。根据不同形式的征用对调节收购所发挥的作用,可以将征用分为两种。一种是国家政权直接获取某种物资的途径,主要指军事征用;同时,战争时期还存在一种特殊形式的征用,准确地说,是以征用相威胁,这种形式的征用只是恐吓性因素,只是居民按照规定条件出售粮食的动因,目的是改善粮食收购状况。显然,征用同时也是落实政府提出的收购条件,例如固定价格的刺激因素。

征用条例的发展与出口禁令类似。

根据《宣布处于战争状态的地区条例》第十条,集团军司令员有权决定普遍和部分征用物资。[②] 1914 年 7 月 31 日的军事委员会法令规定,征用权扩大到动员时期。[③] 根据 1914 年 12 月 8 日沙皇

---

① *Обзор деятельности Особого совещания*. С. 10 и сл. 同样参见:Журнал Особого совещания,заседание 19 ноября 1915 г. с относящимися к нему материалы. Пг.,1915.

② Узаконения и распоряжения по продовольственному делу за 1914 - 1917 гг. Ч. I. С. 359 - 361.

③ 同上,C. 361.

颁布的法令,宣布处于特殊保护状态的地区的征用权进一步扩大到军区司令员(涉及陆军部和海军部的必要物资时,征用权属于海军大臣)。[1] 这样,到此为止征用权完全属于陆军部,而且征用被视为获取必要物资的直接途径。我们并不掌握进行征用的准确数据,但现有资料表明,实践中征用物资的情况相对较少。

根据1915年2月17日法令,战区以外的所有军区的司令员经与民政当局协商后有权决定征用事项。[2] 如果市场粮食供应不足,则可以决定按照特别规定的征用价格征收粮食,必要情况下,可以首先征用商品粮储备。

我们发现,根据这项法令,征用权行使范围扩大(征用权甚至扩大到未宣布处于特殊状态的军区)的同时,民政当局的征用权有所扩大,但民政当局的征用权尚处于萌芽状态,并没有完全摆脱军事当局强大权力的影响。我们认为,此间显露出一种迹象,尽管不十分明显:如果组织和个人拒绝满足收购条件,例如拒绝出售粮食(市场粮食短缺),那么粮食可能被征用或面临征用的威胁。这里所说的征用实质上仍是政权获取粮食的直接手段。

关注2月17日以后征用粮食的实践时,需要明确一点,我们未掌握战区军事当局征用粮食的准确数据,但根据现有资料可以推测,征用的情况不多,战区以外地区也很少见。下面的数字便是证明:1914—1915年粮食收购运动时期,在农业部收购的3.03亿普特粮食中,征用的粮食约为22.5万普特,占0.1%。[3] 不过,征用粮食的情况仍然存在,而且无疑对商品流通产生了一定压力,商人阶级因此呼吁缩小征用的范围。

1915年8月17日颁布的《关于成立特别粮食会议的法令》显著扩大了民政当局的征用权。民政当局和军事当局都有征用权,但因为现在实施军事征用需通过民政当局,因此,特别粮食会议主席从法律上取得最高征用权,并有权责成特别委员会讨论与实施军事

---

① 同上,C. 369 - 374.

② 同上,C. 374 и сл.

③ Совещание уполномоченных 1 - 3 июля // *Узаконения и распоряжения по продовольственному делу за* 1914 - 1917 *гг.* Ч. Ⅰ. С. 12 - 13.

征用有关的问题(《关于成立特别粮食会议的法令》第 16 条)。因此,从法律上军事当局和民政当局就征用事宜建立起牢固联系。①

在所研究的时间内,征用的双重本质日益明确地显现出来:一是直接得到某种物资的途径;二是以征用相威胁,旨在促进粮食供应和使人们遵守固定价格。特别粮食会议主席的征用权在所有固定价格法令中均得到确认。俄国从 1915 年 10 月 5 日开始实行固定价格制度。我们根据这些法令推测,如果商人拒绝按照固定价格交售粮食,那么政府将以比固定价格更低的价格征用他的粮食。② 这个时期征用粮食的实践相对较少。根据 1915 年 10 月至 1916 年 2 月特别粮食会议的会议记录(记录确实很不完整),征用粮食的情况共有 50～60 次。

第三节　调节收购的混合措施

3.1　强制征收粮食

3.1.1　粮食摊派制的实质

截至 1916 年 11 月,粮食收购非常不顺利,相应地,军队和居民的粮食供应十分紧张。因此,提出采取新措施调节粮食收购的问题。规定固定价格、禁止出口和威胁征用粮食只是间接调节和强化粮食收购的辅助措施。现在,除所有这些间接调节措施以外,又增加了一项新举措:1916 年 11 月 29 日农业大臣批准《为满足国防需要摊派粮食和饲料的法令》,该法令于 12 月 2 日正式公布。③ 粮食摊派制既不完全属于直接调节措施,也不完全属于间接调节措施,而是向混合措施的过渡,紧密融合了直接调节措施和间接调节措施的作用。粮食摊派制的实质在于,特别粮食会议主席根据地方自治省份的粮食产量、储备规模和消费标准,向各省分配

---

① *Узаконения и распоряжения по продовольственному делу за* 1914 - 1917 *гг.* Ч. Ⅰ. С. 376 - 377.

② *Узаконения и распоряжения по продовольственному делу за* 1914 - 1917 *гг.* Отдел распоряжений о твердых ценах.

③ 同上,С. 418 - 421.

必须收购的粮食数量。在一省范围内,省地方自治执行机关按照特别粮食会议主席指定的期限向各县摊派收购任务;在一县范围内,县地方自治执行机关制定摊派的一般原则,并按照县地方自治执行机关指定的期限向各乡和尚未加入村社的农户摊派任务;在一乡范围内,根据县地方自治执行机关确定的摊派原则,由乡会、村会①按照归属关系向加入村社的居民点和个人摊派粮食任务。粮食摊派制涉及所有生产者,相反,根据 12 月 2 日农业大臣发布的命令,商品粮储备不在摊派之列,应当通过正常途径购买。②

法令规定,如果不摊派任务可以完成全部粮食收购计划,农业大臣的全权代表有权不实施此项措施。

摊派粮食进展很快。12 月 2 日农业大臣发布的命令规定了如下期限:12 月 8 日左右向各省摊派粮食征收任务,12 月 14 日前向各县摊派征收任务,不晚于 12 月 20 日向各乡、地主庄园摊派任务,12 月 24 日前向各村摊派任务,12 月 31 日前向各户摊派任务。

政府共摊派粮食任务 7.721 万普特,其中,黑麦 28.5 万普特,小麦 18.9 万普特,燕麦 15 万普特,大麦 12 万普特,黍 1040 万普特,荞麦 1770 万普特。

12 月 17 日农业大臣发布命令,要求必须在 6 个月时间内完成摊派的粮食征收任务。③

3.1.2 顺利完成摊派任务的保障措施

宣布强制征收粮食令人们担心,该项措施实施以前日常的收购活动会暂停:生产者可能会停止向政府出售粮食,以免完成摊派任务时再次交售粮食。因此,摊派粮食任务的同时,政府采取了一系列新举措。12 月 2 日农业大臣就已经宣布,根据摊派政策实施前的粮食供应情况,可能减少摊派到各省或县的粮食数量。④ 但政府的补充措施力度更大。1916 年 12 月 2 日至 1917 年 1 月 6 日,政

---

① 1861 年后俄国的基本行政单位——译注。

② Известия Особого совещания. Пг. , Мин -во продовольствия. 1916. № 1(30). С. 12 - 13.

③ 同上,С. 12 - 14.

④ 同上,С. 12 - 13.

府执行下列特别优惠的粮食收购条件：第一,以仓库交货固定价格取代车站交货固定价格;第二,如果粮食所有者拒绝自行运输粮食,则按照固定价格向其支付粮款并扣除运费,而承运人则可以获得双倍运费;第三,如果代理人运到车站的粮食超过 1000 普特,那么向其支付双倍佣金,如果超过 5000 普特,则向其支付 3 倍佣金;第四,如果代理人的粮食收购点与车站的距离超过 20 俄里,那么向其支付的运费标准与粮食所有者相同。[①]

这样,车站交货条件下的固定价格体系完全被打破,并且通过事实上提高固定价格和各种奖励措施,农业部试图在强制征收粮食前加紧收购粮食。

但强制摊派粮食本身,这一措施实施以后并没有保证收购活动的顺利进行。我们发现,为保证粮食收购取得成功,政府继续推行已有的辅助措施,并着手建立新的辅助措施体系。1917 年 1 月 3 日,农业大臣发布命令将前面刚刚提到的优惠收购条件延长至 1917 年 3 月 1 日。[②] 此外,对原有措施作出适当补充,授予全权代表如下权力:第一,如果车站和码头缺乏足够的设施接收粮食,全权代表可以在距离车站和码头不超过 3 俄里的地方修建特殊接收库,单独支付不超过规定畜力运费 2 倍的由接收库到车站和码头的运费;第二,向如期征集和交送粮食的村社、乡、农民协会及其负责人、合作社发放每普特不超过 5 戈比的额外奖励;第三,支付每普特平均不超过 30 戈比的人工晾晒费以便按照固定价格接收水分较大的粮食;第四,额外向普遍强制征收粮食或全权代表必须(在不摊派粮食任务情况下)供应必要数量粮食的省份的粮食所有者如期送到,而且超过摊派数量 1/10 以上的粮食每普特支付 10戈比。除这些奖励措施以外,为了顺利完成摊派的任务,12 月 17日发布的命令规定,每个把摊派给自己的收购量提高 10% 的县以后不再摊派任务,如果局势发展需要实施此类措施。[③]

这样,针对农户、村社乃至全县的奖金制很普遍。但实行奖励

---

① 同上。

② 同上,C. 18 - 19.

③ 同上,C. 17.

制度的同时,政府也试图借助某种威胁性措施保证摊派任务的完成。如果粮食所有者拒绝按照固定价格交售摊派的粮食,那么全权代表有权以低于固定价格15%的价格征用其粮食,并扣除运费。

最后,需要指出的是,为加强宣传,保证完成粮食征收任务,农业大臣多次通过法令强调和要求向居民解释,90%摊派的粮食用于供应保卫国家的军队。[①]

3.1.3 摊派制是粮食政策的措施和前提

我们所研究的粮食摊派制与向各省分配收购任务存在极大差别,后者是在全权代表会议上通过相互协商方式确定的(参见前述内容)。如果分配收购任务的目的是在自由市场收购粮食时向全权代表提供指导,那么粮食摊派制则主要针对居民。国家不只是简单地在市场上收购粮食,而且希望按照规定的价格从各地强制性地征集一定数量的粮食,当然,只有国家的愿望是不够的。国家希望强制征收一定比例的余粮,剩余部分由粮食所有者自由支配,导致市场出现严重的二元化,使粮食所有者可能绕过政府法令,并且从私人经济角度利用余粮获取更多的收益,所以,粮食摊派制实际上不符合私人经济的利益。此外,征收粮食也不符合不同地区的农业生产条件。

各省摊派的粮食任务与其商品粮数量常常不一致,或者高于商品粮数量,特别是黑麦;或者明显低于商品粮数量,特别是小麦。表2-14中的数字(千普特)一定程度上证实了上述结论。

表 2-14

省份	黑麦		小麦	
	商品粮数量	摊派数量	商品粮数量	摊派数量
波尔塔瓦省	10580	24435	20785	13463
顿河军屯区	10113	18080	65751	16605

① 同上。

省份	黑麦		小麦	
	商品粮数量	摊派数量	商品粮数量	摊派数量
萨拉托夫省	13404	26807	29502	3779

资料来源：商品粮数量根据本书第一部分的数据（参见第一部分附表），其他数据来自：Известия Особого совещания. 1916. No 1(30). C. 14.

比较 1916 年实行粮食摊派制的 30 个省份 4 种主要粮食的征集任务及其盈余和短缺数量，可以更加清晰地证明刚刚引用的数字（参见表 2 - 15）。

表 2 - 15

	摊派数量	盈余(＋)或短缺(－)（单位：百万普特）
摊派任务不足 1000 万普特的 9 个省	337.0	－ 76.9
摊派任务在 1000 万～2500 万普特之间的 6 个省	114.9	＋ 24.4
摊派任务在 2500 万～4000 万普特之间的 9 个省	273.6	＋ 194.6
摊派任务 4000 万普特及以上的 6 个省	321.0	＋ 317.2

资料来源：Основные принципы разверстки хлеба / Под ред. А. В. Чаянова, Н. П. Макалова. М. , Всероссийский земский союз,1916.

强制征收粮食法令没有明确规定各省、县和乡的摊派原则，造成各地出台的摊派依据五花八门，导致高估消费量、拒绝和反对摊派粮食等。

最后，政府高层试图征集粮食的速度与事情的难度、民众的组织性完全不相符，注定了摊派活动必然失败。粮食摊派制与私人经济的经济利益背道而驰，这项政策有时试图从私人经济那里掠夺更多的粮食，超过后者通常向市场投放的粮食数量。为了迅速推进粮食收购，摊派政策要求更多的非经济前提，要求具备违背私人经济利益的动机，需要具有高文化素质、国家意识强烈的民众，

需要民众高度信任政权,甘愿自我牺牲。但是,俄国并不存在这些
先决条件。最高政权至今不给予民众自我组织的自由,破坏了此
类前提存在的基础。既然俄国缺乏这些先决条件,政权的经济政
策仍然依靠这些先决条件,那么政权采取的措施必然会以失败告
终,结果或是承认这种失败,或是采取最后的手段——征用。

显然,政权本身也意识到,仅仅依靠一纸命令不足以落实粮食
摊派政策,即便以征用相威胁。因此,正如所见,最高政权也尝试
影响居民的经济利益,实行普遍的奖励制度,打破刚获通过的价格
体系,走上与自己的政策决裂的道路。

3.1.4 摊派任务的完成情况

摊派任务的完成情况完全证明了上述论点。① 官方资料显示,
在 30 个省中,9 个省同意继续按照以前的原则收购粮食,其余 21
个省摊派征购任务 5.065 亿普特。不过,省粮食会议摊派 4.501
亿普特,占 89%,县粮食会议摊派 3.212 亿普特,占 63%。

乡的情况更糟糕。21 个省的 3948 个乡当中,我们掌握 2070 个
乡的资料,占 52%。这个数字非常大,据其完全可以判断乡摊派任
务的完成情况。各县责成 2070 个乡交售 1.442 亿普特粮食,而乡
接受的收购量为 1.182 亿普特,占 82%。换言之,全部 3948 个乡接
受的任务约为 2.27 亿普特,约占摊派总量(5.065 亿普特)的 45%。
摊派到 2070 个乡的 1.182 亿普特粮食中,村会接受的数量为 6770
万普特,占乡接受数量的 57.3%。相应地,全部 3948 个乡的村会接
受的数量约为 1.35 亿普特,约占摊派总量(5.065 亿普特)的 27%。
至于私人粮食所有者,21 个省各县摊派的任务为 4250 万普特,假设
这一数量完全分配出去,那么村会和私人所有者接受的总量应等于
1.17 亿普特,约占摊派总量的 35%。不过,为避免误解,这里必须
说明两点:第一,私人所有者远未接受摊派给自己的全部数量。叶
卡捷琳诺斯拉夫省马里乌波尔县 25 万普特的摊派任务中,私人所
有者只接受了 1.27 万普特,仅占 5%左右,叶卡捷琳诺斯拉夫县的

---

① Яшнов Е. Е. *Итоги Риттиховской разверстки* // Известия по продовольственному
делу. 1917. № 1.

私人所有者只能完成摊派任务的 20%；[1]第二,摊派任务并不意味着收购到粮食,实际上粮食收购量明显落后于摊派的数量。

从摊派原则角度分析摊派任务的完成情况很有意义。这些原则事实上奠定了摊派粮食任务的基础,而且非常不统一,不同地区、省和乡的摊派原则不同,不同粮食品种、不同所有者的摊派原则存在差别。根据地方自治局联盟经济处的资料,把每一份关于运用摊派原则(不区分粮食品种)的报道按一次计算,可以获得适用摊派原则的大致情况(参见表 2 - 16)。

表 2 - 16

	11 个省的某些县		13 个省 33 个县的某些乡	
报道次数	13	100%	36	100%
按余粮摊派任务	8 次	61%	6 次	16%
按俄亩摊派任务	3 次	23%	25 次	70%
按总产量摊派任务	1 次	8%	1 次	3%
按总储备量摊派任务	1 次	8%	3 次	8%
按份地摊派任务	—	—	1 次	3%

资料来源: Яшнов Е. Е. *Итоги Риттиховской разверстки* // Известия по продовольственному делу. 1917. № 1.

可见,情况确实非常复杂。县主要根据余粮数量摊派任务,乡则主要按俄亩摊派任务,也就是说,大多数情况下各乡采用的摊派方法最不完善,也最不公平。为承担粮食赋役,小农户不得不额外购买粮食。

3.2 二月革命后至十月革命前的收购调节(国家粮食垄断)

3.2.1 过渡时期的措施

旧制度逐渐加强调节粮食收购的活动,但它未能完成自己的任

---

① 同上。

务,这也是其倾覆的原因之一。新政权面临着严重的粮食危机。
1917 年 5 月 5 日至 9 日,革命后的第一次全权代表会议在彼得格
勒召开。临时政府部长 А. И. 申加廖夫在会议上表示,"我们接收
的遗产是国家不掌握任何粮食储备。回想起来令人震惊和恐惧:
三月初有段时间,彼得格勒和莫斯科的粮食仅够几天之用,几十万
士兵战斗的前线的粮食储备只能满足半天消费。"[1]这种条件下,便
不难理解过渡时期采取的某些措施。首先,国家杜马临时委员会
和工兵代表苏维埃粮食委员会于 3 月 2 日当场发布命令:继续通
常的收购和强制征集余粮,立即向耕地面积不低于 50 俄亩的各阶
层大土地所有者、租赁者征用粮食,向贸易企业和银行征用粮食。[2]
这样,初期革命政权为调节粮食收购,通过征用途径直接获取粮
食。不过,这一特殊措施显然必须经过一定时间以后才能显示出
其某种效果,而且征用只能作为补充措施,而不能作为主要措施。
至于收购活动的根本方针,新政权在成立初期继续沿用以往的政
策。3 月 3 日,收购事务特别全权代表签署命令,继续坚决落实既
定的收购和供应任务。[3] 3 月 9 日,农业部长将 А. А. 里蒂希(А.
А. Риттих)规定的售粮优惠条件一直延长到"全权代表完成交给
自己的任务",甚至额外授权全权代表根据当地条件确定特殊收购
点,而不必考虑距离车站或码头的远近,并向收购点单独支付运
费。[4] 显然,延续以往的粮食政策主要是顺应社会经济现象的运动
惯性和复杂性,新政权同时着手确定调节收购的新途径。

3.2.2　新政权调节收购的指导思想

　　如果战争初期旧政权收购政策的出发点是为生产者提供顺利
销售粮食的可能性,那么,正如所见,这一思想逐渐失去魅力,早已
被束之高阁。现在的动机完全不同:**迫使生产者交出粮食,充分供
给消费者**。新政权完整地接受了这个革命前已经发展成熟的思

---

① Известия по продовольственному делу. 1917. № 1. С. 60.

② 同上,Отдел официальный. С. 32 - 33.

③ 同上,С. 32.

④ 同上,С. 33.

想。但如何达到这个目的呢？第二个指导思想对此作出回答。这一指导思想在于，只有借助激进的国家调节措施，才能改善收购形势乃至整个粮食供应状况。但为使国家下决心干预粮食收购以及粮食供给，至少需要对旧政权调节措施失败的原因作出解释。旧政权有时采取强有力的措施，例如摊派任务，调节粮食收购。人们对此做出了解释，并且首先肤浅地认为，失败的原因就在于**旧政权**采取了这些措施。现在新的民主国家诞生，人民群众登上历史舞台，以广大民众的信任为支撑的国家精神具有无限力量，或者至少非常强大。因此，我们认为，新的粮食政策还受到第三种思想的鼓舞，这一思想——民主国家国力强大——根深蒂固地存在于所有民主派领导人的心里。在这种思想的影响下，国家调节措施可能与某些民众的经济利益发生冲突，可能必然走上强制或整个政策破产的道路等思想日渐模糊，社会心理普遍狂热而且善良地相信国家的调节措施，甚至认为国家调节措施的发展是革命取得的某种成就。

3.2.3 实施粮食垄断法的先决条件及因素

1917 年 3 月 25 日颁布的《粮食垄断法》（或称《把粮食交给国家支配的法律》）是所研究时期内国家调节收购的主要混合措施，虽然垄断思想诞生已久。[①] 但是，认为革命后生活中实行的垄断就是法律所描述的"垄断"是错误的。越接近实际情况，越客观地看待国家的调节措施，我们越坚信，**俄国没有实行粮食垄断，只是存在垄断的趋势，这一趋势以非常失败的国家垄断粮食贸易的形式表现出来。**我们希望下面的叙述可以清晰地反映出这个观点。

3 月 25 日颁布的法律规定，**自登记粮食之时起，所有以往年份和 1916 年生产的粮食和饲料，以及 1917 年将收获的粮食和饲料，**

---

① 垄断思想逐渐成熟，并且主要在城市联盟以及部分地方自治局联盟中得到系统发展。参见城市联盟总委员会会议和代表大会的大量资料，特别是《国民经济的组织》（Организация народного хозяйства. Материалы к V очередному съезду Союза городов. М. ,1916）；同样参见：Записка Главного комитета Всероссийского земского союза《О необходимых мероприятиях в целях народного продовольствия》（未公开发表）。

除满足所有者必要的口粮和生产需要以外,均由国家按照固定价格负责支配,必须经过国家粮食机构方可划归国有。[①]

显然,1918—1919 农业年度以前俄国通过立法建立起来的正是**粮食垄断**制度,因为不仅商品粮应当交给国家支配,而且除满足所有者必要的口粮和生产需要以外的所有粮食也必须交给国家支配。粮食垄断同样包括粮食贸易垄断。

这样,国家宣布由自己支配粮食,通过这种方式,国家不仅消灭了买卖双方进行竞争的自由市场,而且开始干预个体经济的生活。但为了使这一宣言获得某种内容和效力,使其得到实际落实,需要采取一系列初步措施。

其中某些措施带有实行垄断的先决条件的性质,这些措施包括:登记各户的粮食;规定生产者的消费标准;为落实政府宣言,需要确定征收粮食的价格;落实所有这些措施必须先建立相应的组织网络。显而易见,根据法律条文,不对粮食进行登记,不规定粮食所有者的消费标准,粮食垄断便无从谈起。1917 年 4 月 8 日,粮食部长发布命令明确指出,地方粮食机构进行登记之前,粮食按照原来规定的程序流通,也就是国家和私人按照固定价格进行收购,生产者如拒绝交售粮食,其粮食可能被征用。

实行垄断的其他必要措施带有刺激因素的性质,促使民众遵守垄断法。这些措施包括固定价格,兼以征用相威胁;宣传措施;向农村供应日用必需品等。

上述内容表明:第一,许多措施在垄断法出台前就已经存在,尽管组合形式不同;第二,某些措施,例如调节价格,既是实行垄断的先决条件,也是实行垄断的刺激因素。

首先我们看一下粮食垄断最重要的先决条件的实现情况。

3.2.3.1　粮食机构

前面我们已经了解了粮食机构的特点。实行粮食垄断的任务由这些机构承担。粮食机构组建缓慢,人员培训不足,经常遭到民

---

① Постановление Временного правительства 《 О передаче хлеба в распоряжение государства》// Узаконения и распоряжения по продовольственному делу за 1914 - 1917 гг. Ч. Ⅰ. С. 14 и сл.

众撤换,有时甚至不认同垄断政策本身,以上因素使粮食机构根本无法像法律要求的那样执行垄断政策,事实亦如此。这首先在完成粮食登记任务、规定生产者消费标准等方面显露出来。

3.2.3.2 规定生产者消费标准和登记粮食

规定生产者的消费标准问题其实可以分为两个方面:理论上确定的消费标准和实际上实现的消费标准。确定消费标准比实现消费标准容易得多,实践中不可能实现理论上的消费标准。

3 月 25 日法律规定了向生产者征收粮食的标准:(1)根据农户的播种面积和基于中央统计委员会数据的平均播种密度确定留存种子的数量,可以按照地方自治局的统计数据修正中央统计委员会的数据。如果使用撒种机播种,播种密度减少 20%;如果使用条播机播种,播种密度减少 40%。(2)粮食所有者家庭成员、由雇主供给粮食的雇佣工人和职员每人每月留存 1.25 普特粮食,成年工人的单人标准提高到 1.5 普特。此外,每人每天留存 10 左洛特尼克①谷物,地方委员会可以根据粮食消费情况提高谷物留存标准。(3)农户喂养牲畜的粮食留存标准:在从事需要谷物饲料的高强度劳动情况下,役马每天留存 8 俄磅②燕麦或大麦,或者 10 俄磅玉米。牧草成熟前,每头成年牛和猪每天留存的饲料粮不超过 4 俄磅,1 岁以上的幼牛饲料粮留存标准减半。可以按相应比例以油粕、麦糠或面粉代替谷物饲料。省粮食委员会可以根据地方的条件调低规定的牲畜饲料标准。根据省粮食委员会的申请,农业部长可以调整所有特殊用途的牲畜的消费标准。(4)农户可以额外留存前 3 项列举的粮食需求量的 10%,以备万一。③

这就是征收粮食的标准。政府借助这些标准实际上限制了生产者的消费。为了落实规定的标准,必须严格和准确地登记每户的粮食储备,然后强迫粮食所有者交出余粮。但居民对征收余粮持极其不友好的态度,这种条件下,显然难以登记 1880 万户农户

---

① 俄国重量单位,等于 1/96 俄磅,约合 4.26 克——译注。

② 俄国采用公制前的重量单位,等于 409.5 克——译注。

③ Постановление Временного правительства《 О передаче хлеба в распоряжение государства》// Узаконения и распоряжения по продовольственному делу за 1914 - 1917 гг. Ч. Ⅰ. С. 14 и сл.

的粮食储备。一些情况下,民众拒绝登记粮食数量,并采取过激行为,有时甚至引发流血事件;另外一些情况下,农户提供的粮食储备量明显偏低,例如,根据登记的数量,储备丰富的产粮省份——坦波夫省在 1917 年粮食收获前甚至需要输入数百万普特粮食。可以有把握地说,1917 年春季和夏季登记个体经济粮食储备的尝试总体上没有取得任何积极效果。[①] 从这个意义上说,1917 年春末夏初莫斯科工人代表苏维埃的问卷调查数据很能说明问题:38个省回答了调查表,其中 2 个省的粮食登记情况令人满意,4 个省登记不准确,32 个省未进行登记。

因此,到 1917 年夏初,绝大多数情况下仍未登记粮食储备。登记不准确的情况较少,令人满意的登记情况更少。

人们对新粮充满期待,希望能够登记这些粮食。然而,秋季的登记工作并没有取得实际效果。但如果是这样,那么实际上就不可能实行粮食垄断。事实亦如此。无论是中央粮食机构,还是地方粮食机构都不清楚究竟有多少粮食应交给国家支配,这些粮食掌握在谁的手里。这就是各地违背垄断法精神,仍然按照原来的方式,直接向大量不固定的粮食所有者收购粮食的原因,而且只能如此。

3.2.3.3　价格

至于实行垄断的最重要前提——规定价格,根据以往的实践可以设想,这个条件能从法律上部分地得到实现。但是,这一条件没有得到完全实现,而且规定价格只是垄断的必要条件之一,远不是其充分条件。

因此,俄国其实并不具备实行垄断,相应地实行粮食垄断的先决条件。莫斯科工人代表苏维埃的调查表就这个问题提供了一组有趣的数字:33 个省回答了调查表,其中 1 个省实施了《垄断法》,6 个省部分实施了《垄断法》,23 个省计划实施《垄断法》,3 个省没

---

① *Как осуществлялась на местах монополия* // Известия по продовольственному делу. 1917. № 3;Продовольствие и снабжение. 1917. № 5, № 6;Известия Московского областного продовольственного комитета. 1917. № 13 - 14;Всероссийский продовольственный съезд. 1918. № 1 - 2.

有实施也不准备实施《垄断法》。[①]

这样,到 1917 年夏初,只有一份调查表确认已实行粮食垄断,大多数调查表则仅强调准备采取该措施。但正如我们指出的那样,因为后来实行垄断的先决条件没有得到落实,垄断便无从谈起。政府致力于实施垄断,而且实现了垄断的某些元素,**首先一定程度上实际垄断了粮食贸易,至少垄断了合法的粮食贸易**,虽然这并不是法律的主要和直接目的。垄断粮食贸易与收购机构(以及后面要谈到的分配机构)的组织密切相关。

3.2.3.4 固定价格、征用和禁止出口

这些措施是实现垄断的刺激因素。作为一种法规,垄断使民众承担本质上近似于兵役或其他赋役的义务——把余粮交给国家。民众从法律意识和经济意识上并没有接受垄断,因此,垄断不能成为促使居民把粮食交给国家的行为动机。登记粮食储备和规定生产者消费标准的工作进展不顺利。这种条件下,要求国家提出额外的动机系统,促使居民接受和执行垄断法。首先应当把固定价格(与威胁征用相结合)以及征用本身归入此类动机。

在《垄断法》出台之前以及实行垄断政策时期,粮食所有者必须按照固定价格把粮食出售给他人。这种情况下,从理论角度,居民显然不存在认为把粮食出售给私人比交售给国家好的动机,因而固定价格似乎成为实施垄断的刺激因素。但实际上,普遍规避固定价格和非法自由市场的存在恰恰形成了反向动机,也就是促使居民更愿意把粮食卖给私人买主,而不是国家,这是其一;灾难的根源在于,民众根本没有交售粮食的愿望,这种情况下,固定价格本身或者成为一种非紧迫性因素,或者多半成为一种消极因素,使民众更倾向于自己持有粮食,这是其二。

显而易见,实行固定价格政策的同时,还需要采取其他措施,促使居民出售粮食,并且按照固定价格出售粮食。国家掌握的此类措施首先是以征用相威胁和征用。作为粮食收购的刺激因素,如果固定价格既不属于惩罚措施,也不属于奖励措施,那么征用则

---

① *Организация продовольственного дела*. М., изд. Бюро по созыву Всероссийского продовольственного съезда 1917. Сост. М. Шефлером.

无疑属于惩罚措施。

1917 年 3 月 25 日法令和 5 月 3 日指示明确规定,如果发现藏匿的应当交给国家的余粮,那么按 50% 的固定价格征收这些粮食;如果粮食所有者拒绝自愿交售未藏匿的余粮,则予以强制征收。不过,1917 年春季和夏季各地很少运用这些法规。

然而粮食收购日益困难,要求采取超常规措施。1917 年 8 月 20 日,粮食部长发布命令,要求采取包括武力在内的特殊措施,首先征收大地主以及距离车站最近的农村生产者的粮食。[①] 随后,8 月 27 日临时政府发布命令,授权粮食部长在其规定的交售粮食期限之后,降低固定价格征用粮食,降幅可达 30%。[②] 这样,到秋季时候,中央政权意识到必须强化强制性措施,直至没收粮食。但在实践中,由于粮食机构所处的状况以及国家所面临的政治局势,这些措施未能得到彻底落实,而且成效有限。

实施垄断的刺激因素还应当包括禁止私人出口粮食和限制私人运输粮食。

1917 年 7 月 25 日粮食部长发布的命令规定,只有凭粮食部长、相关省(州)粮食管理局或他们授权的个人和机构的指示,而且是专门下达给省(州)粮食管理局或粮食部长全权代表以及军需部门的指示(省内运输时,须凭下达给县和乡粮食管理局的指示),方允许在 3 月 25 日法令生效的地区通过铁路和水路运输粮食。[③]这样,不仅私人出口粮食被禁止,而且私人运输粮食也受到限制。

这些措施似乎应该能够扼杀居民参与私人粮食流通的任何可能性和动机,但在新形势下,限制措施已经失去原来的迫切性。正如下面我们将看到的那样,根据运输及其调节措施的状况,即便没有这些限制性手段,这一时期的私人运输实际上已经举步维艰。因此,禁止私人出口和运输粮食只是确认了既成之事实。

不过,这种情况下,这些措施对于实施垄断的意义已经不大。

---

① Известия по продовольственному делу. 1917. No 3. C. 38.

② Продовольствие и снабжение. 1917. No 4. C. 4.

③ Известия по продовольственному делу. 1917. No 3. C. 65 - 66.

3.2.3.5 宣传措施

二月革命时期,国家在强制收购粮食方面发展薄弱,但作为粮食政策和实施粮食垄断的因素,宣传措施得到极大发展。革命初期,国家杜马主席、农业部长、工农兵代表苏维埃等向产粮区农村发出数十份呼吁书,[①]同时向各地派出大量宣传鼓动人员。农业部长 A. И. 申加廖夫表示,"我们把所有能够派出去的人派到各地,旨在使民众相信,国家粮食供应、国防和国家自由面临巨大危险。此外,我们尝试团结一切可以团结的人。十天前,我呼吁俄军最高统帅和前线司令官从团委员会中派出粮食盈余省份出生的人……我没有忽略任何一个来自前线的大型代表团,他们绝大多数都会到访临时政府。我同每个代表团交换意见,请他们转告自己的士兵同志,让后者给家乡写信,动员亲人为国家提供粮食……"[②]特使制度同样服务于宣传工作。出于相同的目的,粮食部成立了特别宣传委员会,该委员会由工兵代表苏维埃、农民代表苏维埃、全俄合作社代表大会苏维埃、工会中央委员会、土地总委员会等代表组成。地方粮食委员会成立了由军队代表和消费省份代表组成的代表委员会,其目的也是进行宣传和鼓动。[③]

因此,这一时期的宣传旨在向民众说明国家的粮食供应形势,激发民众保卫革命成果、拯救自由和祖国、帮助军队等高尚动机,进而利用这些动机。毋庸置疑,如果善于引导民众心理,那么宣传活动能够发挥一定的辅助作用。然而一旦涉及经济利益和经济政策,道德和政治动机的作用就会非常有限,而且民众的精神层次越低,道德和政治动机的作用越有限。

3.2.3.6 调节居民日用必需品供应

调节居民日用必需品供应是改善粮食收购局面的促进因素。从经济政策角度看,居民能否尽快交售粮食与为其供应日用必需品的组织水平存在联系。革命前社会各界提出的必须进行日用必需品供应的口号在革命后成为中央和地方最受欢迎的口号之一。

---

① 同上,№ 1. C. 44 - 46.

② 同上,№ 1. C. 47.

③ 同上,№ 3. Отдел официальный. С. 28 - 29. Отдел неофициальный. С. 55 - 56.

这种情况下,支持者分成两派:极端激进派和较温和派。极端激进派以工兵代表苏维埃经济处为代表,主要由 В. Г. 格罗曼(В. Г. Громан)领导的城市联盟最激进的平民知识分子代表组成,这个派别把为居民供应日用必需品的思想与调整国民经济和实现国民经济合理化的思想联系在一起。主要以合作社、政府机构和社会自由民主人士为代表的较温和派则不那么激进,认为全面调整国民经济、实现国民经济合理化是无法完成的口号,并提出了一系列较简单而且切合实际的措施。临时政府选择了第二条道路。

1917 年 3 月 28 日,临时政府表示自己有责任规定日用必需品固定价格,并把日用必需品送到居民手中。为了弄清日用必需品供应条件,同年 4 月 24 日成立由 В. Я. 热列兹诺夫(В. Я. Железнов)担任主席的特别委员会,但是该委员会的工作并没有取得实际效果。① 7 月 7 日,临时政府颁布《关于着手组织向居民供应布匹、鞋、煤油、肥皂、其他食物及日用必需品的法令》,责成粮食部长负责法令规定的工作。② 粮食部长获得采购上述物品、制定分配原则、吸收粮食机构参与此项活动的权力。后来,粮食部的权力,主要是供应布匹的权力得到扩大(1917 年 8 月 25 日颁布的法令),但粮食部没有获得调节价格的权力。

粮食部从两个角度看待日用必需品供应的组织:第一,从满足居民最迫切的需要角度;第二,从促进粮食收购的角度。所以,粮食部主要倾向于向产粮省份输送日用必需品,但该部从未以日用必需品直接交换粮食。

供应工作关键的客观障碍首先在于军队大量消耗的日用必需品不足;其次在于日用必需品供应属于新生事物,组织起来困难重重。

我们不再详细叙述这个问题,而是引用反映粮食部供应工作成

---

① Узаконения и распоряжения по продовольственному делу за 1914 - 1917 гг. C. LX X VI -L X X VIII; Известия по продовольственному делу. 1917. No 1. Отдел неофициальный. C. 64 - 65.

② Известия по продовольственному делу. 1917. No 2. Отдел официальный. C. 10.

果的某些总结性数据加以说明。

布匹供应方面,初期粮食部支配棉织物总产量的50％(其余棉织物用于满足军队需要),后来这个数字提高到60％。7月初至10月15日,粮食部组织了10次分配工作,约分配棉织物1.2亿俄尺。由于粮食部准备控制除满足军队需要以外的所有棉织物,将自己的影响扩大到其他布匹,并且与军需部门谈判,试图依靠调整军队消费增加留给居民的布匹数量,[①]粮食部供应布匹的工作被停止。

居民的线、鞋、肥皂、煤油、火柴及其他日用必需品供应方面,粮食部的工作或者服从专门机构的领导,处于从属地位,或者到十月革命前尚处于筹备阶段。总之,在这方面做的工作相对较少。

居民的钢铁和农业机械的供应有些特殊,革命前这些工作就由农业部负责。为满足居民需要,不同时期拨付的钢铁数量(普特)详见表2-17。

表 2-17

时间	合计	其中	
		用于农业机械制造	满足农民需要
1916 年 2 月 1 日至 10 月 1 日	1162837	869580	293257
1916 年 10 月 1 日至 1917 年 1 月 1 日	1320040	993580	326460
1917 年 1 月 1 日至 3 月 1 日	194800	194800	—
1917 年 3 月 1 日至 10 月 1 日 *	5107126	1402840	3268886
总计	7784803	3460800	3888603

资料来源:根据粮食部未公布的资料。

＊其中 3 月 1 日至 10 月 1 日拨付边角料 541636 普特。

---

① Известия по продовольственному делу. 1917. Отдел официальный. No 3. С. 10-18. Отдел официальный. С. 40-42. 数字摘自未公开发表的粮食部资料。

换言之,革命后钢铁的供应量大幅增加。

居民的农业机械和打捆用绳供应方面,由于国内产量下降,农业部,然后是粮食部不得不立足于国外进口。1916年6月—7月,俄国向美国、瑞典和英国订购了10.8万台收割机和91.25万普特打捆用绳。到1917年秋季,共进口并发往各地收割机71928台,打捆用绳891263普特。

1918年,粮食部计划使用1917年订货中剩余的31472台收割机,此外,再次订购71300台收割机和大量其他生产工具以及90万普特打捆用绳。①

由此可见,粮食部刚刚开展为居民供应日用必需品的活动,而且由于纯粹的客观原因,例如日用必需品短缺,供应活动不可能取得显著效果并切实影响粮食收购进程。

3.2.4 粮食机构的收购政策及其与合作社和私人贸易机构的关系

对于必须坚决执行交售余粮的法律要求,民众持有不同意见,因此,保障贯彻法律要求的强制措施没有,确切地说不可能得到广泛发展,宣传措施和居民日用必需品供应措施只是权宜之计。所有这些无疑表明,宣布粮食归国家所有根本不能保证实际获得这些粮食。无论如何不可思议,但从经济角度,粮食收购问题现在已经回到实施垄断前的"原点":收购顺利与否的关键在于,粮食机构能在多大程度上依靠其收购政策保障粮食收购。由此可见,即便在实施垄断法的条件下,收购的组织、收购机构的建立及其活动等调节收购的直接措施仍然具有十分重要的意义。

通过研究收购机构的活动,我们发现,中央机关的政策方向与地方组织的实际活动并不一致。中央坚持尽力加强收购机构力量的观点,认为应当在代理的基础上吸收合作社和私人贸易机构,特别是两者的联合企业行使收购职能。3月25日法令没有相关规定,但允许吸收合作社和私人贸易机构参与粮食收购(3月25日法令第一章附件1第22条)。粮食部于1917年4月17日和5月3

---

① 根据粮食部未公布的资料。

日对此做出更加明确的指示,制订了规范的合同样式和酬金标准。[①]

因此,这一时期由最著名的合作社创办人领导的粮食部认为,必须坚决贯彻旧政权也已经意识到的思想,即单纯依靠国家机构,甚至是国家机构和合作社组织的力量不可能完成收购任务,必须利用私人贸易机构。

受政治斗争的影响,以及对国家的危机形势和其他因素缺乏充分的认识,各地对私人贸易机构的不信任感增强,从而导致私人贸易机构越来越多地停止收购活动,国家机构日益官僚化。[②] 莫斯科工人代表苏维埃的调查表数据反映了合作社参与粮食工作的情况。

在 33 份调查表中,9 份调查表确认合作社参与粮食收购和分配,6 份调查表笼统地强调合作社参加粮食工作,2 份调查表指出合作社派代表参加粮食工作,16 份调查表指出合作社未参加粮食工作。显然,最后一个数字表明很少吸收合作社参加粮食工作。[③]

粮食部尝试防止收购机构官僚化,用有经验的技术力量充实收购机构。6 月 2 日,粮食部长电令地方采取紧急措施,完善粮食收集站的组织,而且为此首先应当吸收合作社的参加。全国粮食委员会第四次会议讨论了 1917 年的粮食销售问题并提出一系列类似决议。[④] 根据这些情况,7 月 27 日粮食部发布通令,要求及时加强收购力量,除合作社和社会组织以外,还应吸收私人贸易机构。[⑤] 在这方面,1917 年 8 月 27 日临时政府总理 А. Ф. 克伦斯基(А. Ф. Коренский)和粮食部副部长泽尔海姆共同签发的电报则更加坚决。

---

① Узаконения и распоряжения по продовольственному делу за 1914 - 1917 гг. С. XIX, XXVI - XXXI.

② Известия по продовольственному делу. 1917. № 1. Отдел неофициальный. С. 69 и сл. ; № 3. Отдел неофициальный. С. 1 и сл.

③ *Организация продовольственного дела*. М. , изд. Бюро по созыву Всероссийского продовольственного съезда 1917. Сост. М. Шефлером.

④ Известия по продовольственному делу. 1917. № 2. Отдел официальный. С. 63.

⑤ 同上, № 3. Отдел официальный. С. 35 - 36.

电报称:"我们坚决命令立即动员所有粮食收集站,同合作社一样,吸收地方贸易组织、面粉加工厂和某些信誉好的公司参加粮食工作。"①接替 А. В. 佩舍霍诺夫(А. В. Пешехонов)的新任粮食部长 С. Н. 普罗科波维奇(С. Н. Прокопович)执行了相同的政策。

由此可见,革命初期粮食部为解决我们已经熟知的加强收购组织、吸引合作社和私人贸易机构参与粮食收购、粮食收集站等问题绞尽脑汁。

目前局势甚至更加严峻,因为问题不仅在于私人贸易机构,有时合作社也不再参与国家粮食收购,而且在于私人贸易机构完全退出粮食收购。正如我们说过的那样,如果不存在实行粮食垄断的必要前提,那么**私人粮食贸易几乎被地方机构的政策和所有供应调节措施消灭,或者像我们将看到的一样,面目全非。事实上国家几乎垄断了粮食贸易,至少在**收购方面。我们说的是事实上,因为从法律上,根据 3 月 25 日法令,在对粮食进行登记前和《垄断法》生效前,私人粮食贸易并未被禁止。不过,令人感兴趣的是,虽然《垄断法》生效前没有禁止粮食贸易,但 3 月 25 日法令(第一章附件 1 第 22 条)规定,自法律颁布之时起,禁止粮食贸易最关键的因素之一——粮食抵押。这种情况显然会加速粮食贸易的消失。因此,与 3 月 25 日法令的直接任务相反,粮食贸易开始国有化,而且国有化时间早于官员们的预期。

革命后,收购政策的另一个问题随着粮食贸易垄断的实施开始具有十分重要的意义,这就是产粮省份和消费省份在粮食收购方面的相互关系问题。这个问题产生的原因在于,尽管粮食危机日益加剧,对收购粮食最感兴趣的消费省份却被完全排斥在收购活动之外,而控制粮食收购的产粮省份则没有感到粮食危机的严重性。

3 月 25 日法令没有解决这个问题。当时,粮食危机加剧使消费省份和前线非常希望能独立收购粮食,粮食部挤满了来自这些地区的代表团,后者请求赋予自己独立收购粮食的权力。产粮省份的组织经常遇到希望独立收购粮食的消费省份和前线代表。迫

---

① 同上,С. 30 - 31.

于这些情况,1917 年 5 月 5 日粮食部发布通令,就粮食收购问题,规定了产粮省份和消费省份相互关系的最重要原则:第一,消费省份驻产粮省份的收购代理人必须与粮食产区的省粮食委员会达成一致后方可开展收购活动;第二,产区的省粮食委员会可以不允许消费省份的代理人独立收购粮食,如果自己能够完成受委托为有关省份收购粮食的任务。[①] 根据这些规定可以清楚地看到,粮食部不认为目前可能使消费省份的代表完全不再参与粮食收购,但除了消费省份代理人与产粮省份粮食机构达成一致外,粮食部没有提出其他的采购途径。在 1917 年 5 月 5 日至 9 日召开的全权代表大会上再次提出这个问题。代表大会通过相关决议,认为消费省份可以在为其完成收购任务的产粮省份设立代表处。消费省份的代表可以参加产粮省份的粮食委员会,并有发言权。如果在一个产粮省份存在若干消费省份的代表,那么这些代表统一由粮食部特使领导。这样,在没有产粮省份代表施压的情况下,代表大会仍然彻底排除了消费省份代理人独立收购粮食的可能性。[②] 粮食部总体坚持了上述政策,而且统一由粮食部特使领导的消费省份以及军队派驻产粮省份的代表组成了代表委员会。

3.3　1917 年十月革命后的收购调节

3.3.1　收购政策概述

10 月 25 日革命以后,粮食问题,特别是粮食收购的调节进入新的、最严峻的危机阶段。乌克兰、顿河地区、伏尔加河沿岸地区和西伯利亚等地先后爆发内战,致使消费中心与大多数粮食产区断绝联系。中央政权内部争夺最高粮食权力的斗争导致各地的粮食收购活动空前混乱,消费地区的背袋贩子[③]蜂拥而至。粮食政策失去确定性,中央政权本身也增加了这种不确定性:既未废除《垄断法》,同时又赋予某些组织甚至个人独立收购粮食的权力。如果地方仍在收购粮食,如果国家还能支配一定数量的粮食,那么这仅

---

① 同上,№ 2. Отдел официальный. С. 33 - 34.
② 同上,№ 1. Отдел неофициальный. С. 107 - 108.
③ 十月革命后内战时期从乡下把粮食等食品背到城里贩卖的商贩——译注。

仅是社会惯性的结果,是各地保存下来的原有粮食组织维持运转的结果。

1918年1月21日全俄粮食代表大会通过的决议首次某种程度上明确了苏维埃政权的粮食政策方向,5月14日和27日法令及其他有关法令对中央的粮食权力做出调整,新政权的粮食政策进一步明确。[①]苏维埃政权宣布,坚决实行粮食垄断是粮食政策的基本原则。换言之,苏维埃政权保留了临时政府粮食政策的主要原则。

为适应这种情况,1918年7月1日粮食人民委员部颁布法令,要求粮食机构登记粮食,并根据粮食所有者留存粮食的标准,确定余粮交售期限。毫无疑问,农户应按照原来的标准(3月25日法令)留下满足自己需要的粮食,但地方组织可以降低这一标准。留存粮食使用的时间不得超过1918年8月1日。在牲畜当中,只允许为不超过两匹的役马留下粮食,播种的第一个10俄亩按标准留存粮食,接下来每7俄亩按标准留存粮食。[②]为了登记和征收1918年新收获的余粮,1918年8月21日苏维埃政权颁布法令,规定了与3月25日法令相同的种子留存标准。[③]关于居民的口粮,法令规定,人均留存12普特谷物或面粉和1普特颗粒粮,而且25%的粮食可以用马铃薯代替(1普特粮食相当于6普特马铃薯)。留作牲畜饲料的粮食标准如下:每匹役马不超过18普特,而且60%的粮食可以用油粕或麦糠代替,每匹不足1岁的马驹不超过5普特;每头成年牛不超过9普特,每头不足1岁的幼牛不超过5普特;每头成年猪不超过5普特,所有幼猪,除了为牲畜留存的总粮食量以

---

① Орлов Н. *Продовольственная работа Советской власти*. К годовщине Октябрьской революции. М., Наркомпрод,1918. Переходный период; *Сборник постановлений и распоряжений общих и местных, регулирующих продовольственное дело в Москве*, М., Московская городская продовольственная комиссия Советов рабочих и красноармейских депутатов. 1918. Вып. Ⅱ. С. 11-15.

② *Сборник постановлений и распоряжений общих и местных, регулирующих продовольственное дело в Москве*, М., Московская городская продовольственная комиссия Советов рабочих и красноармейских депутатов. 1918. Вып. Ⅱ. С. 9-10.

③ 同上,Вып. Ⅴ. С. 37-39.

外,额外每头留存 5 普特。随着农户牲畜数量的增加,粮食的留存标准下降。除上述标准以外,每个不足 5 口人的家庭额外留存 5 普特粮食,5 口人以上的家庭每口人额外留存 1 普特粮食。

因此,苏维埃政权粮食政策的基本原则——垄断——与临时政府如出一辙。苏维埃政权同样遭遇到登记粮食和规定生产者消费标准的难题。名义上,粮食政策的额外辅助性措施仍然同以前一样,即固定价格、以征用相威胁、征用、禁止私人运输、宣传鼓动、为居民供应日用必需品等,但这些措施的性质和相对作用已经发生深刻变化。临时政府时期的自由因素有多广泛,苏维埃政权下的强制因素便有多普遍。有必要对后者着重加以叙述。

3.3.2 强制手段是实行垄断的因素

强制手段表现为变成真正武力争夺粮食的征用,但这不仅仅是征用,也不单纯是强制措施。这一强制手段贯穿所有粮食政策,使粮食政策具有某种色彩,体现出特殊的意识形态。苏维埃政权对夺取粮食的斗争做出独特的解释,奉其为阶级政治斗争的形式之一。苏维埃政权把自己视为无产阶级和贫苦农民的政权,认为国家控制粮食的过程发展缓慢是农村富农执行的某项政策。余粮集中在这些富农手中。苏维埃政权指出,"应当以针对资产阶级的暴力应对粮食所有者针对饥饿贫农的暴力。"为了更好地组织和实施这种暴力,苏维埃政权在 1918 年 5 月 9 日颁布的法令中明确指出,必须使农村分化,必须"号召所有劳动者和贫农团结起来,同富农作无情的斗争"。法令宣布所有有余粮并且未声明在一周期限内交售余粮的人是"人民的敌人",要求把这些"人民的敌人"交付革命法庭,威胁无偿没收他们的粮食、判处十年以上监禁、驱逐出村社和没收财产。通过鼓励农村分化,苏维埃政权激发了广大农民的对立感,使农民热衷于告密。5 月 9 日法令准许把未声明交售、由于告密被征用的"人民的敌人"的粮食一半的价钱奖励给告密者。[1]

7 月 11 日的《农村贫农组织法》是 5 月 9 日法令的必然结果。

---

① 同上,Вып. II. С. 6 - 9.

根据 7 月 11 日法令的规定,"普遍成立乡和村贫农委员会","协助地方粮食机构没收富农的余粮"是其两项任务之一。而且为了鼓励贫农委员会在这方面的工作,法令规定,7 月 15 日前从富农手中没收的余粮无偿分给贫农,7 月 15 日至 8 月 15 日没收的富农余粮按固定价格的 50% 销售给贫农,8 月下旬没收的富农余粮按固定价格的 80% 销售给贫农。①

这样,收购粮食被宣布为阶级斗争最迫切的任务之一。贫农灵魂深处最病态和愚昧的本能受到冲击,媒体不断报道的争夺粮食的血腥斗争开始。为了取得斗争的胜利,根据 8 月 6 日法令,苏维埃政权组建了专门的收粮队和征粮队。顺便说一句,按照 5 月 27 日和 8 月 6 日法令,工人组织的粮食队伍应当承担这项任务。根据对粮食队伍提出的任务,每支队伍至少由 75 人组成,配备 2~3 挺机关枪。② 1917—1918 年秋冬时节军队自发返乡的复员军人以武装抵抗和起义回应针对农村的武装暴力。这就是 1917 年十月革命后一直到 1918 年秋产粮地区农村田间经常发生流血斗争的原因。③

3.3.3　宣传措施

实施强制措施的同时,苏维埃政权广泛运用宣传手段,以强化粮食收购活动,并为此向粮食机构派遣了特殊的宣传组织队。但根据上述内容可以发现,这种宣传所依靠的动机已经不是我们谈过的二月革命时期的动机即粮食工作对完成社会任务至关重要。现在宣传的使命是帮助组织粮食收购,同时加速农村分化,加快组织贫农同农村资产阶级进行斗争,依靠的是阶级斗争动机。

3.3.4　居民日用必需品供应措施

为居民供应日用必需品是加强粮食收购的促进因素,苏维埃政

---

① 同上,Вып. Ⅲ. C. 1-3.

② 同上,Вып. Ⅴ. C. 39-48.

③ 参见这一时期尚未停办的《人民的政权》(Власть народа)和《俄国公报》(Русские ведомости)等报纸。

权同样非常重视这一措施,而且苏维埃政权完全遵循粮食政策的基本原则,组织居民日用必需品供应。

为强化国家的粮食和其他食物收购,一系列法令(1918 年 4 月工农政府法令汇编第三十册)和指示对组织商品交换作出如下规定:经国民经济最高苏维埃同意,粮食人民委员部负责购买日用必需品,并根据省、县、乡的粮食和其他食物收购数量,向省、县、乡分配日用必需品,但任何情况下不得因个别农户交售粮食而向其提供日用必需品,日用必需品应该在所有贫困者之间分配。因此,缺少粮食的人和贫农对增加农村富农的余粮交售量颇感兴趣。①

上述思想在 8 月 5 日颁布的《产粮农村强制商品交换法》中得到进一步发展。这项法令规定,为在产粮农村交换粮食、其他食物以及大麻、亚麻、皮革等,实行强制销售工业品制度。该法令自 8 月 15 日起生效,适用于合作社和其他所有机构。法令规定,农户交售粮食的价值不应超过供应给居民的日用必需品总价值的 85%,其余 15% 以货币支付。根据贫农委员会或地方苏维埃编定的名单,贫农、无产者和依靠工资生活的自由职业者有权用货币购买日用必需品,但一个县以实物形式交售的粮食的总价值不得低于供应给该县日用必需品价值的 85%。②

显然,居民日用必需品供应制度的制定完全基于两个动机:第一,促使居民交售粮食,既然居民希望有权获得日用必需品;第二,促使贫农千方百计推动粮食交售,要求有粮食的居民交出粮食。

从收购效果角度,很难统计这项制度多大程度上得到落实,但可以大致说明居民日用必需品的供应状况以及实施规模。首先需要强调的是,随着 1917 年十月革命后工业遭到破坏,工业品资源日益匮乏,许多工业品出现严重短缺。苏维埃俄国部分工业品的供应情况详见表 2-18。

---

① *Сборник постановлений и распоряжений общих и местных, регулирующих продовольственное дело в Москве.* Вып. Ⅱ. С. 11-15.

② 同上,Вып. Ⅴ. С. 9-12.

表 2 - 18

工业品名称	1918 年资源数量	1918 年最低需求量	短缺数量	
			绝对数	百分比
钢铁（百万普特）	25.0	210.0	185.0	88.4
布匹（俄尺）	1450	2835.0	1385.0	48.8
皮革（百万普特）	9.0	12.0	3.0	25.0
白糖（百万普特）	5.3	64.8	59.5	91.1
茶叶（百万普特）	0.6	1.97	1.37	69.5
火柴（千盒）	590.0	2820.0	2230.0	79.9

资料来源：Орлов Н. *Продовольственная работа Советской власти.* С. 158 - 159 и др.

与此同时，由于组织和执行机构混乱，居民日用必需品供应极其缓慢和不规范，供应工作差强人意。

根据 1918 年 4 月—5 月的计划，政府打算向居民发运棉织物 1.825 亿俄尺，但截至 8 月 17 日仅发运 1170 万俄尺，占计划数的 6％。1918 年 3 月—7 月，计划发运毛织品和呢绒制品 1870 万俄尺，实际发运 240 万俄尺，占计划数的 12.9％。1917 年 11 月到 1918 年 9 月 20 日，各类布匹、线和服装的发运任务约为 2.87 亿俄尺，仅占同期最低需求量（21.26 亿俄尺）的 13.5％。5 月—9 月，发运软硬皮革半成品 35.7 万普特，仅相当于这 5 个月居民最低需求量（500 万普特）的 7.1％。7 月，计划发运白糖 23.54 万普特，实际完成运输任务 18.43 万普特，占计划数的 72％，相当于该月居民最低需求量的 3.4％。[1]

现在看一下农具的供应情况，比较下列数字很能说明问题（参见表 2 - 19）。

---

[1] *Учет и снабжение.* Вып. I. Приложение к № 10《*Народного хозяйства*》. М., Отдел экономических исследований ВСНХ, 1919.

表 2 - 19

生产工具种类	1916—1917 年政府供应数量	1918 年 1 月 1 日至 8 月 15 日通过粮食交换获得的农具数量
割草机	24300	2777
马拉耙	16800	6126
清粮机	约 20000	1440
犁	约 246000	27269
细绳	约 900000 普特	22480 普特

资料来源：Орлов Н. *Продовольственная работа Советской власти.* С. 216 и сл. 1916—1917 年的数字根据尚未公布的粮食部资料。

所有这些数字证明，虽然军队规模大幅缩减，但由于十月革命后商品短缺，交通混乱以及国家失去秩序，到 1918 年还谈不上居民日用必需品供应具有积极作用和令人满意，也谈不上通过向居民供应日用必需品影响粮食收购进程。特别是如果注意到私人贸易萎缩，甚至同上一年相比较，俄国的粮食供应形势严重恶化。

3.3.5 直接收购政策和收购机构

强行没收粮食的做法令人难以果断行事，而且实施起来非常复杂；宣传措施带有治标性质；向产粮地区居民供应日用必需品产生的作用微不足道。所有这些因素显然促使苏维埃政权考虑提出调节收购的直接措施，而且时间越长，这种意识越强烈。那么苏维埃政权如何看待吸收私人贸易机构和合作社参加粮食收购问题呢？从这方面来说，我们发现与二月革命时期相同的现象，只是表现得更加突出。贸易国有化之前，中央政权坚定支持吸收私人贸易机构和合作社参加粮食收购。5 月 27 日法令规定，各地组建收购机构时应利用私人贸易机构、合作社及其他社会机构的力量。《商品交换法》重复了相同的思想。1918 年 6 月 7 日发布的通令强调，为全面加强粮食收购，除合作社和其他社会组织外，建议省粮食机构以委托的形式吸收面粉加工厂、粮食贸易企业以及拥有相应设施的公司参与粮食收购、存储、运输和加工工作。为了支付粮食款，可以吸引粮食贸易企业和面粉加工厂的资本。如果合作社没有自己的收购设施或收购设施能力不足，省粮食机构必须吸收粮食贸易企业参与粮食工作。[①]

　　但是，十月革命后商品流通遭到严重破坏，私人资本的经营环境毫无保障，普遍敌视资产阶级。在这种条件下，中央针对私人贸易机构和合作社发布的指示不过是虚无缥缈的愿望。十月革命后收购机构的官僚化达到空前程度。

　　探讨收购工作的组织，必须关注的第二个问题是消费中心和产粮中心的相互关系。苏维埃政权坚决否决了消费中心独立收购粮食的想法。从这方面而言，苏维埃政权总体上延续了临时政府的政策。至于粮食机构，我们已经注意到，为了充分代表消费中心在粮食收购活动中的利益，规定消费省份可以向产粮地区的省粮食委员会派驻代表，并前所未有地**享有表决权**。另一方面，8月6日法令授权工人组织派出收粮队。但这些收购活动依据相关法令并且在产粮省份粮食机构监督下进行，收购的粮食一半由粮食人民委员部支配，另一半由派出收粮队的组织支配，用于完成粮食人民委员部指派给他们的任务。

　　这里需要指出的第三个问题是，彻底取消乡粮食组织在收购地区从事收购活动的职能。这种情况下，苏维埃政权延续了1917年秋粮食部着手进行的改革。

3.4　粮食收购的实际过程

3.4.1　国家收购的进展

　　下列数字反映了不同粮食收购运动时期粮食收购的实际进展情况（参见表2-20）。

---

① *Сборник постановлений и распоряжений общих и местных, регулирующихся продовольственное дело в Москве*, М., Московская городская продовольственная комиссия Советов рабочих и красноармейских депутатов. 1918. Вып. Ⅲ. С. 7.

1914—1918 年俄国的粮食市场及其调节

表 2 - 20

粮食收购 运动（年份）	主要粮食		颗粒粮		谷物饲料		各类粮食	
	百万 普特	占任务 百分比	百万 普特	占任务 百分比	百万 普特	占任务 百分比	百万 普特	占任务 百分比
1914—1915	106.1	168.3	14.0	127.2	182.6	116.3	302.7	131.0
1915—1916	233.0	253.2	34.0	242.9	233.0	98.3	500.0	145.8
1916—1917	303.9	53.7	51.0	58.0	185.9	41.0	540.0	48.2
1917—1918	106.3	38.7	6.3	19.6	40.1	9.7	152.6	21.2
1918—1919	68.5	40.5	9.6	15.0	29.8	35.2	107.9	41.4

资料来源：1914—1915 年的数字根据：*Отчетные сведения о ходе заготовок продовольствия и фуража для армии.* Пг.，Управление делами Особого совещания，1915；*Совещание уполномоченных Главного управления землеустройства и земледелия, представителей земских управ и представителей ведомства 1 - 3 июня 1915 г.* Пг.，Главное управление землеустройства и земледелия，1915.1915—1916 年的数字根据：*Отчетные сведения по заготовке хлебов из урожая 1915 г.* Материалы к Совещанию уполномоченных 25 - 31 авг. 1916 г. Пг.，Управление делами Особого совещания，1916.1916—1917 年、1917—1918 年和 1918—1919 年的数字根据尚未公布的粮食部资料和粮食人民委员部资料。同样参见：*Четыре года продовольственной работы.* М.，Наркомпрод，1922.我们引用的数字与上述出版物的数字相差不大。

　　引用的数字表明，1917—1918 年粮食收购运动以前绝对收购规模不断提高，此后各类粮食的收购量开始下降，虽然下降的幅度和持续的时间不同。第三次收购运动时期谷物饲料的收购量出现下降。第二次收购运动时期收购量占收购任务的比例呈上升趋势，在第三次收购运动时期则大幅下降，其原因是收购任务显著增加，而收购量落后于收购任务的增长。收购量占收购任务的比例下降的趋势持续到下一次粮食收购运动，第五次粮食收购运动时期这一比例明显提高，特别是颗粒粮，原因是在绝对收购量下降的条件下，收购任务锐减。我们仍比较每次收购运动时期 8 月、9 月和 10 月的收购量，相应地仅以 3 个月的收购任务为例，我们得出以下数字（参见表 2 - 21）。

表 2 - 21

粮食收购运动前3个月	主要粮食		颗粒粮		谷物饲料		各类粮食	
	百万普特	占任务百分比	百万普特	占任务百分比	百万普特	占任务百分比	百万普特	占任务百分比
1914—1915	34.1	217.4	2.7	100.7	33.9	86.5	70.7	122.5
1915—1916	29.8	129.9	5.2	150.0	73.7	124.6	108.9	127.7
1916—1917	32.1	22.7	2.3	10.5	40.4	35.7	74.8	27.1
1917—1918	58.9	40.9	5.7	39.9	29.3	24.0	93.9	33.5
1918—1919	17.4	39.5	1.7	107.0	13.0	58.1	31.1	45.3

资料来源：同表 2 - 20。

由此可见,如果考虑绝对数字并且以各类粮食纵列指标为例,那么总体上第二次运动初期的收购最顺利,第三次运动初期的收购最不顺利。1917—1918 年粮食收购运动,即二月革命后第一次粮食收购运动的收购比前一次运动顺利,而且比下一次运动,即十月革命后第一次粮食收购运动顺利得多。8月—10月收购量占同期任务比例的相对数字也说明了这一点。的确,1918 年收购运动时期收购量占任务的比例看上去有所提高,但其原因完全是收购任务锐减,而且实际上是毫无理由地锐减。1918—1919 年各类粮食的收购任务为 2.601 亿普特,而 1917—1918 年仅为满足居民需求就计划收购粮食 4 亿普特,收购任务的下降情况可见一斑。同时,粮食消费的主要群体恰恰生活在苏维埃俄国。因此,1918—1919 年收购量占收购任务的比例提高丝毫不能说明这次收购运动取得成功。相反,绝对数字的对比有力地说明 1918—1919 年粮食收购运动时期国家的收购量减少。

通过比较收购运动的总体情况以及秋季的收购情况,我们发现,最后两次运动和 1918—1919 年运动秋季时节的收购规模大幅减少。

收购机构状况恶化、政治革命环境、内战爆发以及收购粮食的区域缩小导致最后两次收购运动时期收购数量减少。而且收购机构状况恶化多半在 1917 年十月革命后,也就是 1917—1918 年收

购运动时期立即表现出来,相反,上述其他条件则在 1918—1919
年收购运动时期表现得尤为明显。一个现象足以证明这个结论:
1916 年 8 月—12 月全俄 4 种主要粮食收购量达 1.695 亿普特,而
1918 年同期则只有 6020 万普特。但如果仅比较 1918 年全面收购
粮食的 16 个省 1916 年和 1918 年的收购运动,那么 1916 年 4 种
主要粮食的收购规模为 5820 万普特,1918 年该数字为 6020 万普
特,或者说,这 16 个省 1918 年收购运动的开局甚至好于 1916 年。

单独粮食品种的收购情况如下:主要粮食的绝对收购量在第
四次收购运动时期急剧增加,到第五次收购运动时期则锐减;从第
二次收购运动开始,主要粮食收购量占收购任务的比例大幅下降,
到第四次收购运动时期略有提高。颗粒粮和谷物饲料的绝对收购
量在第二次收购运动时期处于增加趋势,到第三次收购运动时期
急剧减少(但颗粒粮收购量仍保持增长势头),谷物饲料收购量在
第四次收购运动时期持续减少,第五次收购运动时期颗粒粮和谷
物饲料的收购量延续了下降趋势。相对数的变化大致与此相近。

我们按照不同年度的收购运动分析了粮食收购的进展情况。
现在为了更加清楚地认识**某种粮食政策占主导地位时期**收购过程
的成功度,我们按月份选取粮食收购数据。但这种情况下产生一
个问题,即衡量收购成功与否的标准。单月绝对收购量某种程度
上可以作为这一标准:第一,单月绝对收购量没有排除影响收购的
纯粹季节性因素;第二,单月绝对收购量没有考虑收购任务的规
模。同单月绝对收购量一样,应当认为月收购量占月收购任务的
比例也是衡量收购成功与否的最适当标准。但是,月收购任务不
是简单地用年收购任务除以 12。为了消除季节性因素的影响,我
们根据战前每月粮食进入市场的情况,通过按月分配年收购任务
计算出月收购任务。当然,除粮食政策(因素之一)本身以外,通过
这种方式我们远未消除一系列因素的影响。我们既没有消除产量
的影响,也没有消除国家总体经济形势以及收购任务规模偶然性
波动(例如 1918—1919 年收购任务大幅下降)的影响。由于这些
原因,下面引用的数据并非旨在确定收购过程与政策方向的因果
联系,而是为了弄清两者在时间上的某种一致性(参见表 2-22)。

表 2 - 22

月份和阶段	各类粮食收购量（千普特）	收购量占月收购任务比例	月份和阶段	各类粮食收购量（千普特）	收购量占月收购任务比例
第一个阶段			第六个阶段		
1914 年 8 月	20431	85.2	1916 年 12 月	63000	52.7
1914 年 9 月	29938	97.6	1917 年 1 月	57000	77.0
1914 年 10 月	20313	68.8	1917 年 2 月	41000	61.5
1914 年 11 月	11275	53.2	第七个阶段		
1914 年 12 月	5850	23.4	1917 年 3 月	69000	98.2
1915 年 1 月	8347	53.9	1917 年 4 月	30000	38.3
第二个阶段			1917 年 5 月	77000	87.8
1915 年 2 月	37637	270.9	1917 年 6 月	62000	111.6
1915 年 3 月	51773	353.0	1917 年 7 月	28000	56.7
1915 年 4 月	53590	328.9	1917 年 8 月	19759	16.9
1915 年 5 月	36682	201.0	1917 年 9 月	46730	31.3
1915 年 6 月	22307	192.4	1917 年 10 月	27381	19.0
第三个阶段			第八个阶段		
1915 年 8 月	37837	106.4	1917 年 11 月	39125	37.5
1915 年 9 月	38199	83.9	1917 年 12 月	8329	6.9
1915 年 10 月	32831	74.8	1918 年 1 月	2801	(3.7)
1915 年 11 月	39205	124.6	1918 年 2 月	2510	(3.8)
第四个阶段			1918 年 3 月	2881	(4.1)
1915 年 12 月	28328	76.3	1918 年 4 月	2338	(2.9)
1916 年 1 月	55792	243.1	1918 年 5 月	220	(0.2)
1916 年 2 月	67078	324.5	1918 年 6 月	91	(0.1)
1916 年 3 月	62790	287.9	1918 年 7 月	430	(0.8)

月份和阶段	各类粮食收购量(千普特)	收购量占月收购任务比例	月份和阶段	各类粮食收购量(千普特)	收购量占月收购任务比例
1916 年 4 月	35741	147.6	第九个阶段		
1916 年 5 月	54713	201.5	1918 年 8 月	1599	5.9
1916 年 6 月	34519	200.7	1918 年 9 月	7674	22.3
第五个阶段			1918 年 10 月	23273	69.9
1916 年 8 月	6407	5.6	1918 年 11 月	14875	62.2
1916 年 9 月	19444	13.2	1918 年 12 月	14933	53.2
1916 年 10 月	48955	34.6	1919 年 1 月	13112	75.2
1916 年 11 月	39000	38.4	1919 年 2 月	7676	49.2
			1919 年 3 月	13580	81.6
			1919 年 4 月	4291	28.2
			1919 年 5 月	1386	6.7
			1919 年 6 月	2292	17.6
			1919 年 7 月	5529	47.2

资料来源:同表 2 - 20。1918—1919 年的数字根据粮食委员会在报刊上公布的数据。

根据粮食政策的特点,我们把所研究的时间分为 9 个阶段。

第一个阶段:在自由市场收购粮食,绝对收购量不大,收购相对成功。

第二个阶段:普遍采取禁止出口、威胁征用粮食等措施,开始调节粮食价格,绝对收购量大幅增加,收购非常成功。

第三个阶段:重新回到在自由市场收购粮食的时期,绝对收购量略有下降,收购成功度回落到第一个阶段的水平。

第四个阶段:属于价格双轨制阶段,即国家收购实行固定价格,其他交易实行自由价格,收购量和收购成功度提高到第二个阶段的水平。

第五个阶段：所有粮食交易均实行固定价格，绝对收购量大幅减少。

第六个阶段：车站交货价格改为粮仓交货价格，规定了征收粮食的各种优惠条件。绝对收购量和收购成功度有所提高，但后者已经不能达到第一至第四个阶段的水平。

第七个阶段：采取革命时期的措施和宣布粮食垄断。前4个月的绝对收购量达到以往某段时间的最高值，此后大幅下降；前5个月的收购成功度高于第四和第五个阶段的水平。

第八个阶段（1917年11月到1918年8月）：这段时期，以前的粮食组织乃至国家机器遭到严重破坏、内战爆发，绝对收购量以及收购量占收购任务的比例大幅下降。但必须指出的是，由于1917—1918年冬季实施了解散军队的措施，收购任务的规模应当减少。如果认为从1918年1月—2月起粮食收购任务只是为了满足居民的消费需要，那么这一任务量约相当于1917—1918年总收购任务的1/3，相应地，需要把表2-22中引用的任务完成比例大致提高2倍。为了引起读者的注意，我们将表2-22相关的数字放在括号里。

第九个阶段：始于1918年8月，这一时期阶级斗争和内战激烈，广泛采用强制方法，绝对收购量总体较低。前两个月绝对收购量很低，然后开始增加。相反，由于收购任务降低，完成收购量占任务的比例显著提高。

我们不再赘述细节问题，总体可以说，普遍采取禁止出口和威胁征用粮食等措施的第二个阶段和实行价格双轨制原则的第四个阶段粮食收购最成功，不过应当承认，1915年粮食丰收削弱了结论的后半部分。其次，第七个阶段中期以前，月绝对收购量总体不断增加，并伴有小幅波动。收购成功度从战争的第五个半年，也就是第五个阶段起开始显著降低，同样伴有一定程度的波动。最后，绝对收购量和收购成功度出现转折表明，在收购过程中发挥决定性作用的不是政策，而是国家的总体经济和政治形势。到1917年下半年，俄国的经济和政治形势急剧恶化，从这时起绝对收购量开始减少，而从1916年下半年起，国家形势日益严峻，粮食收购成功度已经开始下降。

3.4.2 城市和地方自治局的收购活动

本书研究的问题资料相对集中,使我们能够描述城市和地方自治局的粮食收购活动。首先看一下城市的情况。根据特别粮食会议事务管理局的资料,城市的粮食收购活动(截至 1915 年 10 月 1 日)详见表 2-23。

表 2-23

俄国城市数量	1003
回答收购活动问题的城市数量	647
从事粮食收购业务的城市数量	140
收购黑麦面粉的城市数量	79
收购黑麦的城市数量	34
收购小麦面粉的城市数量	43
收购小麦的城市数量	3
收购各种颗粒粮的城市数量	31

资料来源: *Обзор деятельности Особого совещания по продовольствию*. Приложение. С. 125-137.

这样,在回答调查表的城市中,21.6％的城市从事粮食收购业务,收购黑麦面粉的城市最多。103 个反馈有关资料的城市 1915 年的收购情况详见表 2-24。

表 2-24

月份	粮食收购数量	
	千普特	收购量占各类粮食收购总量百分比
1915 年 1 月	336.9	4.9
2 月	445.3	6.4
3 月	336.0	4.9

续　表

月份	粮食收购数量	
	千普特	收购量占各类粮食收购总量百分比
4 月	1320	19.2
5 月	1492.0	21.7
6 月	765.7	11.1
7 月	38.7	0.6
8 月	54.8	0.8
9 月	981.6	14.3
10 月	1111.4	16.1
合计	6882.6	100.0

4 月、5 月、9 月和 10 月的收购量最大。现在看一下从事粮食收购工作的 140 个城市的收购情况（参见表 2 - 25）。

表 2 - 25

粮食种类	收购数量（千普特）	占各类粮食收购总量百分比
黑麦面粉	2090.3	15.3
小麦面粉	1441.6	10.6
黑麦	3762.2	27.6
颗粒粮	596.2	4.4
燕麦	1311.3	9.6
大麦	1334.2	9.8
不包括其他食物的总收购量	10549.8	77.3
其他食物收购量	3094.3	22.7
合计	13630.1	100％

这样,在所研究的时间内,上述城市的粮食收购总量达 1050 万普特,占城市食物收购量的 77.3%。收购的粮食中,黑麦和黑麦面粉占主导地位。

我们再来分析地方自治局的粮食收购活动。从事收购活动的县地方自治局数量为 157 个,截至 1915 年 11 月收购粮食 690 万普特。地方自治局各类粮食的收购情况详见表 2-26。

表 2-26

粮食种类	收购粮食的县地方自治局数量	其中提供收购量信息的地方自治局数量	收购量(千普特)
黑麦	52	48	1334.9
黑麦面粉	77	75	1623.1
小麦	3	2	39.0
小麦面粉	38	34	303.6
燕麦	80	76	2846
大麦	18	15	450.6

资料来源:同表 2-25。

从上面列举的数据可以发现,对于 1915 年 1 月到 11 月的国家收购量而言,同期城市和地方自治局的收购量微不足道。的确,我们只选取了资料最丰富的固定时间段,因为这个时期是地方自治机构收购活动非常集中的时期,此后地方自治局和城市逐渐依赖国家全权代表的收购,从 1916 年秋季开始粮食收购则完全转归国家全权代表负责,所以我们选取的时段能够使人们充分认识地方自治局和城市收购活动的规模和性质。

第三章　调节价格

第一节　调节价格的任务和方式

根据引言中规定的概念,调节价格完全属于调节供应的间接措施。

通过研究调节价格的措施,可以发现,调节价格的目标是完成两项任务:一是降低粮食收购难度,二是遏制价格上涨。调节价格的法令归根结底要实现两项任务中的某一项或同时实现两项任务。

战争时期调节价格的基本方式有两种,这两种方式的运用在时间和空间上经常交叉:第一,调节价格表现为通过向市场投放国家或自治政府的粮食储备影响市场供求关系;第二,调节价格主要表现为以法定价格代替自由价格。

法定价格按照其经济特点同样可以分为两类:固定价格和限价。粮食收购地区规定的法定价格称为固定价格,消费地区规定的法定价格则称为限价。① 限价分为地方限价和国家限价,前者由

---

① 当然,使用术语和对术语进行的区分是有条件的,我们认为,从科学角度这些术语及其区别是恰当的。参见: Обзор деятельности Особого совещания. С. 191 - 210. 同样参见: Записка члена Особого совещания, председателя Всероссийского земского союза проф. П. Б. Струве по вопросу о регилировании и о таксах // Известия по продовольственному делу. 1917. № 1.

地方政权规定,后者则由中央政权规定;根据代替自由价格的种类,限价分为批发限价和零售限价。

当然,需要强调的是,这个术语一定程度上是有条件的。

上述调节价格的两种基本方式或其中任何一种方式的实施通常或必然要求采取一系列辅助措施。显然,第一种方式必须以一定的粮食收购、运输和分配措施为前提;第二种方式,特别是规定固定价格,通常伴随着禁止出口、威胁征用粮食等措施;第二种方式,特别是限价,要求采取调节粮食运输和分配等措施。

因此,调节价格和国家调节供应的整个体系存在有机联系。因为我们已经分析了部分有助于调节价格的辅助措施,其他辅助措施将在后面单独进行阐述,所以这里我们把主要注意力集中在调节价格的基本方式的发展上。这种情况下,为了从历史的视角进行考察,我们也考虑到调节价格的方式的时间发展顺序,因为这样可以对问题进行更系统的阐述。

第二节　地方限价

2.1　地方限价及其实施

随着战争的爆发,作为调节价格的方式,地方限价开始普遍得到推行。各地实施限价的动机一方面是客观经济动机——物价飞涨,特别是城市,这一点我们在前面已经有所阐述;另一方面是来自上级的行政压力。1914 年 7 月 31 日内政部发布通令,建议省长"按照规定程序颁布调节日用必需品价格的强制法令,并充分利用自己的权力打击由于发生社会灾难而大量出现的投机倒把行为"。[①]

---

① *Современное положение таксировки предметов продовольствия России и меры к ее упорядочению.* Пг., Управление делами особого совещания,1915. С. 3 - 4.

通令所说的"规定程序"指的是什么呢？现行法律规定，只有城市杜马有权通过出台限价令规定粮食和肉类价格。因此，为了取得颁布限价令的法律根据，地方政权不得不依靠为维护国家秩序和公共安全赋予自己的权利，对有关法律作出解释，但是通过这种途径把活动扩大到经济关系领域显然缺乏足够的依据。

然而，主要受上述经济动机的影响，限价实践全面推开。根据全俄城市联盟 1915 年 4 月底到 6 月初向 67 个省发放的大型调查问卷和小型调查问卷资料，在回答限价问题的 257 个城市中，228 个城市采取了限价措施，占 89.1%。[1] 根据特别粮食会议事务管理局的资料，到 1915 年 10 月，27 个省的城市居民点实行限价政策，8 个省的部分县实行限价政策，10 个省全面实行限价政策。换言之，采取某种限价举措的省份达 45 个。截至 10 月 15 日，16 个北部和西北部省份对黑麦面粉实行限价，涉及 53 个县、94 个城市；同时，这 16 个省对黑麦面包实行限价，涉及 53 个县、103 个城市。[2]

下列机构有权规定限价：（1）地方最高军事长官；（2）省长；（3）城市自治机关、地方自治机构和特别混合委员会等受委托规定限价的机构。特别混合委员会有时临时组建，有时作为常设机构，一般冠以"粮食委员会""价格调节委员会""居民委员会"等称谓；（4）城市杜马（市参议会）或地方自治执行机关，两者制定的限价政策须经省长批准。因此，与战争头两年粮食机构的情形一样，有权规定限价措施的机构五花八门。[3]

限价既深刻触动到消费者的利益，也触动到销售者的利益。

---

① Анкета о дороговизне 1915 г. М. , Всероссийский союз городов,1915.

② *Современное положение таксировки предметов продовольствия России и меры к ее упорядочению.* Пг. , Управление делами особого совещания,1915.

③ *Современное положение таксировки предметов продовольствия России и меры к ее упорядочению.* Пг. , Управление делами особого совещания, 1915；Анкета о дороговизне 1915 г. М. , Всероссийский союз городов,1915.

所以最重要的是,人员组成复杂的价格主管部门能在多大程度上反映某个群体的利益。第一和第二种情况下,限价规定完全取决于行政当局,根本谈不上反映某个群体的利益;第三和第四种情况下,限价政策由带有一定社会性质的组织制定,某种程度上能够代表某个群体的利益。需要指出的是,由于地方自治机构、城市自治机构和粮食组织自身的性质,革命前这些机构总体上对广大消费者的利益关注不足。在这方面,全俄城市联盟调查表的数据颇能说明问题。44 份调查表强调商人阶级参与了限价政策的制定,只有 4 份调查表指出合作社代表参加了限价政策的制定。由此可见,价格管理部门的组成带有贵族—商人色彩。[①]

规定限价的方法本身与此存在密切联系。绝大多数情况下,根据限价商品的成本针对当地商人规定限价。通过抵补商品成本和保证一定的利润,限价政策旨在限制商业利润水平,防止非正常的投机倒把活动,从而遏制价格上涨。价格管理部门借助参考价格、交易所公告、商人提供的发票、交易凭据以及询问商人等途径确定商品成本。换言之,限价总体以市场现行价格为基础,立足于稳定价格,积极避免价格非正常增长。[②]

但由于自由价格迅速上涨,规定的限价同样迅速落后于自由价格,而后者是前者的基础。如果我们比较某个限定价格时期的限价和自由价格,那么会发现限价大多数情况下低于自由价格,两者相同或限价高于自由价格的情况则很少。根据特别粮食会议事务管理局的资料,截至 1915 年 9 月 15 日,14 个省黑麦面粉和黑麦面包的限价和自由价格的关系详见表 2 - 27。

---

① Анкета о дороговизне 1915 г. М. , Всероссийский союз городов,1915.

② *Современное положение таксировки предметов продовольствия России и меры к ее упорядочению.* Пг. , Управление делами особого совещания, 1915; Анкета о дороговизне 1915 г. М. , Всероссийский союз городов,1915.

表 2 - 27

限价和自由价格的关系情况	绝对数	相对数(%)
14 个省的城市和县对粮食实行限价的总次数	54	100
限价和自由价格相同的次数	15	27.8
限价低于自由价格的次数	24	44.4
限价高于自由价格的次数	15	27.8

资料来源：*Современное положение таксировки предметов продовольствия России и меры к ее упорядочению*. Пг., Управление делами особого совещания, 1915.

限价由委员会集体制定,通常**很长时间以后**才能得到省长批准。不同情况下,制定限价和批准限价的时间间隔少则 3 天,多则 53 天,显然,限价会显著低于自由价格。

自由价格迅速超过限价成为人们想方设法规避限价以及调整和提高限价的最重要经济动机之一。

在 89 个回答全俄城市联盟大型调查问卷的城市中,多数城市指出自己规避限价,仅有个别城市表示遵守了限价规定。规避限价的方式不同,甚至会同时采用某种组合方式。89 个城市中,33 个城市通过降低商品质量的方式规避限价,占 37.1%;11 个城市通过停止买卖限价商品、使限价商品退出流通环节的途径规避限价,占 12.3%;8 个城市完全无视限价规定,占 9.0%;2 个城市则以缺斤短两的方式规避限价,占 2.2%。调查结果显示,还存在商人与买主协商,由买主补贴限价和其他方式的违反限价现象。①

除了监督遵守限价情况和偶尔禁止出口以外,地方机构实际上并不掌握打击逃避限价行为的手段。监督主要有两种形式:警察监督和社会监督。89 个城市中,58 个城市对监督问题作出明确回答,其中 20 个城市实行警察监督,占 34.5%;24 个城市同时实行警察监督和社会监督,占 41.4%;14 个城市实行社会监督,占 24.1%。②

---

① Анкета о дороговизне 1915 г. М., Всероссийский союз городов, 1915.
② 同上。

这种情况下，社会监督或者由自治机构组织，一般通过集市管理员、商务代办、特别议员委员会等实施；或者由各地因物价昂贵和粮食危机成立的地方机构（执行委员会、执行会议、慈善救济机关等）实施。但各城市普遍认为，监督的组织比较薄弱，各种监督活动常常流于形式。

我们知道，在地方政权中，最初只有部分军事机关有权采取另一项辅助措施——禁止出口，以稳定限价乃至整个物价。地方政权利用出口禁令改善粮食收购状况。有时，特别是消费省份，为了把粮食留在某个地区，更好地保障地区的粮食供应，稳定地区粮价，遏制价格上涨，地方政权也禁止出口粮食。但是，同监督措施一样，禁止出口对稳定限价、落实限价政策的作用有限。第一，禁止出口不能阻止粮食流入市场，也不能吸引稀缺的粮食进入限价地区；第二，如上所述，出口禁令渗透到市场生活，对市场造成严重的负面冲击，以至于地方政权不得不迅速放弃出口禁令，就像迅速出台禁令一样。从这方面看，下面的例子很典型，也很鲜明。1916 年3 月 12 日，下诺夫哥罗德省省长批准了城市杜马制定的黑麦面粉和小麦面粉限价，当地的面粉加工厂立即提出提高限价的申请。同时，面粉开始大量流向省外，到月底每天从该省运出的面粉达 10 万普特。根据城市杜马提出的申请和军区司令员的授权，3 月 31 日下诺夫哥罗德省省长发布命令，禁止本省出口面粉，但此举使依靠下诺夫哥罗德面粉厂供应面粉的弗拉基米尔省、科斯特罗马省等相邻加工省份陷入困境。结果，出口禁令被取消，5 月 16 日，废除面粉限价。发布出口禁令的权力转到民政当局手中，尤其是特别粮食会议成立以后，禁止出口的实践大幅减少，其破坏性影响是主要动因。

至于限价的调整问题，不同地区调整限价的频率不同：每星期调整一次，两个星期调整一次，每月和几乎每月调整一次，一到两个月调整一次，"根据需要作出调整"，"视价格变化进行调整"，等等。[①]

---

① *Современное положение таксировки предметов продовольствия России и меры к ее упорядочению.* Пг., Управление делами особого совещания, 1915; Анкета о дороговизне 1915 г. М., Всероссийский союз городов, 1915.

2.2　地方限价是调节价格的手段

限价对粮食市场,特别是粮食价格能够产生哪些影响?回答这个问题,必须考虑到市场结构和粮食价格的构成。粮食从生产者到消费者总体上经过3个市场阶段:生产者—中介者阶段、单纯的中介阶段和中介者—消费者阶段。随着商品的转移,其价格不断增长并形成最终价格。我们掌握收购地区的粮食价格、批发和零售价格。当然,地域意义上的市场和市场价格完全没有考虑行政区划因素,主要受经济吸引力和竞争力决定。

正如所见,地方限价或涉及零售价格,或涉及批发价格。因此,这两种情况下,限价仅涉及价格形成过程链条的最后环节,而且第一种情况下涉及较多,第二种情况下涉及较少。因为限价根本没有触及价格形成链条的初级和主要环节,所以,任何情况下限价都不可能暂时中止,甚至延缓价格的总体上涨。由于粮食生产成本和生产者—中介者市场的粮食价格上涨,批发和零售的自由价格以及限价必然发生变化。如果没有出现这种情况,那么从经济角度,限价政策很快会导致向限价地区的新粮运输难以为继,限价因而变成脱离实际和令人难以忍受的现象。由此可见,限价的全部作用应当局限于影响批发和零售贸易价格上涨的过程以及商品流通环节的商业利润规模。但在这里限价的作用可能很小,因为颁布的恰恰是地方限价令,而这些限价没有考虑其他地区的价格形成条件;因为限价地区完全是行政管理区域,从经济角度看具有一定的偶然性。因此,即便在抵补贸易机构的商品成本并保证其获得一定利润的条件下,限价仍然可能成为扰乱市场的因素,而且事实如此。例如,由于相邻地区未实行限价政策或限价政策不十分严格,所以向那里输送粮食比较合理,限价严格的地区则必然遇到商品消耗殆尽、输入量减少甚至停止输入等问题。这种情况下,限价再次成为无法实现既定目标的措施。

显然,地方限价多半没有达到目的,而且批发限价没有实现目标的情况多于零售限价:批发价格基于地域范围更大的市场,而且同零售贸易市场相比,批发贸易市场与行政地理边界的不吻合程度更高。

多数情况下批发贸易针对的市场大于限价地区,某些情况下批发贸易可能摆脱限价政策的制约,集中到实行自由价格或限价规定不严格的毗邻地区。

零售贸易则在狭小的地方市场进行,与市场关系密切,因此不可能非常自由地转移活动的重点。只有能够获取更多的经济收益,零售贸易活动才可能发生转移,地方零售限价才能够在更大程度上达到目的,也就是限制零售商的商业利润,从而使零售价格保持温和增长。但作为形成价格的最后环节,零售价格必然随着收购价格和批发价格的上涨而提高,事实亦如此。

因此,从理论上,地方限价不能暂时中止或显著延缓价格的上涨。限价的制约作用主要表现在零售贸易方面,而且只有在把某种商业活动转移到限价行政地区以外对贸易机构无利可图的情况下,限价政策才能发挥作用。

但因为实行限价具有很大的偶然性和不协调性,所以多数情况下限价会产生相反作用。限价常常导致商品外流或匮乏,加剧商品供需矛盾。在无法供应商品的情况下,价格管理部门最终不得不调整甚至取消限价。既然价格管理部门着手调整限价,那么它们必然提高限价,而且是在商品需求紧张的条件下提高限价。这样,限价措施不但没有达到预期的目的,反而成为刺激价格上涨的因素。

事实完全证明了上述结论的正确性。我们在多次提到的全俄城市联盟调查表中找到了关于城市限价的评价。为数不多的城市认为限价对遏制价格上涨具有一定的积极作用,大多数城市则持相反意见,部分城市甚至强调限价危害极大,具体表现为商品枯竭。1915 年 7 月 11 日至 13 日城市联盟就物价昂贵问题召开的经济会议同样对限价持负面评价。[1]

---

① Анкета о дороговизне 1915, статья Я. С. Артюхова; Доклад Н. А. Свавицкого и соотв. резолюции // Труды Совещания по экономическим вопросам, связанным с дороговизной и снабжением армии. М., Главный комитет Всероссийского союза городов, 1913.

第三节　通过销售粮食调节价格[①]

　　战争头两年,也就是国家中央政权还没有为平民供应粮食、没有规定粮食交易固定价格时,以地方自治局和城市为代表的地方机构在对粮食实行限价的同时,尝试通过独立收购粮食和向市场投放粮食调节粮食价格。各地普遍对限价政策的效果表示失望,这成为实施调节价格新举措的额外动机。我们已经熟悉地方自治局和城市的粮食总收购规模。

　　地方自治局和城市的收购数量明显不能满足居民的粮食需求。某种程度上说,资金不足是地方机构粮食收购量相对较少的原因。但同时应当注意的是,地方自治局收购粮食的根本目的不是满足粮食需求,而是平抑粮食价格,这些机构只是偶尔会为弥补粮食不足收购粮食。地方自治局和城市一般根据市场的情况,在出现哄抬粮价或粮食极其短缺的情况向市场投放粮食。地方自治局和城市通过下列途径分配粮食:(1)私人贸易机构;(2)合作社;(3)自有粮仓和食品铺。利用某种途径分配粮食的同时,地方自治局和城市严格规定粮食的销售,而且粮食销售条例中通常首先明确价格,然后规定禁止以倒卖和运往城市、县以外地区为目的收购市有粮食,某些情况下会限制出售给一个人的粮食数量。通过地方自治局和城市自有粮仓或合作社分配粮食时,这些规定较容易得到落实。但通过私人贸易机构分配粮食时,作为粮食所有者,地方自治局和城市根据登记数量控制粮食,相对容易监督自己制定的贸易规则的执行情况。

　　这里顺便提一下与我们研究的对象相近的一种价格调节方式。这种方式在于,利用以自己的名义通过铁路运输粮食(2A类货物)的某些优势(针对个人运输的优势),地方自治局和城市有时不收购粮食,而是把自己的地址提供给私商或合作社,发运后者收购的粮食。1915年11月—12月回答全俄城市联盟调查表的94个城市中,49个

[①] Анкета о дороговизне 1915, статья А. Е. Шлезингера; *Борьба с дороговизной и городские управления*. М., Всероссийский союз городов, 1916. Гл. Ⅱ. Городские закупочные операции как средствоборьба с дороговизной.

城市通过这种方式与私商合作,占 52.1%。由此可见,这种方式比较普遍。把自己的地址提供给私商和合作社发运粮食时,地方自治局和城市大多数情况下要求后者遵守一定的贸易规则,这些规则与地方自治局和城市分配自有粮食时制定的规则一致,调节价格便是其中之一。根据上述调查表数据,49 个城市中,41 个(83.7%)城市以一定的规则为条件把自己的地址提供给私商,只有 8 个(16.3%)城市没有提出类似条件,而是单纯地借助私商促进粮食输入。所有这些缩小了我们探讨的价格调节方式与上一种方式的差别。

自治机构通过向市场低价投放自己收购或发运给自己的粮食调节价格,其效果如何呢?从统计角度看,不可能细致而准确地回答这个问题。仅列举地方的大概数字,说明自治市实行上述政策时期粮食价格的变化。根据全俄城市联盟 4 月—6 月的调查表数据,由于自治市采取的措施,姆岑斯克的面粉价格由 1 卢布 55 戈比/普特降至 1 卢布 50 戈比/普特,而且质量有所改善;塔夫利达省旧克里木市每俄磅粮食价格下跌 0.5 戈比,粮食质量好转。根据 11 月—12 月的调查表数据,阿尔扎马斯的面粉价格涨到 2 卢布/普特,城市组织粮食销售以后降至 1 卢布 40 戈比/普特;切尔尼戈夫市的每普特黑麦面粉价格下降 20~25 戈比;城市组织面粉销售以后,普斯科夫市内每俄磅小麦面粉价格比距离城市数俄里的地区低 50 戈比。除这些数字以外,在调查表中可以看到大量对自治市销售粮食的作用的口述,指出这种销售"降低了价格"、"遏制了价格的上涨",等等。总体上,社会对地方自治局、城市通过收购和销售粮食,或者商人按照地方自治局和城市提出的条件收购和销售粮食调节价格无疑持积极评价。

但根据上述对自治市粮食收购情况的分析可以发现,就收购规模和性质来看,这种调节价格的方式显然具有地方性,作用有限。

第四节　革命前的固定价格

4.1　地方固定价格

当时,各地以地方自治机构为主,包括冠以不同名称的粮食机构积极遏制物价上涨。1915 年 2 月 17 日法令颁布以后,同年 3 月出台收购军粮的固定价格。[①] 这些价格由军区总司令确定。全权代表为军队收购粮食过程中遇到困难是规定固定价格的主要动机。固定价格主要在收购地区实施,因此同地方政权制定的价格一样,我们应当认为这些价格属于地方固定价格。

固定价格由各省省长担任主席的会议确定,参加人员包括农业部全权代表、国家监察部、地方自治局、城市、交易所代表和其他专家。确定固定价格时采用的方法非常简单:把 1914 年秋季自由市场每普特粮食的价格加上 30 戈比即为固定价格,然后在军区范围内由军区司令员主持召开会议进行平衡和协调,参加人员与省制定固定价格时的会议参加人员大致相同。

如果把固定价格和 1915 年 2 月主要市场的交易所价格进行比较,那么可以获得以下情况(参见表 2 - 28,详见第二部分附表 3)。

表 2 - 28

粮食种类	对比次数	固定价格高于交易所价格的次数	固定价格低于交易所价格的次数	固定价格与交易所价格持平的次数
黑麦	6	1	5	0
小麦	4	1	3	0
燕麦	6	1	5	0
大麦	5	3	2	0
合计	21	6	15	0

资料来源:固定价格引自: *Сравнительные данные о средних весенних ценах на хлеб за пятилетие 1910 - 1914 гг. и ценах для заготовки хлеба для армии, установленных для весны 1915 г. по закону от 17 февраля 1915 г., а также о ценах, по которым производится закупка из урожая 1915 г.* // Совещание уполномоченных Главного управления землеустройства и земледелия 1 - 3 июля 1915 г. 交易所价格引自特别粮食会议事务管理局资料(*Движение биржевых цен в феврале* 1913,1914,1915 и 1916 *гг.* // Известия Особого совещания. 1916. № 23 - 24)。

---

① 关于这些价格及其制定情况参见: Совещание уполномоченных 1 - 3 июля 1915 г. Пг., Главное управление землеустройства и земледелия, 1915. *Краткие предварительные отчетные сведения*; *Записка о производстве массовых заготовок продуктов продовольствия и фуража для армии и населения.* М., Всероссийский союз городов, 1915. С. 80.

可见,固定价格大多低于 1915 年 2 月的市场价格,小部分固定价格,特别是大麦的固定价格高于 1915 年 2 月的市场价格。固定价格高于市场价格的次数占对比总次数的 28.6%。

表 2-29 引用的数字表示**主要市场平均价格占上年同期百分比和前后两个月的百分比差**,反映了规定地方固定价格以后市场自由价格的变化。

表 2-29

时间	小麦		黑麦		燕麦	
	%	百分比差	%	百分比差	%	百分比差
1914 年 11 月	101.2	—	124.4	—	149.5	—
1914 年 12 月	107.9	+ 6.7	132.7	+ 8.3	166.3	+ 16.8
1915 年 1 月	125.2	+ 17.3	151.1	+ 18.4	181.1	+ 14.8
1915 年 2 月	128.8	+ 3.6	152.8	+ 1.7	192.6	+ 11.5
1915 年 3 月	126.7	+ 2.1	150.3	- 2.5	200.0	+ 7.4
1915 年 4 月	130.8	+ 4.1	157.0	+ 6.7	241.5	+ 41.5

资料来源:*Движение цен за два года войны.* Пг. , Всероссийский Союз городов,1916.

为消除季节波动的影响,我们使用了规定固定价格之前和之后的月份价格占上年,也就是 1913—1914 年同期价格的百分比。

由此可见,2 月—3 月价格的涨幅下降,然后继续上涨,并明显超过规定的固定价格。农业部全权代表大力收购粮食显著促进了价格的上涨,这些收购活动远非总是与余粮数量、运输条件等市场环境相适应。这就是 1915 年春季固定价格的影响。

1915 年 6 月,所有自由贸易的限制措施,包括固定价格被取消,但政府很快被迫重新着手实施这些措施,尽管形式不同。

4.2　收购军粮的国家固定价格(1915—1916 年收购运动)

主要以自治市、地方自治局和合作社为代表的社会舆论反对物价不断上涨,对地方限价效果倍感失望。1915 年夏季,社会各界要求规定国家的固定价格和限价。[①] 1915春季实行的地方固定价格对社会舆论的影响不大,实际上也不符合社会各界的利益。

但中央政权内部对固定价格和国家限价存在不同意见。中央政权尚未承担向居民供应粮食的责任,它完全从粮食收购和价格对农业的影响的角度看待价格问题。从这个立场出发,中央政权对规定固定价格持否定态度,某种程度上它甚至担心"粮食价格可能跌至正常水平以下"。中央政权认为强制实行固定价格属于万不得已的措施,在它看来,目前不存在这种极端必要性。在1915年7月1日至3日召开的全权代表会议上,只有个别人提出必须规定最高价格(没有称其为固定价格),而且仅针对燕麦和部分荞麦米。但即便对燕麦而言,会议也仅仅认为,"现在就应当立即制定自愿收购粮食的初始价格,既不能等待,也不能预先决定粮食收购的进一步发展。"但是,立即制定初始价格的想法与规定固定价格的想法毫无共同之处。[②]

结果,1915年秋季开始按照土地规划和农业管理总局全权代表会议规定的初始价格收购粮食,没有规定任何固定价格。参加会议的人员包括农业代表(土地所有者)和交易所代表。[③] 大多数情况下初始价格低于春季的固定价格。[④]

但是,人们很快发现,固定价格是需要尽快解决的问题。从十月开始,政府着手制定固定价格。

政府出台了燕麦、黑麦、黑麦面粉、荞麦、荞麦米、黍、黄米、小

---

① *Труды Совещания по экономическим вопросам, связанным с дороговизной и снабжением армии.*

② 例如参见 A. B. 克里沃舍因(A. B. Кривошеин)的讲话(Протокол заседания, посвященного вопросу о ценах, С. 82 и сл.)以及就第二个问题颁布的法令// Совещание уполномоченных Главного управления землеустройства и земледелия 1 - 3 июля 1915 г.

③ 同上,同样参见:*Обзор деятельности Особого совещания.* С. 54 и сл.

④ *Сравнительные данные о средних весенних ценах на хлеб за пятилетие 1910 - 1914 гг. и ценах для заготовки хлеба для армии, установленных для весны 1915 г. по закону от 17 февраля 1915 г, а также о ценах, по которым производится закупка из урожая 1915 г.* // Совещание уполномоченных Главного управления землеустройства и земледелия 1 - 3 июля 1915 г.

麦、小麦面粉和大麦的固定价格。[①] 最初在这些粮食的主要收购地区实行固定价格,后来规定收购价格的地区不断扩大(详见第二部分附表 4)。我们不再按照时间先后顺序详细叙述出台固定价格的情况,在这里仅强调实行固定价格的几个主要开始日期:1915 年 10 月 5 日出台燕麦的固定价格;1915 年 12 月 6 日——黑麦、黑麦面粉、黍、荞麦、荞麦米和黄米;1916 年 1 月 3 日——小麦和小麦面粉;1916 年 2 月 6 日——大麦。

这样的时间顺序不是偶然的。燕麦、黑麦等商品率最低,余粮最少,收购困难最大,因此首先规定了这些粮食的固定价格。

通过分析粮食收购情况我们了解到,1915 年秋季收购的顺利程度相对降低。收购难度增加是这一时期规定固定价格的根本因素。收购难度增加的主要原因是收购规模扩大,由于粮食价格飙升,生产者和中介机构惜售趋势加强以及粮食商品率下降。

受所有这些收购条件的影响,各地民众的情绪普遍有利于出台固定价格。在地方粮食会议答复特别粮食会议关于规定价格问题的函询中,没有一个人反对实行固定价格。在这种情况下,中央对待固定价格的态度应当发生变化。

固定价格是如何确定的呢?以 1916 年新粮收获前按照政府命令收购粮食的车站或码头交货价格为不变价格,将其规定为固定价格。

固定价格适用于满足一定质量标准的粮食。如果粮食的质量高于这些标准,那么可以适当提高固定价格,反之亦然。

固定价格由特别粮食会议确定,并由该会议主席最终批准。

全权代表**参照各地的市场价格,并经地方粮食会议讨论**后制定固定价格方案。地方粮食会议制定价格方案时,除平常的会议组成人员以外,还邀请省地方自治局和各县地方自治局代表、省粮食机构常任成员、国家监察部、交易所委员会和省农业协会代表参加。

这样,根据前面对这些会议的介绍以及刚刚所作的说明可以看

---

① *Обзор деятельности Особого совещания. С.* 54 и сл. ; *Узаконения и распоряжения по продовольственному делу за* 1914 - 1917 *гг. С.* 104 и сл.

出,呼吁制定固定价格的会议的组成人员主要包括3部分:政府机构代表、土地所有者代表和商界代表。似乎这应当有所体现,即地方会议总体上会过高地计算固定价格。但**在所研究的粮食收购运动时期,多半在中央存在这种趋势,像已经指出的那样,中央总的说来对固定价格持不信任态度**。规定的固定价格和地方会议拟定的价格的对比某种程度上证明了上述结论(参见表2-30)。

表 2-30

粮食种类	对比的次数	规定的固定价格和拟定价格的对比结果		
		前者高于后者	前者低于后者	两者持平
小麦	36	10	11	15
黑麦	43	32	4	7
大麦	22	8	2	12
燕麦	51	13	16	22
合计	152	63	33	56

资料来源:固定价格摘自农业部有关法令:*Узаконения и распоряжения по продовольственному делу за 1914-1917 гг.* С. 104 и сл. 地方粮食会议制定的价格方案参见:*Обзор деятельности Особого совещания.* Приложение к гл. IV.

可见,大多数情况下地方会议拟定的价格低于中央最终规定的价格。

现在比较一下中央规定的固定价格和实行固定价格时期主要市场的交易所价格(参见表2-31)。

表 2-31

粮食种类	对比的次数	固定价格和交易所价格的对比结果		
		前者高于后者	前者低于后者	两者持平
小麦	20	11	8	1
黑麦	20	11	9	—
大麦	6	3	3	—

続　表

粮食种类	对比的次数	固定价格和交易所价格的对比结果		
		前者高于后者	前者低于后者	两者持平
燕麦	19	5	14	—
合计	65	30	34	1

资料来源：交易所价格根据特别粮食会议事务管理局的资料计算（*Движение биржевых цен на главные продовольственные продукты в октябре，ноябре，декабре* 1915 *г*. Пr.，1916）；同样参见各期《特别粮食会议消息报》和《特别粮食会议活动概述》中引用的交易所价格数据。

　　可见，前两种粮食固定价格比交易所价格高的次数多于固定价格比交易所价格低的次数，燕麦的情况相反，大麦固定价格比交易所价格高的次数和固定价格比交易所价格低的次数相同。相反，各类粮食固定价格高于交易所价格的次数几乎相同。由此可以得出结论，固定价格总体上与现行市场价格水平相当，而且这种情况下，上升势头比 1915 年春季强劲。

　　固定价格的制定参考了市场价格，而且两者几乎处于相同水平，从中我们可以发现固定价格的经济本质。**从本质看，固定价格的作用实际上是规定自由价格，并对后者作出某种修正。**为了使规定的价格与价格形成条件相一致，粮食机构在规定价格的同时，努力在一定程度上控制市场的地域界限，后者是价格形成的重要条件之一。为此，粮食机构把最重要的粮食收购大省分成较小的、经济门类较相近的地区。例如，规定燕麦价格时奥伦堡省分成 4 个地区，乌法省分成 4 个地区，顿河军屯区分成 3 个地区。

　　所以，在我们看来，这一时期固定价格的作用是规定得到修正的自由价格。但这种方式仍是规定价格的极其简单的方法，各省和县的行政边界仍然是固定价格区划的基础，这就是固定价格不能反映自由价格波动的原因。如果可以把自由价格比作波涛滚滚的湖面，那么只能将固定价格比作冰封的湖面。

　　固定价格某种程度上与市场和市场价格相适应，其任务是稳定收购价格，遏制价格持续上涨。显然，该任务的提出基于这样一种认识：既然确定固定价格时考虑了市场条件，那么固定价格总体上应当抵消粮食成本并保证生产者获得一定利润。因此，固定价格一方面把价格维持在一定水平,一方面防止非正常抬高利润,市场具备所有必要的条件避免利润过度增长。所以,从经济角度,固定价格能够存在,而且能够产生积极效果。

然而,一纸命令不足以使人们按照固定价格销售粮食。为了支持固定价格政策,作为辅助性措施,政府提出威胁征用粮食,即如果粮食所有者拒绝按照固定价格把粮食卖给全权代表,那么后者将以低于固定价格15%的价格征用粮食。

如果我们不详细介绍固定价格的另一个突出特点,那么对1915—1916年粮食收购运动时期固定价格的描述则有失完整。规定固定价格只是为了促进国家收购粮食,并没有禁止私人按照自由价格买卖粮食。政府对私人粮食贸易仅规定一条限制措施:国家有权按照固定价格购买任何适合国家收购的粮食,如果粮食所有者拒绝自愿交售粮食,那么国家将以低于固定价格15%的价格征用其粮食。因此,最好的情况下,1915—1916年的固定价格仅仅稳定了国家收购价格。但是,固定价格导致市场出现与一般商品流通相矛盾的双重价格,很显然,一方面,固定价格不能阻止价格的普遍上涨;另一方面,固定价格最终会加强投机趋势,致使人们避免把粮食交给国家,因为有可能以获利更多的自由价格销售粮食。这种情况最终会降低国家收购粮食的成绩。

固定价格不能完全遏制价格的上涨,但规定固定价格以后价格上涨的速度比此前有所下降(参见表2-32,"+"表示月均增长,"-"表示月均下降,单位:戈比/普特)。

表 2-32

粮食类别	实行固定价格前3个月	实行固定价格后3个月
小麦(萨拉托夫)	+9.3	+2.0
黑麦(叶列茨)	+5.3	-2.1
燕麦(叶列茨)	+1.3	+3.6
大麦(罗斯托夫)	+3.6	+1.6

资料来源:*Движение цен за два года войны*. Пг., Всероссийский Союз городов, 1916.

只有燕麦的价格涨幅未下降。实行固定价格之前两个月、当月和之后两个月的价格占上年同期价格百分比和相邻两个月的百分比差使我们得出相同的结论(参见表 2 - 33)。

表 2 - 33

时间	小麦		黑麦		燕麦		大麦	
	%	百分比差	%	百分比差	%	百分比差	%	百分比差
实行固定价格前两个月	155.7	—	140.8	—	154.4	—	145.0	—
实行固定价格前一个月	151.9	- 3.8	146.1	+ 5.3	159.2	+ 4.8	127.0	- 18.0
实行固定价格当月	134.9	- 17.0	140.2	- 5.9	154.8	- 4.4	113.0	- 14.0
实行固定价格后第一个月	132.0	- 2.9	120.8	- 19.4	159.5	+ 4.7	101.2	- 11.8
实行固定价格后第二个月	135.3	+ 3.3	110.7	- 10.1	156.2	- 3.3	97.1	- 4.1

资料来源:同表 2 - 32。

我们发现,与上年同期相比,一些粮食的价格增长速度呈下降趋势,例如大麦;另外一些粮食则仅在实行固定价格当月和之后月份价格增长速度趋缓,某些情况下价格甚至相对下跌。如此而言,应当注意的是,这种情况下,1915—1916 年粮食丰收可能对价格变化产生一定影响;同样不该忽视一点,即这里所说的只是价格增长短期放缓。价格总体继续上扬证明了后一个观点。

4.3 各类粮食交易的国家固定价格和限价(1916—1917 年收购运动)

十月革命前,国家在所有粮食交易中实行固定价格和限价。我们刚刚说过,1915—1916 年粮食收购运动时期尝试实行固定价格以后,粮食价格仍然继续上涨。社会舆论要求采取根本措施遏止价格涨势,坚决反对只在向国家供售粮食时实行固定价格制度。民众认为,固定价格不仅是改善粮食收购形势的方法,而且是遏制价格上涨的手段,因此,坚决要求把固定价格政策扩大到所有粮食交易。此外,社会舆论提出同时规定非农业大众消费品价格和为居民,包括农民供应非农业大众消费品的问题。这是一方面。

另一方面,从 1916 年春季开始,为居民收购粮食的需求迅速增加。显然,在新一轮粮食收购运动中,政府不得不承担起为居民供应粮食的责任。由于军粮收购量增加,国家收购粮食的任务变得艰巨而繁重。当时,价格达到空前水平,而且继续攀升。主要市场的交易所价格(以 1913—1914 年同期价格为 100)详见表 2-34。

表 2-34

时间	小麦	黑麦	燕麦	大麦
1916 年 5 月	170	175	250	148
1916 年 6 月	182	172	209	154
1916 年 7 月	182	172	254	156
1916 年 8 月	210	190	267	175

资料来源:同表 2-32。

所有这些促使特别粮食会议继续在全国范围内调控粮食价格。从 1916 年春季开始,特别粮食会议就已经采取某些措施,筹备 1916—1917 年粮食收购运动。[①] 5 月 27 日,特别粮食会议主席建议全权代表着手在地方粮食会议制定新的固定价格方案,并且指示全权代表必须邀请地方自治局、城市、交易所委员会、农业协会和合作社等有关部门成立讨论价格问题的会议。为了论证地方粮食会议拟定的价格,委托上述部门收集和提供粮食生产成本的数据(我们知道,上一次粮食收购运动规定固定价格时仅参考了市场价格),然后问题转到 8 月 25 日至 30 日召开的全权代表大会,

① *Материалы по вопросу об установления твердых цен на хлебные продукты до урожая 1917 г.* Пг.,1916. Ч.1. С.1 и сл.

最后转到 8 月 30 日至 9 月 2 日召开的特别粮食会议。1916 年夏季和秋季，围绕价格问题的社会经济斗争激烈，而且地方粮食会议、全权代表大会、特别粮食会议以及报刊只是这场深刻斗争的集中体现。从经济角度，围绕价格问题展开的斗争只是平时市场上常见的价格斗争的延续，形式不同而已。通常这种斗争比较分散，表现为自发的市场竞争，因此似乎很隐蔽。而现在这种斗争日益集中，不同利益集团的代表直接交锋，因此斗争赤裸裸地展现在我们面前。

围绕价格问题的社会经济斗争在不同方面进行，而且其中每一个方面的斗争的紧张程度不同。① 首先在**应该或不应该存在固定价格**的问题上爆发斗争。坚决反对固定价格政策的人提出以下理由：第一，固定价格与生产者的利益相抵触，其中包括农民生产者；第二，固定价格可能导致粮食产量下降；第三，固定价格扰乱贸易活动，冲击国民经济；第四，固定价格加大粮食供应困难；第五，实践表明固定价格的作用消极，等等。固定价格政策的支持者则提出与此相对立的理由：第一，恰恰是国民经济的平衡要求对其作出调整，同时要求调节价格；第二，在既有条件下，经济力量的自由博弈不能保证供应，固定价格是必然之举；第三，调节价格**需要饱受物价昂贵之苦的消费者牺牲某些利益**；第四，调节价格需要国家牺牲一定的财政利益；第五，固定价格产生消极影响的原因在于政策的落实情况不令人满意，等等。固定价格政策的反对者主要由农业和商业代表组成，数量不大，而且由于固定价格应否存在的问题实际上随着以往的价格调节已经得到解决，因此，相对而言，这个方面的斗争是次要的。另一个方面的斗争也是次要的，**即固定价格是否应该扩大到所有粮食交易或只在政府收购粮食时实行固定价格**。不允许出现双重价格以及由此造成的粮食收购困难显而易见，通过固定价格政策以后，应当将其适用于所有交易。这就是全

---

① 下面对问题的阐述主要根据：*Материалы по вопросу об установлении твердых цен на хлебные продукты до урожая 1917 г. Ч.3. Протоколы, журналы и постановления съезда уполномоченных. Ч.1. Доклад Управления делами Особого совещания по вопросу об установлении твердых цен на хлебные продукты до урожая 1917 г., а также твердые цены на хлеб.*

权代表大会召开之前各地向特别粮食会议申请扩大固定价格政策
适用范围的原因,也是地方和特别粮食会议以及全权代表大会虽
然存在该政策的反对者,但力量弱小的原因。斗争的主要方面应
该是,实际上也是**价格水平问题,而且由于价格水平很大程度上取
决于规定价格的方法,因此规定价格的方法问题也是斗争的主要
方面。**

　　深入研究关于固定价格问题的各种资料,可以断定,当时曾提
出若干确定固定价格的方法:第一,希望把市场价格作为制定固定
价格的基础,当然需要作出一定修正,但如前所述,上一次粮食收
购运动时期采用的这种方法没有得到认同;第二,设想把国家划分
成若干逐渐远离前线(主要消费市场)的地区,然后规定固定价格,
并且随着这些地区与前线距离的增加逐渐降低固定价格。这种方
法带有很大的不确定性,同样没有得到认同。接下来提出根据当
年具体生产成本确定固定价格的方法,但使用这种方法时,任何
低估产量、最低程度的夸大成本、对作物情况估计不足等都会导
致固定价格被夸大,反之亦然。显然,该方法为利益集团直接发
挥影响提供了广阔空间。按照中央的指示,这种方法在地方粮食
会议得到广泛应用,但在中央它甚至没有成为确定固定价格的
依据。①

　　后来提出所谓的"莫斯科方法",也就是莫斯科州全权代表和
省地方自治执行机关代表会议通过的方法。② 这一方法的实质
归于以下几个方面:选取战前正常的平均价格(这种情况下使用
1908—1912年的价格),然后乘以目前(1916年)地租(准确地
说是租金,所以下面我们使用这个术语)和费用占战前(1908—
1912年)地租和费用的比例,最后参照新的粮食总产量占正常产
量的比例对计算出的价格进行修正,结果应该得出仓库交货价
格。一部分人认为(第一种方案),这个价格应当加上到车站的

① *Материалы по вопросу об установлении твердых цен на хлебные продукты до урожая
1917 г. Ч. 2. Данные по отдельным губерням.*
② 波尔塔瓦省的统计工作者早已经使用过这种方法:*Материалы по установлению
твердых цен на хлебные продукты до урожая 1917 г. Ч. 2. Данные полтавского
совещания. С. 163 - 164.*

运费,从而得出车站交货价格;另一部分人,包括莫斯科会议的报告人 B. Г. 格罗曼则认为(第二种方案),由于正常的初始价格选自粮食价格高于一般年份的 5 年(1908—1912 年),所以不应该再加上运费,而应把计算出的价格直接作为车站或码头交货价格。

不难发现,这种方法基于两点假设**推测和模仿**自由价格:第一,价格总体上与成本成比例地变化;第二,战前和战争期间价格和费用的关系以及租金保持不变。

最后,特别粮食会议事务管理局提出了自己的复合方法。[①] 与"莫斯科方法"的支持者不同,特别粮食会议事务管理局质疑两个论点:第一,价格与成本同比例地变化;第二,战争期间的价格和成本的关系与战前一样。

所以,事务管理局提出如下计算方法。计算具体成本的方法本身被弃之不用。选择和平时期,例如 1908—1912 年的粮食生产成本,该成本中,播种材料和劳动力价格占主要部分(达 83%)。在掌握 1916 年劳动力和播种材料价格的前提下,假设 1908—1912 年到 1916 年其他费用的变化幅度与生产成本主要部分(播种材料和劳动力)一致,计算出 1916 年的粮食生产成本(不包括土地租金价格)。

然后在此基础上,事务管理局根据地方粮食会议汇报的数字加上战时土地租金、10% 的经营利润以及 10% 的秋季和春季价格差(储存费等),理论上,这个总和应该可以提供初步的地区固定价格。但事务管理局仅仅把这个数字作为最终计算结果的**组成要素**,作为根据具体成本原则评价各地拟定的固定价格和中央通过特殊方式协调各地区固定价格的标准。特别粮食会议事务管理局设计的固定价格最终方案融合了不同方法的所有条件。

---

① *Материалы по вопросу об установлении твердых цен на хлебные продукты до урожая 1917 г.* Ч. 1. С. 3 и сл. ; Ч. 3. С. 16, речь Румянцева П. П. ; Игнатьев В. *К вопросу о методах установления твердых цен на хлеба нового урожая* // Известия Особого совещания. 1916. № 28.

"莫斯科方法"总体上奠定了确定小麦和黑麦价格的基础。计算新费用和租金总数占正常费用和租金的比例,把这个比例乘以正常价格(1908—1912 年价格),得出的价格再加上运费。理论上,计算结果可以作为检验和协调地方粮食会议拟定的固定价格的客观标准。燕麦、大麦等其他粮食固定价格的计算没有借助"莫斯科方法",而是依靠特别粮食会议事务管理局和地方粮食会议提供的数据。8 月 30 日至 9 月 2 日举行的特别粮食会议总体上通过了全权代表大会制定的价格。

这样,我们发现,地方粮食会议按照具体成本方法计算价格,而"莫斯科方法",即成比例关系的方法则以简练的方式奠定了中央、全权代表大会和特别粮食会议确定固定价格的基础,尽管这种方法具有局限性。综上可以判断,方法问题不只是计算公式的问题,也不仅仅是理论准确性的问题,而且是利益斗争和价格趋势走高或下跌的问题。这场斗争并没有止步于全权代表大会和特别粮食会议。

作为特别国防会议主席,陆军大臣 Д. C. 舒瓦耶夫(Д. C. Шуваев)对特别粮食会议通过的固定价格提出异议。在 9 月 8 日特别国防会议和特别粮食会议召开的联席会议上,与会者以 21 票赞成、19 票反对、5 票弃权的结果决定总体下调固定价格:黑麦——10%,小麦——5%,燕麦——15%,大麦——5%。①

由于陆军大臣和农业大臣 A. A. 博布林斯基(A. A. Бобринский)未能达成一致,下调后的固定价格转呈大臣会议批准,后者于 9 月 9 日批准了这个价格。1917 年粮食收获之前固定价格实行车站交货条件。固定价格针对一定质量的粮食,质量提高或降低会给予相应的加价或扣价。为了维护和强化固定价格,政府同以前一样作出规定,如果卖方拒绝按照规定的价格自愿出售粮食,那么粮食可能以低于固定价格 15% 的价格被征用。

现在我们比较一下最终通过的固定价格和1916 年秋季的地方

---

① *Материалы по вопросу об установлении твердых цен на хлебные продукты до урожая 1917 г.* Ч. 3. С. 180.

市场价格(参见表 2 - 35)。

表 2 - 35

粮食种类	对比的次数	通过的固定价格和地方市场价格的对比结果		
		前者高于后者	前者低于后者	两者持平
黑麦	22	0	22	0
小麦	26	2	23	1
大麦	20	1	19	0
燕麦	43	8	33	2
合计	111	11	97	3

资料来源:地方价格根据农业经济司资料(参见本书第一部分附录)。

这样,绝大多数情况下规定的价格低于地方市场价格。

如果注意到这一点以及前面关于固定价格计算方法的叙述,那么必须指出,1916—1917 年粮食收购运动时期的固定价格本质上不是规定市场价格,而多半是忽视市场价格非正常上涨因素,忽视非正常提高生产者商业利润率和收入水平的因素,尝试复制和构建市场价格。因此,考虑到价格形成的某种自由和正常因素,固定价格既是对自由价格结构的复制,同时也是限制生产者商业利润和收入的方式。

但通过的固定价格不是抽象地复制计算方法的结果,而是复制争夺利益的残酷斗争的结果,如前所述,人们已经感受到利益斗争的影响。所以,从另一方面说,通过的固定价格是这场斗争的结果。如果恰恰把通过的固定价格作为斗争的结果,作为折衷的合成路线,那么将通过的固定价格和提出的其他价格方案或此类方案的依据进行比较,我们会发现,确定固定价格过程中提高价格或降低价格的趋势来自何处。

首先必须承认,提高价格的趋势来自依靠具体成本方法的地方粮食会议。各省地方粮食会议提出的各类粮食的固定价格方案总体高于最终通过的价格(参见表 2 - 36)。

表 2 - 36

粮食种类	对比的次数	地方粮食会议提出的价格和最终通过的价格的对比结果		
		前者高于后者	前者低于后者	两者持平
黑麦	28	23	5	0
小麦	24	17	5	2
大麦	17	14	3	0
燕麦	33	18	14	1
合计	102	72	27	3

资料来源：地方粮食会议设计的价格方案参见：*Матириалы по вопросу об установлении твердых цен на хлебные продукты до урожая* 1917 г. Ч. 1.

总之,绝大多数情况下地方粮食会议提出的固定价格高于最终通过的固定价格,或者说,在所研究的粮食收购运动时期,我们发现了与上一次粮食收购运动完全不同的情况：相对于中央而言,地方粮食会议明确采取提高价格的态度。

但直接主导粮食政策的中央在这里也发挥一定作用,因为提高价格的某些推动因素仍来自农业部,尤其是特别粮食会议事务管理局。

的确,借助复合方法,特别粮食会议事务管理局提出了高于最终通过的固定价格的价格方案。表 2 - 37 的数字对比反映了这个论点。

表 2 - 37

粮食种类	对比的次数	事务管理局提出的价格方案和最终通过的价格的对比结果		
		前者高于后者	前者低于后者	两者持平
黑麦	29	29	0	0
小麦	25	25	0	0
大麦	17	17	0	0
燕麦	35	29	5	1
合计	106	100	5	1

资料来源：同表 2 - 36。

相反,"莫斯科方法"第一种方案的纯粹拥护者,也就是城市联盟、地方自治局联盟的一部分和某些主管部门代表支持降低固定价格。比较通过的平均固定价格、特别粮食会议事务管理局提出的价格方案和根据"莫斯科方法"第一种方案计算出的价格(主要地区的平均价格,单位:戈比/普特),我们可以发现这一点(参见表2-38)。

表 2-38

粮食种类	根据"莫斯科方法"计算的价格	通过的固定价格	事务管理局提出的价格方案
黑麦	132	147	165
春小麦	180	210	227
燕麦	132	164	171
大麦	125	131	134

资料来源:*Твердые цены на хлеб.* Пг. , Совет рабочих и красноармейских депутатов, 1918. С. 59 и сл.

由此可见,完全根据"莫斯科方法"计算出的价格明显低于最终通过的固定价格。

前面我们指出,在粮食价格问题上,**按照确定固定价格的方法特征**,一部分人支持提高固定价格,另一部分人则赞成降低固定价格。这种划分方式对于认识**哪些社会集团对固定价格持何种态度**具有重要意义。[①]

从这方面看,根据现有资料可以判断,地主坚决拥护提高固定价格,城市消费者最赞成降低固定价格。这种情况下,不仅城市消费者在地方和中央粮食会议的发言很有代表意义,而且以军事工业委员会、消费合作社、城市联盟总委员会等为代表的城市消费群

[①] *Материалы по вопросу об установлении твердых цен на хлебные продукты до урожая 1917 г.* Пг. ,1916. Ч. 2. *Материалы, представленные местными совещаниями;* Ч. 3. *Протоколы, журналы и поставления съезда уполномоченных 25-31 августа и Особого совещания 30,31 августа,1 и 2 сентября.*

体发给中央政府的决议和电报也很有代表性。某些管理机构的代表，特别是军事监察局和国家监察部的代表同样支持降低固定价格。[①]

部分地主、其他管理机构的代表、地方自治局代表和工商界人士似乎支持中央的立场。如果不考虑个别信贷合作社的意见，那么可以认为，根本没有农民的声音。

这样，不同社会集团的立场一定程度上趋于明确。但有时这些集团对固定价格问题持不同意见，例如，部分地主没有明确支持提高固定价格，而这是确定价格水平的最重要因素，这表明，集团的划分不仅取决于直接的经济利益，而且取决于其他一系列因素。通过分析资料和所研究时期的报刊，完全可以断言，**价格问题不仅具有经济斗争的性质，而且具有政治斗争的性质**。大多数受自由主义影响的地主和商人代表认为，与主张提高固定价格的狭隘团体利益划清界限是自己的政治责任。这部分人即便不转入对立阵营，但他们至少会支持中央的立场。

此外，我们还注意到，粮食产区商品的性质以及由此产生的该地区的利益（例如黑麦产区和小麦产区的斗争）等因素有时对部分私人粮食价格产生一定影响。

这就是制定 1916—1917 年粮食收购运动固定价格的方法和条件以及围绕制定固定价格展开的斗争。

规定固定价格的同时，政府实行了国家限价（或像 9 月 9 日法令表述的那样，称之为消费地区的固定价格）。根据固定价格确定限价：以固定价格为基础，加上运费和固定价格的 5%。为了使运费相对稳定，从而使限价一定程度上更加明确，决定为每个消费地区确定相应的产粮区。

革命前调节价格的政策以及总体粮食政策的特点是已经通过的决定变化频繁。顺便说一句，这表现在，全权代表大会制定并经特别粮食会议批准的价格随后可能被联席会议修改和下调，其影响会在以后更明显地表现出来。这样，到 9 月底和 10 月，社会和报刊开始传言，粮食事务将转由内务部管辖，将取消固定价格。这

---

① *Твердые цены на хлеб.* Пг.，Совет рабочих и красноармейских депутатов，1918.

1914—1918 年俄国的粮食市场及其调节

些流言传播甚广,现实影响巨大,以至于 1916 年 10 月 25 日至 27 日在莫斯科召开的地方自治执行机关代表大会被迫着手解决有关问题,并提出不允许将粮食事务管理权交给内务部,宣布"规定的粮食固定价格必须坚决执行,这方面的任何动摇都是不允许的,都是对国家有害的"。①

但是政策仍摇摆不定。我们知道,11 月农业大臣里蒂希为售粮者出台了一系列优惠政策,其中包括单独支付运费,以刺激粮食交售。这样,已经制定的车站或码头交货价格完全被推翻,事实上变成仓库交货价格。② 显然,对于任何熟悉一些地租特点(地租取决于农户与市场的距离)的人而言,过渡到仓库交货价格不仅冲击粮食价格,而且与经济生活的基本规律相矛盾。

围绕固定价格进行的长期斗争、确定固定价格、固定价格频繁波动甚至被彻底修改、确定固定价格的方法过于简单以及各地缺乏必要的组织——所有这些因素使粮食市场遭到极大破坏,并最终使固定价格失去调节作用。的确,通过分析市场形势,我们首先发现,中央围绕粮食价格问题进行斗争的时候,也就是 8 月份,各地的粮食价格急剧上涨(参见表 2-39)。

表 2-39

时间	价格月增长(+)或下降(-),单位:戈比			
	小麦(萨马拉,退化品种)	黑麦(叶列茨-120)	大麦(顿河河畔罗斯托夫,饲料)	燕麦(西伯利亚干燕麦)
1916 年 7 月	- 9	0	0	+ 1
1916 年 8 月	+ 28	+ 22	+ 17	+ 21
1916 年 9 月	- 4	+ 22	+ 9	+ 1

资料来源: *Движение цен за два года войны.*

---

① Постановления совещания представителей губурнских земских управ по продовольственному делу при Московской губернской земской управе // *Узаконения и распоряжения по продовольственному делу за* 1914 - 1917 *гг.* С. 1 - 2.

② Долинский Н. *Искажение и укрепление твердых цен* // Известия по продовольственному делу. 1917. № 1.

尽管 8 月新粮开始上市,但这个月的价格涨幅最大。显而易见,8 月的价格之争推动了自由价格上扬:地方交易所和市场似乎极力使计算固定价格的中央面对地方自由价格上涨的事实。根据引用的数字可以判断,确定固定价格以后自由价格的变化并未停止,但价格的绝对增长和相对增长趋缓。部分市场平均自由价格与上年同期价格的百分比和相邻月份的百分比差证明了后一个结论(参见表 2 - 40)。

表 2 - 40

时间	小麦		黑麦		燕麦		大麦	
	%	百分比差	%	百分比差	%	百分比差	%	百分比差
1916 年 7 月	168.9	—	124.3	—	113.8	—	124.1	—
1916 年 8 月	181.1	+ 12.2	143.0	+ 18.7	148.8	+ 35.0	155.8	+ 31.7
1916 年 9 月	189.8	+ 8.7	151.1	+ 8.1	160.7	+ 11.9	174.4	+ 18.6

资料来源:同表 2 - 39。

由此可见,9 月固定价格确定以后自由价格的涨幅下降。当然,自由价格增速放缓的原因不一定单纯归于规定价格的影响。

第五节　二月革命后的价格调节

革命使新政府面临强劲上涨的价格和受到严重破坏的市场。国家杜马和工兵代表苏维埃联合委员会粮食专委会提出修改固定价格和继续调节价格的措施等问题。现在是否实行固定价格、是否把固定价格扩大到所有粮食交易的问题已经毫无争议,实际上从仓库交货价格回归到车站交货价格的论点也不容争辩。固定价格水平、提高现有价格的可能性等再次成为争论的焦点。在这个问题上,粮食专委会分成两派。由城市联盟经济处领导的一派把自己同工兵代表苏维埃联系在一起,坚持认为不能提高价格,要求制定新的车站交货固定价格时必须抵消农业大臣里蒂希把 9 月份价格由车站交货价格改为仓库交货价格而提高的部分,这大约将 9 月份的车站交货价格平均提高 30％,我们说"大约",原因是不可能准确核算到车站的运费。另一派主要包括地方自治局联盟经济处、国家杜马委员会代表、合作社和加入粮食专委会的商人代表,他们强调,除里蒂希转而实行仓库交货价格时提高的部分以外,必须提高 9 月份的价格,预计该价格平均提高 60％,也就是把里蒂希确定的价格再平均提高 30％。提高价格的根本动机是,人们普遍认为从 9 月开始农村消费的工业品价格大幅提高。

由于这个原因,城市联盟经济处和地方自治局联盟经济处代表组成的粮食专委会分委会首次尝试从 **1 普特粮食的购买力角度**观察价格问题,尽管他们掌握的收支资料非常有限。这项工作表明,应当根据农村购买的商品价格涨幅、这些商品占农户支出的比重还原 1 普特粮食的购买力,或者把 9 月份的粮食固定价格大约提高 60％～70％,或者相应降低农村购买的商品价格。粮食专委会的多数派和少数派一致同意,必须恢复农产品价格和工业品价格的平衡。但当时少数派认为,可以把 9 月份粮食价格平均提高 30％,并通过这种方式抵消里蒂希提高的部分,同时大致幅度地降低工业品价格。多数派则认为这个途径不可行,他们坚持把 9 月份的车站交货价格平均提高 60％。这项规定最终获得通过。[1]

3 月 25 日新价格出台,但需从 1917 年 3 月 2 日起按照新价格支付粮款。[2]

为维护垄断原则而同时规定的威胁征用粮食的措施已经有所实践,现在仍然是支持固定价格的间接手段。

粮食所有者必须把粮食运到车站之规定同样是维持车站交货固定价格的间接刺激因素。如果粮食所有者不履行这个义务,粮食机构有权把粮食运到车站,并由粮食所有者负担运费。

政府同时规定了全国性的批发贸易限价。批发贸易限价根据

---

[1] 根据尚未公布的国家杜马和工兵代表苏维埃联合委员会粮食专委会的会议记录。

[2] Закон 25 марта. Приложение 2 - е // Известия по продовольственному делу. 1917. No 1. С. 10 и сл.

固定价格制定,并在后者的基础上有一定程度的提高。零售贸易限价和销售价格则由省粮食委员会根据相应收购地区的固定价格和杂费确定,粮食销售价格的审批权限归农业大臣。

表2-41反映了1917年春季政府规定的固定价格和限价与地方市场自由价格的对比情况。

表 2-41

粮食种类	比较次数	固定价格与自由价格的关系			比较次数	限价与自由价格的关系		
		前者高于后者	前者低于后者	两者持平		前者高于后者	前者低于后者	两者持平
小麦	25	14	11	0	21	1	20	0
黑麦	32	16	16	0	20	1	19	0
大麦	20	3	17	0	28	1	27	0
燕麦	44	10	34	0	13	0	13	0
合计	121	43	78	0	82	3	79	0

资料来源:地方市场的自由价格根据农业经济和农业统计司资料。

由此可见,同1916—1917年粮食收购运动秋季时期一样,大多数情况下,1917年春季的固定价格低于同期地方市场价格,这个论点尤其与国家限价有关。

3月25日出台的固定价格既适用于以往年份的余粮,也适用于1917年收获的粮食。临时政府以特别声明的形式重申了这个决定。

但是到1917年秋季以前,粮食危机加剧,政府被迫于8月27日把固定价格提高1倍,以寻求缓解危机形势。[1] 同时提高国家限价,但由于运费和杂费上涨,限价的提高幅度大于固定价格。消费地区的价格或国家限价根据固定价格确定,再加上铁路平均运价、每普特15戈比的杂费和粮食收购价格的4%。[2] 新价格自8月1

[1] Известия по продовольственному делу. 1917. No 3. C. 30.
[2] Известия по продовольственному делу. 1917. No 3. C. 30. *Инструкция об исчислении отпускных цен и о порядке производства расчета за отпускаемые продукты.*

日起生效,交货条件仍然是车站、码头交货或者粮食部长指定的商品分配站交货,而且车站或码头指的是距离接收粮食的地点不超过 3 俄里的车站或码头。但 8 月 27 日法令一定程度上偏离了车站交货原则:法令允许按照强制畜力运输的标准支付运输距离超过 100 俄里的运费。

威胁征用粮食依旧是维持固定价格的间接措施,但有变化:如果粮食所有者不能如期按照固定价格交售粮食,那么将以低于固定价格 30% 的价格征用粮食。再者,为了使固定价格与车站交货原则相一致,粮食机构保留把粮食运到车站的权力,并由粮食所有者负担运费,如果后者拒绝自行运输粮食。按规定价格向居民供应日用必需品的措施也应属于维持固定价格的间接措施。

固定价格提高 1 倍,国家限价提高 1 倍以上。然而,由于自由价格迅速上涨,新的固定价格和限价仍严重落后于自由价格。1917 年秋季固定价格和限价与地方自由价格的对比情况说明了这一点(参见表 2 - 42)。

表 2 - 42

粮食种类	比较次数	固定价格与自由价格的关系			比较次数	限价与自由价格的关系		
		前者高于后者	前者低于后者	两者持平		前者高于后者	前者低于后者	两者持平
小麦	28	1	27	0	25	0	25	0
黑麦	33	1	32	0	20	0	20	0
大麦	19	0	19	0	29	0	29	0
燕麦	44	1	43	0	12	0	12	0
合计	124	3	121	0	86	0	86	0

资料来源:地方自由价格根据农业经济和农业统计司资料。

以前任何类似比较中,我们都没有发现自由价格如此绝对高于固定价格和限价。

临时政府提高固定价格的举措在中央和地方引发不同评价,一

些评价有时甚至截然对立。① 粮食部收到的申请书和报刊上刊登
的申请书表明,不同社会组织对这一措施的消极评价多于积极评
价。这种消极评价部分基于政治考量,认为提高价格是对大土地
占有制的让步;部分基于对贫困消费者利益的考虑;部分基于这样
一种动机,即认为提高价格只能冲击整个国家的经济形势,而不会
改善粮食工作。当时粮食机构关于提高价格以后收购实际进展情
况的公告强调,粮食收购活动加快,但由于粮食价格提高,各地有
时出现资金短缺问题。许多申请书指出,必须把新的固定价格保
留一定时间,然后逐渐降低固定价格,以加快粮食交售。粮食部也
提出逐步降低固定价格的想法,但最终未能落实。

　　通过全面分析临时政府调节价格的政策,我们发现,政策立足
的基础总体与 1916 年 9 月里蒂希改革前政策依赖的基本理论相
同。本质上,固定价格是自由价格的"仿制品",但现在政府对实
行固定价格的必要性已经毫无犹豫。开始出现一种趋势:为农村
供应工业品,调节工业品价格,使其在一定程度上与粮食价格相
一致,尝试通过确定和还原粮食购买力的方法达到上述目的。但
这个趋势没有得到充分有效的体现。由于需要,并且违背初衷,
价格水平发生变化。修改价格的方法越来越拙劣,因此,固定价
格逐渐失去模仿的性质,并开始越来越多地具有规范性结构的
性质。

第六节　十月革命后的价格调节

　　十月革命后,固定价格的规范性结构性质以及固定价格不再与
市场行情变化密切相关表现得更加突出。
　　8 月 27 日规定的粮食价格一直实行到 1918 年 8 月 8 日。

---

① *Продовольствие и снабжение.* 1917. № 6. 同样参见: *Речь В. Н. Башкирова на съезде инструкторов продовольствия* // Известия Московского Областного Продовольственного комитета. 1917. № 9.

1914—1918 年俄国的粮食市场及其调节

1918 年 8 月 8 日政府颁布法令,将粮食的固定价格提高两倍。[①] 或者说,再一次纯粹机械地对价格作出修改。由于市场混乱,调节价格的机构缺乏客观数据,固定价格的制定没有认真考虑市场条件。

新的固定价格执行到 1918 年 12 月 1 日,此后应逐步降低:12 月 1 日起下降 25％,1919 年 2 月 1 日起下降 35％,4 月 10 日起下降 40％,6 月 15 日起下降 50％,但实际上政府没有下调价格。

威胁征用粮食仍旧是维持固定价格的间接措施,但正如所见,涉及粮食收购时,征用的惩罚作用明显加强,为农村供应日用必需品应当服务于相同的目标。政府同样规定了日用必需品的固定价格,而且 1918 年秋季之前,日用必需品的固定价格一直与粮食价格不一致。大约从 1918 年 8 月开始,必须根据粮食的固定价格构建日用必需品固定价格体系的思想成为调节价格政策的基础。这种情况下,以现有的粮食固定价格作为实际初始价格,[②]其他所有价格应当大致恢复和平时期商品的等价交换关系。

提出这种价格体系构想的同时,部分粮食工作者表达了不同观点。一些人主张以劳动力代替粮食价格作为衡量初始价格和确定等价交换关系的标准,另一些人甚至提出以劳动本身代替粮食价格。[③] 但所有这些主导观点,特别是后两种观点多半只是简单的理论体系,根本无法应用于实践。

但在这方面终究发生了一定变化,固定价格日益具有规范性结构的性质,价格只不过是政府命令规定的结果。而且在社会—政治关系方面,这一时期的特点是一个阶级(工人阶级)和一个政党(布尔什维克)占据明显优势,所以颁布法令规定价格的背后甚至不是革命前和革命初期我们观察到的、通常在竞争过程中自发表现出来的紧张的集团斗争。因此,确定价格的方法越来越简单,越来越片面,一定程度上与有组织的市场的灵活性日益格格不入。

---

① *Сборник постановлений и распоряжений общих и местных, регулирующих продовольственное дело в Москве.* С. 34 и сл.

② *Экономика и политика твердых цен.* Сборник статей. М., ВСНХ, 1918.

③ 同上。

第七节 粮食的固定价格和自由价格

根据前面的叙述可以清楚地看到，粮食固定价格和自由价格的差距越来越大：自由价格明显超过固定价格。[①] 黑土带省份平均固定价格的变化说明了这个观点（参见表 2-43）。

这就是固定价格的相对变化。

表 2-44 的数字反映了黑土带省份秋季粮食自由价格（戈比/普特）的变化和自由价格与 1914 年秋季固定价格的百分比。

表 2-44

时间	春小麦		黑麦		燕麦		大麦	
	戈比/普特	与1914年秋季固定价格百分比	戈比/普特	与1914年秋季固定价格百分比	戈比/普特	与1914年秋季固定价格百分比	戈比/普特	与1914年秋季固定价格百分比
1914/15 年	93	100.0	80	100.0	81	100.0	75	100.0
1915/16 年	117	125.8	104	130.0	109	134.6	99	132.0
1916/17 年	223	239.8	167	208.8	189	233.3	170	226.7
1917/18 年	1093	1174.6	848	1060.0	858	1059.3	827	1101.3

到 1918 年秋季，自由价格再次大幅上涨，例如中部农业区 5 省（参见第一部分第二章）黑麦价格达到 104 卢布 30 戈比/普特，比 1914 年秋季价格上涨 130.37 倍，其他粮食的价格发生相同变化。[②]

我们比较一下表 2-43 和表 2-44 的数字，不难发现，1916/17 年秋季以前粮食的固定价格一定程度上与自由价格一致，此后自由价格明显高于固定价格，前者大约是后者的 2 倍，从 1918 年起自由价格超过固定价格的幅度更大。

换言之，自由价格和固定价格差距悬殊，趋势不断加强。随着

① 自由价格根据农业经济和农业统计司的资料计算。
② 根据本书第一部分引用的数据。

表 2 - 43

规定价格的时间	小麦		黑麦		燕麦		大麦	
	戈比/普特	以 1914 年秋季自由价格为 100	戈比/普特	以 1914 年秋季自由价格为 100	戈比/普特	以 1914 年秋季自由价格为 100	戈比/普特	以 1914 年秋季自由价格为 100
1914/15 年 2 月	129. 2	139	113. 6	142	113. 3	140	86. 8	116
1915/16 年秋季至冬季	158. 0	170	119. 8	150	110. 9	137	104. 7	139
1916/17 年 9 月	190. 8	205	149. 8	187	159. 7	197	131. 1	175
1916/17 年 3 月	315. 9	339	248. 7	302	243. 0	300	209. 7	279
1917/18 年 8 月	642. 4	691	485. 7	607	486. 0	600	419. 0	559
1918/19 年 8 月	2004. 8	2153	1483. 0	1855	1486. 8	1834	1394. 1	1860

粮食供应形势恶化,缺乏国家粮食供给的居民越来越多地开始独立购买粮食,导致粮食需求异常增长,自由价格和固定价格的差距开始具有极端反常的特征(1918年)。因此,固定价格政策无法控制价格变化,无法取缔非法自由价格以及自由价格和固定价格并存的现象,也难以遏制自由价格的上涨。此外,如果像我们指出的那样,战争初期(1914—1916年)固定价格政策可能短期内抑制了价格上涨,那么1917—1918年,粮食供应日趋困难,大量民众蜂拥抢购粮食,并且随着这种现象的发展,固定价格政策同粮食垄断政策一起破坏了自由市场的秩序,使自由市场的发展受到限制,显然,固定价格政策成为非法自由价格提高的因素。

第四章　调节运输和供应计划

第一节　调节供应基本方式下的调节运输和供应计划

根据前面的叙述,我们可以清楚地发现,国家逐步放弃部分粮食收购和价格的调节措施,转而彻底垄断粮食收购,规定各类粮食收购价格。但是,随着国家承担的粮食收购工作越来越多,国家面临着一项任务,即制定向消费中心分配、调拨粮食的计划,或者说,国家面临着制定物资供应计划的任务。制定从收购地区向消费地区分配粮食的合理计划也是维护固定价格制度的需要。

制定供应计划的设想、供应计划的内容及实施并非突然之举,而是同其他调节措施一样,逐步发展起来的。供应计划的制定与实施和运输调节政策的发展联系最紧密。按照上述对供应计划的解释,运输计划只是供应计划最重要的组成部分。在国家明显划分成粮食盈余地区和粮食短缺地区、受战争影响交通运输遭到严重破坏的条件下,运输调节问题成为中心——调节供应的所有途径错综复杂地交织于此,固定价格制度成功与否,整个物资供应计划能否顺利实施以及军队和居民的需要能否得到满足的关键也在于此。这就是分析供应计划时,我们首先着重研究运输调节问题的原因。

与此相联系,可以从两个角度分析运输调节措施:第一,可以全面地分析对运输进行的调节,这不是本书的任务;第二,可以从调整粮食和食品运输,甚至确切地说从调整粮食和饲料运输的角度,从供应总计划的角度对运输调节问题进行专门分析。我们以第二个角度为重点,仅在必要情况下涉及运输调节的总体问题。

第二节 革命前的铁路运输调节措施

战争爆发前,有关部门根据《铁路章程》第 51 条和第 52 条,协调铁路粮食运输顺序。[1] 按照规定,应当依次渐进发运货物,任何发货人和任何货物不得享有任何特权,下列货物除外:第一,根据特殊规则运输的货物;第二,根据国家利益需要,或者为满足社会需求,或者按照政府命令应当立即运输的货物。普通货物的发运程序由交通大臣规定。

可见,战前已经存在战争爆发后粮食运输实行双重标准(军队和居民的粮食运输)的一定基础。农业部收购的军粮按照一个月前制定的计划运输,该计划首先由军需总局联合委员会制定,然后由大本营会议通过。这些货物属于优先运输的货物,按军事代码 H 运输。

商业性粮食属于按顺序运输的货物。中央调节大规模货物运输委员会只是偶尔根据特殊申请允许优先运输商业用粮食,甚至允许使用直达货运列车。

这种粮食运输制度一直保留到交通大臣颁布法令(1915 年 7 月 27 日通令)为止。[2] 根据这项法令,所有慢运货物划分为优先运

---

[1] *Справочник по хлебной торговле.* СПб., Министерство торговли и промышленности, 1911. С. 236 и сл.

[2] *Отчет о деятельности Особого совещания для обсуждения и объединения мероприятий по перевозке топлива и продовольственных грузов.* За период сент. 1915 г. -сентябрь 1916 г. Пг., Управление делами Особого совещания, 1916. Приложение № 9.

输的货物和按顺序运输的货物,优先运输的货物依次分为 A、Б、В、Г等 4 类。顺便说一句,农业和土地规划部为军队收购、并根据军队建议以代码 H 发运的粮食、饲料和其他货物属于 A 类货物。Г类货物分为 а、б、в、г、д 等 5 个亚类,发给各省省长的粮食属于 г 亚类货物。

按顺序运输的货物依次分为 1、1A、2、2A、3、4、5 等七类,其中每一类照样地分为一系列亚类。单次发运量不超过 75 普特的粮食种子属于 2 类货物,地方自治局联盟、城市联盟、省属机关、地方自治执行机关、城市参议会、粮食委员会和消费合作社购买的粮食属于 2A 类货物,其他粮食属于 3 类货物。

这样,在保留军粮和其他粮食双重运输标准的条件下,根据粮食运输地址的特点,7 月 27 日法令把粮食分为一系列连续的分类,而且多数商业用粮食被列为按顺序运输货物的最低类别之一——3类。如果注意到,根据铁路管理局呈递给特别运输会议的总结资料,数千辆装载紧急物资的车皮等待发运的时间达一年,甚至更长,那么上述情况以及调节粮食运输和粮食供应的法令的意义便会很清楚。这种运输状况显然与不断加剧的粮食危机,特别是城市粮食危机不相适应。特别粮食会议认为必须请求特别运输会议修改 1915 年 7 月 27 日法令的原因就在于此。但结果不尽人意,特殊运输会议并没有废除该法令或对其作出相应修改。不过,同其他货物一样,会议提出制定粮食(既包括军粮,也包括其他粮食)运输总计划的设想。[①]

第三节　计划运输的产生

特别粮食会议应当于 1915 年 12 月以前呈送制定运输计划的材料。该运输计划暂时涉及 22 个省,主要是俄国北部省份。12 月

---

① *Обзор деятельности Особого совещания по продовольствию.* C. 127 и сл.

7 日,特别粮食会议提交了制定 12 月—1 月(1915—1916 年)运输计划的材料,这些材料的基本依据是特别粮食会议就粮食供应的困难、城市粮食需求等问题对俄国城市进行的专门调查。而且特别粮食会议事务管理局的工作几乎仅限于压缩城市要求的运输量。22 个省两个月的计划运输量详见表 2-45。

表 2-45

粮食种类	城市要求的运输量	特别粮食会议事务管理局通过的运输量
黑麦面粉	4155400	3767400
黑麦	1456000	1473000
小麦面粉	6788700	6442200
小麦	2672000	1925000
颗粒粮	2101882	2130812

资料来源: *Материалы к плану железнодорожных перевозок продовольственных продуктов на декабрь -январь месяцы, по заявлениям городских общественных управлений*. Вып. Ⅰ.

　　阐述运输计划的制定时,必须清楚一点,即这种情况下实际上只涉及铁路措施,仅此而已。谈的不是制定运输计划,然后为计划运输提供物资保障。我们要谈的只是将要采购的物资的运输计划,具体由谁采购则无关紧要。

　　但是,即便这种形式的运输计划也没有得到铁路运输临时管理委员会的批准。该委员会于 1915 年 12 月 15 日成立并开始行使职能。[1] 作为尝试,铁路运输临时管理委员会仅制定了一月上旬的运输计划,而且只针对彼得格勒和芬兰。一月下旬,计划运输扩大到通过最繁忙的尼古拉铁路和北方铁路供应粮食的 8 个省。

　　在上述省份实行计划运输制度的同时,针对西线省份制定了第二种铁路运输规则,针对其他省份则出台了第三种铁路运输办法。

---

① 同上,C. 128 и сл.

    归大本营管辖的铁路管理局每天为西线省份提供 70 辆车皮用于运输粮食。由交通部官员、特别粮食会议主席全权代表、地方机构和社会组织代表组成的地方会议负责分配这些车皮。凭地方全权代表的证明运输货物,并且货物发给地方全权代表。换言之,这些地区的铁路运输已经实行批准制。

    有关部门没有为其他省份制定运输计划。根据 1915 年 12 月 28 日通令,这些省份确定了如下运输程序。如果需要按代码 B 提前运输粮食,那么必须凭特别粮食会议主席驻地方全权代表递交给地方分区协调铁路运输委员会的申请。如果没有类似申请,货物则只能按顺序运输。

    我们发现,中央制定的计划运输原则的适用范围不断扩大。1916 年 2 月,特别粮食会议通过对城市和地方自治局全权代表进行问卷调查的方式准备了制定运输计划的材料,铁路运输临时管理委员会批准了北部 8 省、中部 5 省和西线 2 省部分地区的运输计划。此外,根据全权代表的申请,决定在雅罗斯拉夫尔省、科斯特罗马省和弗拉基米尔省实行计划运输,并且这些省的运输计划须经莫斯科分区委员会审核和批准。

    这样,我们发现,截至 1916 年 2 月,俄国的铁路运输制度繁多,主要有:(1)按计划优先运输利用国家资金收购的军粮;(2)西线省份的私人货物实行批准制下的计划运输;(3)8 个北方省份和其他部分省份的私人和公共物资实行非批准制的计划运输;(4)其他省份实行非计划运输,但部分地区实行批准制;(5)第(4)种情况所列省份实行普通的定期运输。

    1916 年 2 月之前,铁路运输制度五花八门,不过,运输调节措施与固定价格、限价等供应调节方式之间并无紧密联系。的确,在实行计划运输或某种形式的批准制的地区,粮食部门实际上可能监督运到的粮食,有可能影响这些粮食的贸易条件,但我们尚未发现运输调节措施与供应调节方式之间存在明确和普遍的联系。

    政府仅在 1916 年 2 月采取了一系列明确的措施,旨在建立比较统一的运输调节体系,确立运输调节措施与供应制度、固定价格以及限价的密切关系。

首先,为了使管理运输、粮食、供应、燃料等工作的地方政权之间建立起联系,1916 年 2 月 12 日政府发布条例,成立由省长(总督)担任主席的地方会议,组成人员包括特别粮食会议、特别燃料会议和特别运输会议的全权代表、分区委员会主席(或副主席)。①

2 月 12 日,农业大臣颁布《关于调节粮食供应若干措施和制定及公布粮食限价的法令》。该法令规定了如下内容:如果某个地区出现粮食供应困难,经地方会议讨论并得到特别会议主席的许可,允许根据全权代表的证明采取计划运输措施;可以给予凭全权代表的证明并发运给全权代表的粮食优先权,办理计划外运输(批准制);全权代表有权向个人和机构发放许可,后者必须遵守规定的价格和分配制度方面的贸易规则;如果不能按照规定程序保证以适当的价格向市场供应足够数量的粮食,全权代表有权提出由政府按照固定价格征购粮食的问题。因此,该法令不仅宣布扩大计划运输和批准制实践,而且明确把调节运输和调节价格联系起来。同时,这项法令蕴含着向依靠国家力量为居民供应粮食过渡的萌芽,也体现出供应计划作为一个整体的思想。的确,由于全权代表获得影响计划运输和非计划但优先运输的可能性,而且根据 4 月 4 日特别会议主席发布的通令,目前所有货物的运输或者依据铁路通则,或者按照计划,或者适用优先原则,因此,所有粮食运输实际上都受到全权代表的控制。② 能否利用现有交通工具运输某种粮食,或者是否允许某个机构和个人运输粮食取决于全权代表。换言之,实行计划运输和批准制使全权代表一定程度上有可能把计划元素引入整个供应工作,是供应计划的思想萌芽。但真正意义上的供应计划问题在较晚时候,准确地说到 1916 年秋,当国家真正承担起为军队和居民供应粮食的责任时才提出来。

---

① *Узаконения и распоряжения по продовольственному делу за* 1914 - 1917 *гг.* C. 47 и сл.

② *Узаконения и распоряжения по продовольственному делу за* 1914 - 1917 *гг.* C. 51 и сл.

第四节　运输顺序的调整

实践计划运输思想的同时,1915 年 12 月 7 日至 12 日政府发布命令,对以往的粮食运输顺序作出大幅调整。[①] 按计划运输的粮食现在属于紧急货物,归 Г 类 а 亚类。发给省长的粮食属于 Г 类 б 亚类,未列入运输计划的供应居民的粮食属于 Г 类 в 亚类,如果需要提前运输这些粮食,那么应得到分区委员会主席的命令,而且中央指示,提前运输粮食的权力只能提供给通过审定的接货人。其他粮食的运输仍按照原来的顺序进行。

这样,12 月 7 日至 12 日颁布的法令调整了部分粮食的运输顺序。

运输困难加剧促使政府从货物紧急程度方面探索更加细致的资格审定标准,很快粮食运输规则作出进一步修改。

根据 1916 年 4 月 4 日交通大臣颁布的法令和 1916 年 4 月 20 日通令,А 类货物被两大类货物代替。[②] 特殊情况下,根据铁路运输临时管理委员会单独命令发运的特急货物属于第一大类货物。第二大类货物分为 5 个中类,其中每个中类照样地分为若干小类。在复杂的货物分类体系中,粮食的地位得到明确:第一中类 б 小类——农业部全权代表发往军队前线粮库的计划外运输粮食;第三中类 а 小类——全权代表发往前线粮库的计划内运输粮食,第三中类 в 小类——全权代表发给陆军和海军的粮食和饲料;第四中类——根据铁路运输临时管理委员会的计划发运的其他粮食。因此,按计划运输的粮食重新归到较早的类别中,同时,军粮分成若干类别,出现了特急类货物,整个运输体系空前复杂。尽管有关部门努力最大限度地发挥铁路的运力,但铁路运行和向车站运输粮食的工作之间缺乏认真协调,导致无法准确完成各种运输计划。

---

① *Собрание узаконений и распоряжений правительства за* 1915 г. СПб., типография Правительствующего сената. 1915. № 359.

② *Отчет деятельности Особого совещания*, указ. в прим. 209, приложение 7.

在此背景下，1916 年 7 月 21 日政府出台法令，[1]针对彼得格勒—莫斯科和其他地区规定了不同的运输顺序。根据法令，必须使用相应货物代替根据运输计划应该发运但未按时送到车站的货物。但正是由于无法保证有货可运，运输计划和调整供应的措施一样，可能成为一纸空文。社会强烈要求制定物资供应计划，把运输计划仅仅作为组成部分并入供应计划体系等。

第五节　　供应计划

我们已经知道，1916 年秋季，政府承担起为居民供应粮食的广泛责任。9 月初，向各省分配必须征收的粮食数量。显然，同制定收购计划一样，通过某种物资供应计划势在必行。9 月 9 日颁布的固定价格法令对供应总计划作出明确规定。[2]

从内容看，供应总计划的实质和依据非常简单，主要包括如下方面：首先利用某种方法（我们将会看到，不同时期的方法不同）弄清粮食盈余和短缺的数量以及粮食盈余和短缺地区的地理分布，然后相应地为粮食短缺省份分配粮食盈余省份，后者的任务是为前者供应粮食，最后按照规定的省际之间的联系制定粮食运输计划。**总体上我们把向消费省份分配现粮的计划和相应的运输计划称为供应计划。**可见，如果铁路运输计划本身仅仅指的是运输工具的明确分配，并不涉及是否有货可运的问题，那么除此之外，供应计划要求运输之前现粮和由盈余地区向短缺地区运输粮食的运输工具的分配保持一定的协调性。**换言之，供应计划是粮食由收购地区向消费地区流通、由收购阶段转入向消费者分配阶段的合理化方式。**而且作为粮食由收购阶段向分配阶段过渡的合理化方式，制定和实施供应计划需要具备一定的前提条件，但俄国常常

---

① *Отчет деятельности Особого совещания*，указ. в прим. 209，приложение 10.

② *Узаконения и распоряжения по продовольственному делу за* 1914 - 1917 *гг.* С. 171 и сл. 同样参见：Ясный Н. *Опыт регулировки снабжения хлебом*. Пг. ，Всероссийский Союз городов. 1917. С. 56 и сл.

相反。

首先,供应计划的制定和实施要求准确掌握国家的资源数量和需求潜力。鉴于国家统计状况,俄国实际上不可能准确掌握每一年地域不大的行政单位(例如省)的情况,以进一步采取实际措施。特别是战争时期国家的消费水平无疑发生了变化,当时计划的制定基于战前且准确程度较低的消费数据。其次,供应计划要求中央政权实际上而非理论上控制**一定数量**的已经收购的粮食资源。当时中央政权通常不掌握这样的资源。根据粮食收购情况同样可以作出类似判断。因此,计划的制定完全基于一种假设——粮食会有的,而实际上可能没有粮食,或某个省没有必要数量的粮食。由此可见,计划的完成存在极大不确定性。此外,由于没有把握支配已经收购的粮食,所以无法制定某种长期计划:通常制定一个月的计划,偶尔制定两个月的计划,这使计划具有偶然性和不稳定性的特点。

供应计划的实施必须以按时把粮食送到车站为前提,但后者常常无法实现,因此供应计划出台以后很快便提出收购地区内畜力运输和铁路运输的组织问题。最后,供应计划要求制定和按时完成跨省运输计划,不过限于当时的交通条件,这些前提常常无法得到满足。

这样,制定和实施供应计划的所有前提无疑是不确定的,附带很多条件,具有相当大的局限性。显然,从实施意义上说,供应计划一直问题重重。

分析革命前的具体供应计划时,应当指出以下几点。第一,产粮地区的粮食盈余数量根据相应的产量统计数据确定;第二,产量统计数据和战前人均粮食消费标准是计算各省粮食短缺数量和输入任务的基础,并通过向全权代表发放调查表的方式验证粮食消费数据的准确性。换句话说,制定计划时,人们基于这样一种思想,即需求能够完全得到满足,从限制消费角度规定消费标准的时刻显然还非常遥远。对此必须补充的是,普遍意义上的按计划向居民供应粮食始于 1916 年 11 月中旬,而从 1917 年 1 月起,开始按计划向特殊的居民群体——铁路员工供应粮食。

部分省份规定的粮食(以黑麦为例)输出任务一定程度上反映

了革命前居民粮食供应计划的制定情况（参见表2-46）。

表2-46

省份	1916年黑麦总产量（千普特）	黑麦商品率（%）	计划输出（+）或输入（-）黑麦和黑麦面粉（千普特）	
			11月—12月	1月—2月
坦波夫省	70863	34.0	2250	1100
沃罗涅日省	65268	16.3	1125	2240
图拉省	31388	13.4	175	300
奔萨省	37055	17.7	575	—
萨拉托夫省	45817	35.7	1350	1970

资料来源：Ясный Н. *Опыт регулировки снабжения хлебом*. Пг.，Всероссийский союз городов，1917. C. 65-66.

认真分析表格中的数字可以发现：第一，输出任务不总是与粮食的总产量一致；第二，输出任务与粮食商品率也不总是保持一致关系；第三，不同但相邻月份同一个省的粮食输出任务波动较大。

因此可以说，或者11月—12月的计划不准确，或者1月—2月的计划有错误。毋庸置疑，无论如何，革命前的供应计划实际上带有一种烙印——不可能制定长期、稳定和与理论计算相一致的计划，任何计划都具有偶然性，取决于收购的实际进展情况和某个地区粮食匮乏的程度。计划不全面也是革命前（1917年1月之前）供应计划的典型特点：这些计划只涉及大型消费中心和部分省份，大多数消费省份则被拒之门外。

第六节　二月革命后的供应计划和运输调节

从本质看，革命后供应计划的制定和实施是革命前奠定的该项工作基础的延续和发展。

供应计划的制定方法相同，主要的变化在于对以前的计划作出修订，使其进一步明确。**最低**消费标准成为计算需求的基础，换言

之,经验表明,实际上不可能完全满足粮食需求,限制消费的时刻
到来。按照计划,每月居民的粮食消费标准为 15～18 普特。由于
上述原因,仍旧制定期限为一个月的计划。[①]

我们仔细分析一下 1917 年二月革命后的居民粮食供应计划
(参见表 2 - 47)。

表 2 - 47

输出省份	计划输出任务(千普特)							
	5 月	6 月	7 月	8 月	5 月	6 月	7 月	8 月
	黑麦和黑麦面粉				小麦和小麦面粉			
沃罗涅日省	1515	1495	1520	890	—	—	—	—
顿河州	975	1050	1075	1420	—	35	35	—
库尔斯克省	300	520	580	400	170	—	—	—
波尔塔瓦省	232	580	685	615	123	245	265	210
萨马拉省	640	655	655	345	1813	1770	1840	895
萨拉托夫省	1110	985	735	55	285	605	245	20
塔夫利达省	—	—	—	—	3005	3140	3155	3095
坦波夫省	565	400	600	910	—	—	—	—
所有产粮省份 (包括上述各省)	7734	9245	9565	6895	8908	8745	10040	8845

资料来源:根据尚未公布的粮食部制定的供应计划。

很显然,尽管粮食输出任务仍存在波动,但幅度已经明显较
小,更趋于合理。总之,这一时期的供应计划无疑开始更加稳定,
更加适应调节供给的条件。

再分析一下供应计划的另一方面,即输入任务(参见表 2 -
48)。

[①] *Речь В. Н. Башкирова на съезде инструкторов продовольствия //* Известия
Московского областного продовольственного комитета. 1917. № 9.

表 2 - 48

输入省份	计划输入任务(千普特)							
	5月	6月	7月	8月	5月	6月	7月	8月
	黑麦和黑麦面粉				小麦和小麦面粉			
弗拉基米尔省	490	550	540	485	175	225	235	215
科斯特罗马省	10	300	275	275	—	250	275	325
莫斯科市	980	855	815	585	1010	1010	1010	815
彼得格勒市	955	800	620	535	1148	1360	1540	1265
普斯科夫省	180	180	180	100	70	100	100	100
特维尔省	345	225	225	100	240	300	300	200
所有输入省份(包括上述各省)	7734	9045	9240	6545	8908	8645	9815	8495
特别储备	—	200	325	350	—	100	225	350

在粮食输入任务方面,除个别情况以外,供应计划同样没有出现大幅波动。

这样,二月革命以后的供应计划开始更加稳定,因此,制定这些计划的依据无疑更充分。

令人感兴趣的是,在粮食流通方面,供应计划建立起怎样复杂的省与省之间的联系?与部分省份6月供应计划有关的数字对这个问题作出回答(参见表2-49)。

表 2 - 49

粮食输出省份	由该省输入粮食的省份数量						
	黑麦	小麦	黑麦面粉	小麦面粉	大麦	燕麦	合计
库尔斯克省	2	—	7	—	—	3	12
坦波夫省	3	—	6	—	—	3	12
萨拉托夫省	4	1	13	12	—	—	30
奥伦堡省	—	1	—	1	—	—	2

粮食输出省份	由该省输入粮食的省份数量						
	黑麦	小麦	黑麦面粉	小麦面粉	大麦	燕麦	合计
塔夫利达省	—	13	—	20	7	—	40
粮食输入省份	向该省输出粮食的省份数量						
弗拉基米尔省	6	2	6	3	1	2	20
彼得格勒省和彼得格勒市	6	4	7	9	3	9	38
莫斯科省和莫斯科市	4	2	6	7	3	10	32
斯摩棱斯克省	5		4	2	1		12
沃洛格达省	—		4	1	—		5

资料来源：根据尚未公布的粮食部制定的供应计划。

　　这个表格表明,省与省之间在供应计划方面的联系相对简单：粮食输出省份与相对较少的粮食输入省份建立联系,反之亦然。如果把这些联系同战前省与省之间的自然贸易联系(参见第一部分第一章)相比较,上述结论将一目了然。

　　从主要特点看,革命后供应计划的制定方法仍同以前一样,粮食运输制度则发生了一定变化。1917 年 5 月 29 日交通大臣颁布的《铁路慢运货物的顺序规则》于 7 月 1 日生效。[①] 按照规则,根据发运顺序,所有慢运货物,包括军用物资分为优先运输的货物和按顺序运输的货物。优先运输的货物分为特急运输货物、计划运输货物和紧急运输货物。特急运输货物通常指突然出现运输需要,因而无法预先制定运输计划的非大批量货物,或预先制定了运输计划但未能按计划发运的货物,如果基于国家或社会利益考虑需要紧急运输这些货物,并得到中央调节大规模货物运输委员会及其分区委员会的许可；计划运输货物是指用于均衡满足国家和社会需要的必要物资,各种粮食和饲料属于此类货物,计划运输的货

[①] *Собрание узаконений и распоряжений правительства за* 1917 г. № 135.

物占铁路运输货物的绝大部分;紧急运输货物主要是没有预先制定运输计划或未按既定计划发运的非大批量货物,根据国家机关或社会组织的申请,这些货物的紧急运输应符合国家利益和社会需要。其他货物属于按顺序运输的货物,分为 5 类,未归入上述类别的粮食属于 5 类中的第二类。而且在所研究的时期内,按顺序发运的货物非常少,几乎所有货物都不按顺序运输。

粮食等垄断商品尤其如此。3 月 25 日法令颁布以后,私人实际上逐渐彻底被排除在粮食运输之外。7 月 25 日发布的通令则直接宣布,只有凭粮食部长、相应省(州)粮食管理局或得到授权的个人、机构、组织的指示,方允许在 3 月 25 日法令生效的地区利用铁路甚至水路运输粮食,而且粮食只能运给粮食管理局、粮食部全权代表或军需部门。

这样,我们发现:第一,革命后废除了军队和居民粮食运输顺序双轨制;第二,粮食几乎全部集中到计划运输类;第三,按运输顺序,计划运输货物排在特急运输货物之后;第四,普遍实行批准制。

第七节　十月革命后的供应计划和运输调节

十月革命后一直到1918 年 3 月,俄国粮食政策混乱,既有的粮食组织遭到破坏,新的组织尚未建立,供应计划更无从谈起。分配粮食和饲料任务时,粮食人民委员部一定程度上遵循了临时政府粮食部制定的十月份(1917 年)的供应计划。1918 年 2 月—3 月制定了第一份新的供应计划,但在实践过程中计划没有得到严格遵守。从 1918 年 4 月—5 月起,新政权才着手整顿制定供应计划和分配任务的工作,制订了 1918 年 4 月—5 月的供应计划。

不过,必须有条件地看待这种情况。从 1918 年春季开始,苏维埃俄国面临极其复杂和严峻的政治及军事形势,战争迅速而且严重地切断了苏维埃共和国与粮食盈余地区的联系。由于政治局势动荡,供应计划的制定非常不稳定。[①] 5 月和 6 月制定了供应计划,7

---

① 接下来的叙述根据《粮食人民委员部消息报》(*Известия Народного комиссариата продовольствия*),引用的数字也出自那里。

月已经不再制定计划,而是继续执行 6 月份的供应计划,但计划数削减了 72%～73%。接着看一下分配到粮食任务的地区的情况。我们发现,根据 5 月份的供应计划,西西伯利亚应输出各类粮食 440 万普特,占整个计划的 22.2%;根据 6 月份的供应计划,西西伯利亚应输出各类粮食 500 万普特,占整个计划的 28.8%。按照这些计划,北高加索承担的任务量也非常大。后来,由于战争形势的发展,这些重要的产粮区沦陷,供应计划已经不再以这些地区为依据。但如果我们以未沦陷的省份为例,那么根据不同月份的计划,这些省的粮食输出任务明显非常不稳定,带有很大偶然性(参见表 2－50)。

表 2－50

输出省份	5 月供应计划	6 月供应计划	10 月供应计划
	千普特	车皮(1 个车皮相当于 1000 普特)	
维亚特卡省	730	1410	2251
坦波夫省	700	675	2673
奥廖尔省	250	450	1422

显而易见,当时苏维埃俄国的产粮地区迅速减少,导致剩下来的粮食盈余省份的任务大幅增加。

相应地,分析粮食输入省份时,我们发现,根据不同月份的计划,这些省的粮食输入任务较稳定(参见表 2－51)。

表 2－51

输入省份	5 月供应计划 (千普特)	6 月供应计划 (单位:车皮,1 个车皮相当于 1000 普特)
弗拉基米尔省	850	900
卡卢加省	900	860
莫斯科省	1000	1100
莫斯科市	2000	2980

十月革命没有给制定供应计划的基本方法带来太多新变化。

这里必须强调的是,受内战影响,苏维埃俄国边界内粮食资源丰富的省(州)大幅减少。由于这种状况、粮食收购不顺利以及其他原因,实际上不可能按计划满足所有居民的消费需求,尽管该计划以最低消费标准为基础。因此,从产粮省份完成任务的顺序角度,苏维埃政权根据粮食政策的总路线,把供应计划的任务分为若干类别。5月初这些类别及其完成顺序规定如下:1. 不按任何顺序的任务;2. 计划供应的种子(任务量的50%);3. 陆军、海军、首都①、铁路员工、船员、粮食和林业组织的计划供应任务(50%);4. 其他任务。夏末,供应计划的任务种类发生变化:1. 计划内的军队面粉(25%)和饲料(10%)供应任务;2. 首都、铁路员工、船员、燃料企业工人和工厂工人的供应任务和粮食人民委员部储备(50%)以及军队面粉(20%)和饲料(10%)供应任务;3. 其他任务。以往甚至革命以前不可能出现此类分配思想的萌芽,当时划分为军队、内地军区、铁路和其他居民,但在过去,这种划分方法的作用不是为了规定产粮省份在收购地区完成计划任务的顺序,实际上只是规定了粮食运输顺序。

作为对上述内容的补充,我们引用1918年8月—12月的供应计划一览表(参见表2－52)。该表按照收货人类别,反映了1918年5个月的主要粮食、饲料和颗粒粮的供应计划(千普特)。

表 2－52

月份	由省粮食委员会向居民供应	其他组织	其中						合计
			陆海军	铁路	水运管理总局	工厂和燃料企业粮食供应科	战俘和难民事务中央委员会	粮食人民委员部(莫斯科中心)	
8 月	21250	12253	5434	4161	138	2520	—	—	33503
9 月	6867	11138	4173	2576	490	1899		2000	18005
10 月	8417	9733	5206	2392	490	1645	—	—	18150
11 月	5104	11951	5294	2571	413	1475	198	2000	17055
12 月	5107	12963	6009	2863	413	1480	198	2000	18070

① 莫斯科和彼得格勒——译注。

从表格中的数字可以发现,由于革命和政治事件的原因,从 8 月开始,供应总计划的规模大幅减少,而且主要源于居民粮食供应量的下降,相反,军队粮食供应任务甚至呈上升趋势。

第八节　调节水运

同铁路运输相比,水路运输在粮食运输过程中发挥的作用明显小得多。而且与铁路运输不同,水路运输由私人航运企业主导,没有像前者那样受到严格规定,所以在这里我们将不详细叙述水路运输问题。

第九节　粮食的装运和供应情况

现在我们看一下战争时期粮食的实际装运情况。当然,假设不尽准确,即装车量总体上意味着发运量或供应量。无疑,要说明粮食供应情况,不仅必须使用绝对数,而且必须使用相对数。这种情况下,可以从供应量占收购任务的比例、供应量占收购量的比例以及供应量占供应计划任务的比例等方面进行分析。遗憾的是,现有资料无法提供战争期间上述任何一种类型关系的相对数据,所以,我们不得不把这些比例关系组合起来。表 2－53 综合反映了不同粮食收购运动时期的粮食装运(百万普特)情况。

分析这个表格和后面的表格时必须注意,可以认为供应活动具有以下特点:第一,绝对供应量越大,供应活动越顺利,供应量占收购量和收购任务的比例越高,供应工作越成功;第二,供应量占收购量和收购任务的比例越低,供应工作成效越低;第三,供应量占收购量和收购任务百分比的其他组合说明供应工作的成效处于中等水平,而且这种情况下,同供应量占收购量比例高、占收购任务比例低相比,供应量占收购量比例低、占收购任务比例高意味着供应形势较好,这种状况同时说明收购活动本身不成功。

现在仔细分析一下表 2－53。我们发现,1916—1917 年的第

表 2-53

年份	主要粮食			颗粒粮			谷物饲料			合计		
	供应量	占收购任务百分比	占实际收购量百分比	供应量	占收购任务百分比	占实际收购量百分比	供应量	占收购任务百分比	占实际收购量百分比	供应量	占收购任务百分比	占实际收购量百分比
1914/15 年*	73	115.6	68.7	11	101.4	79.4	118	74.9	64.6	202	86.7	66.6
1915/16 年**	161	176.1	69.5	24	171.4	70.6	221	93.2	94.0	406	118.7	81.1
1916/17 年	155	27.4	51.0	21	57.9	41.2	159	35.2	85.5	335	30.3	61.9

资料来源：*Краткие предварительные отчетные сведения* // *Совещание уполномоченных 1－3 июля 1915 г.；Материалы к совещанию уполномоченных 25－31 авг. 1916 г.* // *Отчетные сведения по заготовке хлеба из урожая 1915 г.* 1916—1917 年的数字根据尚未公布的粮食部资料和军需部门手册计算，收购任务的规模和收购情况自本书有关章节。

* 供应量只包括实际发运量，不包括准备发运的数量。

** 不包括 1916 年 7 月。

1914—1918 年俄国的粮食市场及其调节

三次粮食收购运动最不成功,1915—1916 年的第二次粮食收购运动最成功。的确,第三次收购运动的绝对供应量低于第二次收购运动,尽管需求增加。头两次收购运动时期主要粮食供应量和第二次收购运动时期的颗粒粮供应量超过收购任务,这两次收购运动时期各类粮食的供应量占实际收购量的比例很高。第三次收购运动时期收购量大幅落后于收购任务,同时也落后于实际收购量,1916—1917 年的粮食供应情况较差也证明了这一点。在此有必要重点分析一种现象:从表中的数字可以看出,供货量一定程度上落后于收购量。这使人们产生一种想法,已经收购的粮食被滞留在某个地方。无疑存在这种情况,但其影响不大,而且根据粮食部的解释,此类影响不断下降。粮食部认为:第一,粮食装运信息主要来自发运地区省粮食部门的资料,其统计的数字并不总是准确和全面的;第二,没有登记畜力运输数量;第三,部分收购的粮食实际上用于满足收购地区贫困居民的需要。

对 1916—1917 年粮食收购运动还需要专门补充一点,这个时期从秋季起开始较普遍地向消费地区的居民供应粮食,而且 1917 年 1 月才开始统计供应量。

所有这些很大程度上缩小了收购量和供应量之间的差距,所以不能认为已经收购的粮食和未发运的粮食数量很大。

表 2-54 一定程度上[①]说明了不同月份各类粮食的供应(千普

---

① 我们说"一定程度上",其原因是引用的 1914—1915 和 1915—1916 农业年度的每月供应量并不是全面的数字,只是军队的粮食供应量。军粮供应确实占供应总量的绝大部分,但并不是全部,其中没有登记交售给其他机构的粮食数量,这也是前一个表格中粮食收购运动时期供应量高于本表的原因。由于 1915—1916 年交售给其他机构的粮食数量增加,所以从收购运动角度看,供应数量的差距特别大。

　　1914—1915 年粮食收购运动时期交售给其他机构,包括军需部门的各类粮食为 18580 千普特,加上本表中的 183246 千普特,共计 201826 千普特,四舍五入相当于 2.02 亿普特;1915—1916 年出售给其他机构的粮食为 58757 千普特,加上本表中的 347312 千普特,共计 406069 千普特,四舍五入相当于 4.06 亿普特。或者说,我们得到了与前一个表格一致的数字。出售给其他机构的粮食没有列入本表的原因是我们不掌握这部分粮食每个月的分配情况。至于 1916—1917 年粮食收购运动时期的数据,则其既包括发给军队的粮 （转下页）

特）情况。

表 2－54

月份	供应量	供应量占收购任务百分比	供应量占实际收购量百分比	月份	供应量	供应量占收购任务百分比	供应量占实际收购量百分比
1914 年8 月	1630	6.8	8.0	1916 年1 月	32548	141.7	58.3
9 月	4896	16.0	16.4	2 月	37860	183.8	56.5
10 月	5411	18.3	26.7	3 月	35360	162.1	56.3
11 月	7904	37.2	70.1	4 月	46951	193.8	131.4
12 月	7724	31.3	132.0	5 月	48927	180.1	89.4
1915 年1 月	17219	111.4	206.4	6 月	47595	276.4	137.9
2 月	18372	132.0	48.8	1915—1916 年	347312	101.2	69.1
3 月	28778	197.2	55.6	1916 年8 月	25485	22.2	398.1
4 月	30400	186.3	56.7	9 月	18283	12.4	94.0
5 月	34755	190.0	94.8	10 月	17899	12.6	36.5
6 月	19789	170.7	88.7	11 月	37931	37.3	95.4
7 月	6348	60.2	—	12 月	34426	28.7	54.6
1914—1915 年	183246	79.2	60.0	1917 年1 月	33927	45.8	59.5
1915 年8 月	4430	12.5	11.7	2 月	32154	48.2	78.2

（接上页）食，也包括其他所有粮食。这次收购运动时期两个表格数字差别不大的原因是后一个表格没有列举 7 月份的供应量，该月仅居民的粮食供应量就为4737 千普特，加上本表中的 329860 千普特，共计 334597 千普特，四舍五入相当于 3.35 亿普特。7 月份数字未列入本表的原因是它没有包括独立统计的军队的供应量。

1914—1918年俄国的粮食市场及其调节

月份	供应量	供应量占收购任务百分比	供应量占实际收购量百分比	月份	供应量	供应量占收购任务百分比	供应量占实际收购量百分比
9月	10040	22.1	26.3	3月	33337	47.4	48.3
10月	21456	48.9	65.3	4月	21304	27.2	71.0
11月	30765	97.7	78.5	5月	41224	47.0	53.5
12月	31380	84.5	110.8	6月	33890	61.0	54.7
				1916—1917年	329860	29.7	60.1

资料来源：同表2-53。计算供应量占收购任务的百分比必须把收购任务按月分配，作者根据每月进入市场的粮食数量分配该月份的收购任务。

　　1915年5月以前粮食绝对供应量不断增加，此后到8月份有所减少，然后再次呈增加趋势，一直到1916年7月。1916年8月—10月绝对供应量走低，此后虽然有所增加，但已经无法达到1915—1916年粮食收购运动时期的水平。至于相对规模，则必须指出的是，1914—1915和1915—1916农业年度的下半年供应量占收购任务比例很高，占实际收购量比例非常高；相反，上半年的两个数字都很低。因为1916—1917年粮食收购运动开始前表中的数字只涉及军队的粮食运输，而且其运输规则实际上保持不变，所以这个时期的粮食运输过程中季节无疑发挥较大影响。分析1916—1917年单月的供应情况时，我们没有发现这种规律，而且下半年的供应量较低。显然，运输遭到破坏（参见第一部分第二章）和国家整体形势严峻在这里发挥一定作用。

　　由此，前面所说的结论再次得到验证，即从粮食供应角度看，前两次粮食收购运动总体上相当成功，以后的收购运动则逊色得多。

　　不过，把供应量与收购任务和实际收购量相比较不足以准确反映供应活动的成效。供应量和计划运输任务的比例关系有助于人们更清晰地认识粮食供应问题，同时，可以使人们更清楚地了解前面提到的运输调节措施的作用。1915年12月至1916年1月所有粮食实行计划运输。运输计划的完成情况详见表 2 - 55。

表 2 - 55

时间	军需部门的各类粮食(车皮)			满足居民需要的各类粮食(车皮)			调节运输的措施
	计划运输	实际运输	运输量占计划任务的百分比	计划运输	实际运输	运输量占计划任务的百分比	
1915 年 12 月	51243	42284	82.51	—	—	—	12 月 7 日—12 日通令,规定对军事物资实行计划运输,并开始制定居民运输计划。
1916 年 1 月	51243	56688	110.63	14555	9837	67.7	
2 月	58987	55567	94.20	26434	12337	46.6	扩大居民计划运输试验范围
3 月	72385	71316	98.52	30212	11828	39.1	
4 月	83790	78747	93.98	23139	11744	50.9	4 月 20 日通令
5 月	94116	94575	100.49	26811	11784	43.9	
6 月	87960	83599	95.04	27421	12859	44.9	
7 月	92380	83432	90.31	26139	13340	51.3	7 月 21 日通令

资料来源:*Отчет о деятельности Особого совещания*. С. 115 - 122.

　　这就是军需部门和民用粮食运输量占计划任务的比例情况。从引用的数字可以看出,在所选择的时间内,军需部门的粮食运输没有出现明显的改善或恶化趋势。由此可以断定,在所研究时间内,使军事运输享有特权的运输调节措施对军粮运输产生积极影响。这些措施对民用粮食运输没有产生如此明确的影响:民用粮食的运输标准多半不断减少。

　　1916—1917 年粮食收购运动初期开始制定供应计划,装运量占计划任务的比例[①]详见表 2 - 56。

---

① 绝对数参见第二部分附表 2。

1914—1918 年俄国的粮食市场及其调节

表 2－56

时间	各类粮食和饲料实际装运量占供应计划任务百分比			备注
	运往前线（高加索除外）	民用	铁路	
1916 年 8 月	65.4	—	—	
9 月	53.6	—	—	
10 月	55.1	—	—	制定供应计划
11 月	73.7	—	—	
12 月	67.0	—	—	
1917 年 1 月	49.6	20.2	38.6	
2 月	42.3	29.6	26.7	
3 月	53.0	41.4	27.3	
4 月	37.8	24.7	14.4	
5 月	69.2	56.9	26.0	
6 月	64.4	34.3	16.4	
7 月	—	22.3	9.1	5 月 29 日法令自 7 月 1 日起生效
8 月	28.4	31.7	11.6	
9 月	45.1	34.6	11.7	
1917 年 1 月—9 月	52.3	31.4	23.3	

资料来源：根据尚未公布的军需部门手册、И. Д. 米哈伊洛夫斯基（И. Д. Михайловский）热心提供给我们的粮食部资料以及《粮食人民委员部消息报》。

　　此表和上一个表的数字表明，前线的供应状况一直好于居民和铁路部门，居民的供应状况则好于铁路员工。从 1916 年 12 月起，前线的供应形势开始恶化。二月革命后，3 月份军队、居民和部分铁路员工供应任务完成的比例显著提高，4 月份这一比例开始下降，此后再次提高，从 6 月份，特别是 7 月份开始再次下降。

　　各省的供应数字详见第二部分附表 2。

　　通过比较供应量和计划任务，我们发现，供应量大幅落后于计划任务。解释出现这种情况的原因时必须首先注意到,正如我们前面指出的那样,计划的制定没有依据实际已经收购的现粮数量,而是部分地基于对当前收购活动的推测。所以,计划任务通常高于实际收购数量。例如,1916 年粮食收购运动时期共收购粮食5.4 亿普特,而计划供应量为 7.2 亿普特,或者说,收购量占计划任务的 72%。

由此,导致供应量不足的关键因素逐渐明确。从这方面看,铁路的资料很能说明问题。1916 年 12 月至 1917 年 4 月莫斯科和彼得格勒地区各省未按计划运输的粮食和饲料数量为 26141 个车皮,占整个计划任务的 70.6%,其中,非铁路方面原因:1. 没有提供货物(19382 个车皮,52.3%),2. 禁止输出(553 个车皮,1.5%),3. 不取决于铁路的各种原因(21093 个车皮,56.9%);铁路方面的原因:1. 没有提供车皮(2954 个车皮,8.0%),2. 限制转交车皮的标准(317 个车皮,0.9%),3. 装载军用物资(206 个车皮,0.6%),4. 取决于铁路的各种原因(5068 个车皮,13.7%)。[①]可见,根据铁路资料,没有提供货物是导致未按计划进行运输的主要原因。

当然,这个论点仅在运输状况相对稳定的时期是正确的。同以后相比,1916 年 12 月至 1917 年 4 月的运输状况比较稳定。到1917 年秋,特别是十月革命以后,俄国的交通运输形势极度混乱,这个论点便不再正确了。

到现在为止,我们还未涉及十月革命后的供应情况。以现有资料为基础,可以同 1917 年相比较,说明十月革命后居民(不包括铁路、军队和其他消费者)的粮食供应(千普特)情况(参见表 2 - 57)。

表 2 - 57

时间	计划供应	运输量	运输量占计划任务百分比	计划供应	运输量	运输量占计划任务百分比
	1917 年			1918 年		
1 月	27083	5469	20.2	22700	1864	8.2

---

① 根据 И. Д. 米哈伊洛夫斯基提供的铁路资料。

1914—1918 年俄国的粮食市场及其调节

时间	计划供应	运输量	运输量占计划任务百分比	计划供应	运输量	运输量占计划任务百分比
	1917 年			1918 年		
2 月	28534	8458	29.6	30320*	3345	11.0
3 月	18601	7696	41.4	—	—	—
4 月	17996	4444	24.7	28967	1524	7.3
5 月	16152	9188	56.9	19780	1622	5.2
6 月	18562	6370	34.3	18127	786	4.3
7 月	19740	4401	22.3	17370	973	5.9
8 月	15290	4845	31.7	17770	297	1.7
9 月	15070	5216	34.6	4667	795	14.9
10 月	17650	7180	40.7	6217	1968	31.6
11 月	19088	5478	28.7	4549	867	19.1
12 月	16680	1462	8.8	4552	4375	96.1
合计	1918 年 1 月—7 月			146671	46026	31.4
	1918 年 8 月—10 月			48010	17246	35.9
	1917 年 11 月—1918 年 8 月			182733	16451	9.0
	1918 年 9 月—12 月			20385	4005	19.6

资料来源：1917 年 1 月—7 月的数字根据 И. Д. 米哈伊洛夫斯基提供的铁路资料，8 月—12 月的数字根据 1918 年第 18—19 期《粮食人民委员部消息报》，其中 11 月—12 月的数字是通过把莫斯科州的装运比例适用于全俄计算出来的结果；1918 年 1 月—7 月的数字根据：*Учет и снабжение.* Вып. Ⅰ. 8 月—12 月的数字根据 А. Е. 洛西茨基引用的资料(Лосицкий А. Е. *Снабжение хлебами в августе -декабре 1918 г.* // Вестник статистики. 1919. № 2 - 3. С. 79 - 95.)。

* 2 月和 3 月的合计数。

由此可见，十月革命后绝对供应量和供应量占计划任务的比例均大幅下降，1917—1918 年粮食收购运动时期，随着十月份越来越远，这种下跌幅度不断加大。

任务实际完成比例的跌势发生变化，从 1918 年 9 月起这个数字开始上升。从引用的数字可以发现,出现这一转折存在两个原因:第一,绝对运输量增加;第二,任务规模下降。或者说,任务实际完成比例的提高很大程度上不是因为运输状况得到实际改善,而是因为任务量减少。

由此我们发现,十月革命后的十个月时间内,实际运输量呈下降趋势。

以莫斯科的供应情况为例,有关数字同样可以说明上述结论(参见表2-58)。

表 2 - 58

时间	运到莫斯科的粮食数量(车皮)		
	1916 年	1917 年	1917 年到达量占 1916 年百分比
4 月—6 月	6324	6268	99
7 月—9 月	4867	4664	96
10 月—12 月	7380	3468	47
合计	18571	14400	78

资料来源: Шах -Кельбиан М. *Привоз хлебных грузов в Москву в* 1917 г. // Продовольственное дело. М., Московский городской продовольственный комитет. 1918. № 11.

1917 年十月以前莫斯科粮食供应工作的成效几乎与 1916 年相当,差别不大,十月以后供应量大幅减少。综上所述,可以判断,我们分析的十月革命后的时期是供应工作最艰难、最不顺利的时期。

十月革命后不同类别消费者的供应计划完成情况如何? 如我们前面所作的分析一样,弄清这个问题很重要。基于这个目的,我们制作了 1918 年 8 月—12 月各类粮食的汇总表(参见表 2 - 59)。

表 2 - 59

消费者类别	供应计划(千普特)	发运量(千普特)	计划完成百分比
居民	46745	12332	26.4

1914—1918 年俄国的粮食市场及其调节

消费者类别	供应计划（千普特）	发运量（千普特）	计划完成百分比
陆海军	26116	4818	18.5
铁路、水运管理总局和工厂和燃料企业粮食供应科	25525	2394	9.4
粮食人民委员部	6000	6513	108.5

由此可见，陆海军供应计划的完成比例低于居民，我们知道，以前的情况恰恰相反。

第五章　调节粮食消费和分配

第一节　调节粮食消费和分配的条件与方式

粮食消费和分配的调节与粮食收购、价格及运输的调节关系密切。我们会发现,调节消费和调节分配之间存在一定的依赖关系。这种依赖关系表现为,调节消费必须以分配的组织为前提;相反,调节分配可能与规定消费标准有关,但也可能与之无关,这里说的是其他独立任务,例如按人口平均分配粮食的任务、影响价格的任务,等等。从历史看,战争时期恰恰如此,组织居民粮食分配最初并没有致力于规定消费标准的任务。

战争时期调节粮食消费或者单纯源于均衡粮食消费的任务,或者源于此项任务和降低消费标准,相应地减少粮食消费总量的动机。调节消费只是**为了平均粮食消费**,尽管我们发现,战前和战争初期军队的粮食数量充足。在这里规定粮食消费标准是战时经济结构本身的要求。

后来出现的粮食短缺不是调节消费的必要前提,而只是强化此类调节必要性的因素,只是迫使政府调低消费标准的因素。

居民的情况则完全不同。在粮食运输、交通和价格形成条件正常时期,通过行政手段规定消费标准属多余之举,但随着粮食危机的出现,这又成为必要措施。而且由于粮食短缺,规定消费标准旨在减少消费,从而保证为所有民众供应粮食的能力,即便数量有限。所以,调节消费的方式可以区分为平均方式和有限平均方式。这两种调节消费的方式都要求掌握现粮数量并能够支配这些粮食,都必须以了解粮食消费规模和组织分配为前提。

第二节 军队的消费标准

战争时期军队一昼夜人均消费标准详见表 2 - 60。

表 2 - 60

日期和规定标准的依据	面包	面粉*	面包干	颗粒粮	大米、通心粉、豌豆、芸豆、兵豆或其他代用食品	荞粉
1869 年《军事法令汇编》第 19 卷第 11162 条	2 俄磅 48 左洛特尼克	1 俄磅 85 左洛特尼克	1 俄磅 72 左洛特尼克	24 左洛特尼克	—	4 左洛特尼克
最高统帅 1916 年 1 月 16 日第 61 号和 1 月 31 日第 115 号命令	2 俄磅 48 左洛特尼克	1 俄磅 85 左洛特尼克	1 俄磅 72 左洛特尼克	24 左洛特尼克	8 左洛特尼克	4 左洛特尼克
最高统帅 1916 年 4 月 7 日第 446 号命令	3 俄磅	2 俄磅 25.5 左洛特尼克	2 俄磅	24 左洛特尼克	20 左洛特尼克	4 左洛特尼克
最高统帅 1916 年 12 月 28 日第 1804 号命令	2 俄磅 48 左洛特尼克	1 俄磅 85 左洛特尼克	1 俄磅 72 左洛特尼克	24 左洛特尼克	20 左洛特尼克	4 左洛特尼克
1917 年 3 月 20 日临时政府至最高统帅部第 2719 号电报	2 俄磅	1 俄磅 49 左洛特尼克	1 俄磅 72 左洛特尼克	24 左洛特尼克	—	4 左洛特尼克

资料来源:根据战时未公布的军需部门的资料。
* 面粉或面包干任选一种。

由表可见,军队的消费标准经常出现变化。1916 年春季消费标准提高,并且一直持续到当年年底粮食危机普遍蔓延开来的时候,革命后这个数字再次下降。换言之,从 1916 年 12 月起,军队的消费标准水平反映出国家粮食供应困难加剧。

遗憾的是,我们并不掌握饲料消费标准的资料,仅能引用战争时期法令规定一昼夜提供给 1 匹马的谷物饲料数量:正常标准为 13 俄磅 72 左洛特尼克燕麦,压缩标准为 12 俄磅燕麦。[①] 但这个标准在战争时期,特别是在战争的后半阶段无疑逐渐下降,这是其一;部分地以大麦代替燕麦,这是其二。

至于军队粮食分配的组织情况,由于战时经济的特点、消费单一以及消费受到严格控制,这种组织只会引发技术问题,而不是经济问题,其实质本身很明确,无需赘述。

第三节　革命前的居民消费和分配调节

居民的粮食分配调节早于消费调节。随着物价上涨压力日渐明显,也就是大致在 1914 年末至 1915 年初,政府着手调节粮食分配。[②] 地方自治机构最先开始调节粮食分配,因为 1915 年和 1916 年部分时间这些机构疲于应对不断上涨的价格。由于价格昂贵,贫困居民阶层越来越买不起粮食,因此,在组织粮食分配时,除特殊情况外,地方自治机构的主导任务不是规定消费标准,而首先是平抑价格,为居民特别是贫困居民提供价钱便宜的粮食。

我们已经知道,从 1915 年起,地方自治机构和后来依附该机构成立的各种粮食组织或者开始独立收购粮食,或者委托合作社和私商收购粮食,或者把地址提供给私商和私人机构,以便后者为自己发运粮食。与此同时,地方自治机构和其他粮食组织自然地面临着调节粮食分配的任务。不同地区完成这个任务的方法不同,或摸索着解决,或凭经验行事。

解决分配调节任务时,地方自治机构和其他粮食组织开始在某

---

① *Саравочная книжка для офицера*. М. , 1916. Продовольствие в мирное и военное время.

② Анкета о дороговизне, 1915. Пг. , Всероссийский союз городов, 1915, ст. А. Г. Шлезингера; *Борьба с дороговизной и городские управления*; *Краткий обзор земских мероприятий в области продовольственного дела*: *Материалы по вопросу организации продовольственного дела* / Под ред. А. В. Чаянова. Вып. I.

些独立收购的情况下组建自己的分配站,其他情况下它们并不建立分配站,而是把粮食交给合作社和私商进行分配。根据全俄城市联盟 1915 年 4 月—6 月和 11 月针对城市粮食组织进行的调查,大部分城市粮食组织没有自己的分配机构,而是通过私商分配粮食,极少借助于合作社。不过,多数粮食组织承认这种方式很不方便,并积极着手建立自己的分配机构。基于 98 份对社会组织中央委员调查表的回答,1916 年 7 月前地方粮食机构粮食分配的组织情况如下:44 家粮食机构完全依靠自己的贸易组织分配粮食,27 家粮食机构依靠其他社会组织分配粮食,2 家粮食机构依靠私人贸易机构分配粮食,7 家粮食机构依靠自己的组织和其他社会组织分配粮食,10 家粮食机构依靠自己的组织和私人贸易机构分配粮食,8 家粮食机构依靠自己的组织、其他社会组织和私人贸易机构分配粮食。

因此,到 1916 年夏,大多数地方粮食机构已经通过自己的分配站分配粮食,并且很大程度上依靠其他社会组织,主要是合作社分配粮食,同时大量存在不同社会力量共同组织粮食分配工作的情况。

下一项粮食分配调节措施是制定规则,对接受粮食分配的群体、进行粮食分配的地区和分配给一个人的粮食数量加以限制。地方自治机构针对自己收购的粮食和发运给自己的粮食采取限制性措施,而且这些措施既适用于通过地方自治局分配站分配的粮食,也适用于通过合作社和私人贸易机构分配的粮食。在后一种情况下,正像我们分析价格调节时看到的那样,私人贸易机构应承担一定的责任,有时办理抵押,作为其遵守有关规定的保证。为此目的,甚至建立了某种监督机构。

社会组织中央委员就调节和限制粮食分配问题发放了调查表,根据 66 份回复的调查表可以发现:8 个地方自治机构没有调节粮食分配,29 个地方自治机构对所有粮食分配采取调节措施,29 个地方自治机构对部分粮食分配进行调节。或者说,回答调查表问题的大部分地方自治机构对粮食分配作出调节。

地方自治机构通过什么方式调节售给某类购买者或一个人的粮食数量?关于这个问题,58 个地方自治机构在刚提到的调查表中作出回答。这些地方自治机构对粮食售付采取调节措施,其中,18 个地方自治机构限制每次售粮时付给一个人的数量,3 个地方自治机构凭票售粮,23 个地方自治机构凭配给证分配粮食,14 个地方自治局通过混合方式售粮:利用前面三种形式之一售付粮食。

这样,上面列举的数据和其他现有资料表明,调节粮食分配的方式有两种:声明制和批准制。后者同样地可以分为狭义批准制和票证配给制。声明制的实质是,地方自治机构做出限制粮食销售的决定,并建议自己的分配站、合作社和有关贸易企业分配给居民的粮食数量不要超过每次卖粮时付给一个人的数量。而且这个数量在不同地区差别较大,例如面粉的波动范围在几俄磅和几普特之间。

显然,这种调节粮食分配的方式最不完善。这种方式不仅无法区分不同类别的购粮者,使之适用不同的分配条件,而且实际上不可能限制同一个人只按照规定数量获得粮食。所以,当地方自治机构和地方粮食组织着手真正区分购粮者的类别、限制粮食供给量时,它们多半已经转而实行批准制,或已经开始依靠批准制调节粮食分配。

批准制的实质是只能向持有相应证明(票)的人发放批准数量的粮食。批准制是逐渐形成的,尽管不总是如此。批准制的开始阶段是狭义批准制,最终阶段则是票证配给制。狭义批准制的特点是,为了从调节机构支配的粮食储备中领到一定数量的粮食,领取人需持有证明。这种证明或者由调节粮食分配的机构专门制作和发放,或者有条件地以居留证、工资计算簿、工作单位介绍信等作为证明。这种分配制度是票证配给制的过渡阶段,尚未与规定消费标准的任务结合起来,只是限制出售给单个人的粮食数量,为居民(有时只是贫困居民,例如勒热夫市)提供价格便宜的粮食,从而影响市场价格。狭义批准制不能保证全面为居民提供粮食供应,必须以平行存在的私人贸易机构和合作社的自由供应为前提。这种批准制带有偶然性特点,多半临时用于分配调节机构掌握的粮食,计划性和连续性不足。但粮食危机越严重,平均分配粮食的要求就越强烈,粮食分配和规定消费标准的联系就越明确。票证配给制是对这些生活需求的回应。

第四节　革命前的票证配给制[①]

　　作为批准制的一种形式,票证配给制的实质在于,公民有权按照规定标准领取一定数量的配给食物。这种权利的象征是领取者持有某种程度上形式统一的票证。票证配给制和狭义批准制的区别不仅表现在技术特征方面——前者发放固定的票证,而且表现在每个公民与调节机构的新型关系上——前者有权领取一定数量的分配的食物,后者有责任提供相应数量的食物。根据票证赋予公民的权利的性质,票证配给制可以分为平均分配票证配给制和有限定额票证配给制。当公民的权利仅限于同其他人一样参与现有食物的分配,仅此而已,配给规模甚至配给的事实本身取决于现有的食物数量,此时我们称之为平均分配票证配给制。综上之述,从性质看,平均分配票证配给制非常接近于狭义批准制。当公民有权凭票证要求得到固定数量的粮食时,我们称之为有限定额票证配给制,这也是最完善的票证配给制形式。但必须指出的是,在实践中,有限定额票证配给制常常遭到破坏。这种配给制赋予公民实际获得固定数量某种食物的权利,但由于食物缺乏或者数量不足,公民获得食物的权利,特别是获得固定数量食物的权利无法得到实现。这样,我们似乎看到了两种票证配给制形式的过渡类型,可以称之为有限分配票证配给制。

　　票证配给制意味着向调节机构更加有规律地为居民供应日用必需品过渡。这就是随着粮食危机的发展,国家对居民供应问题重视程度的提高,也就是从 1916 年,特别是从 1916 年春季开始,俄国着手实行票证配给制(尤其是在城市)的原因。最初只有白糖实行票证配给制,后来某些地方同时扩大到其他食品。我们已经

---

① 下面的叙述根据: *Карточная система*. (Материалы)// Известия Особого совещания по продовольствию. 1916. № 23 - 25, 27 - 31; *Карточная система в городах*. М. , Всероссийский союз городов, 1916; *Карточная система в г. Туле. Организация и программы переписи населения*. Тула, Тульская городская управа, 1916.

列举过 1916 年 7 月以前票证配给制的数字。根据比较完整的资料和 1916 年 7 月 13 日全权代表对特别粮食会议事务管理局函询的答复,可以确定,99 个地区实行票证配给制,其中,8 个地区属于最需要粮食的省份,59 个地区属于独立的城市,32 个地区属于县城。"哪些食品实行票证配给制?"的问题收到 87 份答复,其中,所有地区都指出白糖实行票证配给制,12 个地区指出小麦粉和颗粒粮实行票证配给制。因此,面粉和颗粒粮实行票证配给制的地区明显少于白糖实行票证配给制的地区。

非常明显,俄国没有在全国范围内实行票证配给制,这一制度仅限于在地方范围根据地方机构的倡议加以实施,因此,和地方粮食组织本身五花八门一样,票证配给制的种类异常繁多。

大多数情况下实行平均分配票证配给制,有时实行有限分配票证配给制,所以,凭票证领取食物,特别是领取固定数量食物的**实际**权利并没有得到保障。在这个问题的 71 份答复中,只有 29 份指出这种权利得到保障。具体到面粉和颗粒粮,在 12 份答复中,6 份确认这种权利得到保障。

各地区的食物分配标准存在较大差异。例如,面粉的人均分配标准最低 4 俄磅,最高达 40 俄磅。有时所有人的标准相同,有时成人高些、儿童低些,有时儿童根本不能凭票证领取食物。某些情况下,白糖的情况正相反。个别地区没有规定食物分配标准,主要依据现有商品数量确定。

这些食物分配标准和调节消费存在着怎样的关系呢?很显然,真正按计划调节消费不仅要求了解需求规模和满足需求的某种通常标准,掌握食物储备规模和可以支配的食物数量,而且需要**垄断性地**制定食物分配规则。如果同规定的食物分配标准一起还存在向居民供应食物的其他途径,特别是自由贸易,那么调节机构规定的消费标准就会失去其实际性质。规定的消费标准开始具有如下特征:居民以合法方式按照消费标准获得规定数量的食物作为通过非法途径获得食物的补充。可以断言,革命前调节机构实际垄断粮食分配工作的情况不多见。即便存在这种情况,那么就粮食而言,其原因只是实际条件,即运输条件和调节机构在控制粮食方面的特权地位的结果,与法律条件无关。从面粉和颗粒粮看,12 份答复中,只有 4 份答复指出存在例外。因此,可以作出总体性结论:根据票证配给制规定的消费标准对有计划地调节居民消费没有实际意义。如果这种消费受到某种因素的调节,那么只能是某个地区利用所有途径供应粮食的顺利程度。

现在我们从技术方面分析一下票证配给制的组织。实行票证配给制必须以了解人口数量和人口构成为前提。因此,大多数城市推行这一制度时都进行人口调查。对于各县,调节机构通常使用 1916 年的人口调查数据,并对其加以必要的修正。配给证分为个人配给证和集体配给证两种,后者以家庭、住宅、机关、组织、企业为单位进行食物分配,在实践中居多。个人配给证一般实行记名制或凭证发放食物,集体配给证则普遍实行记名制。配给证通常包括每月一张、两张、三张甚至六张供应票或者数张未规定使用期限的供应票。有时配给证只用于固定食物的分配,有时同一个配给证包括几种食物的供应票,这些食物的名称或具体标明,或不予标注。有时人们似乎赋予固定食物配给证,特别是白糖配给证以象征意义,凭这些配给证可以分配其他各种食物。配给证的发放通常比较分散:可以根据领取人的居住地或所在地,也就是根据住宅、工作单位发放配给证,也可以通过某些分配站发放配给证。凭领取人签字和身份证交付配给证。

通常借助合作社、私人贸易机构和政府商店的某种组合凭配给证配给食物,很少只利用 3 个组织中的一个分配食物。在前面提到的材料中,我们看到 87 份调查表回答了这个问题,其中,58 份调查表指出私人贸易机构参与了食物分配,56 份调查表指出合作社参与了食物分配,33 份调查表指出政府商店和粮库参与了食物分配。

因此,革命前的分配调节非常繁杂。除白糖以外,实际上可能不存在对消费的计划调节。

社会舆论认为这是现行制度的缺陷。要求采取全国性居民食物供应措施的同时,社会舆论要求实行合理的、比较统一的国家分配和消费调节制度。

第五节　二月革命后的消费和分配调节

革命后,随着垄断政策的实施,国家开始迎合社会舆论的要求。国家首先着手调节消费。1917 年 3 月 7 日农业部长发布命令,[①]建议地方机构讨论禁止烤制、销售奶油鸡蛋面包、圆柱形甜面包、蜜糖饼干、馅饼、蛋糕、甜点和各类用和有奶油、鸡蛋的面烘烤的食品的问题,如果问题得到积极解决,政府将通过这项决定。从这里我们可以发现,国家试图从质量方面调节消费。与此同时,国家采取一系列措施,从数量上限制消费。3 月 25 日法令规定了没收粮食占有者余粮的标准,而且这个标准指的是保证农户的播种、饲料和粮食需求。粮食的月人均标准为 50 俄磅,单身劳动力为 60 俄磅。3 月 25 日法令同时规定了农民和其他粮食占有者的最高消费标准。根据 1917 年 4 月 29 日农业部长 А. И. 申加廖夫签署的命令,消费标准问题在 3 月 25 日法令生效的地区得到进一步发展。[②] 3 月 25 日法令规定的没收余粮的最高标准适用于农村居民。城市和城市类型居民点的基本月人均消费标准为 30 俄磅面粉和 3 俄磅颗粒粮,重体力劳动者(由地方委员会确定)额外增加 50% 的口粮。上述所有标准都是最高标准,但居民无权要求按照这些标准实际供应粮食。配给粮食的种类和等级根据地方粮食委员会的综合条件确定。对于 3 月 25 日法令效力不及的省和州,经农业部长批准,相应粮食委员会有权不遵守上述规定。

此后消费标准几经变化。根据 6 月 26 日粮食部长发布的命令,农村居民的消费标准仍保持原来水平,城市和城市类型居民点的消费标准调整为 25 俄磅面粉和 3 俄磅颗粒粮,要求必须为重体力劳动者额外提供口粮,但总量不得超过 37.5 俄磅面粉。[③]

接下来,9 月 6 日条例调低了农村和登记了粮食储备的粮食占

---

① *Узаконения и распоряжения по продовольственному делу за* 1914 - 1917 *гг.* С. 470.

② Известия по продовольственному делу. 1917. № 1. Отд. офиц. С. 24 - 25.

③ *Узаконения и распоряжения по продовольственному делу за* 1914 - 1917 *гг.* С. 480 и сл.

有者的消费标准,降至月均 40 俄磅粮食和日均 10 左洛特尼克颗粒粮(每月 3 俄磅),成年单身劳动力调整为 50 俄磅(西伯利亚和草原地区的消费标准高些,为 50 俄磅,成年单身劳动力为 60 俄磅)。①

最后,根据 9 月 20 日发布的命令,农村居民的消费标准保持原来水平,城市和城市类型居民点的月消费标准为 25 俄磅面粉和 3 俄磅颗粒粮,为重体力劳动者额外提供口粮,但月消费量不得超过 36 俄磅面粉。②

这样,二月革命以后俄国制定了限制性最高消费标准。从数量上限制消费是革命后调节消费的第二个趋势。

规定的消费标准具有全民性质。农村居民、重体力劳动者与市民消费标准不同的原因是这些群体的生活条件存在差异。粮食部门在规定的标准范围内,按照实际能力为居民供应食物。不同居民群体消费标准的差异化是革命后调节消费的第三个趋势。

革命以后调节消费的第四个趋势是每个居民群体内实行平均消费。这一趋势与分配和票证配给制的组织存在密切联系。1917年 4 月 29 日发布的命令要求所有城市和城市类型居民点完全按照票证配给配售食物。授权地方粮食委员会确定乡村地区的分配形式,并且无论如何应当以某种文件的形式保证乡村地区的平均分配。

本质上,消费和分配调节与粮食消费地区收购和供应工作的顺利程度有关。此外,需要在消费地区采取特殊措施。《票证配给制组织细则》(6 月 6 日)和《规定消费标准的命令实施细则》(6 月 26日)详细地规定了消费地区采取的特殊措施。③ 根据这些规定,首先,需要了解各地从有余粮的贸易企业、地方生产者手中收归公有并列入该消费地区供应计划的余粮数量。显而易见,统计余粮不仅与清点粮食数量有关,而且与核算占有粮食的农户的需求有

---

① Известия по продовольственному делу. 1917. № 3. Отд. офиц. С. 33 и сл.

② 同上,С. 33.

③ *Узаконения и распоряжения по продовольственному делу за 1914 - 1917 гг.* С. 474 и сл.

关;其次,需要查明必须供应的人口数量,把这部分人分成享受不同消费标准的群体,而且城市、城市类型居民点重体力劳动者的确认权限归地方机构。根据粮食部的意见,城市和城市类型居民点的重体力劳动者群体(与性别、年龄无关)包括下列人员(不含其家庭):工厂和矿业工人、建筑工人、铁路和航运企业的工人及线路工人、电车工人、做粗活的工匠、打扫院子的人、洗衣工、邮递员等。

至于票证配给制本身,则其扩大到所有市民,军队除外。配给证分为个人配给证、集体配给证、重体力劳动者补充配给证、外来人配给证(限制供应票数量)、饭店和旅店等顾客食物配给证(这类配给证可以制成联票形式)等不同种类。供应票或者标明消费标准数,或者不予标注,后一种情况下每次由粮食部门确定一定期限的消费标准。因此,规定的只是最高消费标准,在规定的标准范围内,食物配给证仅具有限制分配的性质,并未赋予人们要求粮食机构必须按照规定标准数额配给食物的权力。实行票证配给制时,有关机构对面包房、面包店、小吃部等进行登记,或者向这些地方发放粮食进行加工,或者由这些地方向居民出售粮食。随着票证配给制的实施,只能由已经登记的贸易企业、合作社和其他社会机构凭配给证出售食物。为加快食物分配速度,消费者通常登记在固定销售点。政府对票证配给制的完成情况进行监督。

二月革命后粮食消费标准实际在多大程度上得到落实?莫斯科工人代表苏维埃的调查数据某种意义上回答了这个问题。37个省对该调查表(1917年春末至夏初)的答复表明,28个省的城市和乡村地区实施了粮食消费标准,1个省仅在城市实施了粮食消费标准,5个省即将实施粮食消费标准,2个省没有也不准备实施粮食消费标准。由此可见,1917年夏初大多数省份已经开始规定粮食消费标准和调节分配。[①]

---

① *Организация продовольственного дела*. М. , изд. бюро по созыву Всероссийского продовольственного съезда 1917. Сост. М. Шефлером.

第六节　十月革命后的消费和分配调节

　　总体上,二月革命后出台的消费标准和消费调节措施在十月革命后仍保留了相当长时间,但 1918 年 6 月—9 月新政权对原来的措施作出两项重大调整:第一,根据省粮食委员会制定的标准,针对加入贫农会的贫农实行特别食物分配制度,但同消费调节相比较,这项措施与我们前面谈到的收购调节联系更紧密;第二,实行所谓的"阶级口粮制"。彼得格勒率先实行"阶级口粮制",1918 年 9 月 1 日莫斯科紧随其后,然后这一分配制度扩大到各省。莫斯科的"阶级口粮制"把居民分为 4 类(后来改为 3 类),分配食物。第一类居民包括:1. 在特别艰苦的劳动条件下工作的工人,2. 母乳喂养孩子(至 1 岁)的母亲、奶妈和孕妇(从怀孕第五个月开始);第二类居民包括:1. 在正常环境和条件下(与使用酸类物质和有害气体无关或无需承受极大的身体压力)工作的重体力劳动者,2. 家庭人口不少于 4 人、孩子在 3 岁到 14 岁之间的主妇(没有仆人),3. 靠家庭抚养的一级丧失劳动能力者;第三类居民包括:1. 从事轻体力劳动的熟练和非熟练工人,2. 家庭人口不足 3 人、有不满 3 岁的孩子和 14 岁到 17 岁的半大孩子的主妇(没有仆人),3. 各类学校的学生(14 岁以上),4. 职业介绍所登记的各类失业人员,5. 退休人员、残废军人、残废人和其他靠家庭抚养的一级和二级丧失劳动能力者;第四类居民包括:1. 依靠资本、房产和企业收入或使用雇佣劳动力生活的男性和女性及其家庭,2. 不担任社会职务的自由职业者及其家庭,3. 没有固定职业的人员和其他不劳动的人。①凭配给证向上述 4 类居民配给食物的比例相应为 4:3:2:1。此外,凭配给证优先向第一类和第二类居民发放食物,其次向第三类居民发放食物,在满足前三类居民食物需求的条件下向第四类居民分配食物。随着"阶级"配给制的实行,以前存在的所有额外

---

① *Сборник постановлений и распоряжений общих и местных, регулирующих продовольственное дело в Москве.* М., Прод. отдел Моск. Совета рабочих и красноармейских депутатов. 1918. Вып. V. C. 152 и сл.

配给证作废。

　　这项制度的支持者提出必须更好地为劳动生产率最高的生产者代表供给食物的思想,作为实施"阶级口粮制"的根本动机。但毋庸置疑,与收购政策一样,上述分配调节政策同时受到阶级斗争动机的驱使,受到把无产阶级作为统治阶级置于特权阶级地位的动机的驱使,否则无法理解北部地区挨饿的农民被列入最低类别、知识分子(不能否认其对提高生产效率的作用)未被列为第一类居民的原因。总之,与二月革命后消费和分配调节的全民性特点相对立,此时我们看到的是阶级思想的实践。[1]

第七节　居民的实际粮食供应标准

　　对于这个问题,我们不掌握完整和准确的资料,仅限于某些想法和数据。例如,我们分析一下莫斯科的供应情况。当然,莫斯科并不具有普遍的代表性。可以断定,就粮食部门对居民的食物供应来说,莫斯科多半处于特权地位。因此,下面数字反映出的情况应好于粮食部门对居民的实际食物供应水平。

　　1914—1916 年,莫斯科居民无疑有可能一定程度上根据自己的需求购买食物。从 1916 年末开始食物供应出现困难,1917 年 3 月 6 日实行面包票证配给制,自 1917 年 7 月起实行颗粒粮、大米、通心粉和细面条配给制。此后,票证配给制一定程度上建立起来。凭配给证向居民配给食物的情况详见表 2－61(月人均数量,单位:俄磅)。

表 2－61

时间	面包	颗粒粮和大米	通心粉和细面条	合计
1917 年 7 月	23.25	1.00	—	24.25
8 月	20.00	1.00	0.50	21.50

---

[1] *О классовом пайке* // Известия Народного комиссариата продовольствия.

时间	面包	颗粒粮和大米	通心粉和细面条	合计
9 月	19.00	0.50	0.50	20.00
10 月	21.25	0.50	0.50	22.25
11 月	15.00	1.00	0.50	15.50
12 月	12.75	1.50	0.25	14.50
1918 年 1 月	7.75	0.50	—	8.25
2 月	7.00	0.50	—	7.50
3 月	7.75	1.00	—	8.75
4 月	10.50	0.50	—	11.00
5 月	7.75	—	—	7.75
6 月	7.50	—	—	7.50
1917 年 7 月—10 月	20.88	0.75	0.37	22.00
1917 年 11 月至 1918 年 4 月	10.05	0.83	0.04	10.92
1918 年 5 月—6 月	7.62	—	—	7.62
1917 年 7 月—12 月	18.54	0.92	0.38	19.84
1918 年 1 月—6 月	8.04	0.42	—	8.46
1917 年 7 月至 1918 年 6 月	13.29	0.67	0.19	14.15

资料来源：Шуба Г. *Нормированное потребление московского населения* // Кабо Р. М. *Потребление городского населения России*. М.，Прод. отдел моск. совета рабочих и красноармейских депутатов，1918.

　　由此可见，从 1917 年 11 月份开始，莫斯科居民的实际供应标准大幅下降，而且这一下降趋势一直持续到 1918 年 6 月。颗粒粮和大米的情况略有不同，从 1918 年 5 月起供应量才开始减少。如果我们注意到重体力劳动者的额外口粮，那么莫斯科居民食物供应量下降的情况不会有变化。莫斯科 36.7％的居民领取额外口粮。1917 年 7 月—12 月重体力劳动者月人均额外领取口粮 18.54 俄磅,全体居民月均额外领取口粮 6.80 俄磅,1918 年 1 月—6 月分别为 7.54 俄磅和 2.77 俄磅,1917 年 7 月—1918 年 6 月分别为 13.04 俄磅和 4.79 俄磅。[①]

显然,口粮的额外配给量逐渐减少。如果计算全体居民的人均额外口粮数量,那么规定标准以外发放的口粮并不多。

因此,如果仅根据配给证考察居民的食物供应情况,则必须指出居民消费标准大幅下降,例如同 1916 年相比较。表 2 - 62 列举了 1917—1918 年凭配给证向居民人均发放食物的数量(俄磅)和 1916 年的消费标准。[②]

表 2 - 62

食品类别	1916 年 6 个月的消费标准	1917 年 7 月—12 月凭证供应量	占 1916 年 6 个月消费标准百分比	1918 年 1 月—6 月凭证供应量	占 1916 年 6 个月标准百分比	1916 年的消费标准	1917 年 7 月—1918 年 6 月凭证供应量	占 1916 年 6 个月消费标准百分比
面包(折合成面粉)	176.10	108.65	61.7	46.20	26.2	352.20	154.85	44.0
颗粒粮、大米、通心粉	47.80	7.75	16.20	2.50	5.2	95.60	10.25	10.70
合计	223.81	116.40	52.0	48.70	21.7	447.80	165.10	37.0

这样,1917 年 7 月—12 月居民凭配给证分配到的食物约相当于 1916 年 6 个月消费标准的 52%,1918 年 1 月—6 月居民凭配给证分配到的食物仅相当于 1916 年 6 个月消费标准的 21.7%,1917 年 7 月至 1918 年 6 月一年时间内居民凭配给证分配到的食物相当于 1916 年年消费标准的 37.0%。

---

① Шуба Г. *Нормированное потребление московского населения* // Кабо Р. М. *Потребление городского населения России*. М., Прод. отдел моск. совета рабочих и красноармейских депутатов,1918.

② Шуба Г. *Нормированное потребление московского населения* // Кабо Р. М. *Потребление городского населения России*. М., Прод. отдел моск. совета рабочих и красноармейских депутатов,1918.

　　很明显,面对这样的食物供应(凭票证)水平,必要时候居民会越来越多地通过其他途径获得粮食。但如果不仅仅考虑莫斯科居民凭配给证消费的食物数量,而是注意到其消费的所有食物,那么我们会发现,居民的食物需求远没有得到完全满足。根据全俄粮食组织工作者代表大会在 A. E. 洛西茨基领导下进行的调查(1918年 1 月中旬至 5 月中旬),莫斯科居民的实际消费水平(俄磅)详见表 2-63。

表 2-63

消费者类别	每天每人必需的食物量		平均实际消费		短缺的消费量	
	非劳动力	劳动力	非劳动力	劳动力	非劳动力	劳动力
单身者	1.25	1.80	0.78	1.23	0.47	0.57
成家者	1.09	1.28	0.76	0.93	0.33	0.35
各类消费者	1.09	1.32	0.76	0.95	0.33	0.37

资料来源: А. Л. *Хлебное довольствие московского населения* // Бюллетени Московского народного банка. 1918. № 10.

　　因此,居民的食物消费严重不足。关于通过粮食部门,也就是凭配给证向居民供应食物的比例问题,调查表反馈的信息总体与上面引用的莫斯科凭配给证供应的数字相同。粮食委员会供应的食物数量占不同类别居民消费量的比例详见表 2-64。

表 2-64

消费者类别	非劳动力	劳动力
单身者	32.1%	36.1%
成家者	34.9%	36.0%
各类消费者	34.7%	36.0%

资料来源:同表 2-63。

　　根据上述内容,居民普遍在"自由"市场,也就是非法市场购买粮食。80%的被调查者通过这种途径获得粮食,在"自由"市场购买的粮食约占消费总量的 54％。

这就是国家为莫斯科居民供应粮食的实际情况。各省及其消费中心的供应形势可能更差一些。目前尚不掌握这个问题的详细和准确资料。[1] 但作为例证,我们可以看一下科斯特罗马省居民的实际平均供应标准。科斯特罗马省人口 1079840 人,其中需要供应粮食的人口 326668 人。这部分人每月人均供应标准如下:1917 年 11 月——13.7 俄磅,1917 年 12 月——10.0 俄磅,1918 年 1 月——9.0 俄磅,1918 年 2 月——8.4 俄磅。[2]

因此,各省的食物供应状况比首都糟糕。同时,同一个省的食物供应很不均衡,越偏远的地区,供应状况越差。我们仍以科斯特罗马省为例,1917 年 11 月至 1918 年 2 月该省各县需要供应粮食的人口月均供应量(俄磅)详见表 2－65。

表 2－65

科斯特罗马省西部地区	1917 年 11 月至 1918 年 2 月人均供应标准	科斯特罗马省东部地区	1917 年 11 月至 1918 年 2 月人均供应标准
科斯特罗马市	19.8	科洛格里夫县	2.1
科斯特罗马县	16.3	加利奇县	1.9
涅列赫塔县	10.3	韦特卢加县	1.8
索利加利奇县	10.1	瓦尔纳温县	0.0
丘赫洛马县	8.7		
布伊县	4.4		

资料来源:Известия Московского областного продовольственного комитета. 1918. No 9. С. 58 и сл.

---

[1] 本书写作结束的时候,由 A. E. 洛西茨基领导、中央统计局组织的食物供给研究尚未发表(参见:*Статистический сборник за* 1918－1920 *гг.* Труды Центр. стат. управл. М.,1921.)。此外,前面提到的自 1919 年 3 月—4 月开始的研究所涉及的时期晚于我们所研究的时期。

[2] Известия Московского областного продовольственного комитета. 1918. No 9. С. 58 и сл.

由此可见,科斯特罗马省东部地区尽管自有粮食比较充足,但供应水平明显不如西部地区,而且西部地区各县的供应状况也非常不均衡。

根据 26 个省的大量资料,我们可以阐述 1918—1919 年国家供给在多大程度上保障了居民的粮食需求。利用产量统计数据和城市居民消费统计数据(1919 年 4 月和 7 月的数据),A. E. 洛西茨基得出明确结论,大致地反映了居民消费水平以及国家机构在居民食物供应中的作用。[1] 以洛西茨基的计算结果为基础,可以了解市民和农村居民一年时间内的消费情况(参见表 2 - 66)。

表 2 - 66

苏俄省份	市民和城市类型居民点工人人均消费量(普特)	其中来自		农村居民人均消费量(普特)	其中来自		
		粮食人民委员部	背袋贩子[2]		私人经济	粮食人民委员部	背袋贩子
		%				%	
14 个产粮省	11.0	46.2	53.8	16.5	100.0	—	—
12 个消费省	8.2	37.6	62.4	11.0	73.6	9.2	17.2
26 个省	9.3	41.9	58.1	14.7	93.6	2.2	4.2

由此可见,甚至在城市国家供应量也远未达到居民实际消费量的一半,相应地,背袋贩子操纵的非法自由市场在居民粮食供应中发挥显著作用。国家机构供给农村居民的粮食数量极小,仅相当于背袋贩子供应量的 1/2。

---

[1] Лосицкий А. Е. *Потребление хлеба и мяса в* 1918/19 *г.* // Вестник статистики. 1920. № 1 - 4.

[2] 苏联十月革命后内战时期从乡下把粮食等食品背到城里贩卖的人——译注。

第六章　"背口袋的买卖"与1918—1919年国家

粮食供给和国家粮食组织的衰落

通过前一章的阐述，我们确信，1917—1918年国家依靠自己的力量仅满足居民粮食需求的1/3～1/2，甚至低于最低消费标准，而且随着时间的推移，这种满足程度通常不断下降。粮食不能自给自足的居民无疑会尝试借助国家机构以外的其他途径补充食物的不足，但显而易见，除了国家机构和规定的市场以外，居民只能在非法的自由市场买到粮食。

的确，根据全俄粮食组织工作者联盟的调查数据，在受访者当中，1918年1月—5月，莫斯科85％的劳动者到自由市场购买粮食，非劳动者和全体市民的这个比例分别为77％和80％。[1]

在自由市场上购买的粮食占受访者粮食消费量的54％，比他们从粮食委员会获得的粮食数量高1.5倍。

不过，1917—1918年自由市场本身发生深刻变化。前面我们已经指出，以粮食垄断为由，俄国实际上垄断了粮食贸易。但实行粮食贸易垄断意味着专业化的私人粮食贸易机构被取代和遭到破坏。这样，逐渐形成一种局面：国家机构无力充分满足居民

---

[1] Шуба Г. *Нормированное потребление московского населения* // Кабо Р. М. *Потребление городского населения России.* М., Прод. отдел моск. совета рабочих и красноармейских депутатов, 1918.

粮食需求,私人贸易机构则被剥夺了主动参与粮食供给的权力和机会并最终消失。这种情况新的自由市场滋生,并且非正常地扩大。

首先,这是非法市场;其次,操纵这个市场的不是职业商人,而是被称之为"背袋贩子"的偶遇者。不过,背袋贩子明显分为两类:一类通常以满足自己和家庭的消费需要为目的,另一类则发挥了贸易中介的作用,以转售为目的收购粮食,但这两种情况下,"背口袋的买卖"都反映出粮食贸易异常分散。一个人为了每一普特粮食,抑或为了 10~15 普特粮食专门赶到数百俄里以外的地方,这样不仅浪费了工作时间,而且支付大笔路费,可以想象,粮食的附加费用和价格会提高到何种程度。此外,必须补充的是,大量存在的"背口袋的买卖"极大地冲击了本已十分糟糕交通运输。当时,背袋贩子在粮食产地收购粮食,当然毫不顾忌垄断和固定价格法令,严重地阻碍了地方粮食机构的工作。"背口袋的买卖"造成粮食价格上涨,使本已十分严峻的粮食供应形势更加混乱,因此遭到国家的反对。1917 年夏季临时政府已经开始设立哨卡,并采取其他措施,遏制这种非法贸易活动。苏维埃政府更加严厉地打击"背口袋的买卖",甚至采取逮捕、枪决等极端措施。

但是,应当承认,这一斗争未取得足够积极的效果。"背口袋的买卖"没有被消灭,而是继续存在并发挥自己的作用:一方面,继续大量为饥民供应食物,另一方面,继续扰乱粮食机构的工作。而且应当承认,"背口袋的买卖"对保障居民食物供给发挥的巨大作用尚未得到全面的评价。

从统计角度,不可能准确评估"背口袋的买卖"在居民粮食供应中起到的作用,但我们掌握的关于这个问题的一些数字仍表明,这个作用非常大。

根据 A. E. 洛西茨基领导下对莫斯科进行的调查,自由市场为居民提供的粮食比粮食委员会高 1.5 倍。

卡卢加省粮食人民委员部的调查数字①(1917 年 8 月 1 日至 1918 年 1 月 1 日)很能说明问题,使我们得出相同的结论。627 个村镇回答了调查表,占全省村镇总数的 30%。针对是否存在"背口袋的买卖"的问题,94%的村镇作出肯定答复,只有 6%的村镇作出否定答复。调查表设置了背袋贩子的数量问题,根据答复,这个数字为 187436 人。如果用这个数字总结全省的情况(回答调查表的村镇占全省村镇总数的 30%),那么卡卢加省的背袋贩子数量为 623750,约占全省总人口的 40%(不过可以认为这个数字略有夸大,因为某些人可能往返数次贩卖粮食,但同时应当注意到,对背袋贩子数量的统计未必全面)。关于"背口袋的买卖"顺利与否的问题,调查表的回答表明,在 187436 名背袋贩子中,93727 人买到粮食,占 50%,平均每名背袋贩子带回 9.9 普特粮食。

如果根据这些平均数和背袋贩子数量计算所研究时间内背袋贩子输入到卡卢加省的粮食总量,那么这个数字为 3065370 普特。有意思的是,同期粮食机构运到该省的粮食为 1156000 普特,仅相当于前者的 38%。

基于更加全面的统计数据,1918—1919 农业年度背袋贩子操纵的非法粮食市场的情况详见表 2-67。

表 2-67

省份和居民类型	收购粮食数量		供应粮食数量	
	粮食人民委员部	背袋贩子	粮食人民委员部	背袋贩子
	百万普特			
12 个产粮省				
市民	—	—	22.3	25.9
农村居民	75.3	78.2	—	—
合计	75.3	78.2	22.3	25.9

---

① *Калужские мешочники* // Русские ведомости. 1918. № 51.

1914—1918 年俄国的粮食市场及其调节

续　表

省份和居民类型	收购粮食数量		供应粮食数量	
	粮食人民委员部	背袋贩子	粮食人民委员部	背袋贩子
	百万普特			
14 个消费省				
市民	—	—	18.1	30.0
农村居民	2.5	—	14.0	26.3
合计	2.5	—	42.1	56.3
总计	77.8	78.2	64.4	82.3

资料来源：Лосицкий А. Е. *Потребление хлеба и мяса в* 1918/19 г.

　　由此可见，非法自由市场的粮食流通数量超过粮食人民委员部相关机构，背袋贩子在粮食不能自给的地区发挥显著作用。

　　1918 年 9 月，允许每人自由携带 1.5 普特的粮食到莫斯科和彼得格勒。[①] 这一尝试表明，居民渴望获得粮食的自发力量强大，背口袋贩卖粮食的社会经济基础深厚。根据 21 个省的粗略统计，这一时期单个背袋贩子收购和运送的粮食为 2651302 普特，背袋贩子队伍收购和运送的粮食为 1890858 普特，合计 4542160 普特。通过对比，我们可以发现这个数字有多大。按照消费省份 9 月的居民供应计划，拟发运粮食 386.7 万普特（通过铁路运输），其中发往首都 222 万普特，占 57%；此外，需要额外运输（通过铁路运输）80 万普特粮食用于建立冬季储备和 200 万普特粮食供粮食人民委员部支配。换言之，共需要运输粮食 666.7 万普特（通过铁路运输），但 9 月份的实际发运量只有 299.8 万普特。由此可见，背袋贩子们 9 月份为两个首都供应的粮食多于粮食人民委员部为全国和建立特殊储备输送的粮食，背袋贩子的实际粮食输送数量是粮食人民委员部 9 月份彼得格勒和莫斯科计划供应量的 2 倍。

　　这样，可以断言，从 1917 年末起，"背口袋的买卖"开始具有极其深刻的社会经济根源：为了自己尚存的最珍贵的东西，为了自己

[①] Известия Народного комиссариата продовольствия. 1918. No 24 - 25.

262

的生命,人民群众进行紧张而代价高昂的斗争,"背口袋的买卖"便是这种斗争的方式。因为拥有如此深厚的基础,"背口袋的买卖"在居民粮食供应过程中发挥了非常显著的作用,其重要性大于国家粮食机构,而且在1917年春末出现以后,这种贩卖粮食的活动迅速发展起来。受社会、经济和政治总体环境的影响,而且部分由于不断发展的"背口袋的买卖"的影响,国家粮食组织逐渐衰落。到1919年才出现新的转折,国家粮食机构的组织力量得到加强,但研究这个时期已经不是本书的任务。

结　论

　　结束对粮食市场以及军队和居民粮食供给调节政策的分析时，作为结尾，作者提出几点普遍性结论。

　　1. 本书逐一探讨和分析了调节政策的最关键措施。通过前面的叙述，我们不难发现，各项调节措施之间存在有机联系。调节收购和调节价格联系密切，供应计划和运输计划的制定与运输和价格调节政策的深化密不可分，分配和消费调节则是推行上述所有供给调节措施的必要保证。此外，国家粮食组织网络是实施调节制度的必要前提，同时也是实施调节制度的结果。

　　2. 与不同调节方式之间存在的内在有机联系相适应，这些调节方式处于平行发展状态，这种发展的特点首先是国家逐渐强对粮食市场和粮食贸易机构的干预。国家干预加强一方面是战时条件下粮食市场和粮食贸易机构崩溃的结果，另一方面也是加速粮食市场和粮食贸易机构崩溃的因素。

　　3. 国家调节措施的发展特点是这个措施体系从组织上日趋集中和统一。

　　4. 我们发现，由于调节措施之间的有机联系，某一领域国家调节措施的加强迟早会导致其他领域出现相应变化。例如，国家增加粮食收购量，特别是从 1916—1917 年开始，导致粮食机构重组，固定价格制度扩大到所有粮食交易以及供应计划的出台，这种情况后来也使分配调节任务进一步深化。在所研究的时期此类例子不胜枚举。

　　5. 在所研究的时间内，不同时期粮食市场和粮食供应调节措施的效果不同。抛开偶然性的偏差,总体上可以说,1916—1917年以前的粮食供应状况令人满意,但从 1916—1917 年起,特别是从 1917 年开始,粮食供应状况急剧恶化,尽管存在波动。

6. 当然,我们并未使供应状况完全依赖于调节措施体系。供应状况很大程度上取决于粮食产量,特别是国家总体的经济和战争形势。尽管有强烈的愿望,尽管存在系统的研究方法,但显然不可能忽视这些因素对调节供给的影响。

7. 上一个论断产生的结果是,非常难以甚至几乎不可能对粮食市场和粮食供应的调节体系作出最终评价。因为我们无法确定,如果采取不同的调节措施体系或调节措施体系没有得到如此强劲的发展,可能会出现什么样的供应形势,所以就更难作出这种评价。

8. 但可以有把握地说,上述内容表明,调节国民经济进程(包括粮食市场和粮食供应发展过程)、实现国民经济(包括粮食市场和粮食供应)合理化的任务极其复杂。以合理化因素代替经济生活自发因素的思想的实践比其理论和意识形态设计难得多。我们发现,调节措施有时没有产生任何积极效果,有时导致与预期完全相反的结果。但这些意外的结果(例如粮食贸易垄断取代粮食垄断)根本不能视为调节成功的标志。我们掌握的调节措施产生积极影响的直接标志非常有限,这就是作出如下判断的原因:我们不清楚,如果采取另一种粮食市场和粮食供应调节体系或这一体系没有得到如此深入的实施,国家会怎样。但无论如何,现存的调节体系没有使国家摆脱日益加剧的粮食危机。或许国家根本无法摆脱粮食危机,或许无需采取调节措施国家也能摆脱粮食危机,但这并不能改变在我们看来基于严谨的研究而对现存调节体系作出的评价。

对这一时期的研究至少表明,就国家和军队粮食供给来说,常见的平静情绪,甚至对余粮的顾虑首先变为对供应顺利与否的担心,然后变为对国家和军队粮食保障能力的担忧。国家弥漫着严重粮食危机和饥荒的主观幻觉,这些幻觉日益强烈并最终变成阴沉的乌云。众所周知,粮食危机和饥荒是民众情绪和国家社会经济生活发展进程的决定因素之一。因此,预防或缓和粮食危机是当时,特别是从 1916 年秋季开始国家面临的根本任务之一。政府投入大量精力解决这一问题。尽管创造了诸多条件,问题却并未得到完全解决,但由此积累的经验仍可资今后借鉴。

附　表

第一部分附表

附表1　1909—1913年居民人均粮食盈余(＋)和短缺(－)数量
　　　　（基于铁路和水路运输数据）

地区和省份	主要粮食	颗粒粮	马铃薯	次要粮食	谷物饲料
1. 波兰王国	－ 1.80	－ 0.32	＋ 0.63	－ 0.01	－ 0.28
2. 中部工业区					
弗拉基米尔省	－ 7.72	－ 1.19	－ 0.24	－ 0.03	－ 1.09
莫斯科省	－ 10.58	－ 1.37	－ 0.64	－ 0.12	－ 6.23
卡卢加省	－ 4.57	－ 10.9	－ 0.27	－ 0.12	－ 0.07
特维尔省	－ 5.05	－ 0.88	－ 0.13	－ 0.15	－ 0.40
雅罗斯拉夫尔省	－ 7.83	－ 0.16	＋ 1.74	＋ 0.25	＋ 0.27
科斯特罗马省	－ 5.37	－ 0.58	＋ 0.11	－ 0.02	－ 0.45
3. 白俄罗斯地区					
莫吉廖夫省	－ 1.58	－ 0.26	＋ 0.17	－ 0.02	－ 0.07
明斯克省	－ 1.08	－ 0.28	＋ 0.20	－ 0.07	－ 0.16

1914—1918 年俄国的粮食市场及其调节

地区和省份	主要粮食	颗粒粮	马铃薯	次要粮食	谷物饲料
维捷布斯克省	− 3.17	− 0.25	− 0.05	− 0.05	− 0.47
斯摩棱斯克省	− 3.37	− 0.62	− 0.13	− 0.15	− 0.43
4. 立陶宛地区					
维尔诺省	− 1.80	− 0.12	+ 0.01	− 0.04	− 0.80
科夫诺省	− 0.15	− 0.03	—	+ 0.06	+ 0.53
格罗德诺省	− 1.61	− 0.27	+ 0.39	− 0.09	− 0.87
5. 沿湖地区					
彼得堡省	− 11.98	− 0.52	− 1.59	+ 0.16	− 7.50
普斯科夫省	− 3.12	− 0.36	+ 0.01	− 0.07	− 0.25
诺夫哥罗德省	− 5.72	− 6.82	+ 0.03	− 0.07	+ 0.50
奥洛涅茨省	− 8.10	− 0.76	—	− 0.21	− 0.72
6. 波罗的海沿岸地区					
利夫兰省	− 4.25	− 0.06	− 0.27	− 0.26	− 1.30
库尔兰省	− 1.57	+ 0.21	+ 0.35	+ 0.03	+ 2.33
爱斯特兰省	− 4.08	− 0.04	+ 8.76	− 1.75	− 0.92
7. 乌拉尔附近地区					
维亚特卡省	− 0.07	+ 0.10	—	− 0.01	+ 1.82
彼尔姆省	− 2.43	− 0.07		− 0.05	− 0.36
8. 北部地区					
沃洛格达省	− 4.67	− 0.18	− 0.05	− 0.03	+ 0.64
阿尔汉格尔斯克省	− 7.25	− 0.57	− 0.02	− 0.19	− 2.90
9. 中部农业区					

地区和省份	主要粮食	颗粒粮	马铃薯	次要粮食	谷物饲料
库尔斯克省	+ 1.54	+ 1.39	+ 0.62	+ 0.07	+ 3.08
奥廖尔省	− 1.05	− 0.34	+ 0.19	− 0.12	+ 3.92
图拉省	− 0.18	− 0.84	+ 10.80	− 0.20	+ 10.42
梁赞省	− 0.65	− 0.81	+ 0.06	− 0.03	+ 4.71
坦波夫省	+ 3.89	+ 0.64	+ 0.35	+ 0.31	+ 7.04
沃罗涅日省	+ 5.05	+ 0.75	+ 0.84	− 0.05	+ 1.66
10. 伏尔加河中游地区					
萨拉托夫省	+ 10.71	+ 0.60	− 0.20	+ 0.72	+ 1.71
辛比尔斯克省	+ 3.30	+ 1.78	− 0.01	+ 0.12	+ 1.76
奔萨省	+ 1.24	+ 0.03	+ 0.57	+ 0.53	+ 4.68
喀山省	+ 0.91	+ 0.07	—	—	+ 3.82
下诺夫哥罗德省	− 4.24	− 1.00	+ 0.06	+ 0.07	− 0.71
乌法省	+ 7.80	+ 1.70	+ 0.03	+ 0.06	+ 1.91
11. 伏尔加河下游地区					
萨马拉省	+ 25.30	+ 0.96	− 0.12	+ 0.01	− 1.14
奥伦堡省	+ 8.05	+ 1.01	− 0.09	− 0.02	+ 0.02
阿斯特拉罕省	− 6.12	− 0.05	—	− 0.02	− 0.07
12. 新俄罗斯地区					
比萨拉比亚省	+ 5.09	− 0.03	− 0.08	+ 8.56	+ 9.76
赫尔松省	+ 14.21	− 0.07	− 0.07	+ 1.35	+ 15.84
塔夫利达省	+ 25.35	− 0.16	− 0.85	+ 0.07	+ 12.31
叶卡捷琳诺斯拉夫省	+ 16.18	− 0.25	− 0.42	− 0.06	+ 8.74

地区和省份	主要粮食	颗粒粮	马铃薯	次要粮食	谷物饲料
顿河州	+ 18.45	+ 0.11	− 0.64	− 0.06	+ 9.66
13. 西南部地区					
波多利斯克省	+ 2.41	− 0.12	+ 0.59	+ 0.55	+ 0.51
基辅省	+ 1.63	+ 0.84	+ 0.23	+ 0.06	+ 0.38
沃伦省	+ 0.47	− 0.18	+ 0.09	− 0.02	− 0.12
14. 小俄罗斯地区					
哈尔科夫省	+ 4.76	− 0.02	+ 0.53	− 0.20	+ 1.56
切尔尼戈夫省	− 1.07	− 0.10	+ 0.63	+ 0.26	+ 0.40
波尔塔瓦省	+ 6.09	+ 0.68	+ 0.13	+ 0.08	+ 2.34
15. 北高加索地区					
库班省	+ 20.96	− 0.11	− 0.88	+ 0.04	+ 10.14
斯塔夫罗波尔省	+ 11.21	+ 0.15	− 0.43	− 0.04	+ 5.51
捷列克省	+ 3.52	+ 3.70	+ 1.11	+ 9.21	+ 4.93
外高加索	− 2.55	− 0.04	− 0.17	+ 0.27	− 0.01
16. 西西伯利亚					
叶尼塞斯克省	− 0.39	− 0.05	− 0.01	—	+ 0.30
伊尔库茨克省	− 4.64	− 0.13	− 0.01	—	− 1.07
托博尔斯克省	+ 0.67	− 0.09	—	—	− 0.24
托木斯克省	+ 3.81	− 0.05			+ 0.02
17. 东西伯利亚	− 7.70	− 0.85	− 0.12	− 0.19	− 1.06
18. 草原地区*	− 1.28	+ 1.05	− 0.00	− 0.00	0.15
19. 突厥斯坦	− 2.63	− 0.03	− 0.00	− 0.42	− 0.27

* 表格中的 0.00 表示人均数不足 0.01 普特。

附表 2　附表《农民和地主的粮食商品率》的说明

首先介绍一下计算方法。我们以省为单位,分别列出总产量(第二列)、农民的粮食产量(第三列)和地主的粮食产量(第四列)、同一种粮食的输出量(第五列)和输入量(第六列)、城市和城市类型居民点的消费量(第七列)和工业(酿酒、生产酵母等)消费量(第八列)。然后,我们假设城市、城市类型居民点和相关工业领域消费的完全是商品粮,这个消费量几乎相当于一个省的全部商品粮消费量。粮食产区农村的商品粮消费比较少,因而忽略不计,如果考虑到这个数字,那么该省的商品粮数量显然会略高于我们的计算结果。因为我们的任务是确定该省的商品粮总量(而不只是消费的商品粮),所以我们把该省消费的商品粮数量减去从其他地区运来的粮食(因此属于商品粮)数量(第九列),再将所得的差加上由该省输出的粮食(因此属于商品粮)数量,结果得出该省商品粮总量(第十列)。① 接下来的任务是把得出的商品粮数量分为地主经济的商品粮和农民经济的商品粮。我们是这样解决这个问题的。计算地主经济的内部消费(粮食、饲料、播种消费)数量(第十一列)。我们选取地主经济而非农民经济的原因是,前者的数量较少,因而在消费标准不准确的条件下,可以减小消费标准乘以人口数量、牲畜数量和播种的俄亩数时可能产生的误差。计算出地主经济的消费量之后,从地主经济的粮食总产量中减去这个数,得出地主经济的商品粮数量(第十二列)。② 地主经济的粮食商品率(商品粮数量与粮食总产量之比)用百分比表示(第十三列)。接下来,根据该省的商品粮总量(第十列)和地主经济的商品粮数量(第十二列)之差,得出农民经济的商品粮数量(第十四列),并进一步计算出农民经济的粮食商品率(商品粮数量与粮食

---

① 对于粮食输入量非常少的省份,其商品粮总量为该省输出量与省内商品粮消费量之和。

② 显然,从总产量中减去消费量时,我们假设地主未留备用粮食。实际上,地主经济可能有粮食储备,但储备量未必很大。我们无法确定这个数量,尽管非常希望如此。而且即便地主有存粮,那么这部分粮食也具有跨年度性质。因此,我们忽略了粮食储备问题,这可能一定程度上高估粮食的商品率。

总产量之比,用百分比表示,第十五列)。最后计算出该省的粮食商品率。

顺便说一句,使用这种计算方法以及分析附表时必须注意的是,我们预先确定省的商品粮数量、地主经济的商品粮数量,然后用前者减去后者,得出农民经济的商品粮数量,进而计算出农民经济的粮食商品率。

在极个别情况下,我们遇到几种必须作出解释的现象。

1. 有时地主经济的商品粮数量超过省的商品粮总量。这种情况(例如,唯一具有重要参考价值的是西南部地区的燕麦和大麦)意味着,大多数农民某种粮食的购买量超过销售量,此时农民经济的粮食商品率不存在正数,这种情况下,我们未给出农民经济的粮食商品率,其商品粮数量则以负数表示。方便起见,我们把这类省份用括号括起来。

2. 我们碰到的第二个问题是,有时地主经济的消费量高于其总产量(例如,乌拉尔附近地区、西伯利亚和北高加索地区的黑麦、乌拉尔附近地区的燕麦和大麦)。这种情况下,地主经济的粮食商品率不存在正数。显而易见,其原因是地主经济某种粮食的购买量总体上大于销售量。由于地主购买的粮食基本上是农民的商品粮,所以农民经济的商品粮数量等于省的商品粮总量加上地主经济短缺的粮食数量。相反,在这种情况下,农民经济的商品粮数量将超过省的商品粮总量,此时地主经济的商品粮数量用负号表示。

当然,上述两种现象使我们的计算结果受到一定限制。不过,类似情况非常少,而且所占比重不大,因此并不能破坏采用的计算方法。但为了提高研究的准确性必须指出,由于这两种情况意味着该省的商品粮总量显然并不限于输出的粮食数量与城市消费量及工业消费量之和减去输入的粮食数量(表格第十列数字),所以商品粮总量可能增加。而且在第一类情况下,商品粮总量增加的数量应该相当于大多数农民在市场上购买的粮食数量。因为我们已经统计了省的粮食输入量,那么,市场的补充显然依靠地主的商品粮。显而易见,在这些情况下省的商品粮总量实际上不少于地主的商品粮数量。所以,在这里我们依据地主的商品粮数量占总产量的百分比确定综合商品率。第二类情况下,在商品粮总量一栏(第十列)里我们对地主在省内粮食流通中购买的粮食数量估计不足,因此这个数字应该加上地主经济短缺粮食的数量,也就是在这里商品粮总量不低于农民经济的商品粮数量。这些情况下,我们正是根据这个增加量计算综合商品率。

但需要指出的是,重新进行这种计算只会明显提高非常少见的第一类情况的综合商品率。在第二类情况下,由于误差极小,所以类似计算或者根本不能改变综合商品率,或者改变非常有限。所有情况下,综合商品率的计算都没有依据商品粮总量(第十列数字),在此这个数字被低估,因此没有反映出实际情况,我们把综合商品率放到括号内。

现在对我们在计算过程中使用的资料和方法加以说明。

利用1909—1913年农民土地的平均产量和地主土地的平均产量(根据农业经济与农业统计司的数据)乘以播种面积(根据1916年农业调查数据)计算总产量(第二、三、四列)。农业部农业经济与农业统计司的产量数据被抬高。[①] 我们使用这个资料的原因在于,中央统计委员会的数据被压低,同时,战争时期进行的农业调查也低估了播种面积。这样,被抬高的产量与被低估的播种面积互相补偿。

由于农业调查发现某些省份,特别是赫尔松省地主经济的播种面积大幅减少,所以为了准确地反映现实,1909—1913年这个省的平均播种面积依据地方自治局的统计数据。

1909—1913年谷物和面粉(折合成谷物)的平均输入和输出量根据特别粮食会议事务管理局的出版物——《粮食的生产、运输和消费》,这本书中尽可能详细地统计了粮食的输入和输出数量。

用消费标准乘以相应的人口数计算出城市和城市类型居民

---

① Иванцов Д. Н. *К критике русской урожайной статистики* // Записки Императорского Русского географ. об-ва по отделению статистики. Пг. ,1915. Т. XⅣ.

点的消费量。消费标准依据 P. 卡博在《俄国市民的消费》(莫斯科工人和红军代表苏维埃粮食处出版社)一书中归纳的数据。而且由于缺少详细的数据,我们不得不把图拉市的消费量扩大到中部农业区的城市和城市类型居民点,把萨拉托夫市的消费量扩大到伏尔加河中游地区,把奥伦堡市的消费量扩大到伏尔加河下游和北高加索地区。其他地区的城市和城市类型居民点的消费根据《俄国市民的消费》一书中列举的所有城市的平均消费标准确定。我们认为,卡博的著作存在一系列缺陷,但这些不足主要源于作者使用的加工资料的方法。因为我们进行计算的基础不是卡博的结论,而是其著作中归纳的资料,所以卡博的错误不能影响到我们的计算。即便如此,我们的计算结果也并非无可指责,但问题的根源在于现有资料尚不完整,而且被迫运用外推法。

1908/09—1912/13 年年均工业消费(第八列),也就是酿酒、酵母工业消费根据无定额税收和国家酒类销售管理总局的资料。

地主经济消费量的计算方法如下。1. 粮食消费:中部农业区根据沃罗涅日省的收支计划,[①]伏尔加河中游和下游地区根据《辛比尔斯克省农庄经济和村社经济的简明收支资料》,[②]西南部地区和波尔塔瓦省根据恰亚诺夫主编的《基于收支调查的俄国农村居民粮食供应标准》一书中列举的 O. M. 奥别尔—塔列尔的收支计划,[③]哈尔科夫省根据《旧别里斯克县的农民收支》,[④]新俄罗斯和北高加索根据 B. 阿诺尔德的著作《赫尔松县农民的农业技术和农业经济的普遍特点》,[⑤]西伯利亚、彼尔姆省和维亚特卡省根据维亚特

---

① Щербин Ф. *Крестьянские бюджеты*. 1900 г. изд. Вольно-экономического общества.

② *Краткие бюджетные сведения по хуторскому и общиному крестьянскому хозяйству Симбирской губ.* изд. Агрономического отдела Симбирской земской управы, 1914.

③ *Нормы продовольствия сельского населения России по данным бюджетных исследований* // Под ред. Чаянова. изд. Экономического отдела Всероссийского союза городов. М. , 1916.

④ *Крестьянские бюджеты Старобельского уезда*. Харьков, 1915.

⑤ Арнольд В. *Общие черты агрономической техники и сельскохозяйственной экономии крестьян Херсонского уезда*. 1902.

卡省的收支计划。①

我们认为，把关于农民消费的收支资料扩大到地主消费是完全可能的，因为地主消费和农民消费未必存在显著差异。②

2. 饲料消费：中部农业区根据《1917 年俄国的粮食产量》（A. E. 洛西茨基主编）一书中列举的图拉省的农民饲料消费数据，伏尔加河中游和下游地区根据前面提到的辛比尔斯克省简明收支资料，西南部和小俄罗斯地区根据切尔尼戈夫省的收支资料，北高加索和新俄罗斯地区根据 B. 阿诺尔德的收支调查。而且因为这里得出的消费标准非常低，所以考虑到地主经济的饲料消费量一定程度上被高估，根据不同的计算结果，我们把消费标准提高 1/4。维亚特卡省、彼尔姆省以及西伯利亚的饲料消费根据上面提到的维亚特卡省的收支计划。

也就是说，总体上我们把农民经济的饲料消费数据扩大到地主经济。在与有实地经验的私人畜牧专家，包括已故的 M. M. 谢普金（М. М. Щепкин）多次交谈以后，我们决定这样做。这些谈话使我们确信，地主经济和农民经济的饲料消费不会有明显差别。在收支调查中，研究对象通常是农民经济居多，这也有利于把农民经

---

① *Сборник по оценке земель Вятской губерни*，Вятский уезд，1904，вып. Ⅰ，Слободский уезд，1905，вып. Ⅲ，Орловский уезд，1904，вып. Ⅰ.

② 我们根据 1916 年人口调查而使用的地主经济人口数量由于人口流动、战争导致的农业劳动力转移等原因略低于正常水平。但出于如下考虑，我们仍忽略了这一人口因素：1. 难民和战俘的涌入部分地补充了农业劳动力的外流；2. 和平时期根本不可能确定农业劳动力人口数量；3. 在缺乏准确数据的情况下，引入某个修正系数存在极大风险；4. 在具备第一个因素的条件下，我们计算的失误未必很大。但计算不准确是事实，而且导致低估地主经济人口，从而略微高估地主经济的商品粮规模。

对于上述关于地主经济个人消费数量的计算还需要补充的是，由于收支调查相对较少，所以我们不得不普遍运用外推法。当然，我们希望尽可能地少地使用这种研究方法。但令人遗憾的是，在各省收支调查不足的条件下，不可避免要使用外推法。此外，撰写本书之时，我们尚不掌握反映农民消费水平的全面的收支汇总资料。C. A. 克列皮科夫（С. А. Клепиков）的著作《俄国农民的饮食状况》（*Питание русского крестьянства. Изд. Выс. Сов. Нар. Хоз. Материалы по изучению массового потребления, Вып. 2*）1920 年才问世。该书列举了我们并不掌握的某些新省份的数据。

济喂养牲畜的平均收支扩大到地主经济。在我们看来，下面这种情况同样支持我们采用的计算方法。我们不掌握反映地主经济牲畜实际（而非技术上合理的）喂养情况的全面、准确和典型资料。的确，在其他涉及我们并不感兴趣的某些牲畜种类和地区[①]的个别文献中，可以提一下 Е. Ф. 利斯昆（Е. Ф. Лискун）根据农户资料所写的著作[②]和其他作品。但该书的数据仍过于分散，而且几乎未加以总结。不过，通过这些数据可以判断，不仅各省喂养牲畜的标准存在极大差异，甚至各县农户之间也存在显著差别。可以确定，一些农户的牲畜喂养标准高于我们采用的数字，另一些农户的牲畜喂养标准则低于我们采用的数字，由此可以认为，依靠收支资料我们的计算结果未必会出现很大误差，虽然我们可能略微低估喂养标准，从而可能一定程度上高估商品率。

3. 播种消费：用平均播种量乘以播种面积计算播种消费数量。平均播种量参考 А. Е. 洛西茨基主编的《1917 年俄国的粮食产量》一书。

为了考证自己所用的研究方法，我们尝试通过其他方式——以收支资料为基础探讨粮食商品率问题。这种尝试的结果参见附表 2 中标题为"基于收支调查的农民粮食商品率"的附表。这种情况下，必须强调两个问题，以便说明我们采用的最后这种方法。首先，我们根据 1916 年农业统计调查数据从以下几方面明确了各省农民经济的类型：1. 农户人口数量；2. 播种面积；3. 农户的牲畜数量。其次，从收支调查结果中选取尽可能大的已了解清楚的农户总体，这个总体平均从上述三个特征方面最接近于前面提到的中等农户类型。确定这个总体之后，我们计算出其中等农户的粮食总产量和平均销售量。平均销售量与总产量之比（用百分数表示）即是中等农户的粮食商品率。最后，我们把这个商品率扩大至全省。这是需要强调的第一个问题。

---

① 例如，Риффесталь И. Х. *Из практики по кормлению дойного скота*. Вологда, 1908.

② Лискун Е. Ф. *Практические сведения о животноводстве некоторых русских хозяйств*. Изд. Глав. упр. Землеустройства и земледелия по Департаменту земледелия. СПб., 1910.

需要强调的第二个问题是,我们尝试用上面刚刚介绍过的方法把经济结构相近的省份的数据外推到没有进行收支调查的省份。

如果把根据第一种方法和第二种方法(收支方法)计算出来的农民的粮食商品率作个对比,我们会得出如下农民粮食商品率(参见下表),而且我们只选取了有相应收支资料的省份。

省份	黑麦		小麦		大麦	
	方法一	方法二	方法一	方法二	方法一	方法二
维亚特卡省	9.7	7.5	—	—	15.1	7.8
沃罗涅日省	15.0	11.8	45.2	11.8	13.1	20.5
辛比尔斯克省	12.5	18.1	59.3	28.0	26.7	31.7
切尔尼戈夫省	5.2	15.6	—	—	38.9	11.3
波尔塔瓦省	19.0	17.7	37.7	31.4	12.0	2.6
哈尔科夫省	17.1	20.8	36.0	85.8	11.2	13.5
赫尔松省	52.1	22.4	86.0	41.0	58.0	33.1

由表可见,对部分省份来说,两种方法计算出来的粮食商品率非常接近,特别是黑麦、燕麦和大麦,其他省份则相反,两种方法计算出来的粮食商品率相差悬殊,特别是小麦。一些情况下出现这种差距的原因是第一种方法使用的数据较高,其他情况下则是第一种方法使用的数据低于第二种方法使用的数据。当然,农民粮食商品率计算结果不一致部分源于两种方法使用的数据所属的时间不同,包括某些收支资料(沃罗涅日省谢尔宾家族的收支情况、阿诺尔德所写的赫尔松省的收支情况)已经过时。但根本原因显然应归于这两种方法不准确。根据上述两种方法的对比,可以认为,选取的地区越小,我们的计算越不准确。对较大的地区而言,由于高估和低估计算结果的程度保相同衡,因此两者很大程度上应当相互抵消。综上所述,针对粮食商品率计算结果的准确性,在

我们看来可以得出以下结论：1. 这些计算结果只能反映大致情况；2. 没有理由认为大量使用的第一种方法有低估商品率的缺点，它多半倾向于高估结果；3. 不过因为某些情况下第一种方法也明显低估结果，所以可以认为，这些情况很大程度上能够平衡相反的情况。总体上从平均值角度，我们只是略微高估了粮食商品率和商品粮数量。

我们还可以把第一种方法同第三种方法，即本书中采用的以运输数据为基础确定商品率的方法进行对比。第三种方法非常适合于认识商品率的动态变化，对商品率进行静态研究则无疑存在诸多缺点。基于以下原因，该方法必然会低估商品粮数量和粮食商品率：1. 鉴于运输统计现状，不可能掌握令人满意的完整的畜力运输资料；2. 已经出版的水路和铁路运输资料并不完整，例如《铁路运输综合统计》只统计了 75％～85％通过铁路运输的粮食。本书文中指出的情况也部分源于此因。运输统计资料涉及全俄，而上述比较复杂的第一种方法只与粮食盈余地区有关。按照运输统计数据，1909—1913 年 4 种主要粮食的年均商品粮数量为 9.693 亿普特，而按照第一种方法这个数字则为 11.805 亿普特，同时某些粮食短缺地区也存在商品粮。由于上述原因，根据运输数据计算出来的商品粮数量不可能高于第一种方法（仅限于粮食盈余地区）计算出来的商品粮数量。考虑到粮食短缺地区的商品粮数量不大，我们可以有把握地将利用第一种方法计算出来的粮食盈余地区的商品粮数量作为全俄的商品粮数量，我们在书中就是这样做的。但由于第一种方法仍然可能略微高估商品粮总数，所以 4 种主要粮食的商品粮总量可以确定为 11 亿普特，而不是 11.805 亿普特，各类粮食（包括次要粮食和颗粒粮）的商品粮数量则确定为 13 亿普特。

因此，同第一种方法相比较，运输资料低估了商品粮数量，对商品率低估的幅度更大。其原因很容易理解：被低估的粮食运输量需要同全俄总产量相比，而根据第一种方法计算出来的商品粮数量只需同粮食盈余地区的总产量进行比较。这就是根据运输资料 4 种主要粮食的商品率为 21.9％，而按照第一种方法算出来的这个数字为 37.9％的原因。但如果把根据第一种方法计算出来的商品粮数量同全俄,而非粮食盈余地区的总产量进行比较,那么商品率则为 26.7%,这个数字已经比较接近于根据运输资料计算出来的粮食商品率。这个数值的对比以及上述内容表明,不同计算方法之间互不矛盾,而是存在内在一致性。

附表 2.1　农民粮食的商品率(基于收支调查资料)*

省份	黑麦**			小麦			燕麦和大麦		
	一个中等农户		销售量占产量百分比(商品率)	一个中等农户		销售量占产量百分比(商品率)	一个中等农户		销售量占产量百分比(商品率)
	产量	销售量		产量	销售量		产量	销售量	
沃罗涅日省	54.49	6.42	11.8	因为无法单独计算小麦的数量,小麦和黑麦合到一起(产量和销售量单位:普特,全表同)。			18.62	3.82	20.5
库尔斯克省	54.49	6.42	11.8				18.62	3.82	20.5
奥廖尔省	45.12	4.61	10.2				15.5	3.04	19.6
辛比尔斯克省	153.1	27.7	18.1	2.5	0.7	28.0	71.5	22.7	31.7
萨拉托夫省	183.6	33.1	18.1	7.1	3.0	42.3	85.2	29.1	34.2
切尔尼戈夫省	123.83	19.20	15.6	21.25	—	—	104.58	11.78	11.3
波尔塔瓦省	107.6	19.06	17.7	73.6	23.1	31.4	38.4	1.00	2.61
赫尔松省	35.8	8.00	22.4	106.3	43.5	41.0	74.6	24.7	33.1
哈尔科夫省	5.6	1.68	29.8	49.15	42.05	85.8	17.42	2.36	13.5
莫斯科省	109.88	1.58	1.5	—	—	—	98.99	10.44	10.5
诺夫哥罗德省	62.5	0.96	1.53	—	—	—	81.44	7.13	8.7

1914—1918 年俄国的粮食市场及其调节

省份	黑麦**			小麦			燕麦和大麦		
	一个中等农户		销售量占产量百分比（商品率）	一个中等农户		销售量占产量百分比（商品率）	一个中等农户		销售量占产量百分比（商品率）
	产量	销售量		产量	销售量		产量	销售量	
沃洛格达省	51.7	2.5	4.8	3.2	0.1	3.1	86.5	19.2	22.2
维亚特卡省	113.8	8.6	7.5	0.5	0.02	4.0	112.2	8.7	7.8
滨海省	2.6	—		52.30	11.00	21.1	56.50	14.70	26.0
阿穆尔省	2.93	1.17	39.9	70.35	20.82	29.6	127.68	46.17	36.1
外贝加尔省	3.73	—		41.9	2.73	6.5	82.2	22.55	27.5

* 本表部分运用了外推法。根据沃罗涅日省的收支资料计算出库尔斯克省和奥廖尔省的商品率，根据辛比尔斯克省的收支资料计算出萨拉托夫省和乌法省的商品率，根据滨海省的收支资料计算出阿穆尔省和外贝加尔省的商品率，在上述省份收支资料基础上计算其他省份的商品率。把一个省的收支数据扩大到其他省的方法参见附表 2 说明。遗憾的是，我们没有掌握 A. H. 切林采夫（A. H. Челинцев）教授发现的坦波夫省的新收支数据。但利用其关于坦波夫省的综合性著作[1]可以得出下列数字：该省北部地区一户农户的粮食产量为 182.1 普特，销售量占产量的比例为 13.8％，中部地区相应为 466.3 普特和 30.5％，南部地区相应为 502.8 普特和 31.5％。

** 前三个省的数字包括小麦数量。

---

[1] Челинцев А. Н. *Опыт изучения крестьянского сельского хозяйства.* Изд. Харьковского союза кредитных кооперативов, 1919.

附表 2.2　农民和地主的粮食商品率①

黑麦

地区和省份	总产量	农民的产量	地主的产量	输出	输入	城市消费	工业消费
				干普特			
1	2	3	4	5	6	7	8
中部农业区							
库尔斯克省	48694.97	44465.38	4049.59	3876.9	—	2135.67	95.57
奥廖尔省	37608.10	33412.10	4196.10	—	112.8	3827.00	81.44
图拉省	29477.11	25153.40	4323.71	2909.9	—	1748.68	112.96
梁赞省	31198.10	27988.36	3209.74	1822.0	—	1519.33	145.77
坦波夫省	58935.87	49950.94	8984.93	17482.5	—	2250.33	279.54
沃罗涅日省	46998.45	43854.43	3144.02	6054.8	—	1483.50	118.82
地区合计	252912.6	225004.61	27907.99	31214.30	—	12964.51	834.20
伏尔加河中游地区							
萨拉托夫省	38267.52	34319.76	3947.76	10344.7	—	2853.9	206.21
辛比尔斯克省	35670.27	33091.98	2578.29	4589.6	—	850.63	159.38

① 在粮食商品率的表格中，一些省份和数字被括号括起来，一些数字带有负号（—），这些符号的意义详见附表 2 说明。

281

续　表

地区和省份	总产量	农民的产量	地主的产量	输出	输入	城市消费	工业消费
1	2	3	4	千普特		7	8
				5	6		
伏尔加河中游地区							
奔萨省	33051.38	28266.95	4784.43	4586.4	—	1016.73	257.90
喀山省	43542.32	40878.90	2663.42	10487.3	—	1308.69	417.42
乌法省	54091.65	51796.78	2294.87	22113.8	—	1082.17	555.60
地区合计	204623.14	88354.37	16268.77	52121.80	—	7112.12	1596.51
伏尔加河下游地区							
萨马拉省	46066.26	41890.73	4175.53	14808.6	—	1218.07	439.75
新俄罗斯地区							
比萨拉比亚省	9925.29	7682.28	2243.01	4439.0	—	1883.8	60.24
赫尔松省	28856.85	22141.24	6715.61	10907.7	—	5477.19	35.10
塔夫利达省	8917.62	7626.16	1291.46	3573.9	—	2532.04	1.15
叶卡捷琳诺斯拉夫省	20658.81	16977.74	3681.07	2343.1	—	3575.60	12.94
顿河州	23678.97	22262.01	1416.96	7551.6	—	2548.88	12.37
地区合计	92037.54	76689.43	15348.11	28815.3	—	16017.51	67.80

地区和省份	输入量和城市与工业消费量之差	进入市场的粮食总量	地主经济的消费量	进入市场的地主粮食数量	地主粮食的商品率	进入市场的农民粮食的数量	农民粮食的商品率	综合商品率
	干普特							
1	9	10	11	12	13	14	15	16
中部农业区								
库尔斯克省	2231.24	6108.14	3079.96	969.63	23.9	4138.51	9.3	12.5
奥廖尔省	3908.44	3795.64	2513.01	1682.99	40.1	2112.65	6.3	10.1
图拉省	1861.64	3952.54	2709.53	1614.18	37.3	2338.36	9.3	13.4
梁赞省	1665.10	3487.10	1808.58	1401.16	43.7	2085.94	7.5	11.2
坦波夫省	2529.87	20012.37	3473.04	5511.89	61.4	14500.48	29.1	34.0
沃罗涅日省	1602.42	7657.22	2077.74	1066.28	33.9	6590.94	15.0	16.3
地区合计	13798.71	4501.01	15661.86	12246.13	43.7	32766.88	14.5	17.8
伏尔加河中游地区								
萨拉托夫省	3060.11	13404.8	2375.63	1572.13	39.9	11832.68	34.5	35.0
辛比尔斯克省	1010.01	5599.61	1101.05	1477.24	57.4	4122.37	12.5	15.7
奔萨省	1274.63	5861.03	1944.74	2839.69	59.3	3011.34	10.7	17.7
喀山省	1726.11	12213.41	1142.20	1521.22	57.2	10692.19	26.2	28.1

地区和省份	输入量和城市与工业消费量之差	进入市场的粮食总量	地主经济的消费量	进入市场的地主粮食的数量	地主粮食的商品率	进入市场的农民粮食的数量	农民粮食的商品率	综合商品率
1	9	10	11	12	13	14	15	16
干普特								
伏尔加河中游地区								
乌法省	1637.77	23751.5	1146.14	1145.73	50.1	22605.84	43.75	44.0
地区合计	8708.63	60830.43	7712.76	8556.01	52.7	52274.42	27.8	29.7
伏尔加河下游地区								
萨马拉省	1657.82	16466.42	4004.51	171.02	4.1	16295.40	38.9	35.7
新俄罗斯地区								
比萨拉比亚省	1890.04	6329.04	608.82	1634.19	73.0	4694.85	61.1	63.7
赫尔松省	5512.29	16419.99	1804.23	4911.38	73.1	11508.61	52.1	57.0
塔夫利达省	2532.19	6106.09	814.53	476.93	36.9	5629.16	73.8	68.4
叶卡捷琳诺斯拉夫省	3588.54	5931.64	1616.56	2064.51	56.0	3867.13	22.8	28.7
顿河州	2561.25	10112.88	867.00	549.96	38.8	9562.89	43.1	42.7
地区合计	16085.31	44960.61	5711.14	9636.97	62.8	35263.64	46.0	48.8

续表

地区和省份	总产量	农民的产量	地主的产量	输出	输入	城市消费	工业消费
				千普特			
1	2	3	4	5	6	7	8
西南部地区							
波多利斯克省	27469.93	23939.69	3527.24	889.0	—	3338.96	47.26
基辅省	42941.1	39458.68	3482.42	1709.0	—	4825.46	174.45
沃伦省	18102.59	16545.19	1557.40	—	41.2	1754.31	46.27
地区合计	88510.62	79943.56	8567.06	2556.80	—	9918.75	267.98
小俄罗斯地区							
哈尔科夫省	25115.12	26329.66	2785.46	2459.6	—	2845.18	78.90
切尔尼戈夫省	28954.27	27636.98	1317.29	—	504.2	2093.56	30.98
波尔塔瓦省	47300.65	41340.76	5959.89	8560.6	—	1915.01	104.92
地区合计	105370.04	95307.40	10062.64	10516.0	—	6853.75	214.80
乌拉尔山脉西麓地区							
维亚特卡省	64935.28	64727.60	207.68	4248.2	—	1210.7	718.04
彼尔姆省	28086.97	28005.03	81.94	—	348.5	2988.4	884.05

续　表

地区和省份	总产量	农民的产量	地主的产量	输出	输入	城市消费	工业消费
1	2	3	4	5	6	7	8
				千普特			
乌拉尔山脉西麓地区							
地区合计	93022.25	92732.63	289.62	3899.70	—	4199.1	1602.29
西西伯利亚							
叶尼塞斯克省	12674.62	12671.10	3.52	853.9	—	793.27	395.14
伊尔库茨克省	9378.19	9368.24	9.95	—	422.8	885.73	599.11
托博尔斯克省	7629.93	7607.42	22.51	—	173.4	808.0	517.79
托木斯克省	10024.04	11020.75	3.29	1224.8	—	2044.0	648.57
地区合计	40706.78	40667.51	39.27	1482.5	—	4626.0	2160.61
北高加索地区							
斯塔夫罗波尔省	639.19	584.01	55.18	46.1	—	95.23	0.63
捷列克省	997.3	985.38	11.92	—	11.4	135.31	1.13
地区合计	1638.49	1569.39	67.10	34.7	—	230.54	1.76
总计	924885.72	842159.63	82726.09	145449.7	—	63040.35	7185.5

续表

地区和省份	输入量和城市与工业消费量之差	进入市场的粮食总量	地主经济的消费量	进入市场的地主粮食的数量	地主粮食的商品率	进入市场的农民粮食的数量	农民粮食的商品率	综合商品率
1	9	10	11	12	13	14	15	16
西南部地区								
波多利斯克省	3386.24	4275.24	2610.03	917.24	26.0	3358.03	14.0	15.6
基辅省	4999.91	6708.91	3130.2	352.40	10.1	6356.51	16.1	14.2
沃伦省	1800.58	1759.38	1089.81	467.59	30.0	1291.79	7.8	9.7
地区合计	10186.73	12743.53	6830.04	1737.02	20.3	11606.51	13.8	14.4
小俄罗斯地区								
哈尔科夫省	2924.08	5383.68	1893.63	891.83	32.1	4491.85	17.1	18.5
切尔尼戈夫省	2124.54	1620.34	1138.83	178.46	13.5	1441.88	5.2	5.6
波尔塔瓦省	2019.93	10580.53	3212.69	2747.20	46.1	7833.33	19.0	22.4
地区合计	7968.55	17584.55	6245.15	3817.49	38.1	13767.06	14.4	16.7
乌拉尔山脉西麓地区								
维亚特卡省	1928.74	6176.94	339.45	−131.78	—	6308.72	9.75	9.7
彼尔姆省	3872.45	3523.95	772.64	−690.7	—	4214.65	15.1	15.0

干普特

1914—1918 年俄国的粮食市场及其调节

（单位：千普特）

地区和省份	输入量和城市与工业消费量之差	进入市场的粮食总量	地主经济的消费量	进入市场的地主粮食的数量	地主粮食的商品率	进入市场的农民粮食的数量	农民粮食的商品率	综合商品率
1	9	10	11	12	13	14	15	16
乌拉尔山脉西麓地区								
地区合计	5801.19	9700.89	1112.10	-822.48	—	10523.37	11.4	11.3
西西伯利亚								
叶尼塞斯克省	1188.41	2042.31	101.85	-98.33	—	2140.64	16.9	16.9
伊尔库茨克省	1484.84	1062.04	128.16	-118.21	—	1180.25	12.6	12.5
托博尔斯克省	1320.79	1147.39	156.44	-133.98	—	1281.32	16.8	16.8
托木斯克省	2692.57	3917.37	68.77	-65.48	—	3982.85	36.1	36.1
地区合计	6686.61	8169.11	455.22	-415.95	—	8585.06	21.1	21.1
北高加索地区								
斯塔夫罗波尔省	95.86	141.96	191.35	-136.17	—	278.13	49.4	(47.6)
捷列克省	136.41	125.04	91.74	-79.82	—	204.86	20.8	(20.8)
地区合计	232.30	267.0	283.09	-215.99	—	482.99	31.0	(30.8)
总计	70225.85	215675.55	48015.87	34710.22	42.0	180965.33	21.5	23.3

附表 2.3　农民和地主的粮食商品率

小麦

地区和省份	总产量	农民的产量	地主的产量	输出	城市消费	工业消费	城市和工业消费合计
1	2	3	4	5	7①	8	9
				千普特			
中部农业区							
（库尔斯克省）	11920.60	7268.82	4651.78	972.8	2685.5	6.23	2691.73
沃罗涅日省	27613.50	24948.86	2664.64	11571.09	1865.43	17.65	1883.08
地区合计	39534.10	32217.68	7316.42	12544.71	4550.93	23.88	4574.81
伏尔加河中游地区							
萨拉托夫省	33890.50	32000.50	1890.00	23559.00	5943.49	0.15	5943.64
辛比尔斯克省	6150.86	5621.53	529.33	1944.8	1771.52	5.14	1776.66
乌法省	18586.19	17807.23	778.96	1218.9	2253.70	2.96	2256.66
地区合计	58627.55	55429.26	3198.29	26722.70	9968.71	8.25	9976.96

① 小麦的商品率表格中没有第六列"输入"（上一个表格的第六列），其原因是输入量很少，所以编号时我们有意地去掉第六列。

续　表

地区和省份	总产量	农民的产量	地主的产量	输出	城市消费	工业消费	城市和工业消费合计
1	2	3	4	5	7	8	9
				千普特			
			伏尔加河下游地区				
萨马拉省	100808.44	90384.63	10423.81	7788.50	2536.73	16.32	2553.05
奥伦堡省	54638.67	52369.50	2269.17	17485.3	3768.21	213.25	3981.46
地区合计	155447.11	142754.13	12692.98	95370.30	6304.94	229.57	6534.51
			新俄罗斯地区				
比萨拉比亚省	32614.19	23440.74	9173.45	9926.4	3893.60	0.67	3894.27
赫尔松省	63520.50	46205.90	17314.59	39725.10	11328.88	13.36	11334.24
塔夫利达省	64017.58	52342.99	11674.59	46255.4	4659.38	0.00	4659.38
叶卡捷琳诺斯拉夫省	61682.79	49401.95	12280.84	49945.4	7416.88	1.08	7417.96
顿河州	87258.13	81676.85	5581.28	60481.4	5268.50	0.51	5269.31
地区合计	309093.19	253068.44	56024.75	206403.70	32559.54	15.62	32575.16

续　表

千普特

地区和省份	进入市场的粮食总量	地主经济的消费量	进入市场的地主粮食的数量	地主粮食的商品率	进入市场的农民粮食的数量	农民粮食的商品率	综合商品率
1	10	11	12	13	14	15	16
中部农业区							
（库尔斯克省）	3664.53	743.97	3900.81	83.1	-236.28	—	(32.7)
沃罗涅日省	13454.98	473.88	2190.76	82.0	11264.22	45.2	48.8
地区合计	17119.51	1217.85	6092.57	183.4	11026.94	34.2	43.4
伏尔加河中游地区							
萨拉托夫省	29502.64	332.15	1557.85	82.3	27944.79	87.2	87.1
辛比尔斯克省	3721.46	135.32	394.01	74.7	3327.45	59.3	60.6
乌法省	3475.56	172.31	606.65	77.9	2868.90	16.1	18.7
地区合计	36699.66	639.78	2558.51	80.0	34142.14	61.6	62.6
伏尔加河下游地区							
萨马拉省	80438.05	1329.35	9094.46	87.4	71343.59	79.0	79.9
奥伦堡省	21466.76	424.83	1844.34	70.1	19622.42	37.5	39.4
地区合计	101904.81	1754.18	10938.80	86.1	90966.01	63.7	65.5

1914—1918 年俄国的粮食市场及其调节

地区和省份	进入市场的粮食总量	地主经济的消费量	进入市场的地主粮食的数量	地主粮食的商品率	进入市场的农民粮食的数量	农民粮食的商品率	综合商品率
				千普特			
1	10	11	12	13	14	15	16
新俄罗斯地区							
比萨拉比亚省	13820.67	1623.08	7550.37	82.3	6270.30	26.8	42.4
赫尔松省	51129.34	3424.58	13890.01	80.3	37239.33	80.6	80.5
塔夫利达省	50884.78	2431.05	9243.54	79.2	41641.24	79.5	79.4
叶卡捷琳诺斯拉夫省	57363.36	3190.76	9090.08	74.1	48273.28	97.6	92.9
顿河州	65750.71	1719.23	3862.05	69.4	61888.61	75.8	75.4
地区合计	238978.86	12388.70	43636.05	77.8	195342.81	77.3	77.4

续　表

地区和省份	总产量	农民的产量	地主的产量	输出	城市消费	工业消费	城市和工业消费合计
1	2	3	4	5	7	8	9
西南部地区							
波多利利斯克省	36428.85	20893.27	15535.58	8483.0	6901.40	13.23	6914.63
基辅省	35105.42	19587.17	15518.25	5879.6	9973.81	14.55	9998.96
沃伦省	9334.67	6317.54	3017.13	1935.0	3626.00	15.68	3641.68
地区合计	80868.94	46797.98	34070.96	16297.6	20501.21	43.46	20544.67
小俄罗斯地区							
哈尔科夫省	45432.97	37385.38	8047.60	13383.6	5886.49	7.44	5893.93
切尔尼戈夫省	2341.62	1496.01	845.61	2786.8	4327.22	0.00	1540.42
波尔塔瓦省	44704.41	34137.55	10566.86	16805.4	3958.15	21.54	3979.69
地区合计	92479.00	73018.93	19460.07	27402.20	14171.86	28.98	14200.84
西西伯利亚							
托博尔斯克省	35591.03	35361.39	299.64	1481.3	1487.4	161.17	1648.57

续 表

地区和省份	总产量	农民的产量	地主的产量	输出	城市消费	工业消费	城市和工业消费合计
				千普特			
1	2	3	4	5	7	8	9
西西伯利亚							
托木斯克省	94593.52	94383.71	209.81	12740.0	3786.2	69.32	3855.52
地区合计	130184.55	129745.10	439.45	14221.3	5273.6	230.49	5504.09
北高加索地区							
库班省	102710.73	96758.35	5952.38	57192.6	5270.9	0.00	5270.09
斯塔夫罗波尔省	68936.74	65431.36	3505.38	14384.8	1950.4	5.14	1955.54
捷列克省	9027.70	8479.42	548.28	4329.3	3324.3	0.00	3024.3
地区合计	180675.17	170669.13	10006.04	75906.7	10254.6	5.14	10245.74
总计	1046909.61	903700.65	143208.96	474869.2	103576.4	585.39	104161.78

续　表

地区和省份	进入市场的粮食总量	地主经济的消费量	进入市场的地主粮食的数量	地主粮食的商品率	进入市场的农民粮食的数量	农民粮食的商品率	综合商品率
1	10	11	12	13	14	15	16
西南部地区							
波多利斯克省	15397.63	2116.27	13419.31	86.3	1978.32	9.5	42.3
基辅省	15867.96	2117.69	13400.56	86.3	2467.40	12.6	45.0
沃伦省	5576.68	593.33	2423.80	80.5	3152.88	49.4	59.8
地区合计	36842.27	4827.29	29243.67	85.8	7598.60	16.2	45.5
小俄罗斯地区							
哈尔科夫省	19277.53	2184.93	5862.67	73.0	13414.88	36.0	42.4
切尔尼戈夫省	1540.42	338.45	507.16	60.8	1033.29	69.1	65.8
波尔塔瓦省	20785.09	1652.10	8914.76	85.0	12870.33	37.7	46.4
地区合计	41603.04	4175.48	15284.59	78.5	26318.45	36.0	45.1
西西伯利亚							
托博尔斯克省	3129.87	48.46	181.08	79.0	2948.79	8.35	8.8
托木斯克省	16595.52	35.08	174.73	83.4	16420.79	17.4	17.5

干普特

1914—1918 年俄国的粮食市场及其调节

地区和省份	进入市场的粮食总量	地主经济的消费量	进入市场的地主粮食的数量	地主粮食的商品率	进入市场的农民粮食的数量	农民粮食的商品率	综合商品率
1	10	11	12	13	14	15	16
				千普特			
西西伯利亚							
地区合计	19725.39	83.54	355.81	80.9	19369.58	14.9	15.2
北高加索地区							
库班省	62463.5	1222.52	4729.86	79.5	57733.64	59.7	60.8
斯塔夫罗波尔省	16340.34	609.96	2895.42	82.6	13444.92	20.6	23.7
捷列克省	7353.6	229.08	319.02	58.3	7034.4	83.0	81.4
地区合计	86157.44	2061.56	7944.48	79.4	78212.96	45.8	47.7
总计	579030.98	27148.38	116060.58	81.1	462970.4	51.3	55.7

附表 2.4　农民和地主的粮食商品率

大麦和燕麦

地区和省份	总产量	农民的产量	地主的产量	输出	输入	城市消费	工业消费	输入量和城市与工业消费量之差
				千普特				
1	2	3	4	5	6	7	8	9
中部农业区								
库尔斯克省	36594.56	30218.76	6375.80	9669.0	—	190.0	300.90	490.90
奥廖尔省	27301.90	22675.6	4626.3	10476.0	—	241.0	273.68	514.68
图拉省	29976.22	24302.94	5673.28	18735.1	—	223.0	524.02	747.01
梁赞省	22740.29	19521.52	3218.77	12216.4	—	160.0	248.87	408.87
坦波夫省	40075.86	32063.91	8011.95	24441.3	—	229.0	635.54	864.54
沃罗涅日省	30859.84	27570.29	3289.55	5780.8	—	149.0	385.85	534.85
地区合计	187548.67	156353.02	31195.65	81318.60	—	1192.0	2368.86	3560.86
伏尔加河中游地区								
萨拉托夫省	15588.31	13088.95	2499.36	5402.2	—	643.0	330.93	973.91
辛比尔斯克省	16670.61	15152.91	1517.70	4479.0	—	300.0	274.28	574.28
奔萨省	21690.06	17961.35	3728.71	7560.4	—	226.0	603.62	829.62
喀山省	24035.33	22213.32	1822.01	10549.7	—	374.0	572.21	946.21

续　表

单位：千普特

地区和省份	总产量	农民的产量	地主的产量	输出	输入	城市消费	工业消费	输入量和城市与工业消费量之差
1	2	3	4	5	6	7	8	9
伏尔加河中游地区								
乌法省	31070.91	29441.71	1629.20	5736.7	—	316.0	345.72	661.72
地区合计	109055.22	97858.24	11196.98	33728.00	—	1859.0	2126.76	3985.76
伏尔加河下游地区								
萨马拉省	19425.33	17723.57	1701.76	—	522.5	568.0	671.65	1239.65
奥伦堡省	22131.30	21581.70	549.60	42.6	—	646.0	312.87	958.87
地区合计	41556.63	39305.27	2251.36	479.9	—	1214.0	984.52	2198.52
新俄罗斯地区								
比萨拉比亚省	53233.90	45481.13	7752.77	24843.1	—	777.0	233.70	1010.70
赫尔松省	95774.23	71345.04	24429.19	56545.5	—	2170.0	1076.36	3246.36
塔夫利达省	65321.37	54797.10	10524.27	24201.4	—	872.0	143.44	1015.44
叶卡捷琳诺斯拉夫省	69331.00	57604.48	11826.52	28267.4	—	736.0	479.85	1215.85
顿河州	61016.53	54822.07	6194.46	35613.8	—	757.0	244.63	1001.63
地区合计	344677.03	283949.82	60727.21	169471.20	—	5312.0	2177.98	7489.98

续表

地区和省份	进入市场的粮食总量	地主经济的消费量	进入市场的地主粮食的数量	地主粮食的商品率	进入市场的农民粮食的数量	农民粮食的商品率	综合商品率
				千普特			
1	10	11	12	13	14	15	16
中部农业区							
库尔斯克省	10159.90	1101.00	5274.80	82.8	4885.10	16.2	27.8
奥廖尔省	10990.68	1005.14	3621.16	78.3	7369.52	32.5	40.2
图拉省	19482.12	1162.97	4510.31	79.6	14971.81	61.7	65.0
梁赞省	12625.27	694.69	2523.80	78.5	10101.47	51.8	55.6
坦波夫省	25305.84	1380.25	6631.70	82.8	18674.14	58.2	63.2
沃罗涅日省	6315.65	589.88	2699.67	82.0	3615.98	13.1	20.5
地区合计	84879.46	5933.93	25261.72	82.4	59617.74	38.2	45.2
伏尔加河中游地区							
萨拉托夫省	6376.11	1102.88	1396.48	56.0	4979.63	38.1	41.0
辛比尔斯克省	5053.28	527.72	999.98	65.9	4053.30	26.7	30.3
奔萨省	8390.02	1125.80	2602.91	69.9	5787.11	32.2	38.7
喀山省	11495.91	713.12	1108.89	60.9	10387.02	46.7	47.8

续 表

地区和省份	进入市场的粮食总量	地主经济的消费量	进入市场的地主粮食的数量	地主粮食的商品率	进入市场的农民粮食的数量	农民粮食的商品率	综合商品率
1	10	11	12	13	14	15	16
				千普特			
伏尔加河中游地区							
乌法省	6398.42	616.38	1012.82	62.3	5385.60	18.3	20.6
地区合计	37713.74	4085.90	7111.08	63.8	30602.68	31.3	34.5
伏尔加河下游地区							
萨马拉省	717.15	1445.63	256.13	15.1	461.02	2.6	3.7
奥伦堡省	1001.47	439.25	110.35	20.1	891.12	4.1	4.5
地区合计	1718.62	1884.88	366.48	6.3	1352.04	3.4	4.1
新俄罗斯地区							
比萨拉比亚省	25853.80	2366.90	5358.87	69.2	20494.93	45.1	48.6
赫尔松省	59791.86	5948.96	18480.23	75.8	41311.63	58.0	62.5
塔夫利达省	25216.84	2696.00	7827.67	74.5	17389.17	31.8	38.6
叶卡捷琳诺斯拉夫省	29483.25	3562.00	8264.52	70.1	21218.73	37.0	42.6
顿河州	36615.43	3888.72	2305.74	37.3	34309.69	62.6	45.2
地区合计	176961.18	18463.18	42264.03	69.8	134697.15	42.5	51.3

续　表

地区和省份	总产量	农民的产量	地主的产量	输出	输入	城市消费	工业消费	输入量和城市与工业消费量之差
				千普特				
1	2	3	4	5	6	7	8	9
西南部地区								
（波多利斯克省）	35261.68	22311.75	12949.93	1995.6	—	487.0	726.54	1213.54
（基辅省）	42890.91	31243.97	11646.94	1748.2	—	962.0	1214.21	2176.21
（沃伦省）	23123.41	18574.17	4549.14	—	499.2	328.0	347.00	675.0
（地区合计）	101276.0	72129.99	29146.01	3244.76	—	1777.0	2287.55	4064.75
小俄罗斯地区								
哈尔科夫省	39025.87	33139.65	5886.22	5199.8	—	879.0	837.30	1716.30
切尔尼戈夫省	14270.79	12830.84	1439.95	4288.8	—	561.0	390.21	951.21
波尔塔瓦省	43477.24	33995.53	9481.71	8594.6	—	493.0	403.70	896.70
地区合计	96773.90	79966.02	16807.88	18083.20	—	1933.0	1631.21	3564.21
乌拉尔山脉西麓地区、工业区、沿湖地区和北部地区的个别省份								
雅罗斯拉夫尔省	5862.99	5693.03	169.96	229.4	—	215.0	137.35	352.35
诺夫哥罗德省	11305.00	10946.51	358.49	86.1	—	132.0	50.42	182.42

续 表

地区和省份	总产量	农民的产量	地主的产量	输出	输入	城市消费	工业消费	输入量和城市与工业消费量之差
1	2	3	4	5	6	7	8	9
				千普特				
乌拉尔山脉西麓地区、工业区、沿湖地区和北部地区的个别省份								
维亚特卡省	51178.58	51042.18	136.40	7053.4	—	186.0	430.52	616.52
沃洛格达省	17075.74	16980.05	95.69	1076.9	—	83.0	67.62	150.52
西西伯利亚								
叶尼塞斯克省	7489.93	7477.65	12.28	283.4	—	289.0	125.00	414.00
托木斯克省	55023.58	54948.2	75.38	59.0	—	982.0	439.4	1421.4
地区合计	62513.51	62125.85	87.66	342.4	—	1271.0	564.4	1835.4
北高加索地区								
库班省	183.69	62039.29	3144.4	29693.2	—	572.0	349.36	921.36
斯塔夫罗波尔省	39870.3	37626.28	2244.02	7094.4	—	224.0	133.56	357.56
捷列克省	6530.24	6255.18	275.06	4828.2	—	648.0	127.62	775.62
地区合计	111584.44	105920.75	5663.69	41615.8	—	1444.0	610.54	2054.54
总计	1140407.71	982570.73	157836.98	355709.7	—	16618.0	14437.83	30055.83

续表

地区和省份	进入市场的粮食总量	地主经济的消费量	进入市场的地主粮食的数量	地主粮食的商品率	进入市场的农民粮食的数量	农民粮食的商品率	综合商品率
1	10	11	12	13	14	15	16
西南部地区				干普特			
（波多利斯克省）	3209.14	4262.65	8687.28	67.3	-5478.14	—	(24.6)
（基辅省）	3924.41	4770.87	6876.07	59.2	-2952.46	—	(16.0)
（沃伦省）	175.8	1753.49	2795.65	61.5	-2619.85	—	(12.1)
（地区合计）	7309.35	10787.01	18359.00	63.0	-11294.25	—	(18.1)
小俄罗斯地区							
哈尔科夫省	6916.10	2688.60	3197.56	54.3	3718.54	11.2	17.7
切尔尼戈夫省	5240.01	1197.06	242.89	16.9	4997.12	38.9	36.9
波尔塔瓦省	9491.30	4056.42	5435.29	57.4	4056.01	12.0	21.8
地区合计	21647.41	7942.14	8865.74	52.7	12781.67	16.0	22.3
乌拉尔山脉西麓地区、工业区、沿湖地区和北部地区的个别省份							
雅罗斯拉夫尔省	581.75	148.47	21.49	12.7	560.26	9.9	9.9
诺夫哥罗德省	268.52	322.3	36.19	10.1	232.33	21.2	23.7

续 表

地区和省份	进入市场的粮食总量	地主经济的消费量	进入市场的地主粮食的数量	地主粮食的商品率	进入市场的农民粮食的数量	农民粮食的商品率	综合商品率
1	10	11	12	13	14	15	16
				千普特			
乌拉尔山脉西麓地区、工业区、沿湖地区和北部地区的个别省份							
维亚特卡省	7669.92	171.85	-36.45	—	7705.37	15.1	(15.1)
沃洛格达省	1227.42	63.59	32.10	33.6	1195.32	7.1	7.2
西西伯利亚							
叶尼塞斯克省	697.4	181.21	-168.93	—	866.33	11.5	(11.6)
托木斯克省	1480.4	176.04	-100.66	—	1581.06	2.9	(2.8)
地区合计	2177.8	357.25	-269.59	—	2447.39	3.9	(3.9)
北高加索地区							
库班省	30614.56	1836.64	1307.97	41.6	29306.59	47.2	47.1
斯塔夫罗波尔省	7451.96	1747.37	496.65	22.1	6955.31	18.5	(18.7)
捷列克省	5603.82	522.6	-247.54	—	5851.36	93.5	89.7
地区合计	43670.34	4106.61	1557.08	27.5	42113.26	39.8	39.1
总计	385825.53	54267.11	103569.87	65.8	282255.66	28.8	33.8

附表 3　粮食单位面积产量（普特/1俄亩）的变化①

土壤带和地区	年份	秋播黑麦 农民	秋播黑麦 地主	秋播小麦 农民	秋播小麦 地主	春播小麦 农民	春播小麦 地主	双粒小麦 农民	双粒小麦 地主	荞麦 农民	荞麦 地主	黍 农民	黍 地主
黑土带													
中部农业区	1909—1913	56.0	72.0	64.0	78.0	55.0	63.0	—	—	37.0	44.0	54.0	65.0
	1914	51.1	71.8	72.2	81.7	42.6	51.3	—	—	22.3	26.7	40.8	53.7
	1915	80.5	101.3	86.5	100.0	67.0	80.3	—	—	48.8	64.0	66.5	83.7
	1916	69.4	84.6	74.5	85.5	58.0	58.0	—	—	54.3	66.7	46.0	50.0
	1917	50.5	65.1	65.0	80.3	32.0	37.0	—	—	44.2	50.7	59.6	60.0
伏尔加河中游地区	1909—1913	52.0	65.0	—	54.0	44.0	50.0	—	—	34.0	44.0	39.0	65.0
	1914	40.5	58.0	35.0	50.6	33.5	43.5	—	—	14.3	16.0	18.3	22.8
	1915	80.0	94.1	65.0	110.0	59.8	69.0	—	—	42.0	54.8	54.1	64.5
	1916	61.5	71.8	—	—	33.0	37.0	—	—	33.6	37.5	43.3	42.2
	1917	43.1	50.1	—	—	26.2	31.2	38.0	(49)	21.4	20.0	30.5	28.3

① 1909—1913年的单产数字根据农业部农业经济与农业统计司的资料，1914年和1915年的单产数字引自《经济统计资料汇编》（第十年），1916年的单产数字引自农业部农业经济与农业统计司的出版物《1916年的农业关系》。1917年的单产数字尚未公布的农业经济与农业统计司材料。

续 表

土壤带和地区	年份	秋播黑麦 农民	秋播黑麦 地主	秋播小麦 农民	秋播小麦 地主	春播小麦 农民	春播小麦 地主	双粒小麦 农民	双粒小麦 地主	荞麦 农民	荞麦 地主	黍 农民	黍 地主
伏尔加河下游地区	1909—1913	35.0	46.0	—	(39.0)	35.0	41.0	—	—	27.0	31.0	28.0	36.0
	1914	30.0	40.3	—	39.0	34.6	47.3	—	—	12.5	21.0	31.0	36.0
	1915	69.0	85.5	—	(104)	68.0	81.5	—	—	—	—	55.0	40.0
	1916	44.0	54.0	—	53	28.0	31.0	—	—	—	—	43.0	65.0
	1917	33.0	42.5	18	—	30.0	33.5	—	—	—	—	19.5	34.0
黑土带													
新俄罗斯地区	1909—1913	50.0	63.0	51.0	67.0	44.0	55.0	—	—	43.0	45.0	44.0	52.0
	1914	44.8	60.0	45.0	59.6	30.2	41.6	—	—	47.0	36.5	46.2	49.2
	1915	67.8	89.4	81.2	108.6	41.7	56.5	—	—	39.0	37.0	48.7	62.7
	1916	57.5	71.0	65.0	81.5	35.3	47.6	—	—	—	—	47.5	55.3
	1917	49.2	61.7	58.2	76.8	42.5	47.7	—	—	38.5	42.0	47.2	63.2

续表

土壤带和地区	年份	玉米 农民	玉米 地主	豌豆 农民	豌豆 地主	兵豆 农民	兵豆 地主	大豆 农民	大豆 地主	大麦 农民	大麦 地主	燕麦 农民	燕麦 地主	马铃薯 农民	马铃薯 地主
中部农业区（黑土带）	1909—1913	—	—	55.0	67.0	—	—	—	—	60.0	68.0	60.0	76.0	520.0	638.0
	1914	—	50	34.1	53.7	—	—	—	—	41.5	40.5	42.7	57.7	481.1	588.8
	1915	—	—	47.5	66.0	—	—	—	—	60.5	74.5	61.0	76.5	656.5	793.0
	1916	—	—	—	—	—	—	—	—	61.5	88.0	59.8	71.0	—	—
	1917	—	—	40.5	38.0	35.3	40.0	45.0	18.0	34.5	47.5	37.7	45.0	556.8	620.0
伏尔加河中游地区	1909—1913	—	—	55.0	67.0	—	—	—	—	50.0	53.0	51.0	54.0	520.0	638.0
	1914	—	41.0	17.1	20.1	—	—	—	—	31.4	40.0	31.1	40.8	327.0	378.7
	1915	—	—	46.8	59.3	—	—	—	—	65.6	78.3	59.1	71.8	572.0	763.7
	1916	—	—	—	—	—	—	—	—	44.8	41.0	43.5	49.1	—	—
	1917	—	—	26.3	32.0	14.2	16.0	—	—	30.6	25.5	26.1	32.3	378.1	259.5
伏尔加河下游地区	1909—1913	—	—	31.0	29.0	—	—	—	—	38.0	46.0	35.0	44.0	315.0	327.0
	1914	—	—	37.0	36.0	—	—	—	—	52.5	46.3	33.0	41.0	332.6	411.3
	1915	77.0	—	52.5	(78.0)	—	—	—	—	74.0	85.5	76.0	88.5	707.5	881.0
	1916	—	—	—	—	—	—	—	—	31.5	45.0	38.5	46.0	—	—
	1917	—	—	34	—	—	—	—	—	26.0	26.5	28.5	32.5	349.0	402.2

续 表

土壤带和地区	年份	玉米		豌豆		兵豆		大豆		大麦		燕麦		马铃薯	
		农民	地主	农民	地主	农民	地主	农民	地主	农民	地主	农民	地主	农民	地主
黑土带 新俄罗斯地区	1909—1913	69.0	77.0	50.0	56.0	—	—	—	—	58.0	72.0	59.0	72.0	359.0	357.0
	1914	75.2	85.0	52.5	57.2	—	—	—	—	44.5	57.6	48.6	60.6	366.6	384.8
	1915	95.2	113.7	—	—	—	—	—	—	65.2	84.2	63.8	84.2	482.6	631.0
	1916	85.5	95.7	—	—	—	—	—	—	57.0	70.6	64.0	71.0	—	—
	1917	93.0	107.5	47.0	60.0	—	86.0	97.5	77.0	55.6	70.8	56.6	72.4	301.5	405.0

续　表

土壤带和地区	年份	秋播黑麦		秋播小麦		春播小麦		双粒小麦		荞麦		黍	
		农民	地主	农民	地主	农民	地主	农民	地主	农民	地主	农民	地主
小俄罗斯地区	1909—1913	65.0	79.0	69.0	83.0	60.0	68.0	—	—	43.0	49.0	60.0	69.0
	1914	70.6	95.3	81.6	99.0	52.6	57.3	—	—	36.3	46.0	73.0	81.0
	1915	81.0	99.3	94.6	110.6	66.6	77.0	—	—	56.0	68.3	74.6	86.0
	1916	78.3	93.6	80.3	106.0	64.0	71.5	—	—	55.0	62.3	67.0	80.6
	1917	59.6	72.3	65.0	81.6	51.6	65.6	48.0	61.0	56.3	63.6	74.3	89.6
西南部地区	1909—1913	77.0	83.0	77.0	88.0	52.0	62.0	—	—	55.0	56.0	74.0	73.0
	1914	79.3	87.6	77.3	87.0	53.0	57.0	—	—	56.3	51.3	84.6	78.0
	1915	80.6	108.5	104.0	129.5	—	—	—	—	62.0	67.5	87.0	88.0
	1916	80.6	94.3	82.3	97.6	—	—	—	—	53.6	57.0	66.6	68.5
	1917	73.0	86.3	81.3	86.6	86.0	87.3	—	—	62.0	69.3	81.6	88.6

黑土带

1914—1918 年俄国的粮食市场及其调节

续 表

土壤带和地区	年份	秋播黑麦		秋播小麦		春播小麦		双粒小麦		荞麦		黍	
		农民	地主	农民	地主	农民	地主	农民	地主	农民	地主	农民	地主
整个黑土带	1909—1913	55.0	68.0	64.0	69.0	48.0	57.0	—	—	40.0	43.0	51.0	57.0
	1914	50.5	66.1	64.1	71.6	39.2	48.5	—	—	29.3	30.7	43.1	48.6
	1915	77.0	96.1	87.3	103.7	58.6	70.8	—	—	48.6	57.3	62.4	70.8
	1916	66.7	79.8	75.5	89.4	43.8	48.0	—	—	46.9	55.1	50.7	57.6
	1917	50.9	62.5	62.7	80.7	41.8	51.6	41.3	55.0	42.1	51.8	51.2	63.7
非黑土带													
中部工业区	1909—1913	47.0	59.0	—	—	50.0	55.0	—	—	33.0	35.0	38.0	42.0
	1914	45.1	53.7	63.0	58.3	36.2	28.7	—	—	27.7	22.2	31.0	34.0
	1915	66.3	84.7	—	—	56.3	66.0	—	—	44.5	45.5	—	—
	1916	56.5	66.1	—	—	44.0	—	—	—	30.0	30.0	—	—
	1917	40.3	50.0	42.5	45.0	29.3	34.0	—	—	34.0	28.5	—	—

续　表

土壤带和地区	年份	玉米		豌豆		蚕豆		大豆		大麦		燕麦		马铃薯	
		农民	地主	农民	地主	农民	地主	农民	地主	农民	地主	农民	地主	农民	地主
小俄罗斯地区（黑土带）	1909—1913	95.0	95.0	58.0	65.0	—	—	—	—	71.0	77.0	69.0	77.0	580.0	655.0
	1914	89.5	94.0	53.3	56.0	—	—	—	—	58.0	63.6	57.6	69.0	679.6	758.6
	1915	110.0	140.0	65.0	75.0	—	—	—	—	60.6	74.3	59.0	74.3	501.3	789.3
	1916	94.0	109.0	—	—	—	—	—	—	40.6	53.0	71.3	83.6	—	—
	1917	99.3	129.0	63.3	68.6	66.0	69.0	99.3	100.6	52.6	63.0	53.3	64.6	627.3	667.0
西南部地区	1909—1913	76.0	85.0	69.0	76.0	—	—	—	—	70.0	76.0	72.0	82.0	518.0	579.0
	1914	57.5	77.6	67.6	74.6	—	—	—	—	73.3	81.3	71.6	82.0	594.0	615.0
	1915	79.0	79.0	67.5	74.0	—	—	—	—	63.0	77.0	67.6	83.5	597.0	667.0
	1916	79.0	—	—	—	—	—	—	—	70.3	82.0	72.6	95.0	—	—
	1917	93.0	107.5	79.0	89.0	90.0	108.5	151.0	179.5	63.6	82.3	66.3	79.6	599.0	704.6

续　表

土壤带和地区	年份	玉米 农民	玉米 地主	豌豆 农民	豌豆 地主	兵豆 农民	兵豆 地主	大豆 农民	大豆 地主	大麦 农民	大麦 地主	燕麦 农民	燕麦 地主	马铃薯 农民	马铃薯 地主
黑土带	1909—1913	79.0	85.0	51.0	79.0	—	—	—	—	57.0	65.0	69.0	69.0	453.0	498.0
	1914	79.2	77.6	38.2	47.3	—	—	—	—	45.6	51.7	45.1	56.5	404.3	503.7
	1915	84.1	116.3	52.5	66.4	—	—	—	—	64.8	79.6	62.9	78.7	605.4	749.0
	1916	85.8	98.4	—	—	—	—	—	—	56.0	72.6	57.7	68.0	—	—
	1917	95.4	114.4	51.4	60.6	42.6	62.2	105.5	104.5	46.7	58.2	43.3	52.9	467.4	531.4
中部工业区（非黑土带）	1909—1913	—	—	48.0	54.0	—	—	—	—	60.0	63.0	59.0	66.0	458.0	497.0
	1914	—	—	24.0	28.0	—	—	—	—	27.5	33.7	61.5	38.8	440.8	492.8
	1915	—	—	56.5	67.0	—	—	—	—	55.4	63.7	55.7	66.7	654.1	756.5
	1916	—	—	—	—	—	—	—	—	55.0	63.6	57.6	66.8	—	—
	1917	—	—	45.3	44.2	37.0	60.0	—	—	44.5	51.7	40.1	46.0	495.3	551.0

续表

土壤带和地区	年份	秋播黑麦		秋播小麦		春播小麦		双粒小麦		荞麦		黍	
		农民	地主	农民	地主	农民	地主	农民	地主	农民	地主	农民	地主
						非黑土带							
白俄罗斯地区	1909—1913	50.0	61.0	50.0	66.0	50.0	51.0	—	—	32.0	32.0	47.0	46.0
	1914	50.4	65.2	55.3	71.3	39.7	38.7	—	—	26.7	29.2	50.5	58.0
	1915	69.2	84.0	81.5	88.0	60.0	72.5	—	—	44.5	49.0	—	—
	1916	53.7	61.0	54.5	64.0	65.0	66.0	—	—	40.0	43.0	—	—
	1917	40.2	48.2	48.5	49.2	40.0	54.0	—	—	39.7	42.3	64.0	49.0
立陶宛地区	1909—1913	55.0	64.0	58.0	70.0	51.0	53.0	—	—	27.0	26.0	51.0	—
	1914	51.6	62.3	57.0	70.6	45.3	48.6	—	—	22.3	22.0	—	—
	1915	—	—	—	—	—	—	—	—	—	—	—	—
	1916	—	—	—	—	—	—	—	—	—	—	—	—
	1917	—	—	—	—	—	—	—	—	—	—	—	—

1914—1918 年俄国的粮食市场及其调节

续 表

非黑土带

土壤带和地区	年份	秋播黑麦		秋播小麦		春播小麦		双粒小麦		荞麦		黍	
		农民	地主	农民	地主	农民	地主	农民	地主	农民	地主	农民	地主
沿湖地区	1909—1913	53.0	61.0	—	(65.0)	49.0	53.0	—	—	26.0	22.0	—	—
	1914	53.0	58.2	53.0	78.0	37.6	47.6	—	—	20.5	18.5	—	—
	1915	69.5	65.7	78.0	87.0	—	—	—	—	—	—	—	—
	1916	58.5	73.0	52.0	59.0	—	—	—	—	27.0	26.0	—	—
	1917	73.0	64.0	65.0	72.0	62.0	—	—	—	25.5	29.0	—	—
波罗的海沿岸地区	1909—1913	79.0	86.0	79.0	86.0	64.0	69.0	—	—	18.0	26.0	—	—
	1914	77.6	86.0	82.0	92.0	40.6	46.0	—	—	62.0	—	—	—
	1915	88.0	94.0	96.0	107.5	80.0	—	—	—	—	—	—	—
	1916	67.0	71.0	76.0	80.0	—	—	—	—	43.0	50.0	—	—
	1917	67.5	73.5	73.0	82.5	73.5	51.0	—	—	—	—	—	—

314

续表

土壤带和地区	年份	玉米		豌豆		兵豆		大豆		大麦		燕麦		马铃薯	
		农民	地主	农民	地主	农民	地主	农民	地主	农民	地主	农民	地主	农民	地主
非黑土带															
白俄罗斯地区	1909—1913	—	—	47.0	52.0	—	—	—	—	50.0	58.0	52.0	58.0	445.0	528.0
	1914	—	—	28.5	35.5	—	—	—	—	37.5	40.0	35.7	39.7	489.2	532.7
	1915	—	—	55.0	65.0	—	—	—	—	56.7	65.7	56.0	66.0	726.7	835.2
	1916	—	—	—	—	—	—	—	—	53.0	55.6	58.2	63.0	—	—
	1917	—	—	46.2	47.5	—	(41)	53.0	48.0	45.0	49.2	50.0	51.7	479.7	502.2
立陶宛地区	1909—1913	—	—	48.0	55.0	—	—	—	—	55.0	62.0	51.0	58.0	431.0	500.0
	1914	—	—	36.6	42.0	—	—	—	—	48.3	46.6	42.3	48.0	412.0	480.6
	1915	—	—	—	—	—	—	—	—	—	—	—	—	—	—
	1916	—	—	—	—	—	—	—	—	—	—	—	—	—	—
	1917	—	—	—	—	—	—	—	—	—	—	—	—	—	—

315

1914—1918 年俄国的粮食市场及其调节

续 表

土壤带和地区	年份	玉米		豌豆		兵豆		大豆		大麦		燕麦		马铃薯	
		农民	地主	农民	地主	农民	地主	农民	地主	农民	地主	农民	地主	农民	地主
非黑土带															
沿湖地区	1909—1913	—	—	48.0	51.0	—	—	—	—	55.0	61.0	54.0	60.0	433.0	463.0
	1914	—	—	26.2	26.5	—	—	—	—	28.7	34.7	32.2	37.5	429.7	462.0
	1915	—	—	54.0	52.0	—	—	—	—	68.5	67.0	61.5	71.0	605.2	747.3
	1916	—	—	—	—	—	—	—	—	52.2	44.0	64.5	73.6	—	—
	1917	—	—	45.2	50.0	—	—	—	—	54.7	56.0	46.5	52.2	328.0	447.0
波罗的海沿岸地区	1909—1913	—	—	62.0	68.0	—	—	—	—	71.0	78.0	64.0	78.0	649.0	693.0
	1914	—	—	30.6	29.3	—	—	—	—	34.6	40.0	32.6	40.3	501.3	532.3
	1915	—	—	82.5	92.5	—	—	—	—	86.0	90.5	82.5	87.0	956.0	987.0
	1916	—	—	—	—	—	—	—	—	62.5	67.0	67.0	70.0	—	—
	1917	—	—	66.5	85.0	—	—	—	—	57.5	64.5	56.5	66.0	436.5	417.5

续　表

土壤带和地区	年份	秋播黑麦		秋播小麦		春播小麦		双粒小麦		荞麦		黍	
		农民	地主	农民	地主	农民	地主	农民	地主	农民	地主	农民	地主
						非黑土带							
乌拉尔山脉西麓地区	1909—1913	55.0	59.0	—	—	55.0	58.0	—	—	36.0	33.0	—	—
	1914	56.5	63.5	—	—	53.5	55.5	—	—	29.0	37.0	—	—
	1915	62.5	75.0	—	—	65.0	74.5	—	—	42.0	—	—	—
	1916	55.5	69.5	—	—	45.0	47.5	—	—	41.5	—	—	—
	1917	58.5	60.0	43.5	56.0	45.0	51.0	51.5	72.0	34.5	45.5	46.0	—
北部地区	1909—1913	51.0	53.0	—	—	53.0	57.0	—	—	—	—	—	—
	1914	47.0	50.0	—	—	36.0	40.0	—	—	—	—	—	—
	1915	59.0	70.0	—	—	54.0	65.0	—	—	—	—	—	—
	1916	65.0	69.0	—	—	45.0	51.0	—	—	—	—	—	—
	1917	56.5	51.5	39.0	—	30.5	36.0	—	—	—	—	—	—

续表

土壤带和地区	年份	秋播黑麦 农民	秋播黑麦 地主	秋播小麦 农民	秋播小麦 地主	春播小麦 农民	春播小麦 地主	双粒小麦 农民	双粒小麦 地主	荞麦 农民	荞麦 地主	黍 农民	黍 地主
非黑土带	1909—1913	53.0	63.0	61.0	71.0	53.0	57.0	—	—	32.0	32.0	42.0	43.0
	1914	55.9	64.1	66.9	74.9	38.9	42.0	—	—	23.6	24.6	45.7	50.0
	1915	68.6	79.5	86.0	95.6	63.7	70.1	—	—	46.3	46.6	—	—
	1916	58.1	67.6	62.6	69.4	49.8	53.0	—	—	36.7	33.0	—	—
	1917	49.3	55.9	52.4	60.7	44.8	46.5	51.5	72.0	35.3	39.3	58.0	49.0
欧俄	1909—1913	54.0	65.6	62.8	69.8	49.0	57.0	—	—	36.5	38.3	49.1	54.4
	1914	53.1	65.1	65.2	72.8	39.6	45.5	—	—	26.9	23.5	43.4	48.7
	1915	72.3	88.7	87.1	105.7	60.4	70.6	—	—	47.9	55.5	62.4	70.8
	1916	60.1	74.5	71.7	84.4	45.7	49.4	—	—	43.8	50.7	50.7	57.6
	1917	49.7	59.5	57.7	72.9	44.3	49.8	45.4	60.6	39.3	46.9	52.0	56.3

续表

非黑土带

土壤带和地区	年份	玉米农民	玉米地主	豌豆农民	豌豆地主	兵豆农民	兵豆地主	大豆农民	大豆地主	大麦农民	大麦地主	燕麦农民	燕麦地主	马铃薯农民	马铃薯地主
乌拉尔山脉西麓地区	1909—1913	—	—	45.0	47.0	—	—	—	—	59.0	62.0	55.0	59.0	433.0	428.0
	1914	—	—	32.0	39.0	—	—	—	—	51.5	50.0	48.5	55.0	361.0	369.0
	1915	—	—	57.0	72.0	—	—	—	—	74.0	77.0	64.5	71.0	375.0	680.0
	1916	—	—	—	—	40.0	47.0	—	—	53.0	60.0	54.5	56.0	—	—
	1917	—	—	41.0	49.0	—	—	—	—	44.0	42.5	42.5	42.5	353.5	482.5
北部地区	1909—1913	—	—	55.0	53.0	—	—	—	—	62.0	62.0	55.0	58.0	454.0	438.0
	1914	—	—	28.0	32.0	—	—	—	—	44.0	44.0	47.0	43.0	427.0	340.5
	1915	—	—	54.0	72.0	—	—	—	—	58.0	43.0	53.0	61.0	461.0	524.0
	1916	—	—	—	—	—	—	—	—	60.0	58.0	49.0	57.0	—	—
	1917	—	—	55.5	49.0	—	—	—	—	48.0	55.5	43.0	48.5	348.5	352.5
非黑土带	1909—1913	—	—	49.0	55.0	—	—	—	—	58.0	63.0	56.0	62.0	476.0	507.0
	1914	—	—	27.7	32.2	—	—	—	—	35.8	39.5	36.5	41.7	433.2	474.7
	1915	—	—	60.3	71.7	—	—	—	—	62.5	68.7	60.2	69.4	641.8	788.2

续 表

土壤带和地区	年份	玉米		豌豆		兵豆		大豆		大麦		燕麦		马铃薯	
		农民	地主	农民	地主	农民	地主	农民	地主	农民	地主	农民	地主	农民	地主
非黑土带	1916	—	—	—	—	—	—	—	—	55.1	60.4	59.2	66.9	—	—
	1917	—	—	48.7	52.6	38.0	49.3	53.0	48.0	48.2	52.9	45.5	50.3	424.0	486.0
欧俄	1909—1913	79.0	85.0	50.0	68.0	—	—	—	—	57.5	64.0	62.7	65.6	464.0	502.3
	1914	79.2	77.6	33.2	39.9	—	—	—	—	40.4	47.8	40.9	49.5	422.9	489.7
	1915	84.1	116.3	55.7	68.6	—	—	—	—	63.6	74.5	61.2	74.6	621.9	765.2
	1916	85.8	86.4	—	—	—	—	—	—	55.6	66.5	58.4	67.5	—	—
	1917	95.4	114.4	40.8	56.3	41.7	59.2	99.2	98.2	47.5	55.5	44.3	51.7	447.7	510.8

附表 4

附表 4.1　1917 年主要粮食的地方平均价格（戈比/每普特）①

地区、省/州名称		秋播小麦	春播小麦	黑麦	燕麦	大麦
黑土带						
中部农业区						
库尔斯克省	春季价格	293	279	218	226	238
	秋季价格	688	791	560	571	607
奥廖尔省	春季价格	290	—	243	230	330
	秋季价格	809	853	752	638	1040
图拉省	春季价格	383	—	292	295	—
	秋季价格	850	750	1062	894	735
梁赞省	春季价格	—	—	366	406	433
	秋季价格	1504		1558	1236	600
坦波夫省	春季价格	—	292	358	318	195
	秋季价格	1310	750	912	821	—
沃罗涅日省	春季价格	304	322	232	251	228
	秋季价格	889	944	643	795	713
全地区	春季价格	317	298	285	288	285
	秋季价格	1008	817	914	826	739
伏尔加河中游地区						
辛比尔斯克省	春季价格	400	390	302	324	325
	秋季价格	1362	1837	1087	984	1361
萨拉托夫省	春季价格	345	317	232	313	274
	秋季价格	1159	1229	864	1165	1056

① 根据尚未公布的农业部农业经济与农业统计司材料。

地区、省/州名称		秋播小麦	春播小麦	黑麦	燕麦	大麦
黑土带						
伏尔加河中游地区						
奔萨省	春季价格	434	442	306	378	348
	秋季价格	1729	—	1241	1015	1300
喀山省	春季价格	558	454	283	280	351
	秋季价格	1788	2197	1317	1162	1523
下诺夫哥罗德省	春季价格	640	749	547	531	418
	秋季价格	—	4318	2516	1606	1920
乌法省	春季价格	383	397	229	230	284
	秋季价格	707	1123	657	614	729
全地区	春季价格	460	458	316	383	333
	秋季价格	1354	2141	1270	1091	1315
伏尔加河下游地区						
萨马拉省	春季价格	305	305	212	274	237
	秋季价格	667	743	512	788	584
奥伦堡省	春季价格	303	286	242	273	264
	秋季价格	686	798	576	645	627
阿斯特拉罕省	春季价格	343	361	232	300	260
	秋季价格	—	1228	937	1000	900
乌拉尔斯克省	春季价格	—	—	—	—	—
	秋季价格	—	—	—	1219	1300
全地区	春季价格	317	317	224	282	254
	秋季价格	676	923	675	912	853
新俄罗斯地区						
比萨拉比亚省	春季价格	300	334	222	251	214
	秋季价格	672	702	513	531	464

地区、省/州名称		秋播小麦	春播小麦	黑麦	燕麦	大麦
黑土带						
新俄罗斯地区						
赫尔松省	春季价格	245	264	201	255	193
	秋季价格	628	612	477	504	440
塔夫利达省	春季价格	242	252	204	250	196
	秋季价格	706	587	468	591	—
叶卡捷琳诺斯拉夫省	春季价格	290	280	215	239	209
	秋季价格	605	601	461	543	598
顿河州	春季价格	279	311	219	252	202
	秋季价格	2718	1428	976	871	776
全地区	春季价格	271	288	212	249	203
	秋季价格	1066	786	579	608	545
西南部地区						
基辅省	春季价格	335	329	280	324	286
	秋季价格	966	900	1099	1127	839
波多利斯克省	春季价格	296	290	223	235	216
	秋季价格	709	684	591	630	608
沃伦省	春季价格	369	375	285	326	316
	秋季价格	1138	1178	814	977	861
全地区	春季价格	338	331	263	295	273
	秋季价格	938	921	835	911	769
小俄罗斯地区						
哈尔科夫省	春季价格	324	323	240	259	250
	秋季价格	928	883	721	857	768
切尔尼戈夫省	春季价格	370	406	323	311	320
	秋季价格	1483	1421	1216	864	922

续　表

地区、省/州名称		秋播小麦	春播小麦	黑麦	燕麦	大麦
黑土带						
小俄罗斯地区						
波尔塔瓦省	春季价格	315	275	217	234	254
	秋季价格	638	617	492	523	468
全地区	春季价格	336	335	260	268	275
	秋季价格	1016	973	810	748	743
黑土带	春季价格	339	335	260	291	271
	秋季价格	1010	973	848	858	827
非黑土带						
工业区						
弗拉基米尔省	春季价格	1086	1024	769	782	533
	秋季价格	4819	4493	—	2576	2875
莫斯科省	春季价格	—	—	491	526	532
	秋季价格	1325	—	2618	2552	1685
卡卢加省	春季价格	—	—	561	511	538
	秋季价格	1917	1800	1427	1303	1312
特维尔省	春季价格	400	—	377	380	412
	秋季价格	1217	1800	2706	1603	1991
雅罗斯拉夫尔省	春季价格	682	697	490	673	553
	秋季价格	4300	3000	3000	2524	2271
科斯特罗马省	春季价格	—	683	600	587	580
	秋季价格	2760	3218	2411	2188	2318
全地区	春季价格	723	1135	547	576	525
	秋季价格	2706	2702	2630	2124	2075

续　表

地区、省/州名称		秋播小麦	春播小麦	黑麦	燕麦	大麦
非黑土带						
白俄罗斯地区						
莫吉廖夫省	春季价格	562	530	398	360	404
	秋季价格	2690	2529	2031	1009	1396
明斯克省	春季价格	620	—	397	430	420
	秋季价格	1966	2875	1866	1337	1550
维捷布斯克省	春季价格	625	618	472	401	454
	秋季价格	2826	3085	2303	1184	1600
斯摩棱斯克省	春季价格	590	568	397	367	383
	秋季价格	2317	2333	1912	1176	1424
沿湖地区						
彼得堡省	春季价格	508	520	399	432	436
	秋季价格	2333	3066	1704	1528	1577
普斯科夫省	春季价格	495	600	398	337	344
	秋季价格	2072	2689	1509	924	1202
奥洛涅茨省	春季价格	—	—	363	340	390
	秋季价格	1053	1650	1183	1043	1151
诺夫哥罗德省	春季价格	436	429	374	332	345
	秋季价格	2357	2386	1782	1297	1529
全地区	春季价格	480	516	383	360	379
	秋季价格	1954	2497	1544	1198	1365
乌拉尔山脉西麓地区						
维亚特卡省	春季价格	495	517	324	299	378
	秋季价格	1758	1843	1149	1121	1377
彼尔姆省	春季价格	407	489	330	319	395
	秋季价格	1629	1484	1115	979	1254

1914—1918 年俄国的粮食市场及其调节

续　表

地区、省/州名称		秋播小麦	春播小麦	黑麦	燕麦	大麦
非黑土带						
乌拉尔山脉西麓地区						
全地区	春季价格	451	500	327	309	387
	秋季价格	1693	1663	1132	1055	1316
波罗的海沿岸地区						
利夫兰省	春季价格	749	704	622	456	500
	秋季价格	1363	1136	1097	789	827
库尔兰省	春季价格	—	—	—	—	—
	秋季价格	—	—	—	—	—
爱斯特兰省	春季价格	680	649	550	497	468
	秋季价格	1000	950	837	905	791
全地区	春季价格	714	678	586	477	484
	秋季价格	1181	1043	967	847	809
北部地区						
沃洛格达省	春季价格	1388	474	375	316	390
	秋季价格	1080	1597	1185	966	1104
阿尔汉格尔斯克省	春季价格	—	517	420	317	385
	秋季价格	—	1390	1150	887	1027
全地区	春季价格	1388	495	397	317	388
	秋季价格	1080	1493	1167	927	1066
非黑土带	春季价格	726	649	443	433	930
	秋季价格	331	2009	1587	1395	1354
高加索						
库班州	春季价格	—	299	213	246	209
	秋季价格	—	664	550	522	463

地区、省/州名称		秋播小麦	春播小麦	黑麦	燕麦	大麦
非黑土带						
高加索						
斯塔夫罗波尔省	春季价格	—	—	—	280	274
	秋季价格	—	592	457	494	430
捷列克州	春季价格	—	—	—	248	245
	秋季价格	—	—	—	500	487
黑海省	春季价格	—	—	—	—	—
	秋季价格	—	—	—	—	—
库塔伊斯省	春季价格	—	—	—	—	—
	秋季价格	—	1942	1675	—	1540
梯弗里斯省	春季价格	—	—	—	—	—
	秋季价格	—	1960	—	—	1250
巴统省	春季价格	—	—	—	—	—
	秋季价格	—	—	—	—	—
巴库省	春季价格	—	—	—	—	—
	秋季价格	—	—	—	—	—
伊丽莎白波尔省	春季价格	—	—	—	—	—
	秋季价格	—	—	—	—	—
达吉斯坦省	春季价格	—	—	—	—	—
	秋季价格	—	—	—	—	—
埃里温省	春季价格	—	—	—	—	—
	秋季价格	—	—	—	—	—
卡尔斯州	春季价格	—	—	—	—	—
	秋季价格	—	—	—	—	—
全地区	春季价格	—	299	213	258	243
	秋季价格	—	1274	494	505	834

1914—1918 年俄国的粮食市场及其调节

地区、省/州名称		秋播小麦	春播小麦	黑麦	燕麦	大麦
非黑土带						
西伯利亚和中亚						
托博尔斯克省	春季价格	—	251	212	214	214
	秋季价格	—	686	563	510	547
托木斯克省	春季价格	—	246	229	184	203
	秋季价格	—	606	533	409	460
叶尼塞斯克省	春季价格	—	239	163	153	159
	秋季价格	—	598	436	383	433
伊尔库茨克省	春季价格	—	277	200	177	195
	秋季价格	—	831	623	489	514
阿克莫林斯克省	春季价格	—	173	48	180	159
	秋季价格	—	560	420	421	406
谢米巴拉金斯克省	春季价格	—	309	—	303	225
	秋季价格	—	647	455	456	395
图尔盖省	春季价格	—	265	209	265	226
	秋季价格	—	707	682	604	571
乌拉尔斯克省	春季价格	—	—	—	—	—
	秋季价格	—	—	—	—	—
锡尔河省	春季价格	—	—	—	840	1065
	秋季价格	—	—	—	—	5580
费尔干纳省	春季价格	—	—	—	—	—
	秋季价格	—	—	—	—	—
谢米列奇耶省	春季价格	—	—	—	—	—
	秋季价格	—	830	467	420	433
外里海省	春季价格	—	—	—	—	—
	秋季价格	—	4812	—	—	2917

地区、省/州名称		秋播小麦	春播小麦	黑麦	燕麦	大麦
非黑土带						
西伯利亚和中亚						
撒马尔罕省	春季价格	—	—	—	—	—
	秋季价格	—	(8167)	—	—	(5667)
外贝加尔省	春季价格	—	292	193	160	163
	秋季价格	—	714	429	325	337
阿穆尔省	春季价格	—	—	—	—	—
	秋季价格	—	529	—	451	—
滨海省	春季价格	—	239	228	156	160
	秋季价格	—	622	450	395	398
全地区	春季价格	—	255	185	263	277
	秋季价格	—	1455	506	442	1435

1914—1918 年俄国的粮食市场及其调节

附表 4.2　俄国各地区主要粮食的地方平均价格（戈比/每普特）

黑土带

地区		秋播小麦						春播小麦						黑麦					
		1901—1910	1909—1913	1914	1915	1916	1917	1901—1910	1909—1913	1914	1915	1916	1917	1901—1910	1909—1913	1914	1915	1916	1917
中部农业区	春季	98	111	109	148	176	317	96	109	101	137	174	298	74	81	81	128	133	285
	秋季	93	103	97	144	225	1008	90	98	101	98	232	817	72	75	89	116	168	914
伏尔加河中游地区	春季	96	114	—	—	192	460	95	110	95	139	196	458	69	82	69	112	128	316
	秋季	92	—	104	143	263	1354	89	97	99	137	252	141	68	74	82	112	174	1270
伏尔加河下游地区	春季	—	—	—	125	149	317	92	110	87	116	164	2317	67	83	60	96	116	224
	秋季	—	—	—	—	240	676	91	96	81	113	232	923	65	72	70	86	162	675
新俄罗斯地区	春季	95	109	102	129	146	271	94	107	97	127	143	288	73	84	75	101	112	212
	秋季	92	100	89	115	202	1066	88	95	86	110	196	786	70	74	71	88	151	579
西南部地区	春季	95	107	103	152	177	333	93	105	101	146	161	331	73	80	83	118	142	263
	秋季	91	199	101	129	228	938	89	93	97	123	214	921	71	76	88	109	178	835
小俄罗斯地区	春季	94	108	102	139	168	336	93	105	101	146	167	335	72	80	75	115	125	260
	秋季	91	97	105	140	213	1016	89	93	97	123	214	973	70	73	84	112	171	810
黑土带	春季	96	110	102	142	167	339	93	105	101	146	167	335	71	82	74	112	126	260
	秋季	92	99	101	134	228	1010	89	93	97	123	214	973	70	74	80	104	167	848

续　表

非黑土带

地区		秋播小麦						春播小麦						黑麦					
		1901—1910	1909—1913	1914	1915	1916	1917	1901—1910	1909—1913	1914	1915	1916	1917	1901—1910	1909—1913	1914	1915	1916	1917
工业区	春季	—	116	—	174	272	723	120	133	129	197	288	1135	92	101	96	156	187	547
	秋季	—	—	—	—	325	2706	118	117	136	206	168	2702	86	92	106	161	264	2630

黑土带

地区		燕麦						大麦				
		1901—1910	1909—1913	1914	1915	1916	1917	1909—1913	1914	1915	1916	1917
中部农业区	春季	66	75	69	118	132	288	76	76	128	135	285
	秋季	60	65	81	109	169	826	69	87	112	176	739
伏尔加河中游地区	春季	61	69	62	121	131	383	82	73	115	138	333
	秋季	56	57	78	109	191	1091	71	81	110	188	1315
伏尔加河下游地区	春季	70	83	70	119	139	282	82	61	98	106	254
	秋季	66	74	77	94	215	912	68	69	84	183	853
新俄罗斯地区	春季	70	79	73	103	124	249	76	67	81	97	203
	秋季	66	69	73	99	169	608	65	56	73	133	545

1914—1918 年俄国的粮食市场及其调节

地区		燕麦 1901—1910	1909—1913	1914	1915	1916	1917	大麦 1901—1910	1909—1913	1914	1915	1916	1917
西南部地区	春季	70	81	82	119	193	295	71	81	83	104	153	273
	秋季	62	68	95	129	202	911	66	73	79	108	178	769
小俄罗斯地区	春季	63	71	68	117	142	268	65	73	71	107	130	275
	秋季	54	61	78	111	178	748	59	63	77	106	160	743
黑土带	春季	66	75	69	118	139	291	68	78	72	106	127	271
	秋季	60	65	81	109	189	858	63	68	75	99	170	827
工业区	春季	77	83	94	180	212	576	88	100	99	172	214	525
	秋季	66	70	110	168	278	2124	76	83	113	171	270	2075

（黑土带 / 非黑土带）

续　表

地区		秋播小麦						春播小麦						黑麦					
		1901—1910	1909—1913	1914	1915	1916	1917	1901—1910	1909—1913	1914	1915	1916	1917	1901—1910	1909—1913	1914	1915	1916	1917
白俄罗斯地区	春季	105	110	109	182	224	599	101	105	103	176	212	572	87	90	95	143	160	416
	秋季	100	105	121	196	934	2400	92	96	101	183	298	2705	82	86	98	148	257	2028
立陶宛地区	春季	103	108	106	213	—	—	98	101	101	202	—	—	83	82	88	165	—	—
	秋季	100	105	122	—	—	—	92	97	114	—	—	—	80	83	105	—	—	—
沿湖地区	春季	126	146	137	215	272	480	132	145	142	229	231	516	112	117	115	185	230	383
	秋季	119	127	134	267	340	1954	—	—	139	238	355	2497	104	111	120	194	291	1444
乌拉尔山脉西麓地区	春季	—	—	—	—	204	451	98	116	106	135	214	500	68	81	71	96	136	327
	秋季	—	—	—	145	273	1693	90	100	98	129	275	1663	69	75	74	—	199	1132
波罗的海沿岸地区	春季	113	120	119	204	315	714	121	100	112	194	276	678	97	98	100	176	226	586
	秋季	109	116	136	238	384	1181	113	108	131	216	252	1043	93	94	118	165	302	967
北部地区	春季	108	113	111	200	251	726	115	122	119	190	238	649	94	99	98	155	199	443
	秋季	102	109	126	—	331	1835	105	110	125	198	288	2009	89	95	107	173	268	1578
维斯拉河沿岸地区	春季	109	116	107	—	—	—	104	—	100	—	—	—	84	86	80	—	—	—
	秋季	104	114	149	—	—	—	97	—	130	—	—	—	81	84	120	—	—	—

非黑土带

续 表

地区		秋播小麦						春播小麦						黑麦					
		1901—1910	1909—1913	1914	1915	1916	1917	1901—1910	1909—1913	1914	1915	1916	1917	1901—1910	1909—1913	1914	1915	1916	1917
高加索	春季	—	—	—	—	—	—	104	119	114	148	211	299	105	94	91	121	182	213
	秋季	—	—	—	—	—	—	89	108	107	182	205	1274	67	81	82	127	207	494
西伯利亚和中亚	春季	—	—	—	—	—	—	—	—	—	—	—	—	—	—	—	—	—	—
	秋季	—	—	—	—	—	—	—	—	—	·	—	—	—	—	—	—	—	—
非黑土带	春季	—	—	—	—	—	—	84	184	99	110	167	255	66	86	70	70	117	185
	秋季	—	—	—	—	—	—	74	94	74	121	242	1455	59	85	59	84	150	506

续　表

地区	季节	燕麦						大麦					
		1901—1910	1909—1913	1914	1915	1916	1917	1901—1910	1909—1913	1914	1915	1916	1917
		非黑土带											
白俄罗斯地区	春季	75	82	86	157	207	389	83	89	90	151	186	415
	秋季	65	72	99	168	241	1176	75	81	98	155	243	1493
立陶宛地区	春季	88	87	86	176	—	—	88	89	89	—	—	—
	秋季	72	75	109	—	—	—	80	83	107	—	—	—
沿湖地区	春季	96	96	99	180	230	360	—	111	110	181	227	379
	秋季	80	80	111	195	265	1198	—	95	118	189	281	1365
乌拉尔山脉西麓地区	春季	66	67	56	91	128	309	79	86	77	108	161	387
	秋季	50	54	64	93	185	1055	72	78	77	106	215	1316
波罗的海沿岸地区	春季	94	91	89	201	212	477	94	93	91	181	202	484
	秋季	87	82	115	164	263	847	88	89	116	154	264	809
北部地区	春季	83	85	89	163	204	433	93	98	96	165	207	930
	秋季	71	73	104	160	252	1395	83	87	109	158	260	1354
维斯拉河沿岸地区	春季	86	—	83	—	—	—	86	—	87	—	—	—
	秋季	77	—	123	—	—	—	84	—	109	—	—	—

1914—1918 年俄国的粮食市场及其调节

土壤带和边疆省的绝对值

地区		秋播小麦						春播小麦						黑麦					
		1901—1910	1909—1913	1914	1915	1916	1917	1901—1910	1909—1913	1914	1915	1916	1917	1901—1910	1909—1913	1914	1915	1916	1917
高加索	春季	59	77	82	—	—	—	—	—	62	89	120	258	—	80	88	106	148	243
	秋季	54	63	66	—	—	—	—	—	58	86	152	505	—	71	76	120	251	834
西伯利亚和中亚	春季	—	—	—	—	—	—	—	—	—	—	—	—	—	—	—	—	—	—
	秋季	—	—	—	—	—	—	—	—	—	—	—	—	—	—	—	—	—	—
非黑土带	春季	54	82	71	—	—	—	—	—	53	77	125	263	—	81	74	79	131	277
	秋季	47	71	54	—	—	—	—	—	51	92	183	442	—	68	56	87	198	1435

336

土壤带和边疆省的相对值（以1909年—1913年为100)

地区	季	秋播小麦						春播小麦						黑麦					
		1901—1910	1909—1913	1914	1915	1916	1917	1901—1910	1909—1913	1914	1915	1916	1917	1901—1910	1909—1913	1914	1915	1916	1917
非黑土带	春季	108	113	111	200	257	726	115	122	119	190	238	649	94	99	98	115	199	403
	秋季	102	109	126	—	331	1835	105	110	125	198	288	2009	89	95	107	173	268	1578
黑土带	春季	96	110	102	142	167	339	84	108	97	135	167	338	71	82	74	112	126	260
	秋季	92	99	101	134	228	101	89	95	93	117	223	1093	70	74	80	104	167	848
高加索	春季	105	121	118	157	217	—	104	119	114	148	211	299	105	94	91	121	182	213
	秋季	95	111	113	180	339	—	89	108	107	182	295	1244	67	81	82	121	207	494
西伯利亚和中亚	春季	—	116	105	117	171	—	84	114	99	110	167	255	66	86	70	70	117	185
	秋季	—	100	85	129	380	—	74	97	74	121	242	1455	59	85	59	89	150	506

土壤带和边疆省的相对值（以1909年—1913年为100)

地区	季	秋播小麦						春播小麦						黑麦					
		1901—1910	1909—1913	1914	1915	1916	1917	1901—1910	1909—1913	1914	1915	1916	1917	1901—1910	1909—1913	1914	1915	1916	1917
非黑土带	春季	—	100	98	177	227	642	—	100	98	156	196	532	—	100	99	157	201	448
	秋季	—	100	115	—	304	1633	—	100	114	180	240	1826	—	100	113	182	282	1661
黑土带	春季	—	100	93	129	152	308	—	100	90	125	155	313	—	100	90	137	154	317
	秋季	—	100	102	135	230	1020	—	100	98	123	235	1119	—	100	108	141	226	1146

1914—1918 年俄国的粮食市场及其调节

续　表

土壤带和边疆省的相对值（以 1909 年—1913 年为 100）

地区		秋播小麦						春播小麦						黑麦					
		1901—1910	1909—1913	1914	1915	1916	1917	1901—1910	1909—1913	1914	1915	1916	1917	1901—1910	1909—1913	1914	1915	1916	1917
高加索	春季	—	100	97	130	179	—	—	100	96	124	177	251	—	100	97	129	194	227
	秋季	—	100	102	162	305	—	—	100	99	169	273	1170	—	100	101	149	256	610
西伯利亚和中亚	春季	—	100	91	101	148	—	—	100	87	97	147	224	—	100	80	80	137	145
	秋季	—	100	85	129	380	—	—	100	76	125	249	1500	—	100	69	99	177	595

338

地区		燕麦 1901—1910	燕麦 1909—1913	燕麦 1914	燕麦 1915	燕麦 1916	燕麦 1917	大麦 1901—1910	大麦 1909—1913	大麦 1914	大麦 1915	大麦 1916	大麦 1917
土壤带和边疆省的绝对值													
非黑土带	春季	83	85	89	163	204	433	93	98	96	165	207	430
非黑土带	秋季	71	73	104	160	252	1395	83	87	109	158	260	1354
黑土带	春季	66	75	69	118	139	291	68	78	72	106	127	271
黑土带	秋季	60	65	81	109	189	258	63	68	75	99	170	827
高加索	春季	59	77	82	89	120	258	62	80	88	106	148	243
高加索	秋季	54	63	66	86	152	505	58	71	76	120	251	834
西伯利亚和中亚	春季	54	82	71	77	125	263	53	81	74	79	131	277
西伯利亚和中亚	秋季	47	71	54	92	183	442	51	68	56	87	198	1435
土壤带和边疆省的相对值(以1909年—1913年为100)													
非黑土带	春季	—	100	105	192	240	509	—	100	98	168	211.2	438.7
非黑土带	秋季	—	100	142	219	345	1911	—	100	125	182	298.9	1556.3
黑土带	春季	—	100	92	157	185	388	—	100	92	136	162.8	347.4
黑土带	秋季	—	100	125	168	291	1320	—	100	110	146	250	1216.2

1914—1918 年俄国的粮食市场及其调节

土壤带和边疆省的相对值（以 1909 年—1913 年为 100）

地区		燕麦						大麦				
		1901—1910	1909—1913	1914	1915	1916	1917	1909—1913	1914	1915	1916	1917
高加索	春季	—	100	106	116	156	335	100	110	133	185	303.7
高加索	秋季	—	100	105	137	241	802	100	107	162	353.5	1174.6
西伯利亚和中亚	春季	—	100	87	94	152	321	100	91	98	161.7	341.9
西伯利亚和中亚	秋季	—	100	76	130	258	623	100	82	128	291.2	2110.3

第二部分附表

附表 1

附表 1.1　1915/16 年粮食收购运动时期军需管理总局委托农业部
收购的粮食和饲料数量在各地区和省的分配（千普特）*

省份	燕麦	大麦	黑麦面粉	小麦面粉	荞麦米
托木斯克省	6000	—	—	—	—
托博尔斯克省	6000	—	—	—	—
阿克莫林斯克省	3000	—	—	—	—
彼尔姆省	7000	—	—	—	300
维亚特卡省	—	—	1000	—	300
萨马拉省	1500	—	2000	5000	200
乌法省	5000	—	—	—	2000
奥伦堡省	1200	—	—	—	—
特罗伊茨克铁路地区	500	—	—	—	—
伏尔加河中游地区	2000	—	—	—	—
北部地区	3000	—	1500	—	500
喀山省	1000	—	1000	—	—
萨拉托夫省	6000	—	7000	1500	—
辛比尔斯克省	4000	—	1000	—	—
梁赞省	2000	—	—	—	—
图拉省	7000	—	—	—	—
奥廖尔省	3000	—	500	—	—

1914—1918 年俄国的粮食市场及其调节

续　表

省份	燕麦	大麦	黑麦面粉	小麦面粉	荞麦米
库尔斯克省	5000	—	1500	—	500
莫斯科—梁赞铁路地区	500	—	—	—	—
奔萨省	5000	—	1000	—	—
沃罗涅日省	3500	—	2000	—	—
坦波夫省	12000	—	6000	—	—
哈尔科夫省	5000	—	1000	—	300
波尔塔瓦省	4500	—	5500	1000	1000
切尔尼戈夫省	1500	—	300	—	300
赫尔松省	—	20000	500	500	—
塔夫利达省	3500	10000	500	2500	—
叶卡捷琳诺斯拉夫省	1200	10000	700	2500	—
比萨拉比亚省	2000	10000	800	500	—
顿河军屯区	200	5000	1000	2000	—
北高加索	1500	5000	—	2000	—
基辅省	2000	—	200	1500	150
沃伦省	5000	—	—	—	—
莫吉廖夫省	100	—	500	—	—
波多利斯克省	2000	—	—	1000	—
合计	121200	60000	35500	20000	5550

﹡资料来源：Совещание уполномоченных Главного управления землеустройства и земледелия по закупке хлеба для армии председателей губ. зем. управ. и представителей ведомств 1－3 июля 1915 года.

附表 1.2　1916/1917 年粮食收购运动时期必须收购的粮食
数量在全权代表之间的分配(千普特)*

省份	黑麦	小麦	燕麦	大麦	荞麦米
满洲里	—	—	—	—	—
叶尼塞斯克省	300	300	1000	—	500
托木斯克省	—	3000	2000	—	
托博尔斯克省	1000	4000	8000		
阿克莫林斯克省	—	14000	4000		
彼尔姆省	1000	6000	9000		350
维亚特卡省	5000	—	6000		500
萨马拉省	11000	18000	1500		1200
乌法省	14000	—	10000		7000
奥伦堡省	—	—	—	—	—
特罗伊茨克铁路地区	—	3000	1500	—	
下诺夫哥罗德省	1000	—	2000	—	100
沃洛格达省	—	—	2000		
喀山省	8000	—	4000	—	700
萨拉托夫省	25000	1000	1000	—	
辛比尔斯克省	5000	500	3000	—	400
梁赞省	1000	—	6000		
图拉省	6000	—	13000		
奥廖尔省	3000	—	5000		
库尔斯克省	11000	4000	10000		6000
奔萨省	5000	—	2000	—	
沃罗涅日省	17000	—	4000	—	

1914—1918 年俄国的粮食市场及其调节

省份	黑麦	小麦	燕麦	大麦	荞麦米
坦波夫省	20000	—	10000	—	—
哈尔科夫省	3000	5000	2500	1500	500
波尔塔瓦省	10000	8000	6000	500	3000
切尔尼戈夫省	1000	600	2500	—	3000
赫尔松省	10000	11000	4000	25000	—
塔夫利达省	4000	20000	1500	25000	—
叶卡捷琳诺斯拉夫省	9000	15000	1000	10000	—
比萨拉比亚省	3500	12000	7000	20000	—
顿河军屯区	9000	1000	—	12000	—
北高加索	—	10000	—	10000	—
基辅省	1000	15000	3000	200	150
波多利斯克省	2000	13000	4000	2000	100
合计	188800	168400	146500	106200	23500

* 资料来源：*Материалы по вопросу об установлении твердых цен на хлебные продукты до урожая* 1917 *г.* Ч. 3. 表中未列举黄米、大麦米、豌豆、大豆和兵豆的数据。

附表 2

附表 2.1 每月粮食收购（千普特）的进展情况

（表格根据 1914—1915 年和 1915—1916 年的总结材料以及粮食部尚未公布的 1916—1917 年数据编制）*

月份	年份	黑麦面粉和黑麦	小麦面粉和小麦	荞麦和荞麦米	黄米和黍	通心粉和细面条	大米	大麦米	米糁	豌豆和芸豆	兵豆	燕麦
8 月	1914	9630	2968	186	95	—	—	—	—	—	—	7552
9 月		12243	3422	93	1192	—	—	—	—	—	—	12059
10 月		5415	460	548	605	—	—	—	—	—	—	8984
11 月		1626	22	559	366	—	500	—	—	—	—	4032
12 月		404	93	145	15	—	243	—	—	—	—	3441
1 月	1915 年	989	10	287	5	—	—	—	—	—	—	5798
2 月		9400	2764	2167	1399	—	250	—	—	—	—	11792
3 月		13135	11090	845	797	—	1411	—	—	—	—	9221

* 现在 1916—1917 年的综合数据已经公布，例如参见：Четыре года продовольствия. Работы. Сборник. Изд. Наркомата продовольствия. 同样参见：Лосицкий А. Е. Снабжение хлебами в августе декабре 1918 г. // Вестник статистики. 1919. № 2 - 3.

续表

月份	年份	黑麦面粉和黑麦	小麦面粉和小麦	荞麦和荞麦米	黄米和黍	通心粉和细面条	大米	大麦米	米糁	疏豆和芸豆	兵豆	燕麦
4月		11034	8522	697	655	—	260	—	—	—	—	10203
5月		4830	2954	381	290	—	—	—	—	—	—	8060
6月		1931	2923	45	—	—	—	—	—	—	—	5448
7月		—	306	—	—	—	—	—	—	—	—	1777
自1914/1915年收购活动开始总计		70637	35534	5953	5349	—	2664	—	—	—	—	88367

续 表

月份	年份	大麦	各类粮食合计	主要粮食合计	占1914—1915年主要粮食收购量百分比	占主要粮食年收购任务百分比	颗粒粮合计	占1914—1915年颗粒粮购量百分比	占颗粒粮年收购任务百分比	谷物饲料合计	占1914—1915年物饲料购量百分比	占谷物饲料年收购任务百分比
8月	1914年	—	20431	12598	11.9	19.9	281	2.1	2.6	7552	4.1	4.8
9月		999	29938	15665	14.7	24.7	1285	9.2	11.8	13058	7.2	8.3
10月		4301	20313	5875	5.5	9.2	1153	8.3	10.5	12285	7.3	8.4
11月		4170	11275	1648	1.6	2.6	1425	10.2	13.1	8202	4.5	5.2
12月		1509	5850	497	0.5	0.8	403	2.9	3.7	4950	2.7	3.1
1月	1915年	1258	8347	999	0.9	1.6	292	2.1	2.6	7056	3.9	4.5
2月		10031	37803	12164	11.5	19.2	3816	27.3	35.0	21823	11.9	13.8
3月		15213	51712	24225	22.8	38.3	3053	21.9	27.1	24434	13.4	15.5
4月		22219	53590	19556	18.4	30.9	1612	11.6	14.8	32422	17.8	20.6
5月		20167	36862	7784	7.3	12.3	571	4.1	5.2	28227	15.4	17.9
6月		13357	23704	4854	4.6	7.6	45	0.3	0.4	18805	10.3	11.9
7月		1013	3096	306	0.3	4.9	—	—	—	2790	1.5	1.8
自1914/1915年收购活动开始总计		94237	302741	106171	100.0	168.3	13966	100.0	127.2	182604	100.0	116.3

1914—1918 年俄国的粮食市场及其调节

续　表

月份	年份	黑麦面粉和黑麦	小麦面粉和小麦	荞麦和荞麦米	黄米和黍	通心粉和细面条	大米	大麦米	米糁	豌豆和芸豆	兵豆	燕麦
8月	1915年	9696	2879	129	—	—	—	—	—	—	—	6493
9月		4044	4336	219	429	—	—	—	—	—	—	10003
10月		6550	2366	3094	1156	2	—	210	—	—	—	14816
11月		7959	6866	2841	1453	12	1	293	—	—	—	16627
12月		5951	2904	1594	1160	6	124	590	—	—	—	12774
1月	1916年	19346	10833	1620	1830	—	—	339	—	—	—	13859
2月		21384	15372	2370	1880	—	—	70	—	—	—	13433
3月		15664	17681	974	1312	21	—	910	—	43	—	12633
4月		6735	11049	320	696	65	—	228	13	127	15	5707
5月		15993	13428	644	812	27	62	79	14	935	867	6744
6月		12097	9712	1302	457	1	—	131	2	400	195	5577
7月		—	—	—	—	—	—	—	—	—	—	—
1915—1916年合计		125419	97426	15107	11185	134	187	2850	29	1505	1077	118666

续　表

月份	年份	大麦	各类粮食合计	主要粮食合计	占1915—1916年主要粮食收购量百分比	占主要粮食年收购任务百分比	颗粒粮合计	占1915—1916年颗粒粮购量百分比	占颗粒粮年收购任务百分比	谷物饲料合计	占1915—1916年谷物饲料购量百分比	占谷物饲料年收购任务百分比
8月	1915年	18640	37837	12575	5.4	13.5	129	0.4	0.9	25133	10.8	10.6
9月		19166	38199	8380	3.6	9.5	650	1.9	4.7	29169	12.5	12.3
10月		4627	32831	8916	3.8	9.6	4472	13.2	32.7	19443	8.3	8.2
11月		3159	39205	14825	6.4	16.0	4594	13.5	33.6	19786	8.5	8.4
12月		3231	28328	8855	3.8	9.5	3468	10.2	25.4	16005	6.9	13.7
1月	1916年	7965	55792	30179	12.9	32.6	3789	11.2	27.7	21824	9.4	9.2
2月		12569	67078	36756	15.8	39.7	4320	12.7	31.6	26002	11.1	10.9
3月		13552	62790	33345	14.3	36.0	3260	9.6	23.8	26185	11.2	11.0
4月		10786	35741	17784	7.6	19.2	1464	4.3	10.7	16493	7.1	6.9
5月		15108	54713	29421	12.6	31.8	3440	10.1	25.2	21852	9.4	9.2
6月		4645	34519	21809	9.4	23.5	2448	7.2	17.8	10222	4.4	4.3
7月		—	14967	10155	4.4	10.9	1926	5.7	14.1	886	0.4	0.3
1915—1916年总计		113448	502000	233000	100.0	253.2	34000	100.0	261.5	233000	100.0	98.3

续 表

月份	年份	黑麦	小麦	荞麦米及其他	黄米和黍	通心粉和细面条	大米	大麦米	米糁	豌豆和芸豆	兵豆	燕麦
8 月	1916	444819	1341035	24048	—	—	—	—	—	—	—	1417378
9 月		3024132	5490268	404439	—	—	—	—	—	—	—	4633509
10 月		10925632	10868043	1892632	—	—	—	—	—	—	—	11206292
11 月		8041974	9908855	1692745	—	—	—	—	—	—	—	10832445
12 月		18010722	13618360	3238814	—	—	—	—	—	—	—	19374336
1 月	1917	18040026	14436980	5014245	—	—	—	—	—	—	—	15053315
2 月		11650168	11704454	4130524	—	—	—	—	—	—	—	9688494
3 月		18205116	26096700	6937239	—	—	—	—	—	—	—	9689004
4 月		5998182	12160988	6070568	—	—	—	—	—	—	—	3896622
5 月		18648856	34106137	7290862	—	—	—	—	—	—	—	6912186
6 月		11034849	22259925	9157921	—	—	—	—	—	—	—	14012381
7 月		4845575	13001009	5190928	—	—	—	—	—	—	—	3343673
1916—1917 年合计		1288870051	174992754	51044965	—	—	—	—	—	—	—	110059635

续　表

月份	年份	大麦	各类粮食合计	主要粮食合计	占1915—1916年主要粮食购量百分比	占主要粮食年收购任务百分比	颗粒粮合计	占1915—1916年颗粒粮收购量百分比	占颗粒粮年收购任务百分比	谷物饲料合计	占1915—1916年谷物饲料购量百分比	占谷物饲料年收购任务百分比
8月	1916	3180008	6407288	1785854	0.6	0.3	24048	0.4	—	4597386	2.5	1.0
9月		5892027	19444375	8514400	2.8	1.5	404439	0.8	0.5	10525536	5.6	2.3
10月		14063031	48955630	21793675	7.2	3.9	1892632	3.7	2.1	25269323	13.6	5.6
11月		8523981	39000000	17950829	6.0	3.2	1692745	3.3	1.9	19356426	10.4	4.3
12月		8757768	63000000	31629082	10.4	5.6	3238814	6.3	3.7	28132104	15.1	6.3
1月	1917	4455434	57000000	32477006	10.7	5.7	5014245	9.8	5.7	19508749	10.5	4.3
2月		3826360	41000000	23354622	7.7	4.1	4130524	8.1	4.7	13514854	7.3	3.0
3月		8071941	69000000	44301816	14.6	7.8	6937239	13.5	7.9	17760945	9.6	3.9
4月		1873640	30000000	18159170	5.9	3.2	6070568	11.8	6.9	5770262	3.1	1.3
5月		10041959	77000000	52754993	17.3	9.3	7290862	14.3	8.3	16954145	9.1	3.7
6月		5534924	62000000	33294774	10.9	5.9	9157921	17.9	10.4	19547305	10.6	4.3
7月		1618815	28000000	17846584	5.9	3.1	5190928	10.1	5.9	4962488	2.6	1.1
1916—1917年总计		76839888	540807293	303862805	100	53.7	51044965	100	58.0	185899523	100	41.1

附表 2.2　主要粮食、颗粒粮和谷物饲料收购汇总表

（根据粮食人民委员部资料，单位：千普特）*

日期	主要粮食	各种颗粒粮	谷物饲料	合计
1914 年 8 月	12598	281	7552	29431
9 月	15665	1285	13058	+ 30008
10 月	5875	1153	13285	20313
11 月	1848	1425	8202	+ 11475
12 月	497	403	4950	5856
1914 年总计	36482	4547	47047	88076
1915 年 1 月	999	292	7056	8347
2 月	12164	3816	21823	37803
3 月	24225	3053	24434	51712
4 月	19556	1612	32422	53590
5 月	7784	571	28227	26582*
6 月	4854	45	18805	23704
7 月	306	—	2790	3096
8 月	12575	129	25133	37837
9 月	8380	650	29169	38199
10 月	8916	4472	19443	32831
11 月	14825	4594	19786	39205
12 月	8855	3468	16005	28323
1915 年总计	123439	22701	245093	391234
1916 年 1 月	30179	3789	21824	55792
2 月	36756	4320	26002	67078
3 月	33345	3260	26185	62790
4 月	17784	1464	16493	35741
5 月	29421	3440	21852	54713
6 月	21809	2448	10222	34479*

日期	主要粮食	各种颗粒粮	谷物饲料	合计
7 月	10155	1926	886	12967*
8 月	1786	24	4597	6407
9 月	8514	404	10526	19444
10 月	21794	1893	25269	48956
11 月	17951	1693	19356	39000
12 月	31629	3239	28132	63000
1916 年总计	261123	27900	211344	500367
1917 年 1 月	32477	5014	19509	57000
2 月	23355	4131	13515	41000
3 月	44302	6937	17761	69000
4 月	18159	6071	5770	30000
5 月	52755	7291	16954	77000
6 月	33295	9158	19547	62000
7 月	17847	5191	4962	28000
8 月	3336	14	1120	4470*
1917 年 9 月	11052	342	3734	15128*
10 月	13063	1005	4984	19052*
11 月	33781	276	5068	39125*
12 月	5984	113	2232	8329*
1917 年总计	289406	45543	115156	450105
1918 年 1 月	1976	49	776	2801
2 月	1728	18	764	2510
3 月	1852	25	1004	2881
4 月	1649	40	649	2338
5 月	102	23	95	220

日期	主要粮食	各种颗粒粮	谷物饲料	合计
6 月	21	3	67	91
7 月	308	24	98	430
8 月	1529	26	44	1599
9 月	5536	267	1877	7677
10 月	1957	1407	9909	23273
11 月	8879	1108	4888	14875
12 月	8458	1357	5118	14933
1918 年总计	43995	4347	25286	73628
1919 年 1 月	7788	1271	4053	13112
2 月	5204	777	1695	7676
3 月	9096	2526	1958	13580
4 月	3171	388	732	4291
5 月	1014	206	166	1386
6 月	1966	126	200	2292
7 月	3923	156	1450	5529
8 月	3813	113	81	4007
9 月	5504	561	445	6510
10 月	18055	3540	4105	25700
11 月	12757	3290	5142	21189
12 月	14663	4781	7645	27089
1919 年总计	86954	17735	27672	132361
1920 年 1 月	13004	2768	7092	22864
2 月	13575	2440	6755	22770
3 月	13899	2264	6348	22511
4 月	5260	734	2394	8388
5 月	3955	818	1322	6095

日期	主要粮食	各种颗粒粮	谷物饲料	合计
6 月	5340	758	1056	7154
7 月	5442	399	423	6264
1920 年总计	60475	10181	25390	96046

* 这个汇总表部分重复了以前表格的内容,部分是以前表格内容的延续。

　　对比这个表格和前面表格的数字时不难发现,个别情况下表格的数字不一致,但这种情况并不多见,而且差别不大,1917 年 8 月—10 月的数据除外。当本表的数字高于前面的表格时,我们在合计一栏中用"＋"标出,反之用"＊"标出。对于 1917 年 8 月—10 月的收购情况,根据尚未公布的粮食部资料,我们倾向于保留自己的数字,因为这些数字无疑更接近于真实情况。

附表 3　1915 年春季的固定价格及其与市场价格的比较

1915 年春季的固定价格（戈比/普特）* 及其与市场价格的比较
黑麦

地区和省份	军队司令员批准的 1915 年春季固定价格	交易所价格和粮食品种	选取交易所价格的市场	军队司令员批准的价格比交易所价格高（＋）或低（－）
中部地区				
库尔斯克省	118			
图拉省	130			
梁赞省	120			
坦波夫省	104	112.4（经济型）	基尔萨诺夫	－ 8.4
沃罗涅日省	105			
伏尔加河中游地区				
辛比尔斯克省	105	103.1	辛比尔斯克	＋ 1.9
萨拉托夫省	103	103.4（普通型）	巴拉绍夫	－ 0.4
喀山省	100			
乌法省	95			
下诺夫哥罗德省	—			
伏尔加河下游地区				
萨马拉省	105			
奥伦堡省	85			

---

*　固定价格来源：*Сравнительные данные о средних весенних ценах на хлеб за пятилетие 1910 - 1914 гг. и о ценах для заготовок хлеба для армии, установленных для весны 1915 г. по закону 17 февраля 1915 г., а также о ценах, по которым производится закупка из урожая 1915 г.* Изд. Управления делами Особого совещания по продовольствию.

1915 年 2 月的交易所价格根据特别粮食会议事务管理局的资料（Известия Особого совещания 1916，No 23 - 24）。

地区和省份	军队司令员批准的1915年春季固定价格	交易所价格和粮食品种	选取交易所价格的市场	军队司令员批准的价格比交易所价格高（＋）或低（－）
新俄罗斯地区				
比萨拉比亚省	108～120	109.5	敖德萨	－1.5
赫尔松省	108			
塔夫利达省	108			
叶卡捷琳诺斯拉夫省	108			
顿河州	98～104	103.3（沃罗涅日）	顿河畔罗斯托夫	－1.5
西南部地区				
基辅省	122			
波多利斯克省	122			
黑麦				
小俄罗斯地区				
哈尔科夫省	110			
切尔尼戈夫省	115			
波尔塔瓦省	108	109.4（混合型）	克列缅丘格	－1.4
乌拉尔山脉西麓地区				
维亚特卡省	—			
彼尔姆省	90			
小麦				
伏尔加河中游地区				
萨拉托夫省	115	120.0(俄国)	萨拉托夫	－5
乌法省	—			
伏尔加河下游地区				

1914—1918 年俄国的粮食市场及其调节

地区和省份	军队司令员批准的 1915 年春季固定价格	交易所价格和粮食品种	选取交易所价格的市场	军队司令员批准的价格比交易所价格高(＋)或低(－)
萨马拉省	122	119.7	萨马拉	＋2.3
奥伦堡省	105			
新俄罗斯地区				
比萨拉比亚省	135～150			
塔夫利达省	135			
叶卡捷琳诺斯拉夫省	135			
新俄罗斯地区				
顿河州	110～115	134.2	顿河畔罗斯托夫	－21.7
西南部地区				
基辅省	145～150			
波多利斯克省	145～150			
小俄罗斯地区				
波尔塔瓦省	135	141.9	克列缅丘格	－6.9
西伯利亚				
阿克莫林斯克省	80～85			
托博尔斯克省	80			
托木斯克省	—			
燕麦				
中部地区				
库尔斯克省	120			
奥廖尔省	118～122	132.5（经济型）	叶列茨	－13
图拉省	120			

地区和省份	军队司令员批准的 1915 年春季固定价格	交易所价格和粮食品种	选取交易所价格的市场	军队司令员批准的价格比交易所价格高（＋）或低（－）
梁赞省	120	普通型		
坦波夫省	117	112.6～130.9（经济型）	科兹洛夫—鲍里索格列布斯克	－4.75
沃罗涅日省	117	124.4（混合型）	沃罗涅日	－7.4
伏尔加河中游地区				
辛比尔斯克省	115			
萨拉托夫省	110	128.3(俄国)	萨拉托夫	－18.3
喀山省	115	102.1(干质)	奇斯托波尔	＋12.9
下诺夫哥罗德省	120			
乌法省	100			
伏尔加河下游地区				
萨马拉省	115			
奥伦堡省	95			
新俄罗斯地区				
比萨拉比亚省	100～125			
赫尔松省	100			
塔夫利达省	100			
叶卡捷琳诺斯拉夫省	100			
西南部地区				
基辅省	130			
波多利斯克省	130			

1914—1918年俄国的粮食市场及其调节

地区和省份	军队司令员批准的1915年春季固定价格	交易所价格和粮食品种	选取交易所价格的市场	军队司令员批准的价格比交易所价格高(+)或低(-)
小俄罗斯地区				
哈尔科夫省	120			
切尔尼戈夫省	105~118			
波尔塔瓦省	100~110	112.5（混合型）	克列缅丘格	-7.5
燕麦				
白俄罗斯地区				
明斯克省	—			
乌拉尔山脉西麓地区				
维亚特卡省	100			
彼尔姆省	90			
西伯利亚				
阿克莫林斯克省	60			
托博尔斯克省	60			
托木斯克省	65			
大麦				
中部地区				
沃罗涅日省	90			
伏尔加河中游地区				
萨拉托夫省	90	96.8	萨拉托夫	-6.8
新俄罗斯地区				
比萨拉比亚省	78~95			
赫尔松省	78	73.5~75.2	敖德萨—尼古拉耶夫	+3.65
塔夫利达省	78			

地区和省份	军队司令员批准的1915年春季固定价格	交易所价格和粮食品种	选取交易所价格的市场	军队司令员批准的价格比交易所价格高（＋）或低（－）
叶卡捷琳诺斯拉夫省	78～80			
新俄罗斯地区				
顿河州	77～82	78.8（饲料型）	顿河畔罗斯托夫	＋0.7
西南部地区				
基辅省	95			
波多利斯克省	95			
小俄罗斯地区				
哈尔科夫省	100	95.0（饲料型、经济型）	哈尔科夫	＋5
波尔塔瓦省	78～90	89.1（混合型）	克列缅丘格	－5.1
乌拉尔山脉西麓地区				
彼尔姆省	85			
北高加索				
库班省	78			
荞麦米				
中部地区				
库尔斯克省	235			
伏尔加河中游地区				
喀山省	—	231.9	喀山	
下诺夫哥罗德省	240	251.8	下诺夫哥罗德	－11.8
乌法省	210			

地区和省份	军队司令员批准的 1915 年春季固定价格	交易所价格和粮食品种	选取交易所价格的市场	军队司令员批准的价格比交易所价格高（＋）或低（－）
伏尔加河下游地区				
萨马拉省	210			
西南部地区				
波多利斯克省	240			
小俄罗斯地区				
哈尔科夫省	240	243.7	哈尔科夫	－ 3.7
切尔尼戈夫省	230			
乌拉尔山脉西麓地区				
维亚特卡省	220			
彼尔姆省	200			

＊1915 年 2 月的交易所价格均指米价。

1915—1916 年粮食收购运动时期的粮食固定价格（戈比/普特）及其与各地拟定的固定价格和交易所自由价格的比较[①]

规定固定价格的粮食质量标准
黑麦（1915 年 12 月 6 日规定的固定价格）

正常黑麦，即不发霉，未受水浸，水分不超过 13.5％，按照国家标准检测法 1 俄石容重不低于 8 普特 25 俄磅，杂质不超过 3％。杂质总量中，麦仙翁和麦角含量不得超过 1/16％，泥土含量不得超过 25％。

基础价格的加价和扣价规定：1. 高于合格容重的黑麦加价，容重 116～120 左洛特尼克的黑麦每普特加价 1 戈比，容重 120 左洛特尼克以上的黑麦，每高 1 左洛特尼克，加价 1.5 戈比；2. 低于

---

① 交易所价格根据特别粮食会议事务管理局各期（按照规定粮食固定价格的相应月份）的《消息报》（Известия Особого совещания），各地拟定的固定价格根据特别粮食会议的活动资料。

合格容重(116 左洛特尼克)的黑麦,每低 1 左洛特尼克,扣价 1 戈比;3. 杂质超过或低于合格标准的黑麦,每高或每低 0.5%,扣价或加价 1 戈比;4. 高于合格水分标准(13.5%)1 个百分点的黑麦,扣价 3 戈比,1.5 个百分点扣价 5 戈比,2 个百分点扣价 8 戈比。

小麦(1916 年 1 月 3 日规定的固定价格)

根据下列质量标准确定小麦的最高固定价格:

春播或秋播小麦,水分不超过 13%,干净,不发霉,使用荷兰容重秤测定的容重不低于 128 左洛特尼克,黑麦杂质不超过 6%或大麦杂质不超过 3%,其他杂质不应超过 3%,其中麦仙翁和其他有害物质不超过 1/16%,泥土不超过 25%。

加价和扣价规定:1. 超过合格容重(128 左洛特尼克)的小麦加价,每高 1 左洛特尼克,加价 1 戈比;2. 低于合格容重的小麦扣价,每低 1 左洛特尼克,扣价 1 戈比;3. 杂质超过或低于合格标准的小麦,每高或每低 0.5%,相应扣价或加价 1 戈比;4. 高于合格水分标准(13.5%)1 个百分点的小麦,扣价 3 戈比,1.5 个百分点扣价 5 戈比,2 个百分点扣价 8 戈比。

燕麦(1915 年 10 月 5 日规定的固定价格)

根据下列质量标准确定燕麦的基础价格:

水分不超过 16%,使用荷兰容重秤测定的容重不低于 72 左洛特尼克,杂质不超过 3%,其中不可食用的杂质不超过 1%,可食用的杂质不超过 2%。

最低合格条件:水分不超过 16%,容重不低于 68 左洛特尼克,杂质不超过 7%,其中不可食用杂质不超过 2%。超过或低于规定容重和杂质的燕麦,相应进行加价和扣价:1. 超过合格容重的燕麦加价,每高 1 左洛特尼克,加价 1.5 戈比,每低 1 左洛特尼克,扣价 1 戈比;低于合格杂质标准(3%)0.5 个百分点,加价 1 戈比,3%以上的杂质,每 0.5 个百分点扣价 1 戈比,杂质最高不得超过 7%;2. 低于合格水分(16%)的燕麦加价,低 1 个百分点加价 3 戈比,低 1.5 个百分点加价 5 戈比,低 2 个百分点加价 8 戈比,低 2.5 个百分点加价 12 戈比;3. 如果把交售的燕麦从 16%的水分晾晒到 13%,则每普特燕麦支付 15 戈比的晾晒费;允许收购 16%以上水分的燕麦,条件是使用全权代表提供的资金(15 戈比/普特)把燕麦处理到规定标准;发芽率高的干燕麦可以作为种子。

大麦(1916 年 2 月 6 日规定的固定价格)

根据下列质量标准确定大麦的基础固定价格:

大麦干净,不发霉,未受水浸,水分不超过 15％,1 俄石容重不低于 7 普特 13 俄磅(97 左洛特尼克),杂质不超过 3％,其中不可食用杂质不超过 1％,可食用杂质不超过 2％。最低合格条件:水分不超过 16％,1 俄石容重不低于 7 普特 5 俄磅(94 左洛特尼克),杂质不超过 7％,其中不可食用杂质不超过 2％。

加价和扣价规定:1. 水分超过合格标准(15％)但不高于 16％的大麦扣价,0.5 个百分点扣价 2 戈比,1 个百分点扣价 3 戈比;2. 低于合格水分标准(15％)的大麦加价,0.5 个百分点加价 2 戈比,1 个百分点加价 3 戈比,1.5 个百分点加价 5 戈比,2 个百分点加价 8 戈比;3. 高于合格容重标准的大麦加价,每高 1 左洛特尼克,加价 1 戈比;4. 低于合格杂质标准(3％)0.5 个百分点,加价 1 戈比,3％以上的杂质,每 0.5 个百分点扣价 1 戈比,杂质最高不得超过 7％。

黄米(1915 年 12 月 6 日规定的固定价格)

根据下列质量标准确定黄米的基础固定价格:

新黄米,水分不超过 13.5％,脱壳好,没得白粉病,不发苦,草籽、土块及其他杂质不超过 1.5％,未脱壳的黄米不超过 1％。

加价和扣价规定:1. 收购时,高于合格水分(13.5％)但不超过 15％的黄米扣价,直至达到合格水分,每普特黄米最高扣价 20 戈比;2. 未脱壳的黄米每高于合格标准 1 个百分点,扣价 0.5 戈比;3. 杂质不允许超过合格标准。

荞麦米(1915 年 12 月 6 日规定的固定价格)

根据下列质量标准确定荞麦米的基础固定价格:

水分不超过 13.5％,脱壳好,完全是米粒,草籽、土块和其他杂质不超过 0.5％,未脱壳的荞麦不超过 1％,破碎粒不超过 5％,其中糠粉不超过 0.5％。

加价和扣价规定:1. 收购时,超过合格水分(13.5％)的荞麦米扣价,每高 1 个百分点,扣价 15 戈比;2. 未脱壳的荞麦和破碎粒每高于合格标准 1 个百分点,扣价 0.5 戈比;3. 荞麦米的杂质不允许超过合格标准。

黑麦

省份和地区	1915 年 12 月 6 日特别粮食会议主席批准的固定价格（戈比/普特）	地方粮食会议拟定的固定价格*	1915 年 12 月 6 日规定的固定价格比地方粮食会议拟定的固定价格高（+）或者低（-）	12 月头 10 天的交易所价格	选取交易所价格的市场	1915 年 12 月 6 日规定的固定价格比交易所价格高（+）或者低（-）
奥伦堡省						
1. 欧木斯克、萨马拉—兹拉托乌斯特和特罗伊茨克铁路沿线的车里雅宾斯克地区，包括尤尔加梅什、车里雅宾斯克、阿尔东加亚什、米阿斯、波列列耶车站及中间站	105	90	+15	83	车里雅宾斯克	+22
2. 正在重建铁路的南特罗伊茨克地区（至波尔塔瓦）	105	85	+20			
3. 奥伦堡县范围内塔什干铁路各站的奥伦堡一区	115	110	+5	106	奥伦堡	+9

* 地方粮食会议拟定的固定价格完全引用原始数据，喀山省的数据来自市场的黑麦价格，地方粮食会议顿河军屯区固定价格的黑麦价格。质量条件：容重 118 左洛特尼克，水分不超过 14%，杂质不超过 2%。

1914—1918 年俄国的粮食市场及其调节

省份和地区	1915 年 12 月 6 日特别粮食会议主席批准的固定价格（戈比/普特）	地方粮食会议拟定的固定价格*	1915 年 12 月 6 日规定的固定价格比地方粮食会议拟定的固定价格高（＋）或者低（－）	12 月头 10 天的交易所价格	选取交易所价格的市场	1915 年 12 月 6 日规定的固定价格比交易所交易比价格高（＋）或者低（－）
奥伦堡省						
4. 奥尔斯克铁路沿线的奥伦堡二区（至萨拉克塔什站）	110	105	＋5			
5. 奥尔斯克铁路萨拉克塔什站至雷萨耶沃站的奥尔斯克地区	110	110	相同			
图尔盖州						
1. 塔什干铁路至阿克布拉克站的阿克布拉克地区	115	105	＋10			
2. 阿克布拉克站至图尔盖州界的阿克纠宾斯克地区	110	100	＋10			
3. 特罗伊茨克铁路特罗伊茨克站至库斯塔奈站的库斯塔奈地区	105	80	＋25			
乌法省						
乌法市的基础价格	116	115	＋1	111	乌法	＋5

续　表

省份和地区	1915年12月6日特别粮食会议主席批准的固定价格（戈比/普特）	地方粮食会议拟定的固定价格*	1915年12月6日规定的固定价格比地方粮食会议拟定的固定价格高（+）或者低（-）	12月头10天的交易所价格	选取交易所价格的市场	1915年12月6日规定的固定价格比交易价格高（+）或者低（-）
乌法省						
1. 乌法市以下的别拉亚河和卡马河流域	120	120	相同			
2. 乌法市以上至斯维捷尔利塔马克的别拉亚河和卡马河流域	109	108	+1			
3. 乌法穆卡河沿岸地区（至沙费耶沃）	111	110	+1			
4. 乌法市西部地区	118	117	+1			
5. 乌法市东部地区	113	112	+1			
彼尔姆省	110	110	相同			
萨马拉省	120	105	+15	114	萨马拉	+6
萨拉托夫省	120	110	+10	110~114	萨拉托夫-巴拉绍夫	+16

367

续 表

省份和地区	1915 年 12 月 6 日特别粮食会议主席批准的固定价格（戈比/普特）	地方粮食会议拟定的固定价格*	1915 年 12 月 6 日规定的固定价格比地方粮食会议拟定的固定价格高(+)或者低(−)	12 月头 10 天的交易所价格	选取交易所所价格的市场	1915 年 12 月 6 日规定的固定价格比所价格高(+)或者低(−)
乌法省						
乌拉尔斯克省	115	105	+10			
辛比尔斯克省	120	120	相同	116	辛比尔斯克	+4
喀山省	120	110	+10	116	奇斯托波尔	+4
维亚特卡省	115	105	+10	123	亚兰斯克	−8
维亚特卡省卡马河沿岸地区	120					
下诺夫哥罗德省						
1. 下诺夫哥罗德	140	145	−5	155	下诺夫哥罗德	−15
2. 雷斯科沃和莫斯科—梁赞铁路车站	125	140	−15			

续　表

省份和地区	1915 年 12 月 6 日特别粮食会议主席批准的固定价格（戈比/普特）	地方粮食会议拟定的固定价格*	1915 年 12 月 6 日规定的固定价格比地方粮食会议拟定的固定价格高（＋）或者低（－）	12 月头 10 天的交易所价格	选取交易所价格的市场	1915 年 12 月 6 日规定的固定价格比所价格高（＋）或者低（－）
下诺夫哥罗德省						
雷宾斯克	150	115		160	雷宾斯克	－ 10
奔萨省	120		＋ 5			
梁赞省						
1. 丹科夫县、米哈伊洛夫县、龙龙斯克县、拉年堡县、里亚日斯克县、萨波若若克县、斯科平县	125	120	＋ 5			
2. 叶戈里耶夫斯克县、扎赖斯克县、卡西莫夫县、梁赞县、斯帕斯克县	135	135	相同			
图拉省	135	130	＋ 5			
库尔斯克省	120	110	＋ 10	132（经济型）	库尔斯克	－ 12

续　表

省份和地区	1915年12月6日特别粮食会议主席批准的固定价格*（戈比/普特）	地方粮食会议拟定的固定价格*	1915年12月6日规定的固定价格比地方粮食会议拟定价格高（＋）或者低（－）	12月头10天的交易所价格	选取交易所价格的市场	1915年12月6日规定的固定价格比交易所价格高（＋）或者低（－）
奥廖尔省						
1. 卡拉切夫县、布良斯克县、特鲁布切夫斯克县、博尔霍夫县、姆岑斯克县	130			143	奥廖尔	－ 13
2. 其他县	120					
坦波夫省	120	117	＋3	116	坦波夫	＋4
沃罗涅日省	120	115	＋5	117	沃罗涅日	＋3
哈尔科夫省	115	115	相同	119（经济型）	哈尔科夫	－ 4
波尔塔瓦省	115	100	＋15	110（混合型）	克列缅丘格	＋5
切尔尼戈夫省						
1. 博尔兹纳县、科诺托普县、涅任县、科泽列茨县	115					

省份和地区	1915年12月6日特别粮食会议主席批准的固定价格（戈比/普特）	地方粮食会议拟定的固定价格*	1915年12月6日规定的固定价格比地方粮食会议拟定的固定价格高(＋)或者低(－)	12月头10天的交易所价格	选取交易所价格的市场	1915年12月6日规定的固定价格比交易所价格高(＋)或者低(－)
切尔尼戈夫省						
2. 其他县	120	125	－5			
基辅省	115	110	＋5	133（混合型）	基辅	－18
沃伦省	130	150	－20			
波多利斯克省	125	125	相同			
比萨拉比亚省	115	115	相同			
赫尔松省	115	110	＋5	100	尼古拉耶夫	＋15
叶卡捷琳诺斯拉夫省	120	100～108	＋16	128	马里乌波尔	－8
塔夫利达省	115	105	＋10			

续 表

省份和地区	1915 年 12 月 6 日特别粮食会议主席批准的固定价格（戈比/普特）	地方粮食会议拟定的固定价格*	1915 年 12 月 6 日规定的固定价格比地方粮食会议拟定价格高（+）或者低（—）	12 月头 10 天的交易所价格	选取交易所价格的市场	1915 年 12 月 6 日规定的固定价格比交易所价格高（+）或者低（—）
顿河军屯区						
1. 叶卡捷琳娜二世铁路沿线地区、港口、纳希切万、卡缅斯卡—切尔特科沃和阿尔恰达—乌留皮诺地区	108	100	+ 8	111	顿河畔罗斯托夫	— 3
2. 卡尔梅克车站地区	120	115	+ 5			
3. 托尔戈瓦亚谢米奇纳亚车站地区	98	90	+ 8			
其他地区	103	95	+ 8			
北高加索						
斯塔夫罗波尔省	—					
捷列克省	110					
库班省	105					

小麦

省份和地区	1916年1月3日特别粮食会议主席批准的固定价格*	地方粮食会议拟定的固定价格*	1916年1月3日批准的固定价格比地方粮食会议拟定的固定价格高(+)或者低(-)	1月头10天的交易所价格**	选取交易所价格的市场	1916年1月3日规定的固定交易所价格比价格高(+)或者低(-)
奥伦堡省						
1. 欧木斯克、萨马拉—兹拉托乌斯特和特罗伊茨克地区，包括尤尔加梅什，车里雅宾斯克，阿尔加亚什，米阿斯，波列塔耶沃，特罗伊茨克等车站及中间站	150	180	-30	106	车里雅宾斯克	+44
2. 正在重建铁路的南特罗伊茨克地区（至沃尔塔瓦站）	140	170	-30			
3. 奥伦堡县范围内塔什干铁路各站的奥伦堡一区	165	195	-30	147	奥伦堡	+18
4. 奥尔斯克铁路沿线的奥伦堡二区（至萨拉克什站）	160	185	-25			

* 几乎所有地区的小麦品种均为"俄国小麦"；

** 除顿河州交易所所价格的小麦品种为"吉尔诺夫卡"和"加尔诺夫卡"以外，其他交易所的小麦品种均为"俄国小麦"。

续　表

省份和地区	1916年1月3日特别粮食会议主席批准的固定价格*	地方粮食会议拟定的固定价格*	1916年1月3日批准的固定价格比地方粮食会议拟定的固定价格高（+）或者低（-）	1月头10天的交易所价格**	选取交易所价格的市场	1916年1月3日规定的固定价格比交易所价格高（+）或者低（-）
奥伦堡省						
5. 奥尔斯克铁路萨拉什站至雷萨耶沃站的奥尔斯克地区	155	185	-30			
图尔盖州						
1. 塔什干铁路沿线的阿克布拉克地区（至阿克布拉克站）	155	185	-30			
2. 阿克布拉克站至图尔盖州界的阿克纠宾斯克地区	150	180	-30			
3. 特罗伊茨克铁路特罗伊茨克站至库斯塔奈站的库斯塔奈地区						
彼尔姆省						
1. 沙德林斯克地区	135	122	+13			

374

续　表

省份和地区	1916 年 1 月 3 日特别粮食会议主席批准的固定价格*	地方粮食会议拟定的固定价格*	1916 年 1 月 3 日批准的固定价格比地方粮食会议拟定的固定价格高（+）或者低（－）	1 月头 10 天的交易所的价格**	选取交易所所价格的市场	1916 年 1 月 3 日规定价格比交易所的固定交易价格高（+）或者低（－）
彼尔姆省						
2. 卡梅什洛夫地区	140	127	+ 13			
乌法省						
1. 达夫列卡诺沃站	150	155	－ 5			
2. 斯捷尔利托马克	145	145	相同	148	乌法	－ 3
萨马拉省						
1. 伏尔加河萨马拉省段巴拉诺夫及其下游码头	175	175	相同			
2. 伏尔加河萨马拉省段巴拉诺夫上游码头	165	165	相同			
3. 铁路车站	155	155	相同	172	萨马拉	－ 17
萨拉托夫省	175	191	－ 16	165	萨拉托夫	+ 10

续 表

省份和地区	1916年1月3日特别粮食会议主席批准的固定价格*	地方粮食会议拟定的固定定价格*	1916年1月3日批准的固定定价格比地方粮食会议拟定的固定价格高(+)或者低(-)	1月头10天的交易所价格**	选取交易所价格的市场	1916年1月3日规定的固定价格比该交易所价格高(+)或者低(-)
			萨马拉省			
乌拉尔斯克州*	175					
辛比尔斯克省	165					
下诺夫哥罗德	195					
雷宾斯克	205			205	雷宾斯克	相同
坦波夫省	170			173	坦波夫	-3
沃罗涅日省	170	170	相同			
库尔斯克省	170	170	相同	193(加尔诺夫卡)	库尔斯克	-23
哈尔科夫省	165	155	+10	170(加尔诺夫卡)	哈尔科夫	-5

* 1916年2月7日政府发布命令,对乌拉尔斯克州的小麦价格作出调整:软质俄国小麦155支比,硬质库班小麦175支比。

续　表

省份和地区	1916年1月3日特别粮食会议主席批准的固定价格*	地方粮食会议拟定的固定价格*	1916年1月3日批准的固定价格比地方粮食会议拟定的固定价格高(+)或者低(-)	1月头10天的交易所价格**	选取交易所价格的市场	1916年1月3日规定的固定价格比交易所价格高(+)或者低(-)
			萨马拉省			
波尔塔瓦省	160	150	+10	151	克列缅丘格	+9
切尔尼戈夫省	165	160~165	+2.5			
基辅省	150	150	相同	163（秋播小麦）	基辅	-13
沃伦省	150					
波多利斯克省	150	140	+10			
比萨拉比亚省	140					
赫尔松省	140			135	敖德萨	+5
叶卡捷琳诺斯拉夫省	150	128~138	+17	136（加尔诺夫卡）	马里乌波尔	+14
塔夫利达省	140	131	+9			

续 表

省份和地区	1916年1月3日特别粮食会议主席批准的固定价格*	地方粮食会议拟定的固定价格*	1916年1月3日批准的固定价格比地方粮食会议拟定的固定价格高(+)或者低(-)	1月头10天的交易所价格**	选取交易所所价格的市场	1916年1月3日规定的固定价格比固定交易所价格高(+)或者低(-)
顿河军屯区						
1. 罗斯托夫、纳希切万、亚速地区，叶卡捷琳娜二世铁路沿线车站以及科特卢班、波沃里诺、卡尔梅克一切斯卡亚一切尔特科沃车站	150	150	相同			
2. 基泽捷林卡、利哈亚、巴泰斯克利托尔戈瓦亚车站地区	140	140	相同	151	顿河畔罗斯托夫	- 1
3. 乌斯季别洛卡利特文斯卡娅—卡尔波夫卡、索恶卡、叶伊斯克	135	135	相同			
4. 沙布利耶夫卡—茄托沃车站地区(每普特秋播小麦的价格高10戈比)	130	130	相同			
北高加索						
斯塔夫罗波尔省	140	135	+ 5			

续　表

省份和地区	1916年1月3日特别粮食会议主席批准的固定价格*	地方粮食会议拟定的固定价格*	1916年1月3日批准的固定价格比地方粮食会议拟定的固定价格高（+）或者低（－）	1月头10天的交易所价格**	选取交易所价格的市场	1916年1月3日规定的固定价格比交易所价格高（+）或者低（－）
北高加索						
捷列克省	140	140	相同	150（秋播小麦）	格奥尔基耶夫斯克	－10
库班省	140	147	－7	130（加尔诺夫卡）	叶卡捷琳诺达尔	+10
托博尔斯克省						
1. 图拉码头和鄂木斯克铁路车站（由图古雷姆站至库洛姆津站）地区	113	113	相同	125	秋明	－12
2. 库尔干、马希西诺、列比亚日耶和佩图霍沃车站地区	110	110	相同	103	库尔干	+7
阿克莫林斯克省	125	120	+5	117	鄂木斯克	+8
托木斯克省	126	126	相同	123	尼古拉耶夫斯克	+3

燕麦

省份和地区	1915 年 10 月 5 日特别粮食会议主席批准的固定价格	地方粮食会议拟定的固定价格	1915 年 10 月 5 日批准的固定价格比地方粮食会议拟定的固定价格高(+)或者低(-)	10 月头 10 天的交易所价格	选取交易所价格的市场	1915 年 10 月 5 日批准的固定价格比交易所价格高(+)或低(-)
奥伦堡省						
1. 从尤尔加梅什车站到阿米斯、阿尔加亚什和特罗什伊茨克车站地区	80	85	-5			
2. 特罗伊茨克以南在建铁路地区	72	77	-5			
3. 塔什干铁路奥伦堡县段车站	85	105	-20	100(普通型)	奥伦堡	-15
4. 奥伦堡县和奥尔斯克县范围内奥伦堡—奥尔斯克铁路车站	75	95	-20			
乌法省						
1. 别拉亚河乌法市以下河段和卡马河的码头	100	95	+5			
2. 别拉亚河乌法市以上河段（至斯捷尔利托马克）	105	100	+5			
3. 乌菲穆卡河沿岸地区（至沙菲耶沃）	93	88	+5			
	95	90	+5			

续 表

省份和地区	1915年10月5日特别粮食会议主席批准的固定价格	地方粮食会议拟定的固定价格	1915年10月5日批准的固定价格比地方粮食会议拟定的固定价格高（+）或者低（-）	10月头10天的交易所价格	选取交易所所价格的市场	1915年10月5日批准的固定价格比交易所价格高（+）或者低（-）
4. 乌法市以西铁路地区	102	97	+5			
5. 乌法市以东铁路地区	97	92	+5			
彼尔姆省						
1. 乌拉尔山脉西麓地区各县	100	94	+6			
2. 外乌拉尔地区各县	90	84	+6			
萨马拉省	110	110	相同	123	萨马拉	-13
萨拉托夫省	110	119	-9	100～114	萨拉托夫	+3
乌拉尔斯克州（全权代表 K. H. 格里申负责的地区）	110	119	-9	100～114	乌拉尔斯克*	

---

* 萨拉托夫的交易所价格为精选燕麦价格，乌拉尔斯克则为普通燕麦价格。

续　表

省份和地区	1915 年 10 月 5 日特别粮食会议主席批准的固定价格	地方粮食会议拟定的固定价格	1915 年 10 月 5 日批准的固定价格比地方粮食会议拟定的固定价格高(+)或者低(-)	10 月头 10 天的交易所价格	选取交易所价格的市场	1915 年 10 月 5 日批准的固定交易所价格比价格高(+)或者低(-)
辛比尔斯克省	110	140	-30	118	辛比尔斯克	-8
喀山省	110	110	相同	140	喀山	-30
维亚特卡省	100	94	+6			
彼尔姆省						
1. 北方铁路的沙巴利诺、斯韦恰、科捷利尼奇、维斯特里亚吉、奥里奇车站,彼尔姆—科特拉斯铁路的尤里亚、韦利卡亚、穆拉希车站和彼尔姆铁路的维亚特卡、阿尔达希车站	100					
2. 彼尔姆铁路的普斯拉斯尼察、租耶夫卡和恰连基车站	97		该省个别地区的基础固定价格(94 支比)下调 2 支比至 5 支比			
3. 彼尔姆铁路的亚尔、瓦列济诺、琴察克兹和库兹马车站	95					

续　表

省份和地区	1915年10月5日特别粮食会议主席批准的固定价格	地方粮食会议拟定的固定价格	1915年10月5日批准的固定价格比地方粮食会议拟定的固定价格高(+)或者低(-)	10月头10天的交易所价格	选取交易所价格的市场	1915年10月5日批准的固定价格比交易所价格高(+)或者低(-)
卡马河沿岸的码头						
4. 从省界至戈利亚内	95					
5. 从戈利亚内至萨拉普尔	98					
6. 从卡拉车利诺至叶拉布加	100					
维亚特卡河沿岸码头						
7. 维亚茨基耶波利亚内	98					
8. 马尔梅日县、诺林斯克县、乌尔茄姆县、亚兰斯克县、科捷利尼奇县和奥尔洛夫县的码头	95			92.5	乌尔茄姆和科捷利尼奇的均价	+2.5
伏尔加河中游地区						
1. 下诺夫哥罗德码头交货	120	135	-15	152（普通型）	下诺夫哥罗德	-32

383

续　表

省份和地区	1915年10月5日特别粮食会议主席批准的固定价格	地方粮食会议拟定的固定价格	1915年10月5日批准的固定价格比地方粮食会议拟定的固定价格高（＋）或者低（－）	10月头10天的交易所价格	选取交易所所价格的市场	1915年10月5日批准的固定交易所价格比价格高（＋）或者低（－）
2. 雷斯科沃、拉博特基、沃罗特涅茨码头，莫斯科—喀山铁路的卢科亚诺夫、乌若夫卡、阿尔扎马斯和穆赫托洛沃车站交货			伏尔加河中游地区			
	110	125	－15			
沃洛格达省和舍克斯纳斯河车站地区	120	137	－17			
奔萨省	110	125	－15			
梁赞省	110	99	＋11			
北部地区（雷宾斯克）	130	106	＋24	158	雷宾斯克	－28
图拉省	110	110	相同			
奥廖尔省	110	110	相同	107（普通型）	利夫内	＋3

续　表

省份和地区	1915年10月5日特别粮食会议主席批准的固定价格	地方粮食会议拟定的固定价格	1915年10月5日批准的固定价格比地方粮食会议拟定的固定价格高(+)或者低(-)	10月头10天的交易所价格	选取交易所价格的市场	1915年10月5日批准的固定价格比交易所价格高(+)或者低(-)
伏尔加河中游地区						
库尔斯克省	110	110	相同	135（经济型）	库尔斯克	-25
坦波夫省	110	110	相同	108	科兹洛夫	+2
沃罗涅日省	110	115	-5	100（混合型）	沃罗涅日	+10
哈尔科夫省	112	120	-8	118（经济型）	哈尔科夫	-6
波尔塔瓦省	112	112	相同	115（经济型）	克列缅丘格	-3
切尔尼戈夫省（白燕麦）	112	110	+2			
切尔尼戈夫省（黑燕麦）	107	100	+7			
沃伦省	120					

续 表

省份和地区	1915 年 10 月 5 日特别粮食会议主席批准的固定价格	地方粮食会议拟定的固定价格	1915 年 10 月 5 日批准的固定价格比地方粮食会议拟定的固定价格高（＋）或低（－）	10 月头 10 天的交易所价格	选取交易所价格的市场	1915 年 10 月 5 日批准的固定交易所价格比价格高（＋）或低（－）者
伏尔加河中游地区						
波多利斯克省	120					
莫吉廖夫省	140	160	－ 20			
斯摩棱斯克省	140	150	－ 10			
维捷布斯克省	140	140	相同			
普斯科夫省	140	160	－ 20			
基辅省	112	112	相同			
叶卡捷琳诺拉斯夫省	112	120	－ 8			
顿河军屯区						
1. 阿尔恰达—乌留皮诺车站地区，波沃里诺—哈尔科夫—巴拉绍夫铁路沿线，切尔特科沃，叶卡捷琳娜二世铁路—罗斯托夫	110	110	相同	120（普通型）	顿河畔罗斯托夫	－ 10

续　表

省份和地区	1915年10月5日特别粮食会议主席批准的固定价格	地方粮食会议拟定的固定价格	1915年10月5日批准的固定价格比地方粮食会议拟定的固定价格高（+）或低（-）	10月头10天的交易所价格	选取交易所价格的市场	1915年10月5日批准的固定价格比交易所价格高（+）或低（-）
顿河军屯区						
2. 从罗斯托夫到米列罗沃，从利哈亚到察里津地区	105	105	相同	110（普通型）	塔甘罗格	-5
3. 弗拉季高加索铁路地区	100	100	相同			
北高加索	90			95（普通型）	阿尔马维尔	-5
图尔盖州						
阿克纠宾斯克县	80	80	相同			
库斯塔奈县	65	65	相同			
阿克莫林斯克省	70	70	相同	75（饲料级）	鄂木斯克	-5
1. 距离铁路100俄里以上的地区	55	55	相同			
2. 阿克莫林斯克县和阿特巴萨尔县	50	50	相同			

续 表

省份和地区	1915年10月5日特别粮食会议主席批准的固定价格	地方粮食会议拟定的固定价格	1915年10月5日批准的固定价格比地方粮食会议拟定的固定价格高(+)或者低(-)	10月头10天的交易所价格	选取交易所价格的市场	1915年10月5日批准的固定价格比交易所价格高(+)或者低(-)
托博尔斯克省						
图尔盖州						
托博尔斯克省	70	70	相同			
1. 倾向于水路运输的地区	65	65	相同	75(普通型)	秋明	−10
托木斯克省						
1. 铁路车站交货	70	70	相同			
2. 码头交货	65	65	相同			
3. 距离铁路100俄里以上的地区	55	55	相同			
1916年1月19日批准的固定价格						
莫斯科省	160					
1916年1月27日批准的固定价格				1月前3/10时间的交易所价格		

续　表

省份和地区	1915 年 10 月 5 日特别粮食会议主席批准的固定价格	地方粮食会议拟定的固定价格	1915 年 10 月 5 日批准的固定价格比地方粮食会议价格高（＋）或者低（－）	10 月头 10 天的交易所价格	选取交易所价格的市场	1915 年 10 月 5 日批准的固定价格比交易所价格高（＋）或者低（－）
托木斯克省						
比萨拉比亚省	120					
赫尔松省	120			102（普通型）	敖德萨	＋18
塔夫利达省	120					
弗拉基米尔省	1916 年 2 月 6 日批准的固定价格 * 135					
科斯特罗马省	125					
雅罗斯拉夫尔省	130					

* 政府的法令汇编中没有刊登 1916 年 2 月 3 日特别粮食会议规定的彼得格勒的固定价格。

大麦

省份和地区	1916年2月6日特别粮食会议主席批准的固定价格	地方粮食会议拟定的固定价格	1916年2月6日批准的固定价格比地方粮食会议拟定的价格高(+)或者低(-)	交易所2月份平均价格	选取交易所价格的市场	1916年2月6日规定的固定交易所价格比交易所价格高(+)或者低(-)
雅罗斯拉夫尔省	130	135	-5			
下诺夫哥罗德省						
1. 下诺夫哥罗德码头交货	120					
2. 富斯科沃码头交货,拉博特基,莫斯科—喀山铁路的卢科亚诺夫,乌若夫卡,阿尔扎马斯和穆赫托洛沃车站交货	110					
辛比尔斯克省	100					
奔萨省	110					
萨马拉省	100	100	相同			
梁赞省	110					
图拉省	110					
萨拉托夫省	100	100	相同	122.5	萨拉托夫	-22.5

续表

省份和地区	1916年2月6日特别粮食会议主席批准的固定价格	地方粮食会议拟定的固定价格	1916年2月6日批准的固定价格比地方粮食会议拟定的价格高(+)或者低(-)	交易所2月份平均价格	选取交易所价格的市场	1916年2月6日规定的固定价格比交易所价格高(+)或者低(-)
			下诺夫哥罗德省			
乌拉尔斯克州	97	97	相同			
沃罗涅日省	100	100	相同			
坦波夫省	110			103（普通型）	鲍里索格列布斯克	+7
库尔斯克省	110					
切尔尼戈夫省	112	108	+4			
波尔塔瓦省	112	100	+12	110.0（混合型）	克列缅丘格	+2
哈尔科夫省	112	100	+12	127.5（饲料级）	哈尔科夫	-15.5
基辅省	115	100	+15	经济型		
波多利斯克省	120	105	+15			

1914—1918 年俄国的粮食市场及其调节

续　表

省份和地区	1916 年 2 月 6 日特别粮食会议主席批准的固定价格	地方粮食会议拟定的固定价格	1916 年 2 月 6 日批准的固定价格比地方粮食会议拟定的价格高(+)或者低(−)	交易所 2 月份平均价格	选取交易所价格的市场	1916 年 2 月 6 日规定的固定价格比交易所价格高(+)或者低(−)
下诺夫哥罗德省						
沃伦省	120					
比萨拉比亚省	90					
赫尔松省	90	79	+ 11	87.1	敖德萨	+ 2.9
叶卡捷琳诺斯拉夫省	90	101	− 11			
塔夫利达省	90	78	+ 12			
顿河军屯区						
1. 科特卢班—乌留皮诺—波沃里诺—卡尔梅克地区	90	90	相同			
2. 罗斯托夫、纳希切万、新切尔卡斯克、巴泰斯克、亚速以及叶卡捷琳娜二世铁路沿线车站地区	85	85	相同	89.2（同料级）	顿河畔罗斯托夫	− 4.2
3. 卡亚普—库谢夫卡和巴泰斯克至托尔戈瓦亚地区	80	80	相同			

续表

省份和地区	1916 年 2 月 6 日特别粮食会议主席批准的固定价格	地方粮食会议拟定的固定价格	1916 年 2 月 6 日批准的固定价格比地方粮食会议拟定的价格高(＋)或者低(－)	交易所 2 月份平均价格	选取交易所价格的市场	1916 年 2 月 6 日规定的固定价格比交易所价格高(＋)或者低(－)
顿河军屯区						
4. 沙布利耶夫斯卡亚－谢米奇纳亚地区	77	77	相同			
5. 科捷利尼科沃－茹托沃地区						
6. 卡泽捷林卡－利哈亚、佩尔西亚诺夫特卡－利科沃、卡缅斯卡亚－切尔特科沃、乌斯季别洛卡－利特温斯卡亚、卡尔波夫卡	80	80	相同			
北高加索						
斯塔夫罗波尔省	82	82	相同			
捷列克州	80	75	＋5			
库班州	80	80	相同			
阿尔汉格尔斯克省	105	105	相同			

1916 年秋季粮食的固定价格（戈比/普特）及其与地方粮食会议拟定的价格和秋季地方市场价格的比较*

品质好，杂质不超过 3%，其中麦仙翁和麦角不超过 1/16%，泥土不超过 25%（其他标准见表）。

黑表

A. 生产地区

地区和省份	1916年9月9日特别粮食会议批准的固定价格	容重和水分	地方粮食会议拟定的固定价格	事务管理局提交全权代表大会批准的固定价格方案	地方市场价格	固定价格比地方粮食会议拟定的价格高（+）或者低（一）	固定价格比事务管理局提交全权代表大会批准的价格高（+）或者低（一）	固定价格比市场价格高（+）或者低（一）	地方粮食会议拟定的固定价格比市场价格高（+）或者低（一）
中部农业区									
奥廖尔省	158		215	182	233	-57	-24	-75	-18
梁赞省	158		189	182	253	-31	-24	-95	-64
图拉省	158	沃罗涅日省和库尔斯克省的容重标准为116左洛特尼克，其他省份的容重标准为118左洛特尼克，水分14%。	258	182	232	-100	-24	-74	+26
奔萨省	158		149	168	279	+9	-10	-121	-130
萨拉托夫省	158		188	168	230	-30	-10	-72	-42
辛比尔斯克省	158		195	168	235	-37	-10	-77	-40
坦波夫省	158		150～157	168	217	+45	-10	-59	-63.5
库尔斯克省	158		140	168	—	+18	-10	—	—
沃罗涅日省	158		181	168	212	-23	-10	-54	-31

续　表

地区和省份	1916年9月9日特别粮食会议主席批准的固定价格	容重和水分	地方粮食会的固定议定价格	事务管理局提交权代表大会批准的固定价格方案	地方市场价格	固定价格比地方粮食会议定的价格高(+)或者低(-)	固定价格比事务管理局提交全权代表大会批准的价格高(+)或者低(-)	固定价格比市场价格高(+)者低(-)	地方粮食会议拟定的固定价格比市场价格高(+)或者低(-)
东部地区（其中彼尔姆省的范围到乌拉尔山）									
乌法省（萨马拉-兹拉托乌斯特铁路沿线）	142	容重114左洛特尼克，水分15%	176	160	—	-34	-18	—	—
喀山省	142		177	168	213	-35	-26	-71	-36
维亚特卡省	142		222	168	—	-80	-26	—	—
彼尔姆省	142		165~180	168	275	-30.5	-26	-133	-102.5
伏尔加河下游地区									
萨马拉省	144	容重116左洛特尼克，水分15%	153	168	—	-9	-24	—	—

395

续表

地区和省份	1916年9月9日特别粮食会议主席批准的固定价格	容重和水分	地方粮食会议拟定的固定价格	事务管理局提交全权代表大会批准的固定价格方案	地方市场价格	固定价格比地方粮食会议拟定的价格高(+)或者低(-)	固定价格比事务管理局提交全权代表大会批准的价格高(+)或者低(-)	固定价格比市场价格高(+)或者低(-)	地方粮食会议拟定的固定价格比市场价格高(+)或者低(-)
新俄罗斯地区									
比萨拉比亚省	140	容重 116 左洛特尼克,水分 14%	178	155	203	-38	-15	-63	-25
赫尔松省	140		158	155	198	-18	-15	-58	-40
叶卡捷琳诺斯拉夫省	140		170	155	212	-30	-15	-72	-42
塔夫利达省	140		160	155	195	-20	-15	-55	-35
北高加索									
顿河州	144	容重 116 左洛特尼克,水分 15%	150	155	200	-6	-15	-56	-50
库班省	133		—	147	—	—	-14	—	—
捷列克省	135		—	161	—	—	-26	—	—
斯塔夫罗波尔省	135		—	—	—	—	—	—	—

续　表

地区和省份	1916年9月9日特别粮食会议主席批准的固定价格	容重和水分	地方粮食会议拟定的固定价格	事务管理局提交大会代表批准的固定价格方案	地方市场价格	固定价格比地方粮食会议拟定的价格高(+)或者低(-)	固定价格比事务管理局提交大会代表批准的价格高(+)或者低(-)	固定价格比市场价格高(+)者低(-)	地方粮食会议拟定的固定价格比市场价格高(+)或者低(-)
西南部地区									
基辅省	153	容重116左洛特尼克,水分14%	155	160	220	-2	-7	-67	-65
波多利斯克省	162		224	170	209	-62	-8	-47	+15
沃伦省	162		170	170	255	-8	-8	-93	-85
小俄罗斯地区									
哈尔科夫省	146	容重116左洛特尼克,水分14%	140	160	215	+6	-14	-69	-75
切尔尼戈夫省	146		130~160	160	226	+1	-14	-80	-81
波尔塔瓦省	146		150	160	199	-4	-14	-53	-49
西西伯利亚									
彼尔姆省（除乌拉尔斯克县以外)	126	容重114左洛特尼克,水分13.5%	—	—	—	-39	—	—	—

续　表

地区和省份	1916 年 9 月 9 日特别粮食会议主席批准的固定价格 容重和水分	地方粮食会议拟定的固定价格	事务管理局提交全权代表大会批准的固定价格方案	地方市场价格	固定价格比地方粮食会议拟定的价格高（+）或者低（-）	固定价格比事务管理局提交全权代表大会批准的价格高（+）或者低（-）	固定价格比市场价格高（+）或者低（-）	地方粮食会议拟定的固定价格比市场价格高（+）或者低（-）
西西伯利亚								
奥伦堡省（车里雅宾斯克）	126	165	—	270	-17	—	-144	-105
托博尔斯克省（秋明）	126	143	—	—	—	—	—	—
托木斯克省	126	—	161	—	—	-35	—	—
草原地区								
阿克莫林斯克州	126	130	130	—	-4	-4	—	—

资料来源：固定价格：*Собрание узаконений и распоряжений по продовольственному делу за 1914 - 1917 г. Ч. 1. Сост. прив. -доц. Г. К. Гинс.* 地方粮食会议拟定的价格和特别粮食会议事务管理局提交全权代表大会批准的价格：*Материалы по вопросу об установлении твердых цен на хлебные продукты до урожая 1917 г.* 地方秋季市场价格：*Данные Отдела сельской экономии и сельской статистики Мин -ва земледелия.*

小麦（品质好，杂质标准同黑麦（其他标准见表）

地区和省份	1916年9月9日特别粮食会议主席批准的固定价格	容重和水分	地方粮食会议拟定的固定价格	事务管理局提交全权代表大会批准的固定价格方案	地方市场价格	固定价格比地方粮食会议拟定的价格高(+)或者低(-)	固定价格比提交事务管理局全权代表大会批准的价格高(+)或者低(-)	固定价格比市场价格高(+)或者低(-)	地方粮食会议拟定的固定价格比市场价格高(+)或者低(-)
中部农业区									
奥廖尔省	200	杂质标准同黑麦，软质	275	243	270	-75	-43	-70	+5
萨拉托夫省	204	容重125左洛特尼克，水分14%	298	237	225	-94	-33	-21	+73
库尔斯克省	195		220	233	206	-25	-38	-11	+14
沃罗涅日省	195		195	233	207	相同	-38	-12	-12
伏尔加河下游地区									
萨马拉省	204	容重125左洛特尼克，水分14%	228~238	237	230	-29	-33	-26	+3
新俄罗斯地区									
比萨拉比亚省	181	容重126左洛特尼克，水分14%	211	201	200	-30	-20	-19	+11
赫尔松省	181		190	201	183	-9	-20	-2	+7

续　表

地区和省份	1916年9月9日特别粮食会议主席批准的固定价格	容重和水分	地方粮食会议拟定的固定价格	事务管理局提交全权代表大会批准的固定价格方案	地方市场价格	固定价格比地方粮食会议拟定的价格高(+)或者低(-)	固定价格比事务管理局提交全权代表大会批准的价格高(+)或者低(-)	固定价格比市场价格高(+)或者低(-)	地方粮食会议拟定的固定价格比市场价格高(+)或者低(-)
叶卡捷琳诺斯拉夫省	181		200	201	199	-19	-20	-18	+1
塔夫利达省	181	容重 128 左，洛特尼克，水分 14%	180	201	189	+1	-20	-8	-9
北高加索									
顿河州	190		210	206	203	-20	-16	-13	+7
库班州	190		200	203	205	-10	-13	-15	-5
捷列克州	190		—	203	198	—	-13	-8	—
斯塔夫罗波尔省	190		200	203	177	-10	-13	+13	+23
西南部地区									
基辅省	195	容重 126 左，洛特尼克，水分 14%	182	213	208	+13	-18	-13	-26
波多利斯克省	200		246	213	200	-46	-13	相同	+46
沃伦省	200		208	213	235	-8	-13	-35	-27

地区和省份	1916年9月9日特别粮食会议主席批准的固定价格	容重和水分	地方粮食会议拟定的固定价格	事务管理局提交代表大会批准的固定价格方案	地方市场价格	固定价格比地方粮食会议拟定的价格高（+）或者低（-）	固定价格比事务管理局提交代表大会批准的价格高（+）或者低（-）	固定价格比市场价格高（+）或者低（-）	地方粮食会议拟定的固定价格比市场价格高（+）或者低（-）
小俄罗斯地区									
哈尔科夫省	190	容重126左洛尼特尼克，水分14%	185	228	218	+5	-38	-28	-33
切尔尼戈夫省	190		170	228	230	+20	-38	-40	-60
波尔塔瓦省	190		200	223	195	-10	-33	-5	+5
西西伯利亚									
彼尔姆省（除乌拉尔斯克县以外）	166	容重130左洛尼特尼克，水分14%	190	203	280	-24	-37	-114	-90
奥伦堡省（车里雅宾斯克）	166		160~217	237	216	-22.5	-71	-50	-27.5
托博尔斯克省（秋明）	152		152	188	173	相同	-36	-21	-21
托木斯克省	152		158	188	190	-6	-36	-38	-32

续　表

地区和省份	1916年9月9日粮食特别会议主席批准的固定价格	容重和水分	地方粮食会议拟定的固定价格	事务管理局提交全权代表大会批准的固定价格方案	地方市场价格	固定价格比地方粮食会议拟定的价格高(+)或者低(-)	固定价格比事务管理局提交全权代表大会批准的价格高(+)或者低(-)	固定价格比市场价格高(+)或者低(-)	地方粮食会议拟定的固定价格比市场价格高(+)或者低(-)
草原地区									
阿克莫林斯克省	152		110—160	118	133	+17	-36	+19	+2
图尔盖省(塔什干铁路地区)	166	容重130左洛特尼克，水分13.5%	160—195	218	180	-11.5	-52	-14	+2.5
谢米巴拉金斯克省	152	—	—	—	199	—		-47	

燕麦*

地区和省份	1916年9月9日特别粮食会议主席批准的固定价格	地方粮食会议拟定的固定价格	事务管理局全权代表提交大会批准的固定价格方案	地方市场价格	固定价格比地方粮食会议拟定的价格高(+)或者低(-)	固定价格比事务管理局全权代表提交大会批准的价格高(+)或者低(-)	固定价格比市场价格高(+)或者低(-)	地方粮食会议拟定的价格比市场价格高(+)或者低(-)
中部农业区								
奥廖尔省	158	205	170	174	-47	-12	-16	+31
梁赞省	158	189	170	201	-31	-12	-43	-12
图拉省	158	254	170	164	-96	-12	-6	+90
奔萨省	158	200	170	187	-42	-12	-29	+13
萨拉托夫省	158	334	170	232	-176	-12	-74	+102
辛比尔斯克省	158	205	170	182	-47	-12	-24	+23
坦波夫省	158	164～166	170	163	-7	-12	-5	+2

* 品质好，杂质不超过3%，其中不可食用的杂质不超过1%。中部农业区、东部地区、伏尔加河下游地区、西南部地区、工业区、白俄罗斯地区、沿湖地区和北部地区的容重标准为72左洛特尼克，水分16%；新俄罗斯地区、北高加索地区和小俄罗斯地区的容重标准为72左洛特尼克，水分15%；西西伯利亚和草原地区的容重标准为75左洛特尼克，水分14%。

续 表

地区和省份	1916年9月9日特别粮食会议主席批准的固定价格	地方粮食会议拟定的固定价格	事务管理局代表大会批准的固定价格方案	地方市场价格	固定价格比地方粮食会议拟定的价格高(+)或者低(-)	固定价格比事务管理局提交大会代表批准的价格高(+)或者低(-)	固定价格比市场价格高(+)或者低(-)	地方粮食会议拟定的价格比市场价格高(+)或者低(-)
中部农业区								
库尔斯克省	158	140	170	154	+18	-12	+4	-14
沃罗涅日省	158	190	170	158	-32	-12	相同	+32
东部地区								
乌法省	158	—	—	149	—	—	+9	—
喀山省	158	—	170	153	—	-12	+5	—
维亚特卡省	158	190	160	163	-32	-2	-5	+27
彼尔姆省（到乌拉尔山）	158	150	160	208	+8	-2	-50	-58
伏尔加河下游地区								
萨马拉省	158	135	170	168	+23	-12	-10	-33

续　表

地区和省份	1916年9月9日特别粮食会议主席批准的固定价格	地方粮食会议拟定的固定价格	事务管理局提交全权代表大会批准的固定价格方案	地方市场价格	固定价格比地方粮食会议拟定的价格高（＋）或者低（－）	固定价格比事务管理局提交全权代表大会批准的价格高（－）或者低（＋）	固定价格比市场价格高（＋）或者低（－）	地方粮食会议拟定的价格比市场价格高（＋）或者低（－）
新俄罗斯地区								
比萨拉比亚省	163	163	175	158	相同	－ 12	＋ 5	＋ 5
赫尔松省	163	162	175	163	＋ 1	－ 12	相同	－ 1
叶卡捷琳诺斯拉夫省	163	170	175	177	－ 7	－ 12	－ 14	－ 7
塔夫利达省	163	155	175	171	＋ 8	－ 12	－ 8	－ 16
北高加索地区								
顿河州	158	170	175	177	－ 12	－ 17	－ 19	－ 7
库班州	158	150	150	173	＋ 8	＋ 8	－ 15	－ 23
捷列克州	158	125	150	136	＋ 33	＋ 8	＋ 22	－ 11
斯塔夫罗波尔省	158	125	150	147	＋ 33	＋ 8	＋ 11	－ 22

续 表

地区和省份	1916年9月9日特别粮食会议主席批准的固定价格	地方粮食会议拟定的固定价格	事务管理局代表全权代表大会批准的固定价格方案	地方市场价格	固定价格比地方粮食会议拟定的价格高(+)或者低(-)	固定价格比事务管理局代表全权代表大会批准的价格高(+)或者低(-)	固定价格比市场价格高(+)或者低(-)	地方粮食会议拟定的价格比市场价格高(+)或者低(-)
西南部地区								
基辅省	163	160	175	208	+3	-12	-45	-48
波多利斯克省	167	180	180	176	-13	-13	-9	+4
沃伦省	167	188	180	223	-21	-13	-56	-35
小俄罗斯地区								
哈尔科夫省	163	160	175	173	+3	-12	-10	-13
切尔尼戈夫省	163	140~170	145~175	200	+8	+3	-37	-45
波尔塔瓦省	163	169	175	160	-6	-12	+3	+9
西西伯利亚								
彼尔姆省(除乌拉尔斯克县以外)	140	135	145	208	+5	-5	-68	-73

续表

地区和省份	1916年9月9日特别粮食会议主席批准的固定价格	地方粮食会议拟定的固定价格	事务管理局代表权全会大会批准的固定价格方案	地方市场价格	固定价格比地方粮食会议拟定的价格高(+)或者低(-)	固定价格比事务管理局代表全会大会批准的价格高(+)或者低(-)	固定价格比市场价格高(+)或者低(-)	地方粮食会议拟定的价格比市场价格高(+)或者低(-)
西西伯利亚								
奥伦堡省（车里雅宾斯克）	140	143	118	164	-3	+22	-24	-21
托博尔斯克省	130	114~131	130	142	+7.5	相同	-12	-19.5
托木斯克省	121	—	—	143	—	—	-22	—
草原地区								
阿克莫林斯克省	121	90~130	127	120	+11	-6	+1	-10
图尔盖省	121	—	—	145	—	—	-24	
谢米巴拉金斯克省	121	—	—	191	—	—	-70	
工业区								
雅罗斯拉夫尔省	177	—	190	260	-13	—	-83	

续　表

地区和省份	1916年9月9日特别粮食会议主席批准的固定价格	地方粮食会议拟定的固定价格	事务管理局提交全权代表大会批准的固定价格方案	地方市场价格	固定价格比地方粮食会议拟定的价格高(+)或者低(-)	固定价格比事务管理局提交全权代表大会批准的价格高(+)或者低(-)	固定价格比市场价格高(+)或者低(-)	地方粮食会议拟定的价格比市场价格高(+)或者低(-)
工业区								
科斯特罗马省	177	—	—	270			− 93	
下诺夫哥罗德省	177	283	180	243	− 106	− 3	− 66	+ 40
白俄罗斯地区								
明斯克省	167	200	200	277	− 33	− 33	− 110	− 77
沿湖地区和北部地区								
沃洛格达省	167	200	180	208	− 33	− 13	− 41	− 8
普斯科夫省	167			216			− 49	
诺夫哥罗德省	167			229			− 62	
特维尔省	167			240			− 73	

大麦*

地区和省份	1916年9月9日特别粮食会议主席批准的固定价格	地方粮食会议拟定的固定价格	事务管理局代表交全权大会批准的固定价格方案	地方市场价格	固定价格比地方粮食会议拟定的价格高(+)或者低(-)	固定价格比事务管理局提交全权代表大会批准的价格高(+)或者低(-)	固定价格比市场价格高(+)或者低(-)	地方粮食会议拟定的价格比市场价格高(+)或者低(-)
中部农业区								
萨拉托夫省	128	—	-135	176		-7	-48	
库尔斯克省	128	110	154	154	+18		-26	-44
沃罗涅日省	128	—	—	144			-16	
东部地区								
维亚特卡省	143	—	—	194			-51	
彼尔姆省(到乌拉尔山)	143	155	150	235	-12	-7	-92	-80

* 品质好，杂质要求同燕麦。中部农业区，东部和伏尔加河下游地区的容重标准为7普特13俄磅，水分15%；新俄罗斯地区的比萨拉比亚省、北高加索(不包括顿河州)的容重标准为7普特5俄磅，水分14%；新俄罗斯地区其他省份的容重标准为7普特10俄磅，水分14%；顿河州、西南部地区、小俄罗斯地区和西西伯利亚的容重标准为7普特13俄磅，水分14%。

续 表

地区和省份	1916年9月9日特别粮食会议主席批准的固定价格	地方粮食会议拟定的固定价格	事务管理局提交全权代表大会批准的固定价格方案	地方市场价格	固定价格比地方粮食会议拟定的价格高(+)或者低(-)	固定价格比事务管理局提交全权代表大会批准的价格高(+)或者低(-)	固定价格比市场价格高(+)或者低(-)	地方粮食会议拟定的价格比市场价格高(+)或者低(-)
伏尔加河下游地区								
萨马拉省	128	135	135	152	-7	-7	-24	-17
新俄罗斯地区								
比萨拉比亚省	128	163	135	137	-35	-7	-9	+26
赫尔松省	128	143	135	126	-15	-7	+2	+17
叶卡捷琳诺斯拉夫省	128	150	135	139	-22	-7	-11	+11
塔夫利达省	128	120	135	132	+8	-7	-4	-12
北高加索								
顿河州	124	130	130	132	-6	-6	-8	-2
库班州	119	130	120	126	-11	-1	-7	+4
捷列克州	114	115	120	118	-1	-6	-4	-3
斯塔夫罗波尔省	114	120	135	123	-6	-21	-9	-3

续 表

地区和省份	1916年9月9日特别粮食会议主席批准的固定价格	地方粮食会议拟定的固定价格	事务管理局提交全权代表大会批准的固定价格方案	地方市场价格	固定价格比地方粮食会议拟定的价格高（＋）或者低（－）	固定价格比事务管理局提交全权代表大会批准的价格高（＋）或者低（－）	固定价格比市场价格高（＋）或者低（－）	地方粮食会议拟定的价格比市场价格高（＋）或者低（－）
西南部地区								
基辅省	133	122	135	180	＋11	－2	－47	－58
波多利斯克省	143	196	150	160	－53	－7	－17	＋36
沃伦省	143	162	150	195	－19	－7	－52	－33
小俄罗斯地区								
哈尔科夫省	133	140	140	168	－7	－7	－35	－28
切尔尼戈夫省	133	140	140	167	－7	－7	－34	－27
波尔塔瓦省	133	140	140	146	－7	－7	－13	－26
西西伯利亚								
彼尔姆省（除乌拉尔斯克县以外）	143	—	—	—	—	—	—	—

B. 消费地区*

省份	黑麦[2*]	小麦[3*]	燕麦[4*]	大麦[5*]
1. 下诺夫哥罗德省	170	227	—	168
2. 科斯特罗马省	172	229	—	168
3. 雅罗斯拉夫尔省	175	229	—	168
4. 特维尔省	182	229	—	166
5. 莫斯科省	180	227	200	166
6. 弗拉基米尔省	180	227	200	168

省份	黑麦	小麦	燕麦	大麦
7. 卡卢加省	170	220	170	160
8. 莫吉廖夫省	176	220	170	165
9. 明斯克省	176	220	—	165
10. 斯摩棱斯克省	178	220	170	165
11. 维捷布斯克省	182	222	170	167
12. 爱斯特兰省	192	239	205	171

* 消费地区的价格根据 1916 年 9 月 30 日法令规定，参见：Собрание узаконений，№ 292 ст. 2313. 在文中消费地区的固定价格也作为帝国限价。

2* 品质好，杂质不超过 3%，其中麦仙翁和麦角不超过 1/16%；泥土不超过 25%。第 1—3 个省的容重 115 左洛特尼克，水分 15%；第 4—16 个省的容重 118 左洛特尼克，水分 14%；第 17—19 个省的容重 114 左洛特尼克，水分 15%；第 21—22 个省的容重 116 左洛特尼克，水分 15%。

3* 品质好，杂质标准同黑麦。第 1—3 和 23—24 个省的容重 125 左洛特尼克，水分 14%；第 4—16，21—22 和 25—27 个省的容重 126 左洛特尼克，水分 14%；第 7，19—20，29—30 的容重 128 左洛特尼克，水分 14%。所有省份硬质小麦的价格要高 15～30 戈比。

4* 品质好，容重 72 左洛特尼克，水分 16%，杂质 3%，其中不可食用杂质不超过 1%。

5* 容重 7 普特 13 俄磅，水分 13% 同燕麦。

省份	黑麦	小麦	燕麦	大麦
13. 利夫兰省	190	237	205	171
14. 普斯科夫省	188	235	—	170
15. 彼得格勒省	188	235	205	171
16. 诺夫哥罗德省	188	235	—	170
17. 沃洛格达省	188	235	—	170
18. 奥洛涅茨省	190	237	205	176
19. 阿尔汉格尔斯克省	195	240	210	175
20. 奥伦堡省6*	160	229	170	150
21. 乌拉尔斯克州	165	228	170	—
22. 阿斯特拉罕省	165	225	170	140

省份	黑麦	小麦	燕麦	大麦
23. 辛比尔斯克省	—	217	—	150
24. 喀山省	—	225	—	160
25. 图拉省	—	220	—	155
26. 梁赞省	—	220	—	150
27. 奔萨省	—	220	—	150
28. 坦波夫省	—	215	—	150
29. 维亚特卡省	—	205	—	150
30. 彼尔姆省（除外乌拉尔地区）	—	195	—	—
31. 奥廖尔省	—	—	—	150
32. 乌法省	—	—	—	150

6＊　奥伦堡省的黑麦固定价格适用于奥伦堡县和特罗伊茨克县，小麦固定价格适用于奥伦堡县和奥尔斯克县，燕麦固定价格适用于全省（车里雅宾斯克除外），大麦固定价格适用于全省。

1914—1918 年俄国的粮食市场及其调节

1917 年 3 月 25 日和 8 月 27 日规定的固定价格及其与地方市场价格的比较 *
A. 生产地区
黑麦

品质好,杂质不超过 3%,容重(单位:左洛特尼克)见表格。**

地区和省份	1917 年 3 月 25 日临时政府批准的固定价格	容重	1917 年 8 月 27 日临时政府批准的固定价格	1917 年春季地方市场价格	3 月 25 日固定价格比春季地方价格高(+)或者低(-)	1917 年秋季地方市场价格	8 月 27 日固定价格比秋季地方价格高(+)或者低(-)
中部农业区							
奥廖尔省	253	115	506	243	+ 10	752	- 246
梁赞省	253	115	506	366	- 113	1558	- 1052
图拉省	253	118	506	292	- 39	1062	- 556
奔萨省	243	118	486	306	- 63	1241	- 755
萨拉托夫省	243	118	486	232	+ 11	864	- 378
辛比尔斯克省	243	114	486	302	- 59	1087	- 601
坦波夫省	243	118	486	358	- 115	912	- 426
库尔斯克省	243	116	486	218	+ 25	560	- 74
沃罗涅日省	243	116	486	232	+ 11	643	- 157
东部地区							
乌法省	235	114	470	229	+ 6	657	- 187
喀山省	235	117	470	283	- 48	1317	- 847
维亚特卡省	235	114	470	324	- 89	1149	- 679
彼尔姆省	235	114	470	330	- 95	1115	- 645

---

* 固定价格来源:*Собрание узаконений и распоряжений Времен. Правительства.* 地方市场价格根据农业经济与农业统计司资料,详见本书第一部分附录表 4;

** 关于水分问题,1917 年 3 月 25 日法令第九条附录规定,1916 年生产的粮食水分标准为 13.5%~15%,1917 年生产的粮食需根据收割情况确定。

地区和省份	1917 年 3 月 25 日临时政府批准的固定价格	容重	1917 年 8 月 27 日临时政府批准的固定价格	1917 年春季地方市场价格	3 月 25 日固定价格比春季地方价格高（＋）或者低（－）	1917 年秋季地方市场价格	8 月 27 日固定价格比秋季地方价格高（＋）或者低（－）
伏尔加河下游地区							
萨马拉省	230	116	460	212	＋18	512	－52
新俄罗斯地区							
比萨拉比亚省	224	120	448	222	＋2	513	－65
赫尔松省	224	122	448	201	＋23	477	－29
叶卡捷琳诺斯拉夫省	224	122	448	215	＋9	461	－13
塔夫利达省	224	117	448	204	＋20	468	－20
北高加索							
顿河州	230	116	460	219	＋11	976	－516
库班州	223	116	446	213	＋10	550	－104
捷列克州	230	116	460	—	—	—	—
斯塔夫罗波尔省	230	116	460	—	—	457	＋3
西南部地区							
基辅省	245	123	490	280	－35	1099	－609
波多利斯克省	259	120	518	223	＋36	591	－73
沃伦省	259	123	518	285	－26	814	－296
小俄罗斯地区							
哈尔科夫省	234	116	468	240	＋6	721	－253
切尔尼戈夫省	234	124	468	323	－89	1216	－748

地区和省份	1917 年 3 月 25 日临时政府批准的固定价格	容重	1917 年 8 月 27 日临时政府批准的固定价格	1917 年春季地方市场价格	3 月 25 日固定价格比春季地方价格高（＋）或者低（－）	1917 年秋季地方市场价格	8 月 27 日固定价格比秋季地方价格高（＋）或者低（－）
小俄罗斯地区							
波尔塔瓦省	234	124	468	217	＋17	492	－24
西西伯利亚							
彼尔姆省（除乌拉尔斯克县以外）	205	114	410	—	—	—	—
奥伦堡省（车里雅宾斯克）	205	114	410	242	－37	576	－166
奥伦堡省（特罗伊茨克县、上乌拉尔斯克县）	225	114	450	—	—	—	—
奥伦堡省（奥伦堡县、奥尔斯克县）	250	114	500	—	—	—	—
托博尔斯克省	205	114	410	212	－7	563	－153
托木斯克省	205	116	410	229	－24	533	－123
乌拉尔斯克州	250	116	500	—	—	—	—
草原地区							
阿克莫林斯克省	205		410	408	－203	402	－10

地区和省份	1917年3月25日临时政府批准的固定价格	容重	1917年8月27日临时政府批准的固定价格	1917年春季地方市场价格	3月25日固定价格比春季地方价格高（＋）或者低（－）	1917年秋季地方市场价格	8月27日固定价格比秋季地方价格高（＋）或者低（－）
东西伯利亚							
叶尼塞斯克省	210	114	420	163	＋47	436	－16
伊尔库茨克省	235	114	470	200	＋35	623	－153
阿穆尔州			510				
布拉戈维申斯克	255		510				
阿穆尔铁路	245		490				
阿穆尔河码头	230		460				

小麦

品质好，杂质不超过3％，容重（单位：左洛特尼克）见表格。*

地区和省份	1917年3月25日临时政府批准的固定价格	容重	1917年8月27日临时政府批准的固定价格	1917年春季地方市场价格	3月25日固定价格比春季地方价格高（＋）或者低（－）	1917年秋季地方市场价格	8月27日固定价格比秋季地方价格高（＋）或者低（－）
中部农业区							
奥廖尔省	320	125	640	——	——	853	－213
萨拉托夫省	326	125	652	317	＋9	1229	－577

＊　水分参见上一附注。

地区和省份	1917 年 3 月 25 日临时政府批准的固定价格	容重	1917 年 8 月 27 日临时政府批准的固定价格	1917 年春季地方市场价格	3 月 25 日固定价格比春季地方价格高（＋）或者低（－）	1917 年秋季地方市场价格	8 月 27 日固定价格比秋季地方价格高（＋）或者低（－）
中部农业区							
库尔斯克省	312	125	624	279	＋33	791	－167
沃罗涅日省	312	125	624	322	－10	944	－320
伏尔加河下游地区							
萨马拉省	326	125	652	305	＋21	743	－91
新俄罗斯地区							
比萨拉比亚省	290	126	580	334	－44	702	－122
赫尔松省	290	129	580	264	＋26	612	－32
叶卡捷琳诺斯拉夫省	290	126	580	280	＋10	601	－21
塔夫利达省	290	127	580	252	＋38	587	－7
北高加索							
顿河州	304	128	608	311	－7	1428	－820
库班州	304	128	608	299	＋5	664	－56
捷列克州	304	128	608	—	—	—	—
斯塔夫罗波尔省	304	128	608	—	—	592	＋16
西南部地区							
基辅省	312	129	624	329	－17	900	－276
波多利斯克省	320	128	640	290	＋30	684	－44
沃伦省	320	132	640	375	－55	1178	－538

地区和省份	1917年3月25日临时政府批准的固定价格	容重	1917年8月27日临时政府批准的固定价格	1917年春季地方市场价格	3月25日固定价格比春季地方价格高（＋）或者低（－）	1917年秋季地方市场价格	8月27日固定价格比秋季地方价格高（＋）或者低（－）
小俄罗斯地区							
哈尔科夫省	304	126	608	323	－19	883	－275
切尔尼戈夫省	304	128	608	406	－102	1421	－813
波尔塔瓦省	304	128	608	275	＋29	617	—
东部地区							
乌法省	296	125	592	397	－101	1123	－531
西西伯利亚							
彼尔姆省（除乌拉尔斯克县以外）	266	130	532	484	－218	1481	－952
奥伦堡省（车里雅宾斯克县）	266	128	532				
奥伦堡省（特罗伊茨克县）	266	130	532				
奥伦堡省（上乌拉尔斯克县）	266	130	532				
奥伦堡省（奥伦堡县）	306	128	612	286	＋20	798	－186
奥伦堡省（奥尔斯克县）	306	128	612				

地区和省份	1917 年 3 月 25 日临时政府批准的固定价格	容重	1917 年 8 月 27 日临时政府批准的固定价格	1917 年春季地方市场价格	3 月 25 日固定价格比春季地方价格高（＋）或者低（－）	1917 年秋季地方市场价格	8 月 27 日固定价格比秋季地方价格高（＋）或者低（－）
西西伯利亚							
乌拉尔斯克州	316	126	632				
托博尔斯克省	255	130	510	251	＋4	686	－176
托木斯克省	255	130	510	246	＋9	600	－90
草原地区							
阿克莫林斯克省	255	130	510	173	＋82	560	－50
图尔盖省（库斯塔奈）	255	130	510	265	－10	707	－197
谢米巴拉金斯克省	255	130	510	309	－54	647	－137
东西伯利亚地区							
叶尼塞斯克省	255	130	510	239	＋16	598	－88
阿穆尔州							
布拉戈维申斯克	255		510				
阿穆尔铁路	245		490			529	－39
阿穆尔河码头	230		460				
中部农业区							
奥廖尔省	240	72	480	230	＋10	638	－158

地区和省份	1917 年 3 月 25 日临时政府批准的固定价格	容重	1917 年 8 月 27 日临时政府批准的固定价格	1917 年春季地方市场价格	3 月 25 日固定价格比春季地方价格高（＋）或者低（－）	1917 年秋季地方市场价格	8 月 27 日固定价格比秋季地方价格高（＋）或者低（－）
中部农业区							
梁赞省	240	72	480	406	－ 166	1236	－ 756
图拉省	240	72	480	295	－ 55	894	－ 414
奔萨省	240	72	480	378	－ 138	1015	－ 535
萨拉托夫省	240	72	480	313	－ 73	1165	－ 655
辛比尔斯克省	240	72	480	324	－ 84	984	－ 504
坦波夫省	240	72	480	318	－ 78	821	－ 341
库尔斯克省	240	72	480	226	＋ 14	571	－ 91
沃罗涅日省	240	72	480	251	－ 11	795	－ 315
东部地区							
乌法省	240	72	480	230	＋ 10	614	－ 134
喀山省	240	72	480	280	－ 40	1162	－ 682
维亚特卡省	240	72	480	299	－ 59	1131	－ 651
彼尔姆省	240	72	480	319	－ 79	979	－ 499
伏尔加河下游地区							
萨马拉省	240	72	480	274	－ 34	788	－ 308
新俄罗斯地区							
比萨拉比亚省	245	72	490	251	－ 6	531	－ 41
赫尔松省	245	72	490	255	－ 10	504	－ 14

续　表

地区和省份	1917 年 3 月 25 日临时政府批准的固定价格	容重	1917 年 8 月 27 日临时政府批准的固定价格	1917 年春季地方市场价格	3 月 25 日固定价格比春季地方价格高（＋）或者低（－）	1917 年秋季地方市场价格	8 月 27 日固定价格比秋季地方价格高（＋）或者低（－）
新俄罗斯地区							
叶卡捷琳诺斯拉夫省	245	72	490	239	＋6	543	－53
塔夫利达省	245	72	490	250	－5	591	－101
北高加索							
顿河州	240	70	480	252	－12	871	－391
库班州	240	70	480	246	－6	522	－42
斯塔夫罗波尔省	240	70	480	280	－40	494	－14
捷列克州	240	70	480	248	－8	500	－20
西南部地区							
基辅省	245	72	490	324	－79	1127	－637
波多利斯克省	250	72	500	235	＋15	630	－130
沃伦省	250	72	500	326	－76	977	－477
小俄罗斯地区							
哈尔科夫省	245	72	490	259	－14	857	－367
切尔尼戈夫省	245	72	490	311	－66	864	－374
波尔塔瓦省	245	72	490	234	＋11	523	－33
西西伯利亚							
彼尔姆省（除乌拉尔斯克县以外）	220	72	440				

地区和省份	1917 年 3 月 25 日临时政府批准的固定价格	容重	1917 年 8 月 27 日临时政府批准的固定价格	1917 年春季地方市场价格	3 月 25 日固定价格比春季地方价格高（＋）或者低（－）	1917 年秋季地方市场价格	8 月 27 日固定价格比秋季地方价格高（＋）或者低（－）
西西伯利亚							
奥伦堡省（车里雅宾斯克）	220	72	440	273	－ 53	645	－ 205
托博尔斯克省	205	72	410	214	－ 9	510	－ 100
托木斯克省	200	72	400	184	＋ 16	409	－ 9
草原地区							
阿克莫林斯克省	200	75	400	180	＋ 20	421	－ 21
图尔盖省	200	72	400	265	－ 65	604	－ 204
谢米巴拉金斯克省	190	75	380	303	－ 113	456	－ 76
工业区							
雅罗斯拉夫尔省	275	72	550	673	－ 398	2524	－ 1974
科斯特罗马省	275	72	550	587	－ 312	2188	－ 1638
下诺夫哥罗德省	275	72	550	531	－ 256	1606	－ 1056
白俄罗斯地区							
明斯克省	265	72	530	430	－ 165	1337	－ 807
沿湖地区和北部地区							
沃洛格达省	260	72	520	316	－ 56	966	－ 446

地区和省份	1917 年 3 月 25 日临时政府批准的固定价格	容重	1917 年 8 月 27 日临时政府批准的固定价格	1917 年春季地方市场价格	3 月 25 日固定价格比春季地方价格高（＋）者低（－）	1917 年秋季地方市场价格	8 月 27 日固定价格比秋季地方价格高（＋）或者低（－）
沿湖地区和北部地区							
普斯科夫省	265	72	530	337	－ 72	924	－ 394
诺夫哥罗德省	265	72	530	332	－ 67	1297	－ 767
特维尔省	265	72	530	380	－ 115	1603	－ 1073
东西伯利亚地区							
叶尼塞斯克省	215	72	430	153	＋ 62	383	＋ 47
伊尔库茨克省	230	72	460	177	＋ 53	489	－ 29

大麦

品质好，杂质不超过 3％，容重（单位：左洛特尼克）见表格。＊

地区和省份	1917 年 3 月 25 日临时政府批准的固定价格	容重	1917 年 8 月 27 日临时政府批准的固定价格	1917 年春季地方市场价格	3 月 25 日固定价格比春季地方价格高（＋）者低（－）	1917 年秋季地方市场价格	8 月 27 日固定价格比秋季地方价格高（＋）或者低（－）
中部农业区							
萨拉托夫省	205	97	410	274	－ 69	1056	－ 646
库尔斯克省	205	97	410	238	－ 33	607	－ 197
沃罗涅日省	205	97	410	228	－ 23	713	－ 303

＊　水分要求参见前面的附注。

地区和省份	1917 年 3 月 25 日临时政府批准的固定价格	容重	1917 年 8 月 27 日临时政府批准的固定价格	1917 年春季地方市场价格	3 月 25 日固定价格比春季地方价格高（＋）或者低（－）	1917 年秋季地方市场价格	8 月 27 日固定价格比秋季地方价格高（＋）或者低（－）
东部地区							
维亚特卡省	225	97	450	378	－153	1377	－927
彼尔姆省（至乌拉尔山）	225	97	450	395	－170	1254	－804
伏尔加河下游地区							
萨马拉省	205	97	410	237	－32	584	－174
新俄罗斯地区							
比萨拉比亚省	205	94	410	214	－9	464	－54
赫尔松省	205	96	410	193	＋12	440	－30
叶卡捷琳诺斯拉夫省	205	96	410	209	－4	598	－188
塔夫利达省	205	96	410	196	＋9	—	
北高加索							
顿河州	200	97	400	202	－2	776	－376
库班州	190	94	380	209	－19	463	－83
捷列克州	185	94	370	245	－60	487	－117
斯塔夫罗波尔省	185	94	370	274	－89	430	－60
西南部地区							
基辅省	215	97	430	286	－71	839	－409
波多利斯克省	230	97	460	216	＋14	608	－148

1914—1918 年俄国的粮食市场及其调节

续　表

地区和省份	1917 年 3 月 25 日临时政府批准的固定价格	容重	1917 年 8 月 27 日临时政府批准的固定价格	1917 年春季地方市场价格	3 月 25 日固定价格比春季地方价格高（＋）或者低（－）	1917 年秋季地方市场价格	8 月 27 日固定价格比秋季地方价格高（＋）或者低（－）
西南部地区							
沃伦省	230	97	460	316	－ 186	861	－ 401
小俄罗斯地区							
哈尔科夫省	210	97	420	250	－ 40	768	－ 348
切尔尼戈夫省	210	97	420	320	－ 110	992	－ 572
波尔塔瓦省	210	97	420	254	－ 44	468	－ 48
西西伯利亚							
彼尔姆省（除乌拉尔斯克县以外）	225	97	450				

B. 消费地区*[*]

黑麦

品质好,杂质不超过 3％,容重(单位：左洛特尼克)见表格。

地区和省份	1917 年 3 月 25 日临时政府批准的固定价格	容重	1917 年 8 月 27 日临时政府批准的固定价格	1917 年春季地方市场价格	3 月 25 日固定价格比春季地方价格高（＋）或者低（－）	1917 年秋季地方市场价格	8 月 27 日固定价格比秋季地方价格高（＋）或者低（－）
阿斯特拉罕省	255	115	550	232	＋ 23	937	－ 387

---

*

地区和省份	1917 年 3 月 25 日临时政府批准的固定价格	容重	1917 年 8 月 27 日临时政府批准的固定价格	1917 年春季地方市场价格	3 月 25 日固定价格比春季地方价格高（＋）或者低（－）	1917 年秋季地方市场价格	8 月 27 日固定价格比秋季地方价格高（＋）或者低（－）
下诺夫哥罗德省	260	115	565	547	－287	2516	－1951
莫吉廖夫省	265	115	530	398	－133	2031	－1501
卡卢加省	265	115	530	561	－296	1427	－897
斯摩棱斯克省	265	115	530	397	－132	1912	－1382
莫斯科省	265	115	570	491	－226	2618	－2048
弗拉基米尔省	265	115	570	769	－504	3618	－3048
科斯特罗马省	265	115	580	600	－335	2411	－1831
雅罗斯拉夫尔省	265	115	580	490	－225	3000	－2420
特维尔省	265	115	590	377	－112	2706	－2116
维捷布斯克省	265	115	540	472	－207	2303	－1763
沃洛格达省	265	115	600	375	－110	1185	－585
明斯克省	270	115	540	397	－127	1868	－1326
普斯科夫省	270	115	600	398	－128	1509	－909
诺夫哥罗德省	270	115	600	374	－104	1782	－1182
利夫兰省	270	115	610	622	－352	1097	－487
爱斯特兰省	270	115	610	550	－280	837	－227
彼得格勒省	270	115	600	399	－129	1704	－1104

续　表

地区和省份	1917 年 3 月 25 日临时政府批准的固定价格	容重	1917 年 8 月 27 日临时政府批准的固定价格	1917 年春季地方市场价格	3 月 25 日固定价格比春季地方价格高（＋）或者低（－）	1917 年秋季地方市场价格	8 月 27 日固定价格比秋季地方价格高（＋）或者低（－）
奥洛涅茨省	275	115	610	363	－ 88	1183	－ 573
阿尔汉格尔斯克省	275	115	615	420	－ 145	1150	－ 535

小麦

品质好，杂质不超过 3％，容重（单位：左洛特尼克）见表。*

地区和省份	1917 年 3 月 25 日临时政府批准的固定价格	容重	1917 年 8 月 27 日临时政府批准的固定价格	1917 年春季地方市场价格	3 月 25 日固定价格比春季地方价格高（＋）或者低（－）	1917 年秋季地方市场价格	8 月 27 日固定价格比秋季地方价格高（＋）或者低（－）
彼尔姆省（乌拉尔山脉西麓部分）	300	126	600	484	－ 184	1484	－ 884
维亚特卡省	315	126	680	517	－ 202	1843	－ 1163
明斯克省	335	126	720	—	—	2875	－ 2155
莫吉廖夫省	335	126	710	530	－ 195	2529	－ 1819
卡卢加省	335	126	710	—	—	1000	－ 290
图拉省	335	126	710	—	—	750	－ 40
梁赞省	335	126	720	—	—	—	—
坦波夫省	335	126	700	292	＋ 44	750	－ 50

----

* 水分标准参见前面的附注。

地区和省份	1917 年 3 月 25 日临时政府批准的固定价格	容重	1917 年 8 月 27 日临时政府批准的固定价格	1917 年春季地方市场价格	3 月 25 日固定价格比春季地方价格高（＋）或者低（－）	1917 年秋季地方市场价格	8 月 27 日固定价格比秋季地方价格高（＋）或者低（－）
奔萨省	335	126	700	442	－ 107	1729	－ 1029
辛比尔斯克省	335	126	680	390	－ 55	1837	－ 1157
斯摩棱斯克省	335	126	740	568	－ 233	2333	－ 1593
维捷布斯克省	335	126	740	618	－ 283	3085	－ 2345
莫斯科省	340	126	735	—	—	—	—
弗拉基米尔省	340	126	740	1024	－ 684	4493	－ 3753
下诺夫哥罗德省	340	126	730	749	－ 409	4318	－ 3588
特维尔省	340	126	740	—	—	1800	－ 1060
普斯科夫省	340	126	750	600	－ 260	2689	－ 1939
诺夫哥罗德省	340	126	750	429	－ 89	2386	－ 1636
雅罗斯拉夫尔省	340	126	740	697	－ 357	3000	－ 2260
科斯特罗马省	340	126	740	683	－ 343	3218	－ 2478
喀山省	340	126	715	454	－ 114	2197	－ 1482
沃洛格达省	340	126	750	474	－ 134	1597	－ 847
阿斯特拉罕省	340	126	680	361	－ 21	1228	－ 548
奥洛涅茨省	345	126	755	—	—	1650	－ 895

续　表

地区和省份	1917 年 3 月 25 日临时政府批准的固定价格	容重	1917 年 8 月 27 日临时政府批准的固定价格	1917 年春季地方市场价格	3 月 25 日固定价格比春季地方价格高（＋）或者低（－）	1917 年秋季地方市场价格	8 月 27 日固定价格比秋季地方价格高（＋）或者低（－）
彼得格勒省	345	126	750	520	－ 175	3066	－ 2316
利夫兰省	345	126	760	707	－ 362	1136	－ 376
爱斯特兰省	345	126	760	649	－ 304	950	－ 190
阿尔汉格尔斯克省	345	126	760	517	－ 172	1390	－ 630

燕麦

品质好，杂质不超过 3％，容重（单位：左洛特尼克）见表。*

地区和省份	1917 年 3 月 25 日临时政府批准的固定价格	容重	1917 年 8 月 27 日临时政府批准的固定价格	1917 年春季地方市场价格	3 月 25 日固定价格比春季地方价格高（＋）或者低（－）	1917 年秋季地方市场价格	8 月 27 日固定价格比秋季地方价格高（＋）或者低（－）
阿斯特拉罕省	260	126	520	300	－ 40	1000	－ 480
乌拉尔斯克省	260	126	520	—	—	—	—
奥伦堡省（不包括车里雅宾斯克县）	260	126	—	273	－ 13	645	
卡卢加省	265	126	530	511	－ 245	1303	－ 773
莫吉廖夫省	265	126	530	360	－ 95	1009	－ 479

---

　* 水分标准参见前面的附注。

地区和省份	1917 年 3 月 25 日临时政府批准的固定价格	容重	1917 年 8 月 27 日临时政府批准的固定价格	1917 年春季地方市场价格	3 月 25 日固定价格比春季地方价格高（＋）或者低（－）	1917 年秋季地方市场价格	8 月 27 日固定价格比秋季地方价格高（＋）或者低（－）
维捷布斯克省	265	126	530	401	－ 136	1184	－ 654
斯摩棱斯克省	265	126	530	367	－ 102	1176	－ 646
莫斯科省	280	126	580	526	－ 246	2552	－ 1972
弗拉基米尔省	280	126	560	782	－ 502	2576	－ 2016
利夫兰省	285	126	610	456	－ 171	789	－ 179
爱斯特兰省	285	126	610	494	－ 209	905	295
彼得格勒省	285	126	610	432	－ 147	1528	－ 918
奥洛涅茨省	285	126	615	340	－ 55	1043	－ 428
阿尔汉格尔斯克省	290	126	625	317	－ 27	887	－ 262

大麦

品质好，杂质不超过 3％，容重（单位：左洛特尼克）见表。[*]

地区和省份	1917 年 3 月 25 日临时政府批准的固定价格	容重	1917 年 8 月 27 日临时政府批准的固定价格	1917 年春季地方市场价格	3 月 25 日固定价格比春季地方价格高（＋）或者低（－）	1917 年秋季地方市场价格	8 月 27 日固定价格比秋季地方价格高（＋）或者低（－）
乌拉尔斯克省	221	97	440	—	—	1300	－ 860

---

[*] 水分标准参见前面的附注。

地区和省份	1917 年 3 月 25 日临时政府批准的固定价格	容重	1917 年 8 月 27 日临时政府批准的固定价格	1917 年春季地方市场价格	3 月 25 日固定价格比春季地方价格高（＋）或者低（－）	1917 年秋季地方市场价格	8 月 27 日固定价格比秋季地方价格高（＋）或者低（－）
阿斯特拉罕省	225	97	450	260	－ 35	900	－ 450
奥伦堡省	225	97	450	264	－ 39	627	－ 177
奥廖尔省	230	97	490	330	－ 100	1040	－ 550
坦波夫省	230	97	465	195	＋ 35	—	—
奔萨省	230	97	465	348	－ 118	1300	－ 835
莫吉廖夫省	235	97	470	404	－ 169	1396	－ 926
斯摩棱斯克省	235	97	520	383	－ 148	1424	－ 904
辛比尔斯克省	235	97	515	325	－ 90	1361	－ 846
卡卢加省	235	97	520	538	－ 303	1312	－ 792
图拉省	235	97	510	—	—	(735)	－ 225
梁赞省	235	97	520	433	－ 198	600	－ 80
喀山省	235	97	520	351	－ 116	1523	－ 1003
乌法省	235	97	500	284	－ 49	729	－ 229
维捷布斯克省	240	97	525	454	－ 214	1600	－ 1075
特维尔省	240	97	530	412	－ 172	1991	－ 1461
雅罗斯拉夫尔省	240	97	530	553	－ 313	2271	－ 1741
科斯特罗马省	240	97	530	580	－ 340	2318	－ 1788

地区和省份	1917年3月25日临时政府批准的固定价格	容重	1917年8月27日临时政府批准的固定价格	1917年春季地方市场价格	3月25日固定价格比春季地方价格高（＋）或者低（－）	1917年秋季地方市场价格	8月27日固定价格比秋季地方价格高（＋）或者低（－）
莫斯科省	240	97	525	532	－292	1685	－1160
明斯克省	240	97	480	420	－180	1550	－1070
弗拉基米尔省	240	97	530	533	－293	2875	－2345
下诺夫哥罗德省	240	97	530	418	－178	1920	－1390
普斯科夫省	240	97	540	344	－104	1202	－662
爱斯特兰省	245	97	540	468	－223	791	－251
利夫兰省	245	97	540	560	－315	827	－287
彼得格勒省	245	97	540	436	－191	1577	－1037
奥洛涅茨省	245	97	545	390	－145	1151	－606
诺夫哥罗德省	245	97	535	345	－100	1529	－994
沃洛格达省	245	97	540	390	－145	1104	－564
阿尔汉格尔斯克省	250	97	550	385	－135	1027	－477

1918年8月开始实行的粮食固定价格（戈比/普特）*

省份	黑麦	小麦	燕麦	大麦	黍
阿克莫林斯克省	1225	1525	1200	—	—
阿尔泰省	1225	1525	1200	—	—

＊ 质量标准见附注。

省份	黑麦	小麦	燕麦	大麦	黍
阿穆尔省	1525	1525	—	—	
阿尔汉格尔斯克省	1850	2275	1875	1650	—
阿斯特拉罕省	1650	2250	1550	1350	1550
维尔诺省（部分地区）	1625	2150	1600	1450	—
维捷布斯克省	1625	2225	1600	1575	
弗拉基米尔省	1700	2225	1675	1600	1925
沃洛格达省	1800	2250	1550	1625	—
沃罗涅日省	1450	1875	1450	1225	1600
维亚特卡省	1400	2050	1450	1350	1950
顿河州	1375	1825	1450	1200	1550
叶尼塞斯克省	1250	1525	1300	—	
伊尔库茨克省	1400	—	1375	—	
喀山省	1400	2150	1450	1350	1800
卡卢加省	1600	2125	1600	1550	1900
科斯特罗马省	1750	2225	1650	1600	1950
伊万诺沃省	1700	2225	1675	1600	1925
库班州	1350	1825	1450	1150	1525
库尔斯克省	1450	1875	1450	1225	1600
明斯克省	1625	2150	1600	1450	—
莫吉廖夫省	1600	2135	1600	1400	
莫斯科省	1700	2200	1675	1575	1925
下诺夫哥罗德省	1700	2200	1650	1600	1900
诺夫哥罗德省	1800	2250	1600	1600	—
奥洛涅茨省	1825	2275	1850	1625	—

省份	黑麦	小麦	燕麦	大麦	黍
奥伦堡省(奥伦堡县和奥尔斯克县)	1500	1825	1850	1350	1500
特罗伊茨克县	1350	1600	1550	1350	1500
车里雅宾斯克县	1350	1600	1550	1350	1500
上乌拉尔斯克县	1350	1600	1550	1350	1500
奥廖尔省	1525	1925	1450	1475	1600
奔萨省	1450	2100	1450	1400	1775
彼尔姆省(至乌拉尔山)	1400	1800	1450	1350	1950
外乌拉尔山各县	1350	1650	1450	1350	1950
彼得格勒省	1800	2250	1825	1625	—
滨海省	—	—	—	—	—
普斯科夫省	1800	2250	1600	1625	—
梁赞省	1525	2150	1450	1550	1800
萨马拉省	1425	1950	1450	1350	1600
萨拉托夫省	1450	1950	1450	1300	1600
谢米巴拉金斯克州	1225	1525	1150	1150	1150
辛比尔斯克省	1450	2050	1450	1350	1600
斯摩棱斯克省	1600	2225	1600	1550	1925
斯塔夫罗波尔省	1375	1725	1450	1100	1525
坦波夫省	1450	2100	1450	1400	1600
特维尔省	1775	2225	1650	1600	1925
捷列克州	1375	1825	1450	1100	1525
托博尔斯克省	1225	1525	1225	—	—
托木斯克省	1225	1525	1200	—	—

省份	黑麦	小麦	燕麦	大麦	黍
图拉省	1525	2125	1450	1525	1850
图尔盖州（塔什干铁路地区、阿克纠宾斯克县）	1500	1825	1550	1350	1325
库斯塔奈县	1350	1625	1325	1350	1325
乌法省	1400	1775	1450	1500	1600
乌拉尔斯克省	1500	1900	1550	1325	1500
切列波韦茨省	1800	2250	1600	1600	—
北德维纳省（大乌斯秋格）	1800	2250	1550	1625	—
切尔尼戈夫省	1525	1925	1500	1350	1600
雅罗斯拉夫尔省	1750	2225	1650	1600	1925

附注　1918 年 8 月规定固定价格的粮食的质量

根据全俄苏维埃中央执行委员《关于改组粮食人民委员部和地方粮食机构的法令》（法律汇编第 38 卷第 498 页）第三条之规定，宣布如下原则，望遵守和执行。

1. 自本法令在各地公布之时起，实行固定收购价格的 1918 年和以往年份的粮食应符合以下质量要求：不发霉，未受水浸，未受害虫污染，所有粮食的水分不超过 15％，杂质不超过 3％，黑麦的容重 114 左洛特尼克，小麦的容重 125 左洛特尼克，燕麦的容重 70 左洛特尼克，大麦的容重 95 左洛特尼克。黍和双粒小麦的容重由各省粮食委员会根据该省 1918 年收获的粮食的平均容重确定。

附解 1. 如果小麦中掺杂的黑麦超过 5％，那么黑麦按照该地区规定的黑麦价格定价，超过规定容重标准的部分不加价；

附解 2. 如果燕麦中掺杂的大麦超过 5％至 50％，则燕麦和大麦单独计价，超过规定容重标准的部分不加价；如果燕麦中掺杂的大麦超过 50％，则按燕麦计价；容重高于 80 左洛特尼克的去皮燕麦不加价；

附解 3. 容重超过 112 左洛特尼克的去皮大麦不加价。

2. 脱壳双粒小麦的固定价格参照相应省份的黑麦价格。

3. 粮食固定价格的加价和扣价规定

针对高于或低于上述质量标准的粮食实行以下加价或扣价办法：

以上述粮食的规定容重标准为基础，每高或每低 1 左洛特尼克，加价或扣价 10 戈比；以上述粮食的规定杂质标准为基础，每高或每低 1 个百分点，按下列数额扣价或加价：黑麦 12 戈比，小麦 16 戈比，燕麦 12 戈比，大麦 12 戈比，黍 12 戈比，双粒小麦 10 戈比。

附解 1. 掺杂在黑麦、燕麦和大麦中的小麦不按杂质计算；

附解 2. 掺杂在小麦和黑麦中的燕麦和大麦，每 1 个百分点按 0.5 个百分点杂质计算；

附解 3. 计算杂质时，不足 0.5 个百分点的杂质忽略不计，0.5 个百分点和高于 0.5 个百分点的杂质按 1 个百分点计算；以上述粮食的规定水分标准（15％）为基础，每高 1 个百分点，每普特扣价 30 戈比，水分在 13％～15％之间（不低于 13％）的粮食，每低 1 个百分点，每普特加价 40 戈比，水分低于 13.5％的粮食不加价；

附解 4. 未育成种子要高于上述价格规定；

附解 5. 在省粮食委员会（发给特殊证明）登记的育种农户和其他机构生产的育成品种不适用固定价格；

附解 6. 水浸、破损和霉变粮食的价格由地方粮食机构指派的专家确定；

附解 7. 自本法令在各地公布之日（最迟不晚于 1918 年 12 月 1 日）起，交售给国家的粮食按上述价格支付。

以上述价格为基础，1918 年 12 月 1 日至 1919 年 2 月 1 日（包括 2 月 1 日）交售的粮食扣价 25％，1919 年 2 月 1 日至 1919 年 4 月 10 日（包括 4 月 10 日）交售的粮食扣价 35％，1919 年 4 月 10 日至 1919 年 6 月 15 日（包括 6 月 15 日）交售的粮食扣价 40％，1919 年 6 月 15 日以后交售的粮食扣价 50％。

（资料来源：《Известия ВЦИК》от 8 августа 1918 г., № 168; *Собрание узаконений и распоряжений рабочего и крестьянского правительства*. 1918. № 62. С. 683.）

附表 4

4.1 军粮运输汇总表（千普特）*

月份	年份	主要粮食	饲料	颗粒粮及其代用品	合计
8 月	1914 年	875	701	54	1630
9 月		2554	2165	177	4896
10 月		982	4216	213	5411
11 月		2153	5512	239	7904
12 月		2004	5494	226	7724
1 月	1915 年	4277	11400	1542	17219
2 月		7452	10080	840	18372
3 月		11943	15391	1444	28788
4 月		6646	21660	2094	30400
5 月		8192	25136	1427	34755
6 月		8648	10765	375	19789
7 月		1536	3849	963	6348
1914—1915 年总计		57262	116370	9594	183226
8 月	1915 年	2070	2036	324	4430
9 月		5360	4150	530	10040
10 月		8936	11595	925	21456

---

* 根据 1914—1915 年和 1915—1916 年的粮食收购和运输进度报表制作（参见：Совещание уполномоченных Главного управления земледелия и землепользования, председателей губ. зем. управ и представителей ведомств. 1 - 3 июля 1915 г. Изд. Гл. зем. Пг., 1915; Совещание уполномоченных 25 - 31 августа 1916 г. Материалы. Изд. Управл. Делами Особого совещания по продовольствию. Пг., 1916), 1916 年的数字根据粮食部尚未公布的数据和 1918 年《粮食人民委员部消息报》公布的数据（参见《Известия Народного комиссариата продовольствия》, 1918. No 18 - 19）

月份	年份	主要粮食	饲料	颗粒粮及其代用品	合计
11 月		7847	21371	1547	30765
12 月		9200	21052	1128	31380
1 月	1916 年	10200	20802	1546	32548
2 月		15000	20894	1966	37860
3 月		16500	16810	2050	35360
4 月		17640	26408	2903	46951
5 月		18067	26965	3895	48927
6 月		18500	26200	2895	47595
7 月**		—	—	—	—
1915—1916 年总计		129320	108283	19709	347312

4.2 为军队、居民和铁路职工运输的粮食汇总表(千普特)

月份	年份	军队				居民	铁路职工	军队、居民和铁路职工粮食运输量合计
		主要粮食	饲料	颗粒粮及其替代品	合计	面粉和谷物	面粉和谷物	
8 月	1916 年	9068	14462	1955	25485	—	—	25485
9 月		6251	11204	828	18283	—	—	18283
10 月		5445	11444	1010	17899	—	—	17899
11 月		13321	22557	2053	37931			37931
12 月		11132	20846	2448	34426			34426
1 月	1917 年	10816	14667	2177	27660	5469	798	33927
2 月		9502	11635	2133	23270	8458	426	32154

** 缺少 1916 年 7 月份的数据,因此年度总量略微被低估,但由于 7 月份的收购
   和运输量不大,所以这个低估量不会影响总体情况。

1914—1918 年俄国的粮食市场及其调节

月份	年份	军队				居民	铁路职工	军队、居民和铁路职工粮食运输量合计
		主要粮食	饲料	颗粒粮及其替代品	合计	面粉和谷物	面粉和谷物	
3 月		10501	12179	2238	24918	7696	723	33337
4 月		6857	7993	1585	16435	4444	425	21304
5 月		11328	17605	2396	31329	9188	707	41224
6 月		10807	14083	2053	26943	6370	577	33890
7 月 *		—	—	—	—	4401	336	4737
1916—1917年总计		105028	158675	20876	284519	46026	3992	334597

4.3　前线(不包括高加索前线)和居民粮食的规定运输量和实际运输量汇总表 *（千普特）

月份	军队									合计		
	谷物											
	规定运输量	实际运输量	实际运输量占比(%)	规定运输量	实际运输量	实际运输量占比(%)	规定运输量	实际运输量	实际运输量占比(%)	规定运输量	实际运输量	实际运输量占比(%)
1916年8 月	24620	14462	56.7	11930	9068	76.0	2437	1955	80.1	38987	25485	65.4
9 月	21068	11204	53.1	11150	6251	56.1	1878	828	44.1	34114	18283	53.6
10 月	21497	11444	53.2	9046	5445	60.2	1953	1010	51.7	32496	17899	55.1
11 月	30949	22557	72.2	17527	13321	76.0	2936	2053	69.9	51412	37931	73.7
12 月	31128	20846	67.0	16936	11132	65.7	3352	2448	73.0	51416	34426	67.0
1917 年1 月	31057	14667	47.2	21058	10816	51.4	3702	2177	58.8	55817	27600	49.6

---

* 缺少 1916—1917 年度 7 月份军队的粮食运输数据,因此年度总量略微被低估,
但由于 7 月的收购和运输量不大,所以这个低估量不会影响总体情况。
* 军粮和 1917 年 1 月—8 月民用粮食的运输数据根据 И. Д. 米哈伊洛夫热心提供给我
们的资料,其他数字根据《粮食人民委员部消息报》的资料(*Известия Народного ком.*
продовольствия. 1918. № 18‐19)。

月份	军队									合计		
	谷物											
	规定运输量	实际运输量	实际运输量占比(%)	规定运输量	实际运输量	实际运输量占比(%)	规定运输量	实际运输量	实际运输量占比(%)	规定运输量	实际运输量	实际运输量占比(%)
2月	30669	11635	37.9	20681	9602	45.9	3678	2133	58.0	55028	23270	42.3
3月	23009	12179	52.9	20826	10501	50.4	3223	2238	69.4	47058	24918	53.0
4月	21483	7993	37.2	18853	6857	36.4	3167	15850	50.0	43503	16435	37.8
5月	23505	17605	74.9	18464	11328	61.4	3332	2396	71.9	45301	31329	69.2
6月	18372	14083	76.6	20299	10807	53.2	3143	2058	65.3	41814	26943	64.4
7月	—	—	—	—	—	—	—	—	—	—	—	—
1916—1917年度总计	277375	158675	57.2	186770	105028	56.2	32801	20876	63.6	496946	284579	57.3

月份	供应给居民的面粉和谷物			供应给铁路职工的面粉和谷物			军队、居民和铁路职工合计		
	规定运输量	实际运输量	实际运输量占比(%)	规定运输量	实际运输量	实际运输量占比(%)	规定运输量	实际运输量	实际运输量占比(%)
1916年8月	—	—	—	—	—	—	38987	25485	65.4
9月	—	—	—	—	—	—	34114	18283	53.6
10月	—	—	—	—	—	—	32496	17899	55.1
11月	—	—	—	—	—	—	51412	37931	73.7
12月	—	—	—	—	—	—	51416	34426	67.0
1917年1月	27083	5469	20.2	2066	798	38.6	84966	33927	39.9
2月	28534	8458	29.6	1597	426	26.7	85159	32154	37.8
3月	18601	7696	41.4	2644	723	27.3	68303	33337	48.8
4月	17996	4444	24.7	2948	425	14.4	64447	21304	33.1
5月	16152	9188	56.9	2948	707	26.0	64401	41224	64.0
6月	18565	6370	34.3	3527	577	16.4	63906	33890	53.0
7月	19740	4401	22.3	3694	336	9.1	23434	4737	20.2
1916—1917年度总计	146671	46026	31.4	19424	3992	15.4	663041	334597	50.5

4.4

I. 1917 年 8 月—11 月居民粮食的供应情况（千普特）

月份	黑麦		黑麦面粉		小麦		小麦面粉		玉米	
	计划运输	实际运输	计划运输	实际运输	计划运输	实际运输	计划运输	实际运输	计划运输	实际运输
8 月	2445	206	4450	830	2790	2105	6055	1853	260	10
9 月	2825	239	4145	224	3060	2359	5575	1035	260	362
10 月	3110	?	4680	?	4490	?	6920	?	620	?
11 月	2405	?	3900	?	5435	?	6848	?	580	?

月份	燕麦		大麦		油粕		麸子		总计		
	计划运输	实际运输	计划运输	实际运输	计划运输	实际运输	计划运输	实际运输	计划运输	实际运输	计划完成比例（%）
8 月	865	120	515	129	1005	1261	740	65	19125	6579	34
9 月	915	122	680	502	1385	704	840	316	19685	5863	30
10 月	1385	?	785	?	1505	?	715	?	24210	?	
11 月	1395	?	825	?	1620	?	420	?	23428	?	

Ⅱ.1917 年 8 月—11 月各条战线军队粮食的供应情况

月份	面粉和谷物			颗粒粮和大豆			饲料			总计		
	计划运输 千普特	实际运输 千普特	计划完成 比例（%）	计划运输 千普特	实际运输 千普特	计划完成 比例（%）	计划运输 千普特	实际运输 千普特	计划完成 比例（%）	计划运输 千普特	实际运输 千普特	计划完成 比例（%）
8 月	18496	4577	24.7	2458	869	35.4	18142	5655	31.2	39096	11101	28.4
9 月	17030	5334	—	2400	774	—	18170	10838	—	37600	16946	45.1
Ⅲ.内地军区供应												
8 月	2087	599	28.7	298	63	21.1	1710	144	8.4	4095	806	19.7
9 月	3036	391	12.8	422	90	21.3	1339	265	19.7	4797	746	15.5
Ⅳ.居民和铁路职工供应												
8 月	3788	1787	47.2	74	63	85.1	623	152	24.4	4485	2002	45.0
9 月	3413	1742	51.0	99	44	44.4	642	213	33.1	4154	1999	48.0
Ⅴ.1917 年 8 月—9 月军队和居民的粮食供应												
8 月	—	—	—	—	—	—	—	—	—	66801	20488	31
9 月	—	—	—	—	—	—	—	—	—	66236	25554	39

1914—1918 年俄国的粮食市场及其调节

1917 年 1 月—3 月产粮省份为前线、内地军区、铁路职工
和消费省份居民供应粮食任务的完成情况（根据粮食发运省份的资料）*

省份	月份	计划发运车皮	实际发运车皮	实际发运数占计划数百分比
巴库	1 月	310	310	100.0
	2 月	280	272	97.0
	3 月	425	425	100.0
沃洛格达省	1 月	248	122	49.2
	2 月	280	146	52.1
	3 月	155	107	69.0
沃罗涅日省	1 月	5811	502	8.6
	2 月	6574	934	14.2
	3 月	5163	1656	32.1
维亚特卡省	1 月	1961	575	29.3
	2 月	835	149	17.8
	3 月	1069	520	48.6
顿河州	1 月	4040	—	0.0
	2 月	3170	43	1.1
	3 月	3406	123	4.0
叶卡捷琳诺斯拉夫省	1 月	3406	711	20.9
	2 月	2125	276	13.0
	3 月	1406	295	21.0
喀山省	1 月	875	30	3.4
	2 月	1110	133	12.0
	3 月	701	86	12.3

---

* 数据摘自尚未公布的粮食部资料。

省份	月份	计划发运车皮	实际发运车皮	实际发运数占计划数百分比
科斯特罗马省	1 月	135	5	3.7
	2 月	135	—	0.0
	3 月	—	—	0.0
基辅省	1 月	3419	2092	61.1
	2 月	3614	1723	47.7
	3 月	1776	1768	99.5
库尔斯克省	1 月	3654	1285	35.2
	2 月	5015	1521	30.3
	3 月	4016	1157	28.8
下诺夫哥罗德省	1 月	914	56	6.1
	2 月	609	86	14.1
	3 月	344	96	27.9
奥伦堡省（不包括车里雅宾斯克和特罗伊茨克地区）	1 月	185	10	5.4
	2 月	1022	47	4.6
	3 月	397	188	47.3
奥廖尔省	1 月	3319	1747	44.6
	2 月	3176	850	26.8
	3 月	2095	956	45.6
奔萨省	1 月	692	508	73.4
	2 月	859	233	27.1
	3 月	902	146	16.2
彼尔姆省	1 月	838	288	34.4
	2 月	782	15	1.9
	3 月	210	62	29.5

省份	月份	计划发运车皮	实际发运车皮	实际发运数占计划数百分比
波多利斯克省	1 月	3968	2256	56.8
	2 月	4081	1846	45.2
	3 月	3038	1645	54.1
波尔塔瓦省	1 月	6052	2607	43.1
	2 月	6454	2904	45.0
	3 月	4526	1866	41.2
梁赞省	1 月	1126	314	27.9
	2 月	1018	47	4.6
	3 月	930	629	67.6
萨马拉省	1 月	5435	2940	54.2
	2 月	4939	1567	31.7
	3 月	7489	2387	31.9
萨拉托夫省	1 月	4642	1786	38.5
	2 月	4974	2948	59.2
	3 月	4217	3191	75.7
西伯利亚	1 月	1935	1161	60.0
	2 月	3435	1553	45.2
	3 月	1845	1325	71.8
辛比尔斯克省	1 月	1500	655	43.7
	2 月	1634	346	21.2
	3 月	1613	125	7.7
塔夫利达省	1 月	5470	377	6.9
	2 月	5835	2689	46.1
	3 月	4012	1879	46.8

省份	月份	计划发运车皮	实际发运车皮	实际发运数占计划数百分比
坦波夫省	1 月	7980	1555	19.5
	2 月	6010	1425	23.7
	3 月	5353	3670	68.5
特罗伊茨克地区	1 月	813	702	86.3
	2 月	1364	809	59.3
	3 月	1748	963	55.1
图拉省	1 月	2756	1663	60.3
	2 月	3255	866	26.6
	3 月	1748	413	36.0
乌法省	1 月	1792	1727	96.4
	2 月	2817	2040	72.4
	3 月	2322	1679	72.3
哈尔科夫省	1 月	2886	720	24.9
	2 月	3126	987	31.6
	3 月	2538	508	20.0
赫尔松省和比萨拉比亚省	1 月	9275	5345	57.6
	2 月	9472	5181	54.7
	3 月	8216	5359	65.2
车里雅宾斯克地区	1 月	1621	1398	86.2
	2 月	1515	1817	53.9
	3 月	1694	1277	75.3
切尔尼戈夫省	1 月	656	613	93.4
	2 月	626	382	61.0
	3 月	434	151	34.8

1914—1918 年俄国的粮食市场及其调节

省份	月份	计划发运车皮	实际发运车皮	实际发运数占计划数百分比
雅罗斯拉夫尔省	1 月	829	286	34.5
	2 月	616	387	62.8
	3 月	450	262	58.2

附 图

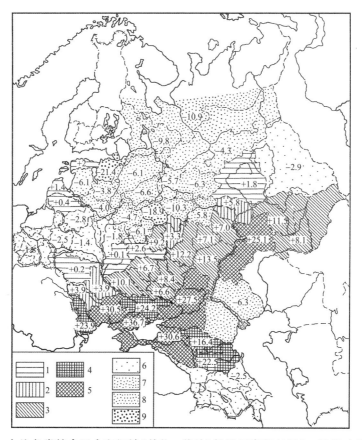

图1　人均各类粮食盈余和短缺(单位:普特)数量示意图(1909—1913年资料)

图例　盈余数: 1——+0.0至+3.0; 2——+3.3至+6.0; 3——+6.1至15.0; 4——
+15.1至+25.0; 5——25.0以上

短缺数: 6——0.0至−3.0; 7——−3.1至−6.0; 8——−6.1至−15.0; 9——
−15.1至−25.0

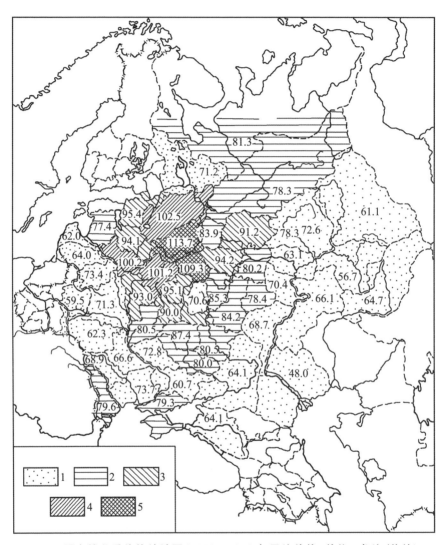

图 2　黑麦的秋季价格统计图（1909—1913 年平均价格，单位：戈比/普特）

图例　1——76 戈比以下；2——76～86 戈比；3——86～96 戈比；4——96～106 戈比；
5——106 戈比以上。

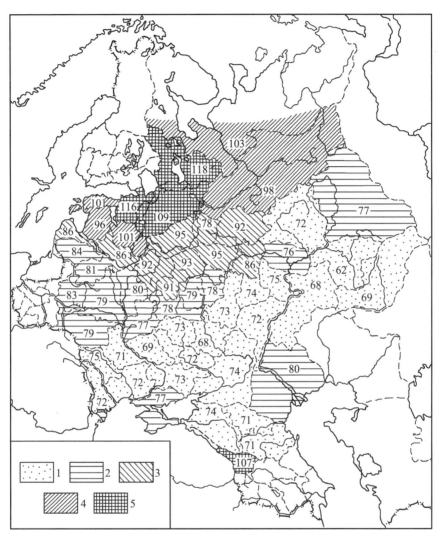

图 3　耕地在 20 俄亩以内的农户 1 普特黑麦的价钱
（1909 年—1913 年年均数，单位：戈比）

图例　1——76 戈比以下；2——76～86 戈比；3——86～96 戈比；4——96～106 戈比；
　　　5——106 戈比以上

1914—1918 年俄国的粮食市场及其调节

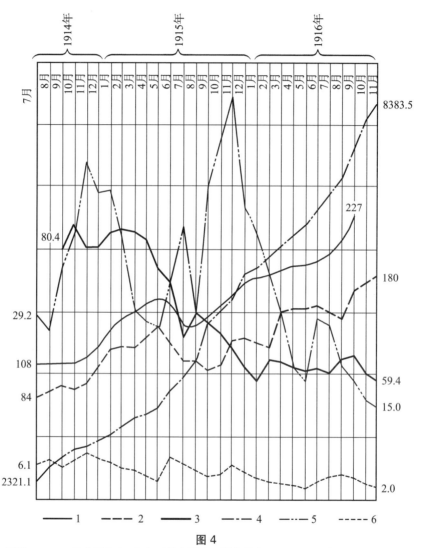

图 4

图例　1——4 种主要粮食、小麦面粉和黑麦面粉价格与 1909—1913 年平均价格之比（百分比）；2——黑麦价格（戈比/普特，叶列茨）；3——卢布汇率；4——纸币发行量（百万卢布）；5——有形的粮食储备（百万普特）；6——有形的黑麦储备（百万普特）

452

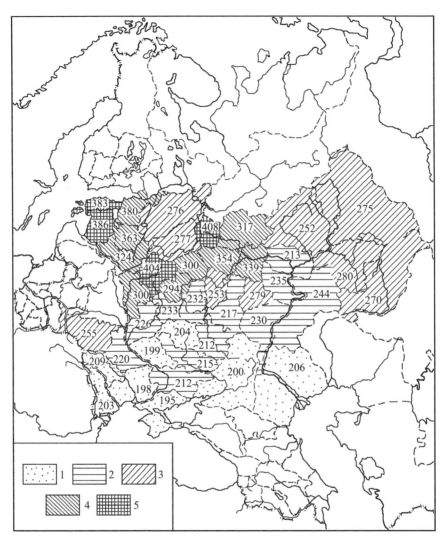

图5　1916年秋季地方的黑麦价格（单位：戈比/普特）

图例　1——210戈比以下；2——210～250戈比；3——250～290戈比；4——290～380
戈比；5——380戈比以上

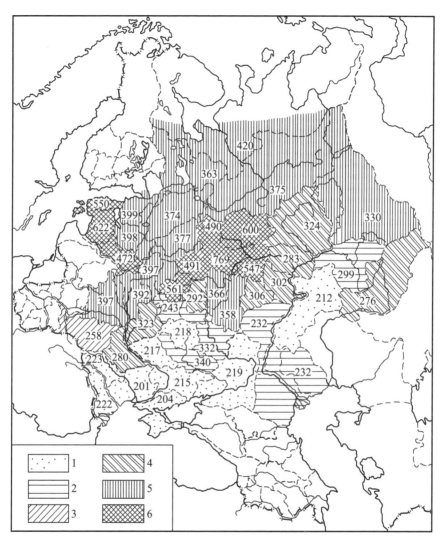

图 6　1917 年春季地方的黑麦价格（戈比/普特）

图例　1——225 戈比以下；2——225～245 戈比；3——245～265 戈比；4——265～325
戈比；5——325～425 戈比；6——425 戈比以上

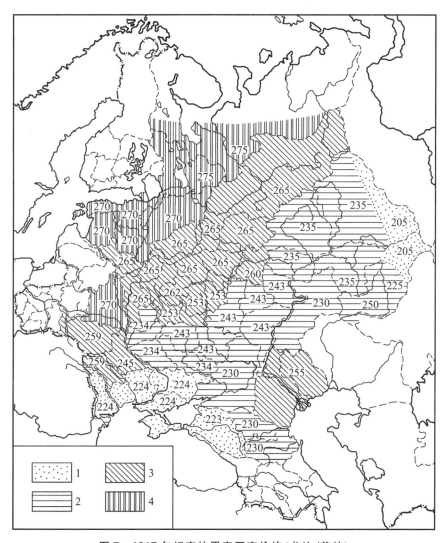

图 7　1917 年规定的黑麦固定价格（戈比/普特）

图例　1——225 戈比以下；2——225～245 戈比；3——245～265 戈比；4——265 戈比以上

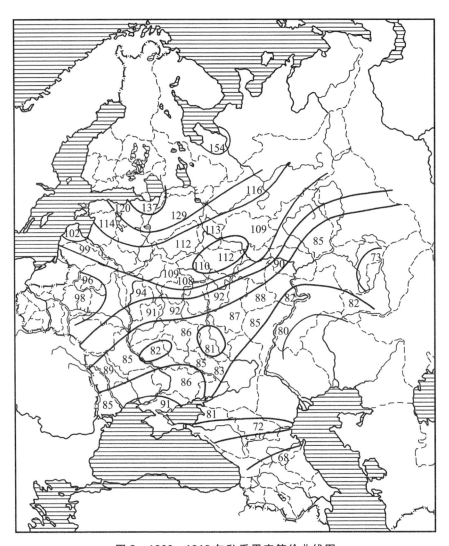

图 8　1909—1913 年秋季黑麦等价曲线图

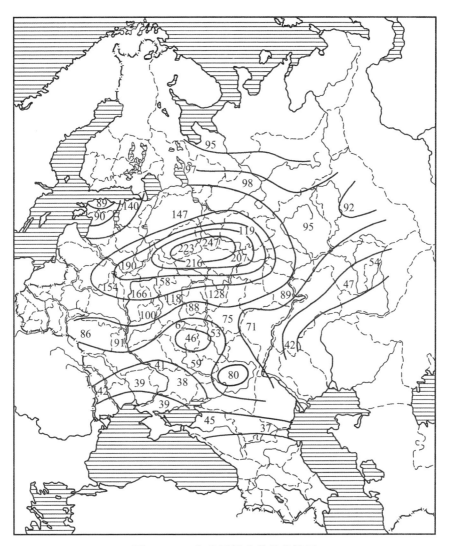

图 9　1917 年秋季黑麦等价曲线图

译后记

  Н. Д. 康德拉季耶夫是苏联著名的经济学家和统计学家,经济周期理论创始人,被誉为"长波理论之父",在西方经济学界颇有影响。

  本书综合运用了历史学、经济学和经济理论,全面阐述了战争和社会革命性变革时期俄国的粮食供应制度。作者从三个角度(直接调节措施、间接调节措施和混合调节措施)和三个不同发展阶段(1917 年二月革命前、1917 年 2 月至 10 月、十月革命胜利后初期),系统剖析了国家调节军队和军民粮食供给措施的演变,以期为理论建设和国民经济实践提供有益借鉴。

  本书属于基础研究,对于丰富我国的俄国史和苏联史研究具有很高的学术价值及理论意义。粮食市场及其调节始终是世界经济的主要问题之一,具有普遍性。同时,俄国在战争和革命时期调节粮食市场的政策又富有其自身的特点。在正常的国民经济发展进程受到冲击、市场秩序混乱条件下,俄国保障粮食供给的经验和教训值得认真研究。本书理论深度高。作者着眼于从经济角度分析非常时期国家调节军队和居民粮食供给的手段,涉及市场调节、价格形成、供求关系等重要经济理论。

  由于水平有限,书中难免存在错误和疏漏之处,恳请读者批评指正。

  本书分工如下:代序、前言、第一部分由张广翔负责;第二部分、附表和附图由钟建平负责。

上海三联人文经典书库

已 出 书 目

14.《王权与神祇：作为自然与社会结合体的古代近东宗教研究》
（上、下）　［美］亨利·富兰克弗特　著　郭子林　李　岩
李凤伟　译

15.《大学的兴起》　［美］查尔斯·哈斯金斯　著　梅义征　译

16.《阅读纸草，书写历史》　［美］罗杰·巴格诺尔　著　宋立宏
郑　阳　译

17.《秘史》　［东罗马］普罗柯比　著　吴舒屏　吕丽蓉　译

18.《论神性》　［古罗马］西塞罗　著　石敏敏　译

19.《护教篇》　［古罗马］德尔图良　著　涂世华　译

20.《宇宙与创造主：创造神学引论》　［英］大卫·弗格森　著
刘光耀　译

21.《世界主义与民族国家》　［德］弗里德里希·梅尼克　著　孟
钟捷　译

22.《古代世界的终结》　［法］菲迪南·罗特　著　王春侠　曹明
玉　译

23.《近代欧洲的生活与劳作（从 15—18 世纪）》　［法］G.勒纳尔
G.乌勒西　著　杨　军　译

24.《十二世纪文艺复兴》　［美］查尔斯·哈斯金斯　著　张　澜
刘　疆　译

25.《五十年伤痕：美国的冷战历史观与世界》（上、下）　［美］德瑞
克·李波厄特　著　郭学堂　潘忠岐　孙小林　译

26.《欧洲文明的曙光》　［英］戈登·柴尔德　著　陈　淳　陈洪
波　译

27.《考古学导论》　［英］戈登·柴尔德　著　安志敏　安家
瑗　译

28.《历史发生了什么》　［英］戈登·柴尔德　著　李宁利　译

29.《人类创造了自身》　［英］戈登·柴尔德　著　安家瑷　余敬
东　译

30.《历史的重建：考古材料的阐释》　［英］戈登·柴尔德　著
方　辉　方堃杨　译

31.《中国与大战：寻求新的国家认同与国际化》　［美］徐国琦
著　马建标　译

32.《罗马帝国主义》 [美]腾尼·弗兰克 著 宫秀华 译

33.《追寻人类的过去》 [美]路易斯·宾福德 著 陈胜前 译

34.《古代哲学史》 [德]文德尔班 著 詹文杰 译

35.《自由精神哲学》 [俄]尼古拉·别尔嘉耶夫 著 石衡潭 译

36.《波斯帝国史》 [美]A.T.奥姆斯特德 著 李铁匠等 译

37.《战争的技艺》 [意]尼科洛·马基雅维里 著 崔树义 译 冯克利 校

38.《民族主义:走向现代的五条道路》 [美]里亚·格林菲尔德 著 王春华等 译 刘北成 校

39.《性格与文化:论东方与西方》 [美]欧文·白璧德 著 孙宜学 译

40.《骑士制度》 [英]埃德加·普雷斯蒂奇 编 林中泽 等译

41.《光荣属于希腊》 [英]J.C.斯托巴特 著 史国荣 译

42.《伟大属于罗马》 [英]J.C.斯托巴特 著 王三义 译

43.《图像学研究》 [美]欧文·潘诺夫斯基 著 戚印平 范景中 译

44.《霍布斯与共和主义自由》 [英]昆廷·斯金纳 著 管可秾 译

45.《爱之道与爱之力:道德转变的类型、因素与技术》 [美]皮蒂里姆·A.索罗金 著 陈雪飞 译

46.《法国革命的思想起源》 [法]达尼埃尔·莫尔内 著 黄艳红 译

47.《穆罕默德和查理曼》 [比]亨利·皮朗 著 王晋新 译

48.《16世纪的不信教问题:拉伯雷的宗教》 [法]吕西安·费弗尔 著 赖国栋 译

49.《大地与人类演进:地理学视野下的史学引论》 [法]吕西安·费弗尔 著 高福进 等译

50.《法国文艺复兴时期的生活》 [法]吕西安·费弗尔 著 施诚 译

51.《希腊化文明与犹太人》 [以]维克多·切利科夫 著 石敏敏 译

52.《古代东方的艺术与建筑》 〔美〕亨利·富兰克弗特 著 郝海迪 袁指挥 译

53.《欧洲的宗教与虔诚:1215—1515》 〔英〕罗伯特·诺布尔·斯旺森 著 龙秀清 张日元 译

54.《中世纪的思维:思想情感发展史》 〔美〕亨利·奥斯本·泰勒 著 赵立行 周光发 译

55.《论成为人:神学人类学专论》 〔美〕雷·S. 安德森 著 叶汀 译

56.《自律的发明:近代道德哲学史》 〔美〕J. B. 施尼温德 著 张志平 译

57.《城市人:环境及其影响》 〔美〕爱德华·克鲁帕特 著 陆伟芳 译

58.《历史与信仰:个人的探询》 〔英〕科林·布朗 著 查常平 译

59.《以色列的先知及其历史地位》 〔英〕威廉·史密斯 著 孙增霖 译

60.《欧洲民族思想变迁:一部文化史》 〔荷〕叶普·列尔森普 著 周明圣 骆海辉 译

61.《有限性的悲剧:狄尔泰的生命释义学》 〔荷〕约斯·德·穆尔 著 吕和应 译

62.《希腊史》 〔古希腊〕色诺芬 著 徐松岩 译注

63.《罗马经济史》 〔美〕腾尼·弗兰克 著 王桂玲 杨金龙 译

64.《修辞学与文学讲义》 〔英〕亚当·斯密 著 朱卫红 译

65.《从宗教到哲学:西方思想起源研究》 〔英〕康福德 著 曾琼 王涛 译

66.《中世纪的人们》 〔英〕艾琳·帕瓦 著 苏圣捷 译

67.《世界戏剧史》 〔美〕G. 布罗凯特 J. 希尔蒂 著 周靖波 译

68.《20 世纪文化百科词典》 〔俄〕瓦季姆·鲁德涅夫 著 杨明天 陈瑞静 译

69.《英语文学与圣经传统大词典》 〔美〕戴维·莱尔·杰弗里(谢大卫)主编 刘光耀 章智源等 译

70.《刘松龄——旧耶稣会在京最后一位伟大的天文学家》 〔美〕

斯坦尼斯拉夫·叶茨尼克　著　周萍萍　译

71.《地理学》［古希腊］斯特拉博　著　李铁匠　译

72.《马丁·路德的时运》［法］吕西安·费弗尔　著　王永环
肖华峰　译

73.《希腊化文明》［英］威廉·塔恩　著　陈　恒　倪华强　李
月　译

74.《优西比乌:生平、作品及声誉》［美］麦克吉佛特　著　林中
泽　龚伟英　译

75.《马可·波罗与世界的发现》［英］约翰·拉纳　著　姬庆
红译

76.《犹太人与现代资本主义》［德］维尔纳·桑巴特　著　艾仁
贵　译

77.《早期基督教与希腊教化》［德］瓦纳尔·耶格尔　著　吴晓
群　译

78.《希腊艺术史》［美］F·B·塔贝尔　著　殷亚平　译

79.《比较文明研究的理论方法与个案》［日］伊东俊太郎　梅棹
忠夫　江上波夫　著　周颂伦　李小白　吴　玲　译

80.《古典学术史:从公元前6世纪到中古末期》［英］约翰·埃
德温·桑兹　著　赫海迪　译

81.《本笃会规评注》［奥］米歇尔·普契卡　评注　杜海龙　译

82.《伯里克利:伟人考验下的雅典民主》［法］ 樊尚·阿祖莱
著　方颂华　译

83.《旧世界的相遇:近代之前的跨文化联系与交流》［美］ 杰
里·H.本特利　著　李大伟　陈冠堃　译　施诚　校

84.《词与物:人文科学的考古学》修订译本　［法］米歇尔·福柯
著　莫伟民　译

85.《古希腊历史学家》［英］约翰·伯瑞　著　符莹岩　张继华　译

86.《自我与历史的戏剧》［美］莱因霍尔德·尼布尔　著　方
永　译

87.《马基雅维里与文艺复兴》［意］费代里科·沙博　著　陈
玉聃　译

88.《追寻事实:历史解释的艺术》［美］詹姆士　W.戴维森

著[美]马克　H.　利特尔著　刘子奎　译

89.《法西斯主义大众心理学》　[奥]威尔海姆·赖希　著　张峰　译

90.《视觉艺术的历史语法》　[奥]阿洛瓦·里格尔　著　刘景联　译

91.《基督教伦理学导论》　[德]弗里德里希·施莱尔马赫　著　刘平　译

92.《九章集》[古罗马]普罗提诺　著　应明　崔峰　译

93.《文艺复兴时期的历史意识》　[英]彼得·伯克　著　杨贤宗　高细媛　译

94.《启蒙与绝望：一部社会理论史》　[英]杰弗里·霍松　著　潘建雷　王旭辉　向辉　译

95.《曼多马著作集：芬兰学派马丁·路德新诠释》　[芬兰]曼多马　著　黄保罗　译

96.《拜占庭的成就：公元330～1453年之历史回顾》　[英]罗伯特·拜伦　著　周书垚　译

97.《自然史》[古罗马]普林尼　著　李铁匠　译

98.《欧洲文艺复兴的人文主义和文化》　[美]查尔斯·G.纳尔特　著　黄毅翔　译

99.《阿莱科休斯传》[古罗马]安娜·科穆宁娜　著　李秀玲　译

100.《论人、风俗、舆论和时代的特征》　[英]夏夫兹博里　著　董志刚　译

101.《中世纪和文艺复兴研究》[美]T.E.蒙森　著　陈志坚　等译

102.《历史认识的时空》[日]佐藤正幸　著　郭海良　译

103.《英格兰的意大利文艺复兴》[美]刘易斯·爱因斯坦　著　朱晶进　译

104.《俄罗斯诗人布罗茨基》[俄罗斯]弗拉基米尔·格里高利耶维奇·邦达连科　著　杨明天　李卓君　译

105.《巫术的历史》[英]蒙塔古·萨默斯　著　陆启宏　等译　陆启宏　校

106.《希腊-罗马典制》[匈牙利]埃米尔·赖希　著　曹明

苏婉儿　译

107.《十九世纪德国史（第一卷）：帝国的覆灭》［英］海因里希·
冯·特赖奇克　著　李　娟　译

108.《通史》［古希腊］波利比乌斯　著　杨之涵　译

109.《苏美尔人》［英］伦纳德·伍雷　著　王献华　魏桢力　译

110.《旧约：一部文学史》［瑞士］康拉德·施密特　著　李天伟
姜振帅　译

111.《中世纪的模型：英格兰经济发展的历史与理论》［英］约翰·
哈彻　马可·贝利　著　许明杰　黄嘉欣　译

112.《文人恺撒》［英］弗兰克·阿德科克　著　金春岚　译

113.《罗马共和国的战争艺术》［英］弗兰克·阿德科克　著　金
春岚　译

114.《古罗马政治理念和实践》［英］弗兰克·阿德科克　著　金
春岚　译

115.《神话历史：现代史学的生成》［以色列］约瑟夫·马里　著
赵　琪　译

116.《论人的理智能力及其教育》［法］爱尔维修　著　汪功伟　译

117.《俄罗斯建筑艺术史：古代至 19 世纪》［俄罗斯］伊戈尔·埃
马努伊洛　维奇·格拉巴里　主编　杨明天　王丽娟　闻
思敏　译

118.《论革命：从革命伊始到帝国崩溃》［法］托克维尔　著　［法］
弗朗索瓦丝·梅洛尼奥　编　曹胜超　崇　明　译

119.《作为历史的口头传说》［比］简·范西纳　著　郑晓霞等
译　张忠祥等　校译

120.《过去的诞生》［美］扎卡里·赛尔·席夫曼　著　梅义征
译

121.《历史与历史学家：理查德·威廉·索森选集》［英］罗伯特·
J.巴特莱特　编著　李　腾　译

122.《希腊数学史：从泰勒斯到欧几里得》［英］托马斯·希思　著
秦传安　译

123.《希腊数学史：从阿利斯塔克到丢番图》［英］托马斯·希思
著　秦传安　译

124.《古希腊寡头政治:特征与组织形式》[英]伦纳德·惠布利
著 孙晶晶 李宏伟 翟思诺 译

欢迎广大读者垂询,垂询电话:021-22895540

图书在版编目(CIP)数据

1914—1918 年俄国的粮食市场及其调节/(苏)尼古拉·
德米特里耶维奇·康德拉季耶夫著;张广翔,钟建平译.
—上海:上海三联书店,2023.4
(上海三联人文经典书库)
ISBN 978 - 7 - 5426 - 7523 - 1

Ⅰ.①1⋯ Ⅱ.①尼⋯②张⋯③钟⋯ Ⅲ.①粮食市
场-商业史-研究-俄罗斯 Ⅳ.①F735.124.721

中国版本图书馆 CIP 数据核字(2021)第 277646 号

1914—1918 年俄国的粮食市场及其调节

著 者 / [苏]尼古拉·德米特里耶维奇·康德拉季耶夫
译 者 / 张广翔 钟建平
责任编辑 / 苗苏以
装帧设计 / 徐 徐
监 制 / 姚 军
责任校对 / 王凌霄

出版发行 / 上海三联书店
          (200030)中国上海市漕溪北路 331 号 A 座 6 楼
邮 箱 / sdxsanlian@sina.com
邮购电话 / 021 - 22895540
印 刷 / 上海展强印刷有限公司

版 次 / 2023 年 4 月第 1 版
印 次 / 2023 年 4 月第 1 次印刷
开 本 / 640 mm×960 mm 1/16
字 数 / 540 千字
印 张 / 31.25
书 号 / ISBN 978 - 7 - 5426 - 7523 - 1/F·889
定 价 / 129.00 元

敬启读者,如发现本书有印装质量问题,请与印刷厂联系 021 - 66366565